Linda Urbanneck

GAMINGURUMIS häkeln

EMF
EIN BUCH DER
EDITION MICHAEL FISCHER

INHALT

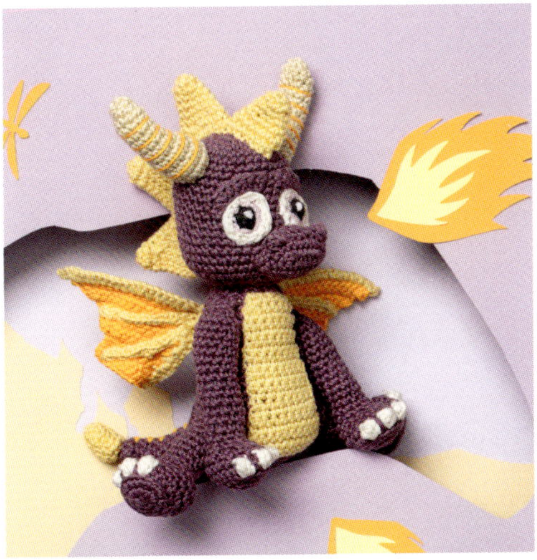
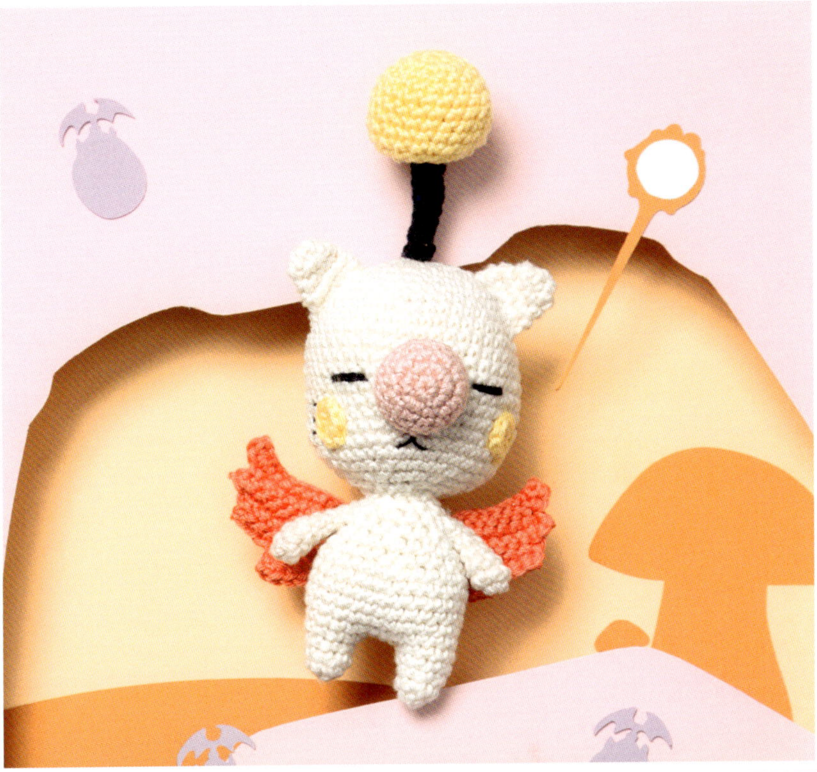
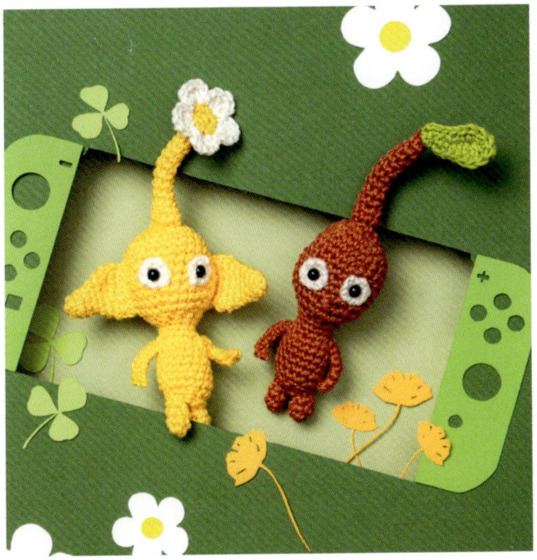
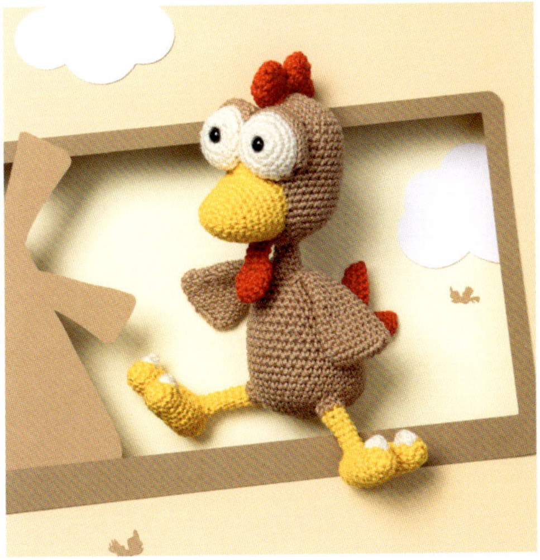
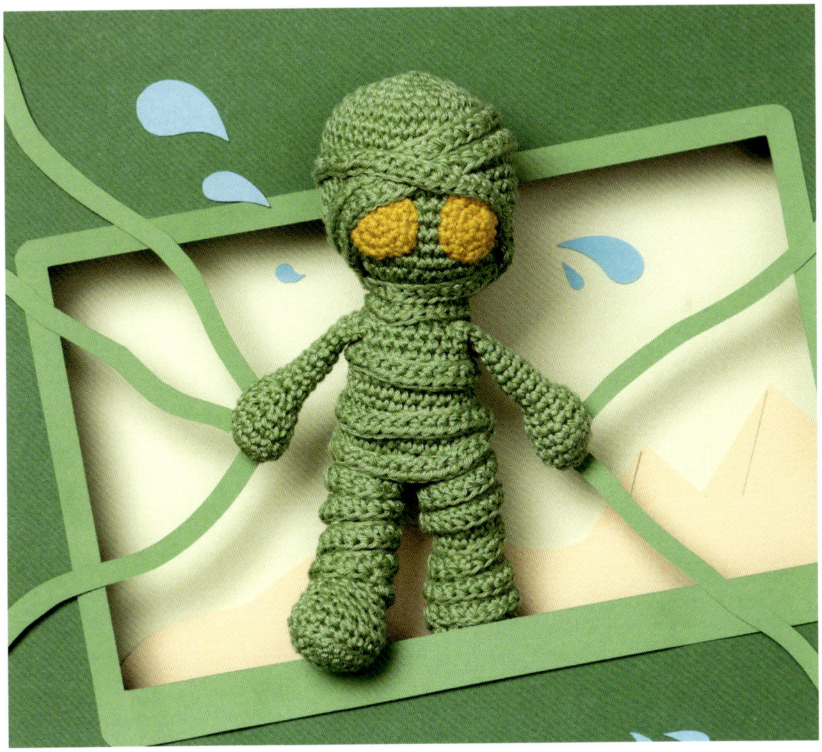

VORWORT

Zugegeben, auch ich hatte diese eine Phase, in der ich gerne in die Welten der Gamingfiguren abgetaucht bin. Tage, an denen ich stundenlang Moorhühner jagen konnte oder Drachen durch Berg und Tal geschickt habe. Schließlich spreche ich im ersten „Retro"-Kapitel des Buchs natürlich von den Protagonisten aus meiner eigenen Jugend - als sogenannte „Millenial Generation". Aber mal unter uns: Retro ist es zwar jetzt ganz offiziell, aber viele Figuren finden doch immer wieder einen Weg zurück in die Welt der Games. Natürlich gibt es auch unter den neueren Erscheinungen einige, die das Herz jedes Gaming-Liebhabers höher schlagen lassen. Und selbstverständlich konnte ich es mir nicht nehmen lassen, für euch ebenso in diese Welt abzutauchen.

Die Welt der Games – sie ist bunt und faszinierend wie eh und je – lässt für niemanden einen Wunsch offen. Blätter dich durch, nimm Garn und Häkelnadel in die Hand und reise durch Retro-Zeiten bis hin zu den Meisterwerken der heutigen Gamingszene.

Ich wünsche dir ganz viel Freude beim Erforschen, Erinnern und Häkeln.

Deine Linda

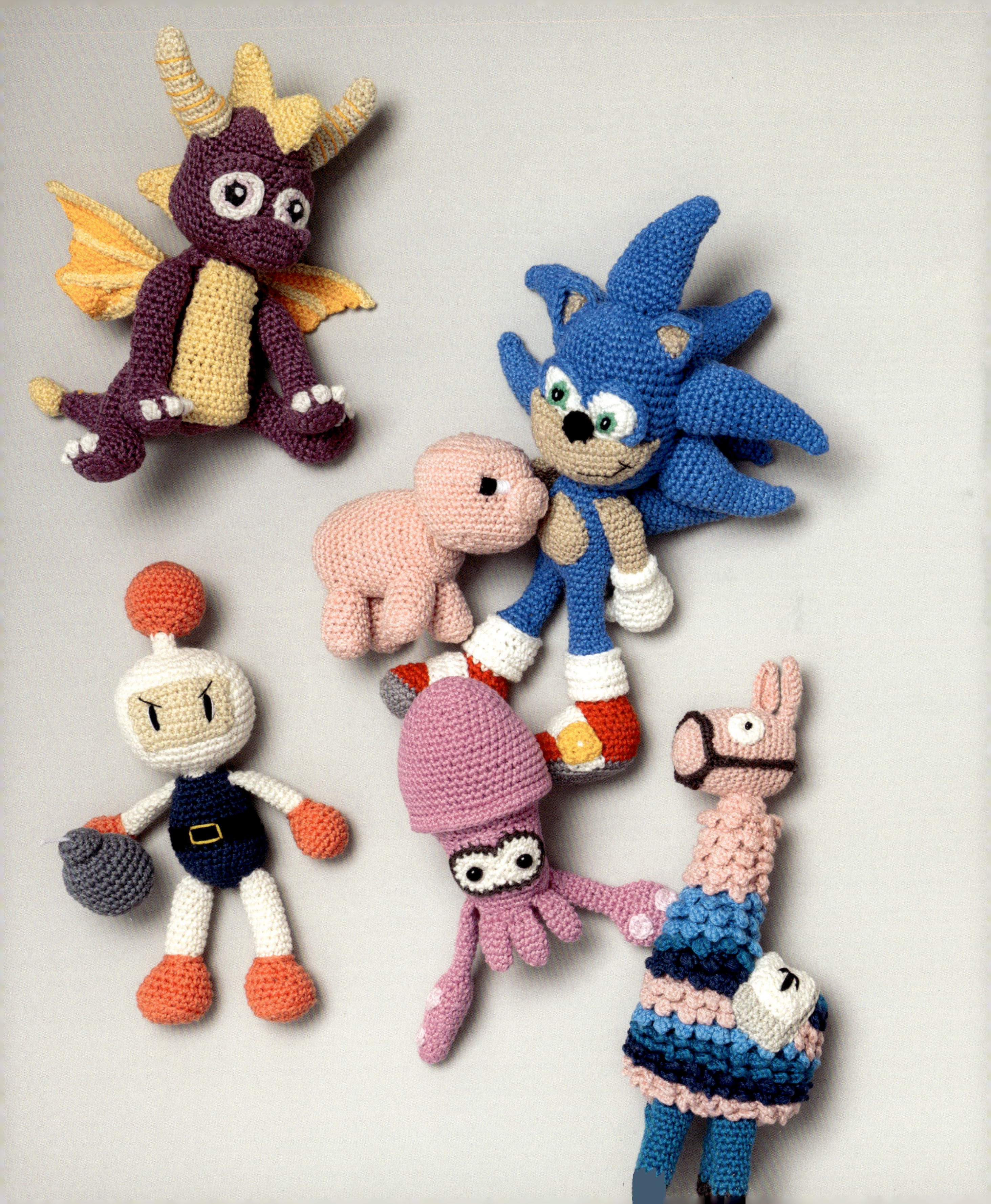

Grundlagen

GRUNDMASCHEN *und -techniken*

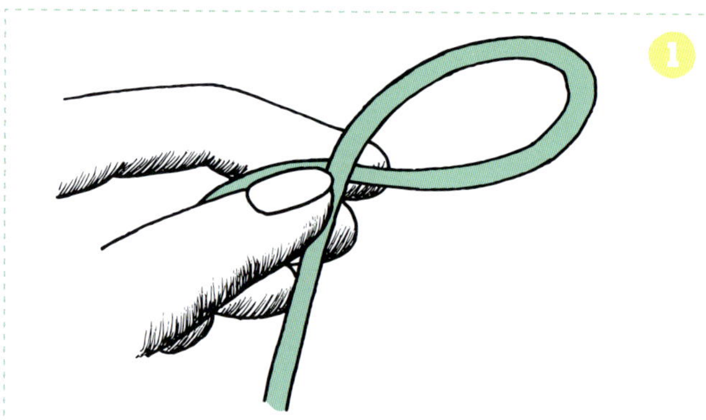

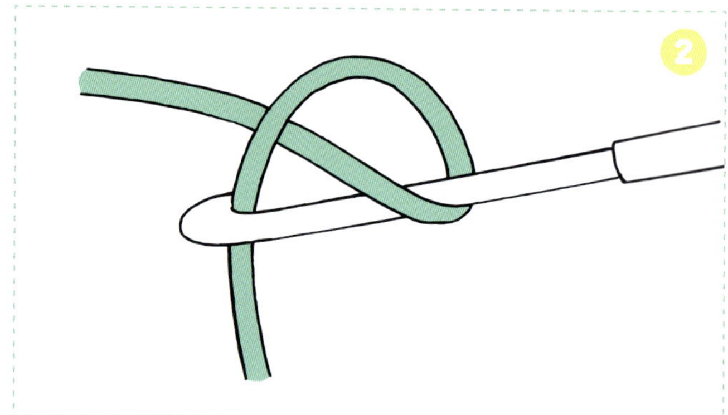

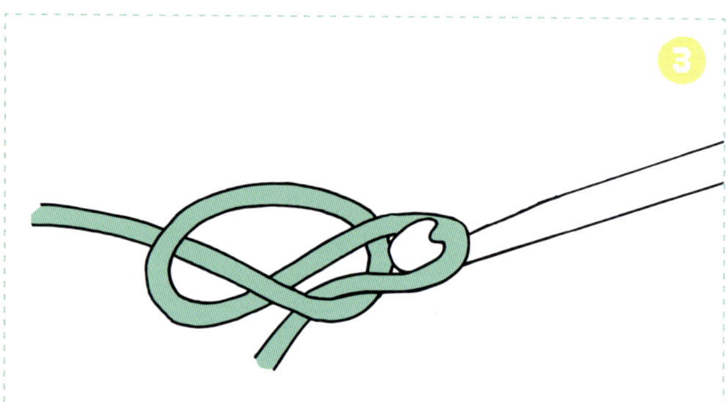

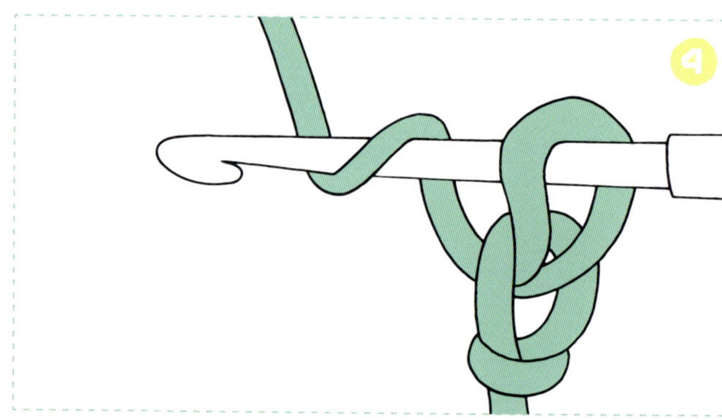

LUFTMASCHEN ANSCHLAGEN

Lege den Faden zu einer Schlinge und fixiere ihn mithilfe deines Daumens und Zeigefingers. Der Arbeitsfaden befindet sich unten *siehe Bild 1.* Stich nun mit der Nadel durch die Schlaufe und hole den Faden durch die Öffnung *siehe Bild 2.* Ziehe die so entstandene Schlaufe leicht fest, indem du an beiden Fäden, dem Fadenende und dem Arbeitsfaden, ziehst. So entsteht die Anfangsschlinge, in die du nun weitere Luftmaschen häkeln kannst *siehe Bild 3.* Um weitere Luftmaschen anzuschlagen, die Anfangsschlinge gut festhalten, mit der Nadel durch die Schlinge stechen, den Faden holen und wieder durch die Schlinge ziehen *siehe Bild 4.* So oft wie nötig wiederholen.

WENDELUFTMASCHE

Am Ende einer Reihe häkelst du eine Luftmasche, eine sogenannte Wendeluftmasche, und wendest die Arbeit.

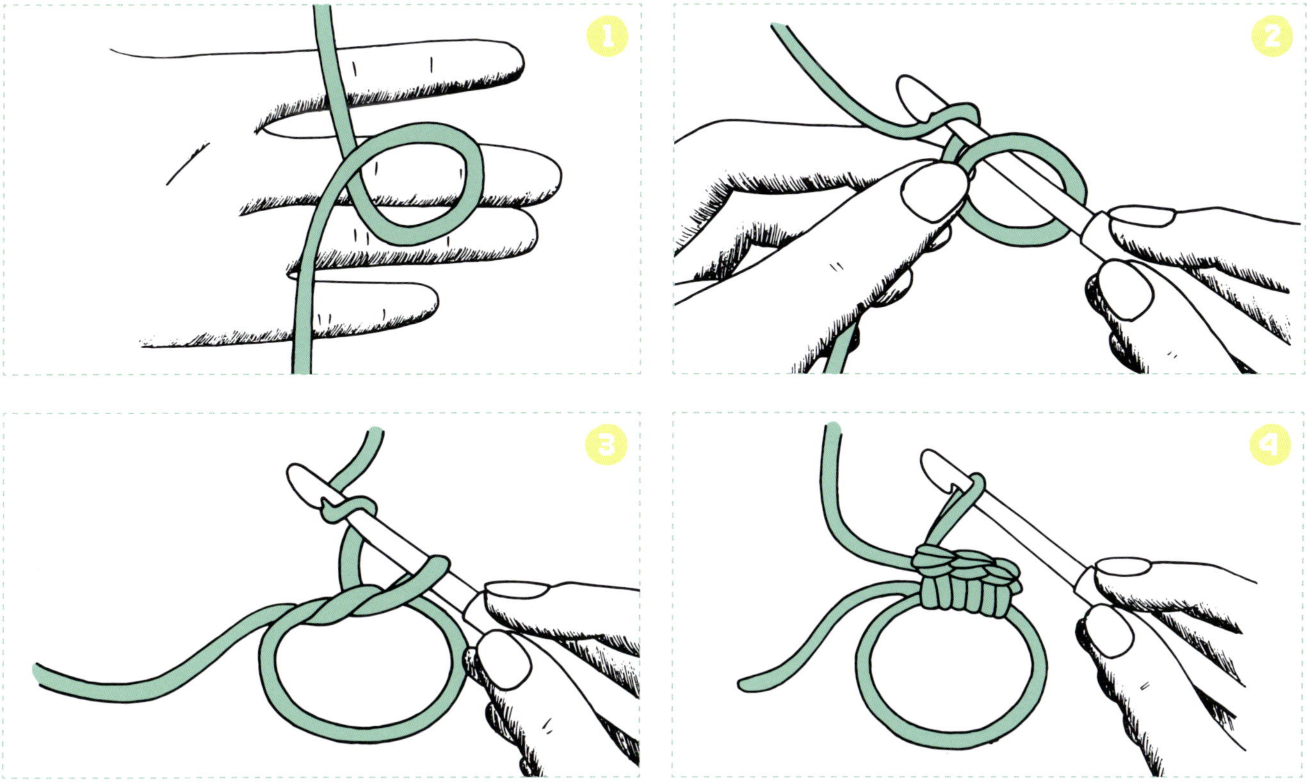

FADENRING

Bilde mit dem Garn eine Schlaufe, wobei das Ende des Fadens nach unten zeigt. Lege den Rest des Garns nach hinten über den Zeigefinger *siehe Bild 1.* Halte die Schlaufe mit dem Daumen und dem Zeigefinger fest, führe die Nadel durch die Schlaufe, hole den Faden und ziehe diesen durch die Schlaufe *siehe Bild 2.* Hole den Arbeitsfaden erneut und ziehe ihn durch die Schlinge. So wird der Ring fixiert *siehe Bild 3.*
Ab jetzt können die Maschen wie gewohnt gehäkelt werden. Stich dabei immer um den Ring herum, nicht in die Schlaufen des Rings hinein. Sind alle Maschen gehäkelt, kann der Ring durch Ziehen am Fadenende zusammengezogen werden *siehe Bild 4.*

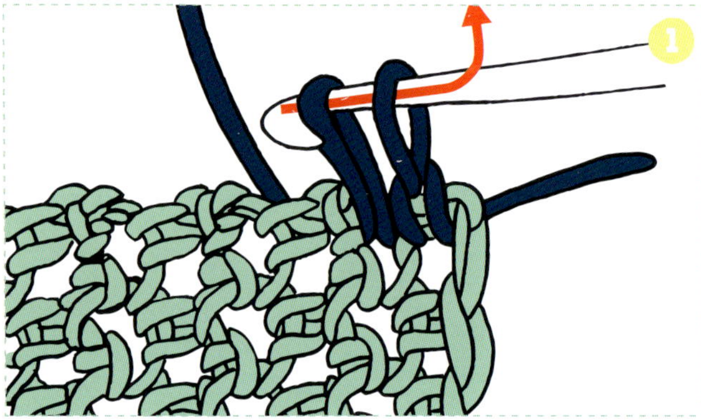

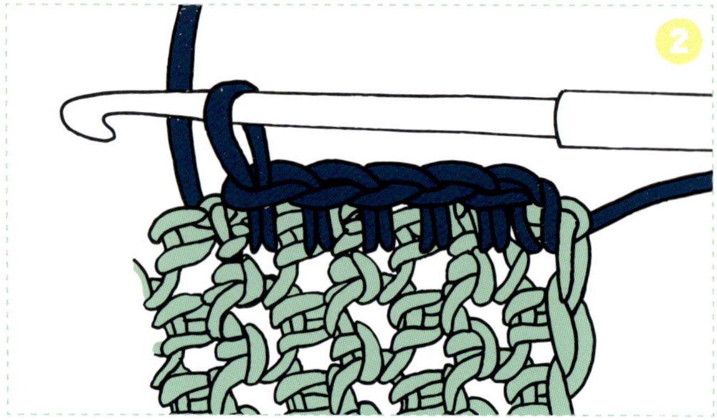

KETTMASCHE

Kettmaschen sind sehr vielfältig. Sie werden nicht nur verwendet, um Kanten zu verzieren, mit ihnen schließt man auch Runden. Um eine Kante zu verzieren, schlinge den Faden an einer Kante des Häkelstücks an. Stich unterhalb der Wendeluftmasche in die folgende Reihe ein, hole den Faden zur Schlinge und ziehe ihn durch die Schlaufe *siehe Bild 1.* So sieht eine mit Kettmaschen verzierte Abschlusskante aus *siehe Bild 2.*

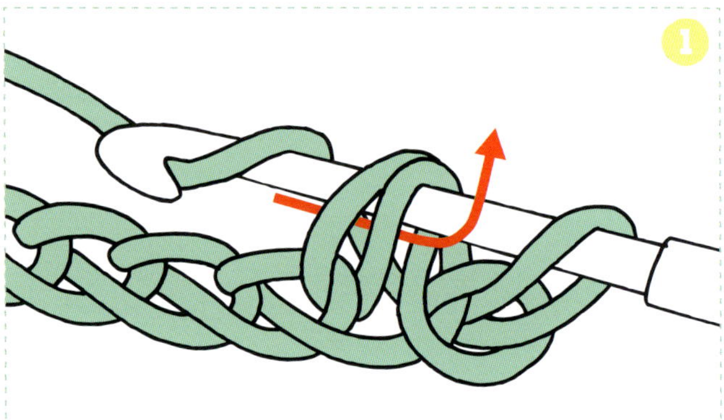

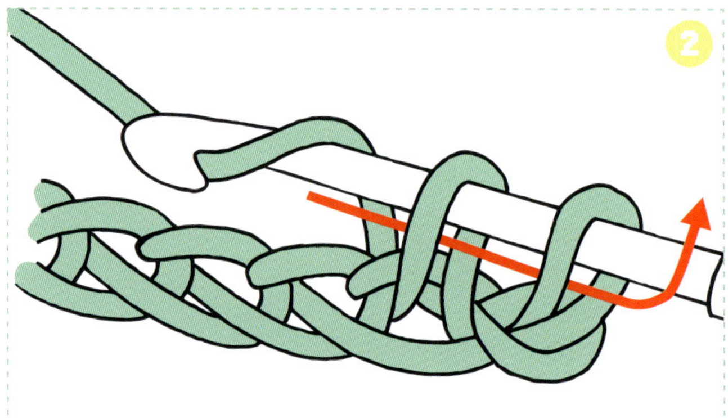

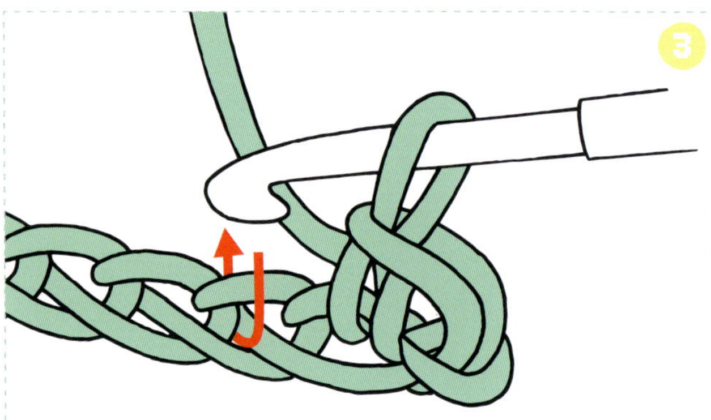

FESTE MASCHE

Stich mit der Nadel durch die folgende Masche und hole den Faden. Es befinden sich nun zwei Schlingen auf der Nadel *siehe Bild 1.* Hole den Arbeitsfaden erneut und ziehe ihn durch beide Schlingen auf der Nadel. Nun ist die erste feste Masche entstanden *siehe Bild 2.* In die nächste Einstichstelle stechen und den Vorgang wiederholen *siehe Bild 3.*

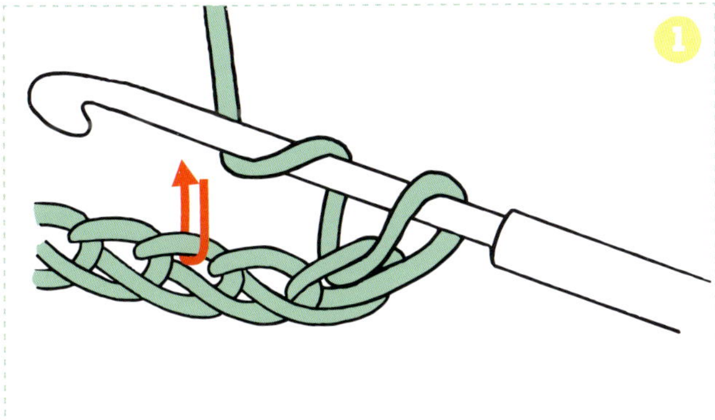

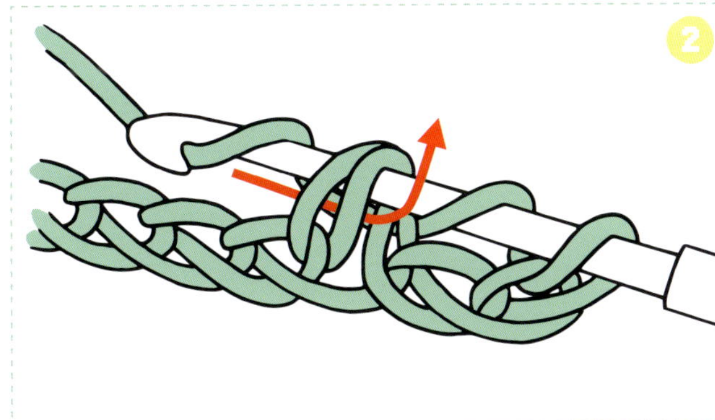

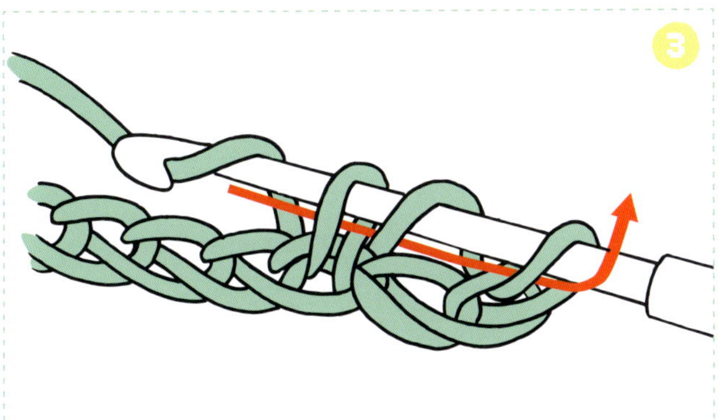

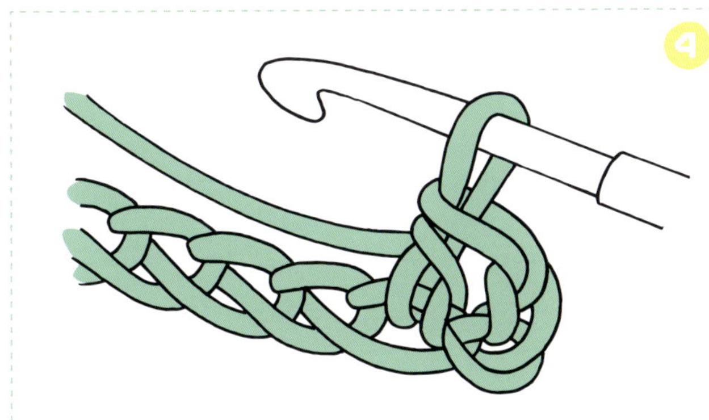

HALBES STÄBCHEN

Lege den Faden einmal um die Nadel (Umschlag). Stich dann in die folgende Masche ein, ***siehe Bild 1*** und hole den Faden. Es befinden sich dann drei Schlingen auf der Nadel ***siehe Bild 2.***

Hole den Faden erneut und ziehe ihn durch alle drei auf der Nadel befindlichen Schlingen ***siehe Bild 3.*** So sieht das fertige halbe Stäbchen aus ***siehe Bild 4.***

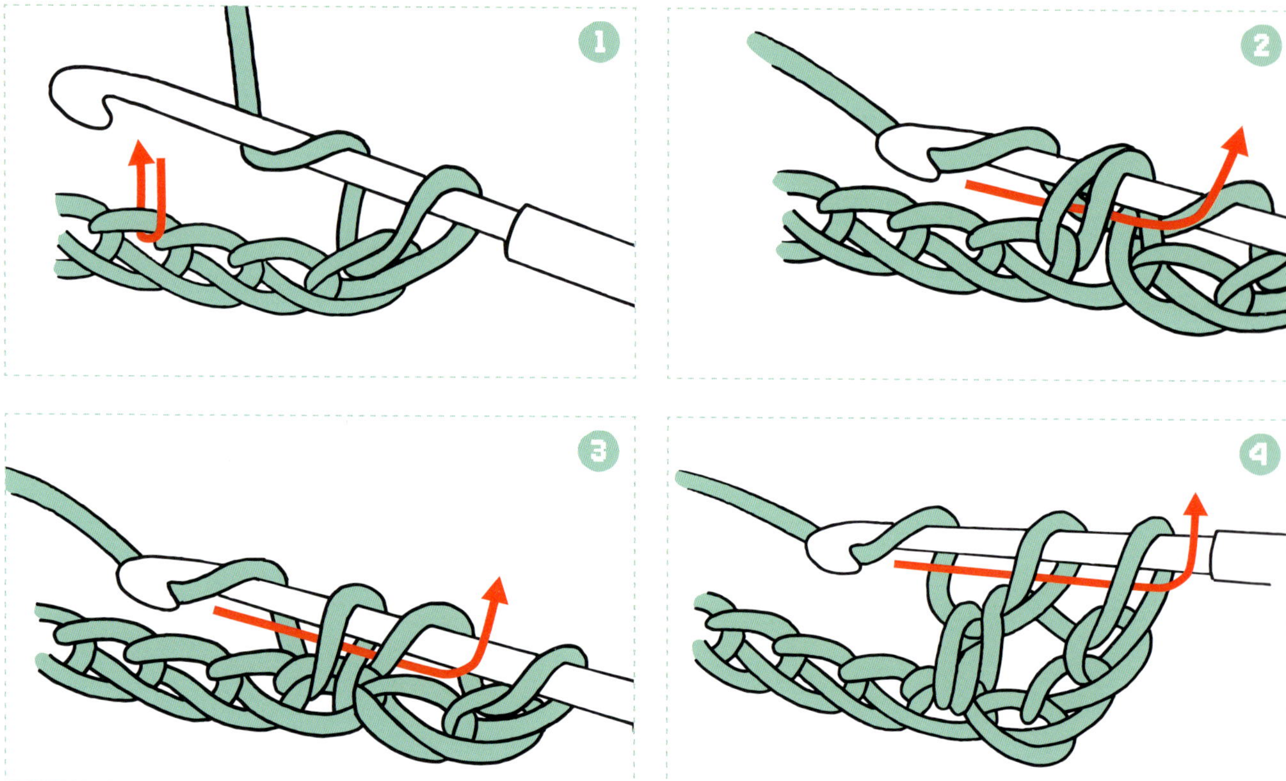

STÄBCHEN

Lege den Faden einmal um die Nadel (Umschlag). Stich dann in die folgende Masche ein, ***siehe Bild 1,*** und hole den Faden. Es befinden sich nun drei Schlingen auf der Nadel ***siehe Bild 2.*** Hole den Faden erneut und ziehe ihn durch die ersten beiden Schlingen auf der Nadel. Es liegen nun noch zwei Schlingen auf der Nadel ***siehe Bild 3.*** Den Faden noch einmal holen und durch die letzten beiden Schlingen ziehen ***siehe Bild 4.*** Nun ist das erste Stäbchen entstanden.

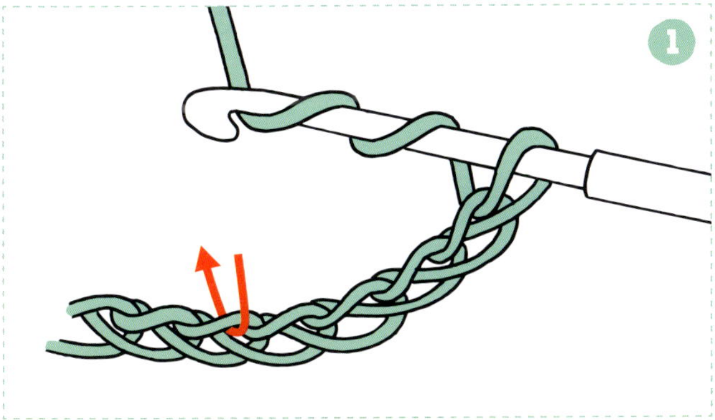

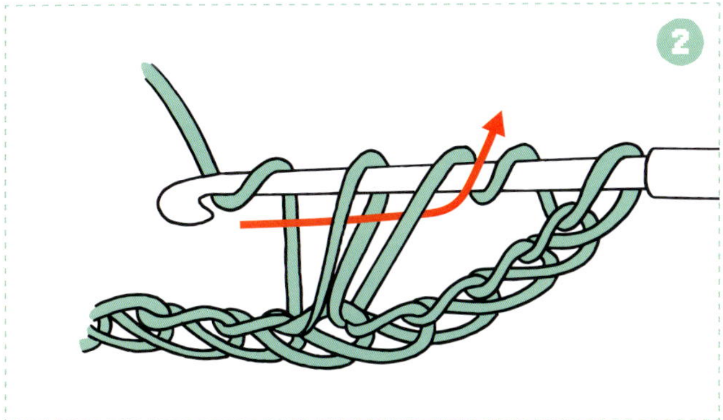

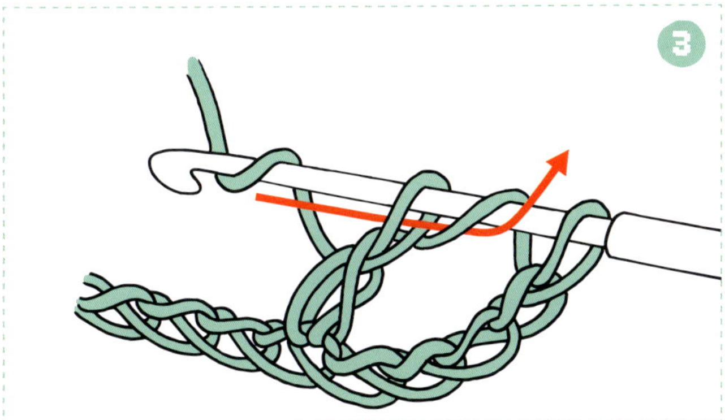

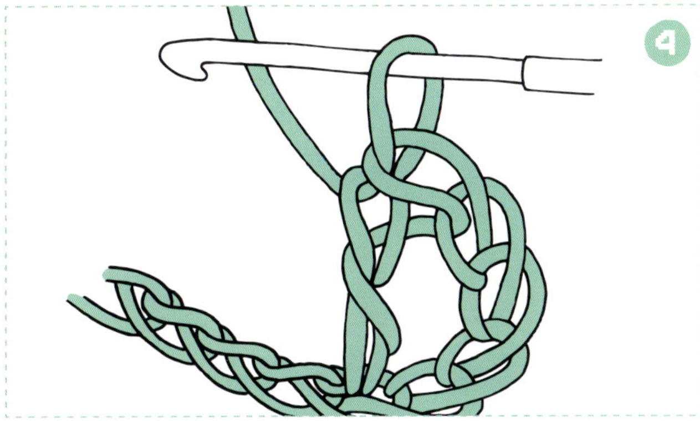

DOPPELSTÄBCHEN

Lege den Arbeitsfaden zweimal um die Nadel und stich dann in die fünfte Masche (am Reihen-/Rundenanfang) bzw. in die folgende Masche (innerhalb einer Reihe/Runde) ab der Nadel ein. Hole den Arbeitsfaden. Es liegen nun vier Schlingen auf der Nadel *siehe Bild 1.* Hole den Arbeitsfaden erneut und ziehe ihn durch die ersten beiden Schlingen auf der Nadel.

Es liegen dann noch drei Schlingen auf der Nadel *siehe Bild 2.* Hole erneut den Arbeitsfaden und ziehe ihn durch die ersten beiden Schlingen auf der Nadel. Es liegen dann nurnoch zwei Schlingen auf der Nadel. Hole den Arbeitsfaden erneut und ziehe ihn nun noch durch die letzten beiden Schlingen *siehe Bild 3.* Fertig ist das Doppelstäbchen *siehe Bild 4.*

MASCHENGLIEDER

Bei manchen Anleitungen wird angegeben, dass man nur in ein Maschenglied häkeln soll. Diese Illustration verdeutlicht, wo sich das vordere bzw. das hintere Maschenglied befindet. Außerdem kannst du auch ins rückwärtige Maschenglied arbeiten. Das befindet sich bei Luftmaschen auf der Rückseite der Luftmaschenkette. Bei festen Maschen liegt es, von oben betrachtet, hinter dem hinteren Maschenglied.

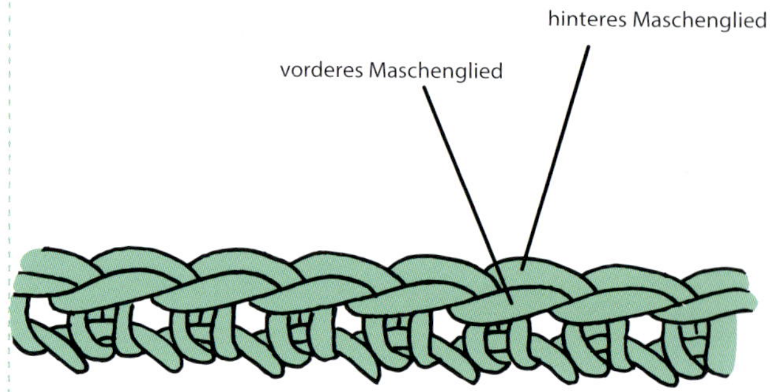

IN REIHEN HÄKELN

Beim Häkeln in Reihen wird die Arbeit am Reihenende gewendet. Davor häkelst du noch eine bestimmte Anzahl an Luftmaschen. Bei festen Maschen ist das eine Wendeluftmasche, bei halben Stäbchen sind es zwei Luftmaschen und bei ganzen Stäbchen drei Luftmaschen, um auf die richtige Höhe zu kommen.

IN SPIRALRUNDEN HÄKELN

Wird in Spiralrunden gehäkelt, so wird am Ende der Runde keine Kettmasche und am Anfang der Runde keine Luftmasche gehäkelt. Die Runde läuft also einfach schneckenförmig weiter. Du kannst dir den Anfang der Runde mit einem Faden, einem Maschenmarkierer oder einer Sicherheitsnadel markieren. Das erleichtert das Zählen der Maschen.

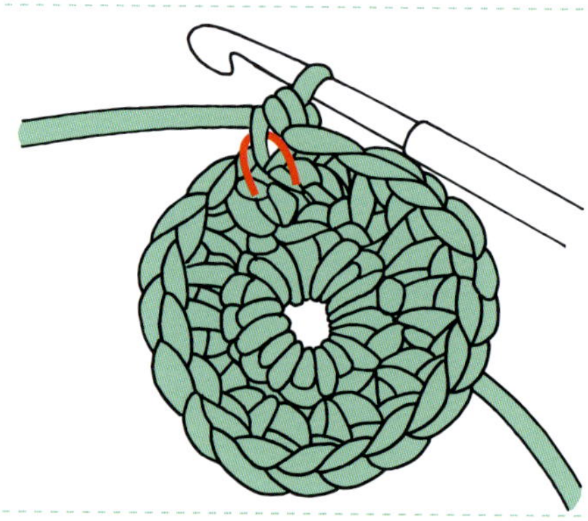

MASCHEN ZUNEHMEN/VERDOPPELN

Um Maschen jeglicher Art zuzunehmen, wird zweimal in eine Einstichstelle eingestochen. Die Masche dann wie gewohnt häkeln.
Eine Masche zunehmen = Eine Masche verdoppeln, also zwei Maschen in dieselbe Einstichstelle häkeln.

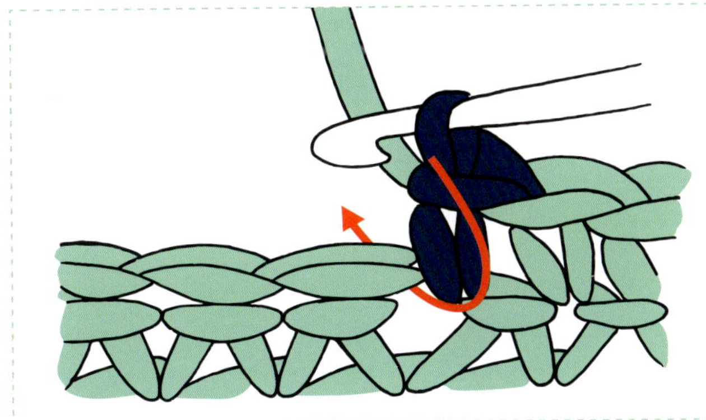

FESTE MASCHEN ZUSAMMEN ABMASCHEN

Um Maschen abzunehmen, werden diese zusammen abgemascht. Bei festen Maschen wie folgt vorgehen: Die Nadel wie beim Häkeln einer festen Masche durch die folgende Masche ziehen und den Faden holen, diese feste Masche jedoch nicht beenden. Nun in die folgende Masche einstechen und erneut den Faden holen. Es liegen drei Schlingen auf der Nadel. Den Faden erneut holen und durch alle drei Schlingen ziehen. Die Maschenzahl hat sich somit um eine feste Masche verringert. Eine Masche abnehmen = Zwei Maschen zusammen abma-schen, also zwei Maschen zusammenhäkeln, sodass nur ein Abmaschglied bleibt.

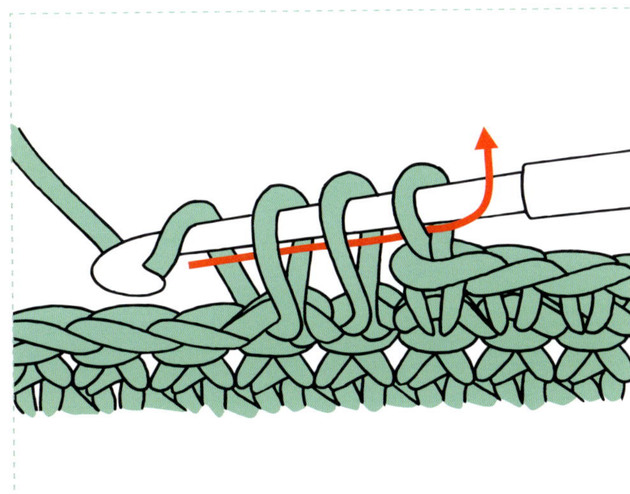

UNSICHTBARE ABNAHME

Diese Abnahmetechnik empfiehlt sich nur beim Arbeiten in (Spiral-)Runden. Mit der Nadel nur in das vordere Maschenglied der folgenden Masche einstechen. Anschließend direkt in das nächste vordere Maschenglied einstechen. Du hast nun drei Schlingen auf der Nadel. Den Faden holen und durch die ersten beiden Schlingen (= die vorderen Maschenglieder) auf der Nadel ziehen. Abschließend den Faden erneut holen und durch die letzten zwei Schlingen auf der Nadel ziehen.

NOPPEN

a) Häkle ein Stäbchen bis vor das Abmaschen: Ein Umschlag, in die nächste Masche der Vorreihe/Vorrunde einstechen, den Faden holen, den Faden erneut holen und durch die ersten beiden Schlingen auf der Nadel ziehen. Nun liegen zwei Schlingen auf der Nadel.

b) In dieselbe Masche der Vorreihe/Vorrunde noch so viele weitere Stäbchen bis vors Abmaschen häkeln, wie in der Anleitung angegeben.

c) Hole den Faden erneut und ziehe ihn durch alle Schlingen auf der Nadel (alle Stäbchen gemeinsam abmaschen).

RUNDE UNSICHTBAR VERSCHLIESSEN

Ist die letzte Runde gehäkelt, den Faden lang abschneiden, durch die letzte Schlinge ziehen und mit einer Vernähnadel und dem Restfaden in die vorderen Maschenglieder der letzten Runde weben. Den Faden fest anziehen und so die Öffnung schließen. Das Fadenende vernähen.

RUNDE UNSICHTBAR BEENDEN

Beim Häkeln in Spiralrunden sollte die Arbeit möglichst unsichtbar beendet werden. Dazu den Faden durch die übernächste Masche fädeln und dann wieder zurück durch das hintere Maschenglied der zuletzt gehäkelten Masche ziehen.

STEHENDE FESTE MASCHE

Lege eine Anfangsschlinge mit einem neuen Faden auf die Häkelnadel. Stich in die gewünschte Masche der letzten Runde des Häkelteils ein und häkle wie gewohnt eine feste Masche. Diese stehende Anfangsmasche ist deine erste feste Masche der neuen Runde. Häkle nun rundherum in die letzte Runde des Häkelteils. Schließe die Runde nicht mit einer Kettmasche, sondern häkle gemäß der Anleitung in Spiralrunden weiter.

FARBWECHSEL

Soll eine Runde mit einer anderen Farbe oder einem neuen Faden gehäkelt werden, wird bereits beim Häkeln der letzten Masche der aktuellen Runde der neue Faden beim letzten Mal Fadenholen verwendet. So erscheint der Farbwechsel sauber und stufenlos.

PICOTS

Picot aus einer Luftmasche: Zwei Luftmaschen häkeln, dann in die erste Luftmasche der Kette eine feste Masche häkeln. Picot aus drei Luftmaschen: Vier Luftmaschen häkeln, dann in die erste Luftmasche der Kette eine feste Masche häkeln.

ABKÜRZUNGEN

Abn/abn = Abnahmen/abnehmen
Fb = Farbe
fM = feste Masche(n)
hStb = halbe(s) Stäbchen
ihM = ins hintere Maschenglied
ivM = ins vordere Maschenglied
Km = Kettmasche(n)
LL = Lauflänge
Lm = Luftmasche(n)
M = Masche(n)
MM = Maschenmarkierer
N = Noppe(n)
Nd = Nadel
R = Reihe(n)
Rd = Runde(n)
Stb = Stäbchen
wdh = wiederholen
Zun/zun = Zunahmen/zunehmen
zus = zusammen

SCHWIERIGKEITSGRADE

Die Schwierigkeitsgrade geben an, wie schwer oder aufwendig ein Projekt ist. Vor allem für Häkelanfänger*-innen sehr hilfreich.

EINFACH – LEVEL 1
MITTEL – LEVEL 2
SCHWER – LEVEL 3

STICKSTICHE

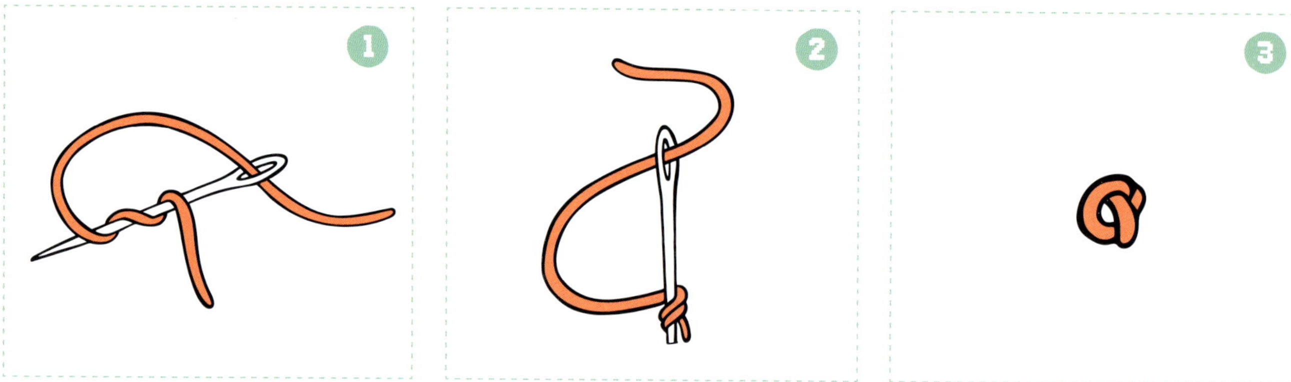

KNÖTCHENSTICH

Den Faden mehrmals um die Nadel wickeln ***siehe Bild 1.*** Dann in die Einstichstelle einstechen und den Faden fixieren ***siehe Bild 2.*** So sieht der fertige Knötchenstich aus ***siehe Bild 3.***

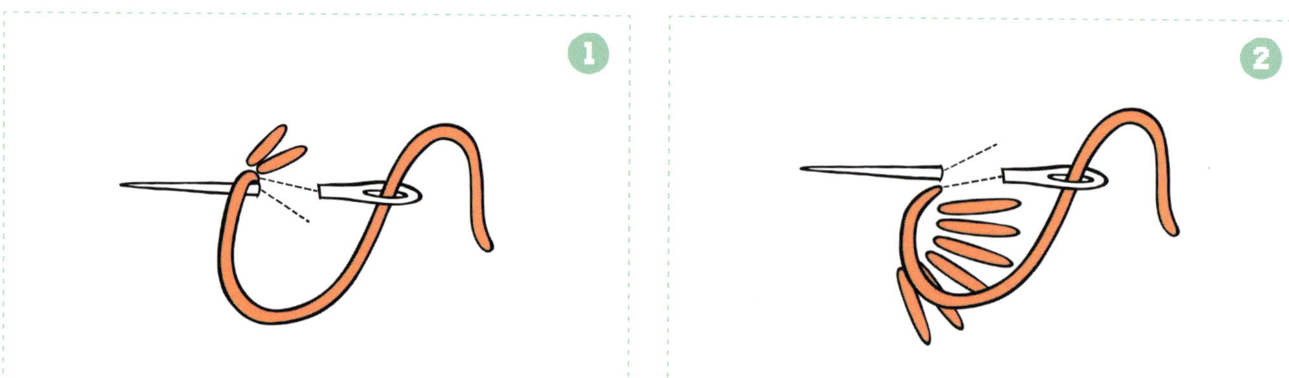

SPANNSTICH

Von unten nach oben einstechen und in der gewünschten Stichlänge wieder ausstechen. Den Stich in einigem Abstand wiederholen. Darauf achten, dass die Stiche nicht zu lang werden.

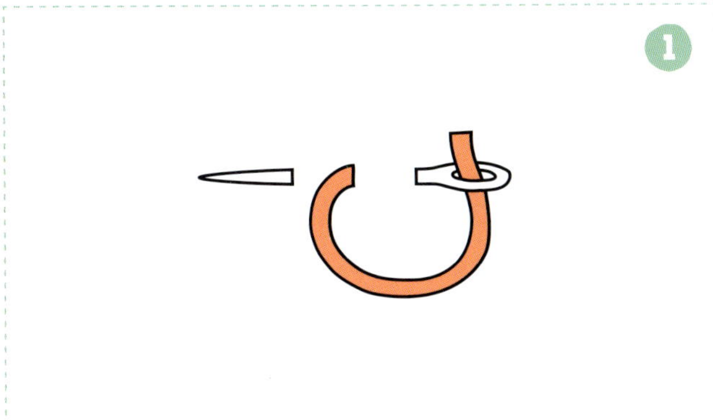

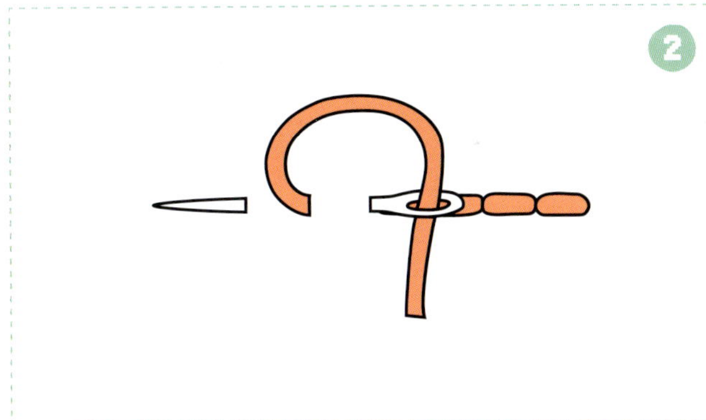

RÜCKSTICH

Von unten durch das Häkelstück ausstechen, die Nadel um die gewünschte Stichlänge in einer Entfernung nach rechts einstechen und um die doppelte Stichlänge nach links zurückstechen. Den Faden durchziehen *siehe Bild 1.*

Für die darauffolgenden Stiche jeweils in die vorletzte Ausstichstelle zurückstechen, danach in doppelter Stichlänge die Nadel nach vorn führen und nach oben ausstechen. Den Faden durchziehen *siehe Bild 2.*

Projekte

BLAUER Igel

Mit Schallgeschwindigkeit durch das Leben rennen! Das kann der blaue Igel besonders gut. So hält er seinen Erzfeind beständig davon ab, die Weltherrschaft an sich zu reißen. Zu seinen Leibspeisen gehören Chili Dogs und in seiner Freizeit reist der blaue Igel am liebsten um die Welt.

LEVEL: 3 | GRÖSSE: 22 CM

MATERIAL

- Gründl Cotton quick uni (100 % Baumwolle, LL 125m/50g) in
- Wollweiß (Fb 132), 18g
- Kirsche (Fb 120), 5g
- Beige (Fb 139), 10g
- Mittelblau (Fb 126), 75g
- Senf (Fb 124), ein Rest
- Farn (Fb 114), ein Rest
- Silbergrau (Fb 70), ein Rest
- Schwarz (Fb 11), ein Rest
- Dünner Restfaden in Weiß für die Details
- Häkelnadel 2,50mm
- Füllwatte
- Stopfnadel zum Vernähen
- Schere

SO WIRD'S GEMACHT

Es wird in Spiralrunden gehäkelt. Beine und Körper werden in einem Stück gearbeitet, die Einzelteile später angenäht.

KOPF (IN MITTELBLAU)

Häkle in Rd. Den Kopf fortlaufend mit Füllwatte ausstopfen.
1. Rd: 6 fM in einen Fadenring häkeln (= 6 M).
2. Rd: 6x 1 M zun (= 12 M).
3. Rd: *1 fM, 1 M zun*, von * bis * noch 5x wdh (= 18 M).
4. Rd: *2 fM, 1 M zun*, von * bis * noch 5x wdh (= 24 M).
5. Rd: *3 fM, 1 M zun*, von * bis * noch 5x wdh (= 30 M).
6. Rd: *4 fM, 1 M zun*, von * bis * noch 5x wdh (= 36 M).
7. Rd: *17 fM, 1 M zun*, von * bis * noch 1x wdh (= 38 M).
8.–19. Rd: 38 fM häkeln.
20. Rd: *17 fM, 1 M abn*, von * bis * noch 1x wdh (= 36 M).
21. Rd: 36 fM häkeln.
22. Rd: *4 fM, 1 M abn*, von * bis * noch 5x wdh (= 30 M).
23. Rd: *3 fM, 1 M abn*, von * bis * noch 5x wdh (= 24 M).
24. Rd: *2 fM, 1 M abn*, von * bis * noch 5x wdh (= 18 M).
25. Rd: *1 fM, 1 M abn*, von * bis * noch 5x wdh (= 12 M).
26. Rd: 6x 1 M abn (= 6 M).
Faden abschneiden, durch alle vorderen M-Glieder fädeln, fest zuziehen und vernähen.

AUGEN (2X IN WOLLWEISS)

Häkle in Rd.
1. Rd: 4 fM in einen Fadenring häkeln (= 4 M).
2. Rd: 4x 1 M zun (= 8 M).
3. Rd: *1 fM, 1 M zun*, von * bis * noch 3x wdh (= 12 M).
4. Rd: *2 fM, 1 M zun*, von * bis * noch 3x wdh (= 16 M).
Das erste Auge abketten und den Faden vernähen. Ein zweites Auge häkeln, aber nicht abketten. Es geht direkt mit der Verbindung der Augen weiter.

VERBINDUNG DER AUGEN (IN WOLLWEISS UND MITTELBLAU)

Beginne in Wollweiß.
Häkle 4 fM an das zweite Auge, stich anschließend in das erste Auge ein und häkle ebenso 4 fM entlang der Unterseite *siehe Bild 1–2*. Stich in die nächste M ein und wechsle die Farbe zu Mittelblau. Den weißen Faden dabei lang

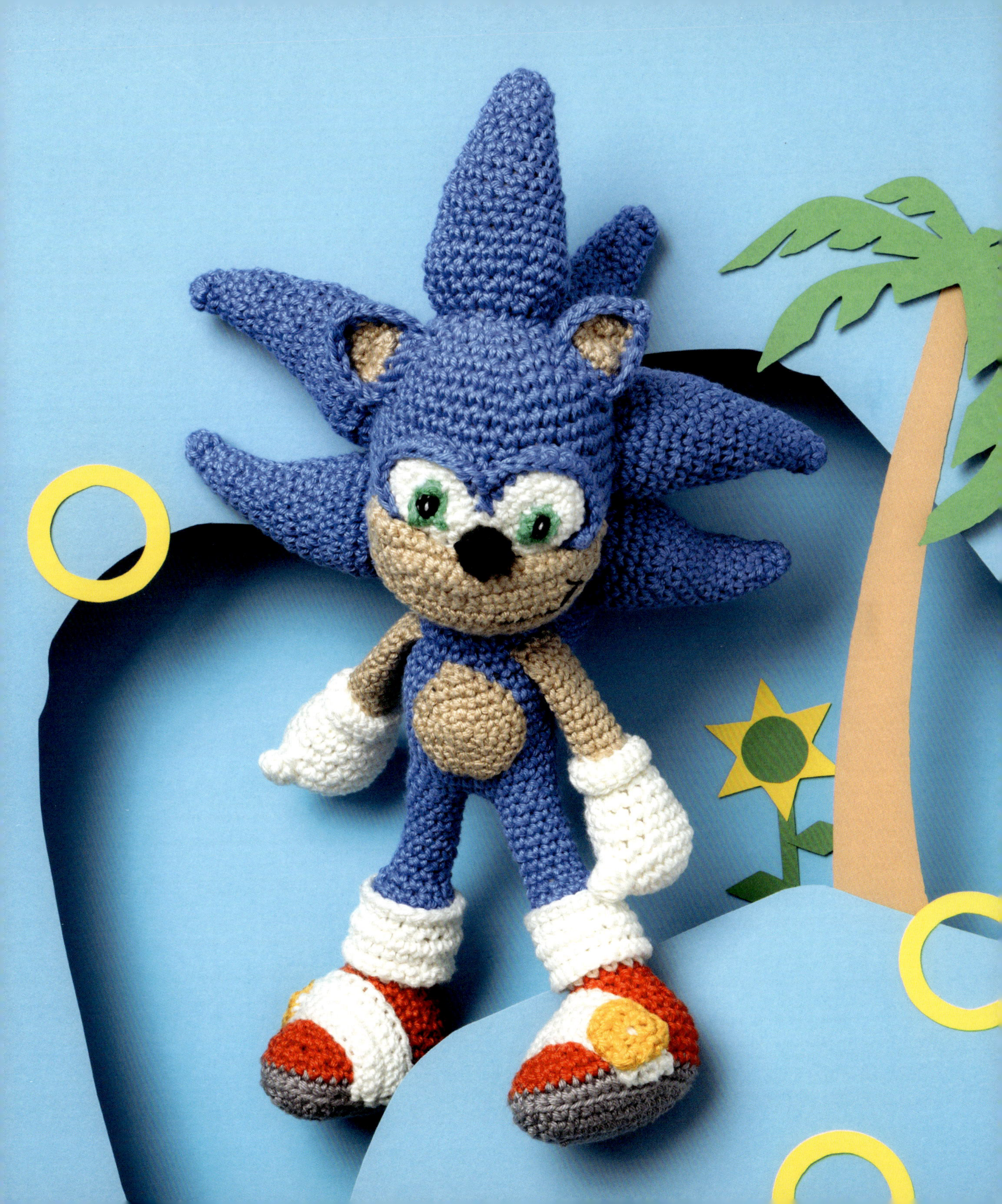

abschneiden. Es geht wie folgt in R weiter:
1. R: 11 fM um das erste Auge *siehe Bild 3* 1 fM in die nächste M, dabei gleichzeitig in die gegenüberliegende M einstechen und die Augen miteinander verbinden *siehe Bild 4,* 11 fM um das zweite Auge *siehe Bild 5,* 1 Lm und wenden (= 23 M).
2. R: 23 fM ivM häkeln.
Den Faden lang abschneiden und zu den hinteren M-Gliedern der letzten Rd fädeln. Die Augen über der 10.–16. Rd am Kopf festnähen. Nutze dazu die hinteren M-Glieder des blauen Bereichs und nähe den unteren Bereich mit dem weißen Restfaden fest *siehe Bild 6.*

SCHNAUZE (IN BEIGE)

Beginne in R. Die Schnauze nicht mit Füllwatte ausstopfen.
17 Lm anschlagen, in die 2. Lm von der Nd aus einstechen und wie folgt in R weiterhäkeln:
1.–5. R: 16 fM, 1 Lm und wenden (= 16 M).
Es geht in Rd weiter.
6. Rd: 42 fM rund um die R häkeln (= 42 M).
7.–8. Rd: 42 fM häkeln.
Häkle noch 3 fM weiter bis zur Kante deiner Arbeit. Das Ende falten und mit 21 fM zusammenhäkeln. Den Faden lang abschneiden und die Schnauze unter den Augen festnähen. Die zusammengehäkelte Kante liegt dabei unten. Die Mundwinkel während des Annähens leicht nach oben ziehen *siehe Bild 7.*

IRIS (2X IN FARN)

4 Lm anschlagen, in die 2. Lm von der Nd aus einstechen und 3 fM entlang der Lm-Kette häkeln. Den Faden lang abschneiden und die Iris auf den Augen festnähen.

DETAILS GESICHT

Die Pupillen in Schwarz über 2 M Höhe mit dem Rückstich auf die Augen aufsticken. Stich dazu ca. 6x ein *siehe Bild 8.*

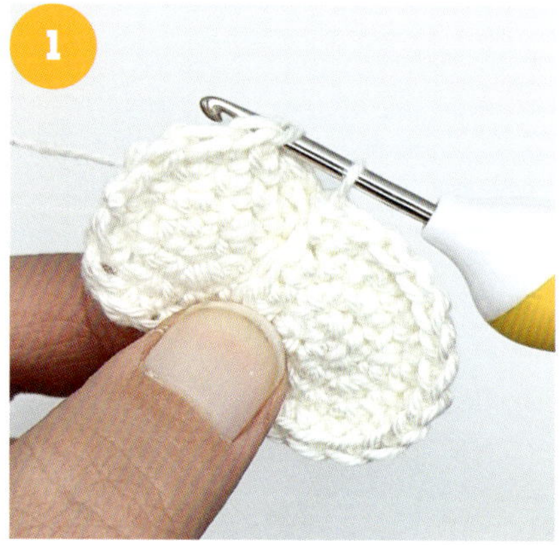

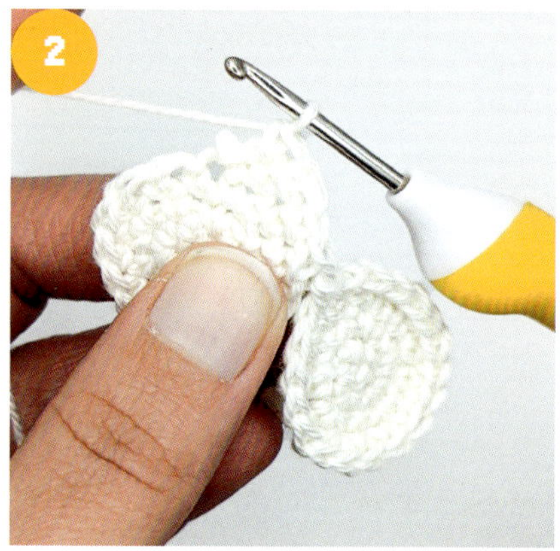

Den Lichtreflex in Weiß in der Mitte der Pupille aufsticken *siehe Bild 9.* Den Mund in Schwarz über 6 fM Länge und 1 Rd Höhe ca. 2 Rd über dem Ende der Schnauze aufsticken. Dahinter die Mundwinkel über 3 fM Breite sticken *siehe Bild 10.*

TIPP: Zum Aufsticken der Details eignet sich ein dünnes Filetgarn sehr gut. Du kannst aber auch einen Restfaden mittig spalten. Wichtig ist, ein dünnes Garn zu verwenden, damit die Details gut zur Geltung kommen.

NASE (IN SCHWARZ)

Häkle in Rd. Die Nase nicht mit Füllwatte ausstopfen.
1. Rd: 6 fM in einen Fadenring häkeln (= 6 M).

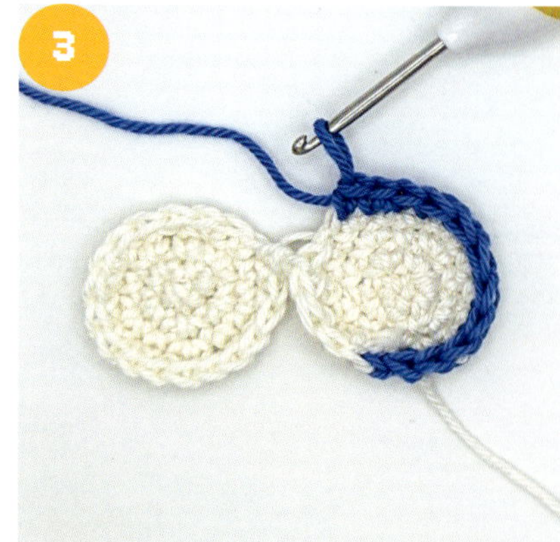

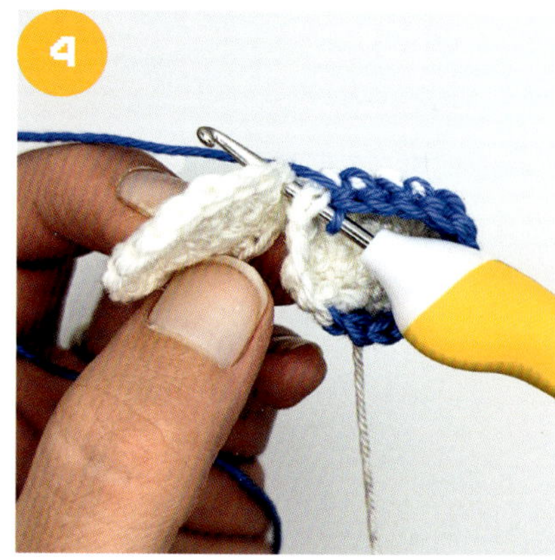

2.–3. Rd: 6 fM häkeln.
Den Faden lang abschneiden und die Nase zwischen Augen und Schnauze festnähen.

OHREN (2X IN BEIGE UND 2X IN MITTELBLAU)

Häkle in R. Beginne in Beige.
5 Lm anschlagen, in die 2. Lm von der Nd aus einstechen und wie folgt häkeln:
1.–2. R: 4 fM, 1 Lm und wenden (= 4 M).
3. R: 2x 1 M abn, 1 Lm und wenden (= 2 M).
4. R: 1 M abn, 1 Lm und wenden (= 1 M).
Zum Abschluss fM rund um das Ohr häkeln. Dabei je 4 fM in die Seiten und 1 fM an die Spitze häkeln (= 13 M). Den Faden abschneiden und vernähen. Die übrigen Ohren häkeln, den Faden jedoch hier nicht abschneiden.

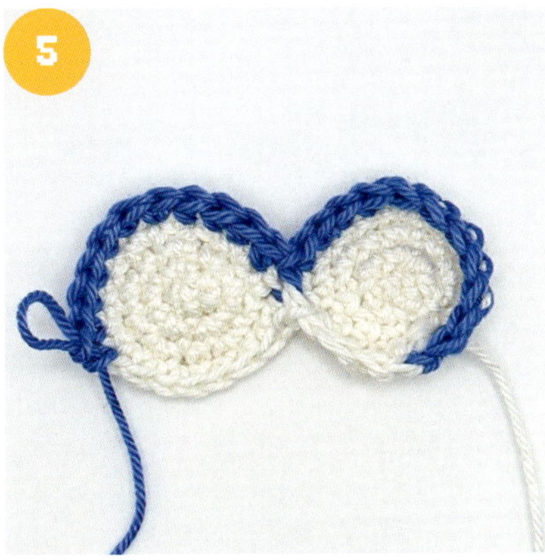

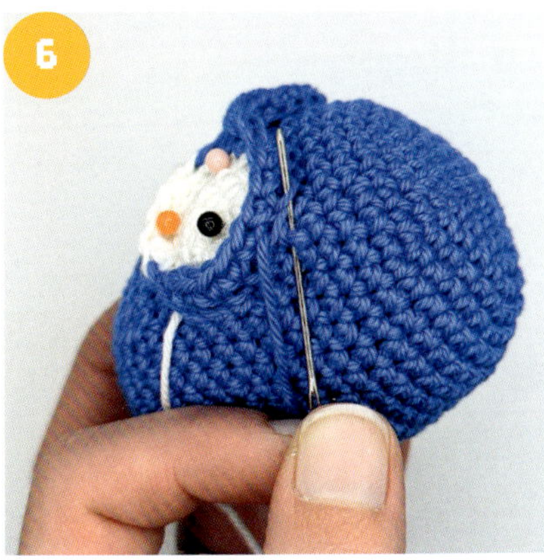

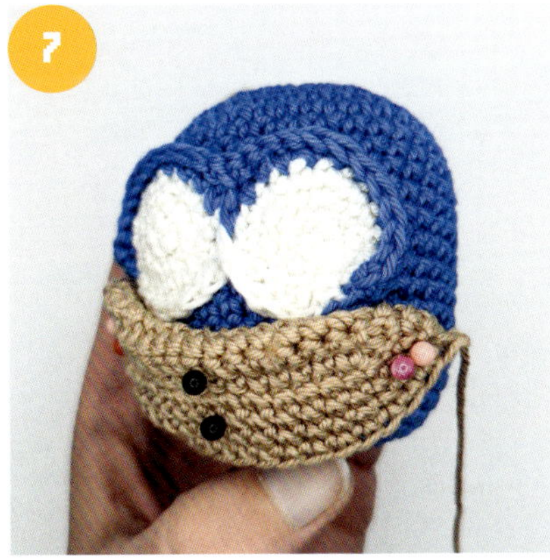

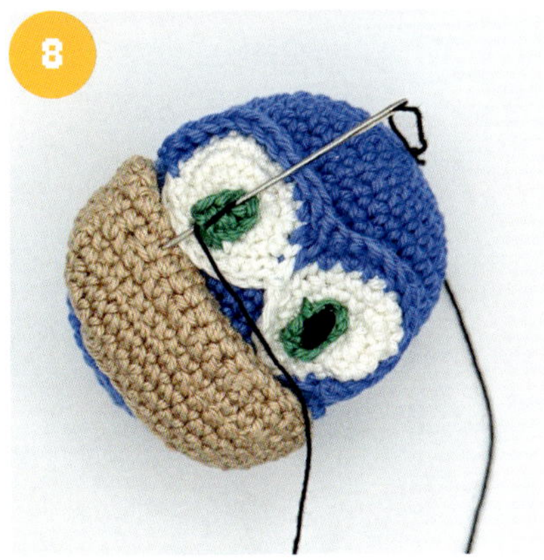

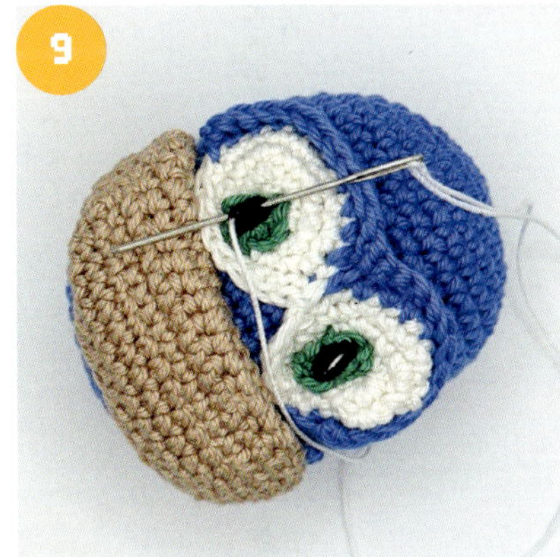

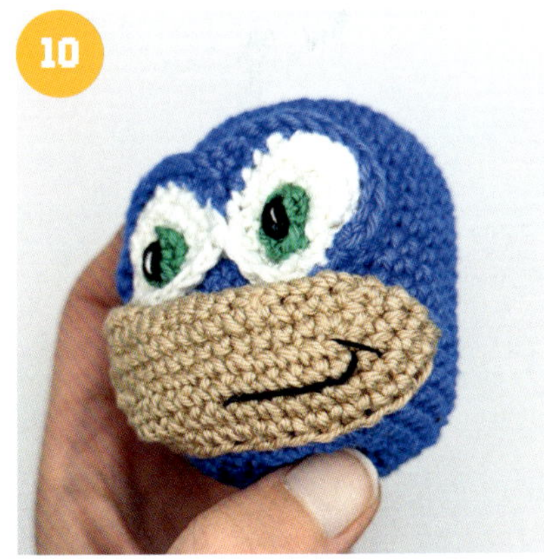

Ohren fertigstellen

Lege je ein Ohrteil in Beige und eines in Mittelblau rücklings aufeinander. Stich durch beide Schichten hindurch und häkle wie folgt weiter:
1. Rd: 12 fM, 1 M zun (= 14 M).

ACHTUNG: Die Zun aus der 1. Rd sollte auf der Spitze des Ohrs liegen.

2. Rd: 14 fM häkeln.
Den Faden lang abschneiden und zwei der gegenüberliegenden fM der Ohrspitze zusammennähen. Den Faden zum unteren Bereich des Ohrs fädeln. Die Ohren über der 5.–8. Rd des Kopfes, ca. 2 Rd über den Augen festnähen *siehe Bild 11.*

BEINE (2X IN SILBERGRAU, KIRSCHE, WOLLWEISS UND MITTELBLAU)

Häkle in Rd. Die Beine fortlaufend mit Füllwatte ausstopfen. Beginne in Silbergrau.
11 Lm anschlagen, in die 2. Lm einstechen und wie folgt um die Lm-Kette herum häkeln:
1. Rd: 9 fM, 3 fM in eine M, 8 fM, 1 M zun (= 22 M).
2. Rd: 10 fM, 3 fM in eine M, 10 fM, 1 M zun (= 25 M).
3. Rd: 2x 1 M zun, 10 fM, 1 M zun, 10 fM, 2x 1 M zun (= 30 M).
4. Rd: *4 fM, 1 M zun*, von * bis * noch 5x wdh (= 36 M).
5. Rd: 36 fM ihM häkeln.
Fb-Wechsel zu Kirsche.
6. Rd: 36 fM häkeln.
7. Rd: 14 fM, 4x 1 M abn, 14 fM (= 32 M).
8. Rd: 32 fM häkeln.
9. Rd: 12 fM, 4x 1 M abn, 12 fM (= 28 M).
10. Rd: 10 fM, 4x 1 M abn, 10 fM (= 24 M).
11. Rd: *2 fM, 1 M abn*, von * bis * noch 5x wdh (= 18 M).
12. Rd: 18 fM häkeln.
13. Rd: *1 fM, 1 M abn*, von * bis * noch 5x wdh (= 12 M).
Fb-Wechsel zu Wollweiß.
14. Rd: 12 fM häkeln.
15. Rd: 12x 1 M zun (= 24 M).
16. Rd: 24 fM ivM häkeln.
Den Faden abschneiden und vernähen. Das Bündchen nach unten klappen und den Faden ivM aus der 16. Rd in Wollweiß mit einer stehenden fM wieder aufnehmen. Stich dazu von unten nach oben ein und häkle wie folgt weiter:

11

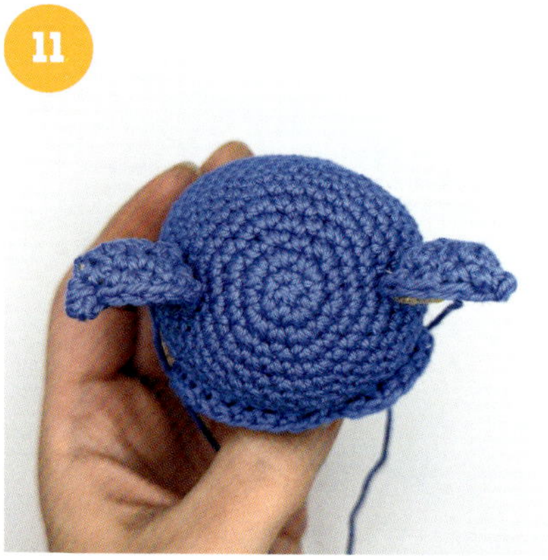

12

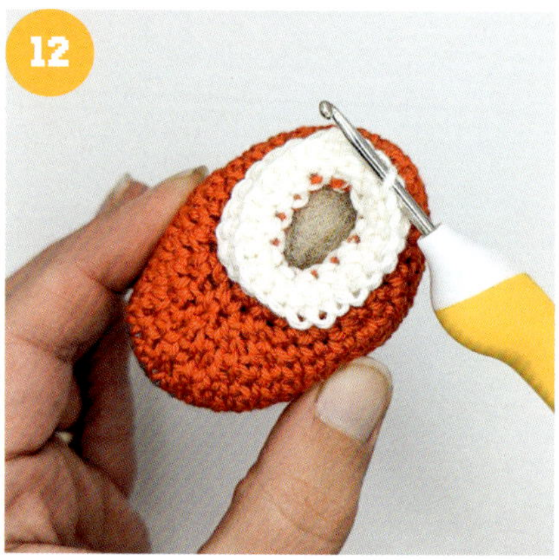

17. Rd: 24 fM ihM häkeln *siehe Bild 12–13.*
18. Rd: 24 fM häkeln.
19. Rd: *2 fM, 1 M abn*, von * bis * noch 5x wdh (= 18 M).
20. Rd: 18 fM ivM häkeln.

Den Faden abschneiden und vernähen. Dann den Faden in Mittelblau ihM aus der 20. Rd des Beines wieder aufnehmen. Stich dazu von oben nach unten ein und häkle wie folgt weiter:

21. Rd: 18 fM ihM häkeln.
22. Rd: *1 fM, 1 M abn*, von * bis * noch 5x wdh (= 12 M).
23. Rd: *4 fM, 1 M abn*, von * bis * noch 1x wdh (= 10 M).
24.–30. Rd: 10 fM häkeln.

Das erste Bein abketten und den Faden vernähen. Ein zweites Bein häkeln, jedoch nicht abketten. Häkle zwei weitere fM an das zweite Bein, der Rd-Anfang

13

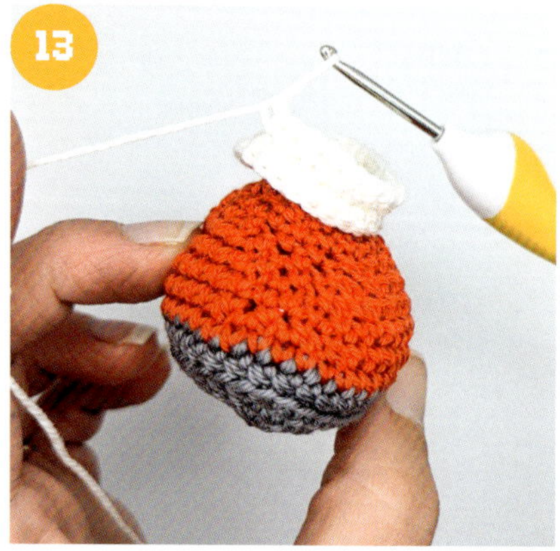

14

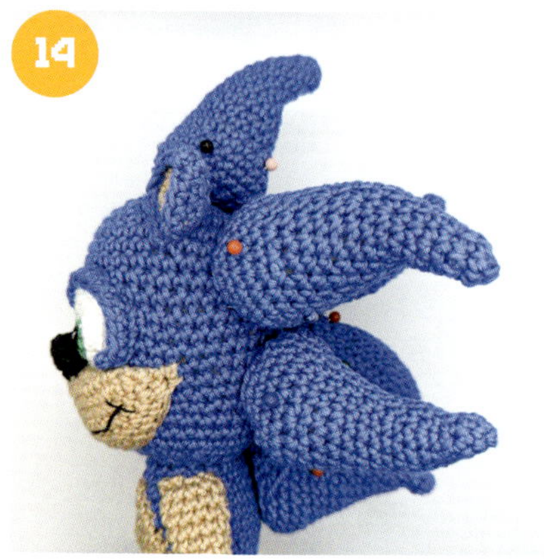

sollte links mittig liegen. Es geht direkt mit dem Körper weiter.

KÖRPER (IN MITTELBLAU)

Häkle in Rd. Den Körper fortlaufend mit Füllwatte ausstopfen.
Häkle 2 Lm an das zweite Bein, stich in das erste Bein ein und häkle wie folgt weiter:

1. Rd: 10 fM um das erste Bein, 2 fM in die Lm-Kette, 10 fM um das zweite Bein, 2 fM in die Lm-Kette (= 24 M).
2. Rd: 24 fM häkeln.
3. Rd: *5 fM, 1 M zun*, von * bis * noch 3x wdh (= 28 M).
4.–7. Rd: 28 fM häkeln.
8. Rd: *6 fM, 1 M zun*, von * bis * noch 3x wdh (= 32 M).
9.–10. Rd: 32 fM häkeln.
11. Rd: *6 fM, 1 M abn*, von * bis * noch 3x wdh (= 28 M).

15

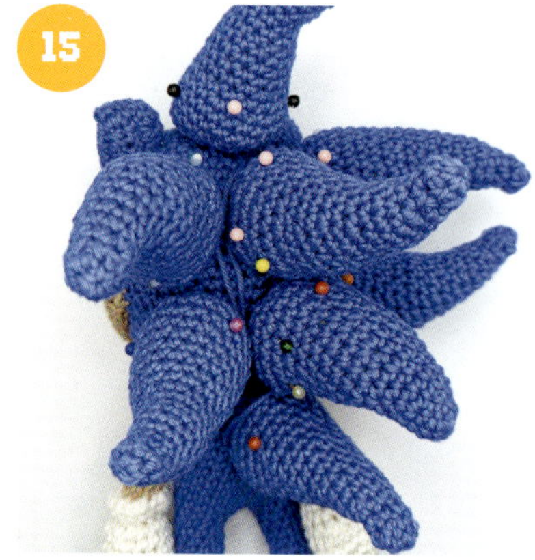

12. Rd: *5 fM, 1 M abn*, von * bis * noch 3x wdh (= 24 M).
13. Rd: 24 fM häkeln.
14. Rd: *2 fM, 1 M abn*, von * bis * noch 5x wdh (= 18 M).

Abketten, den Faden lang abschneiden und den Körper zur Seite legen.

BAUCH (IN BEIGE)

Häkle in Rd.

1. Rd: 4 fM in einen Fadenring häkeln (= 4 M).
2. Rd: 4x 1 M zun (= 8 M).
3. Rd: 1 fM, 1 M zun*, von * bis * noch 3x wdh (= 12 M).
4. Rd: 2 fM, 1 M zun*, von * bis * noch 3x wdh (= 16 M).
5. Rd: 3 fM, 1 M zun*, von * bis * noch 3x wdh (= 20 M).

Abketten, den Faden lang abschneiden und den Bauch 1 Rd unter der letzten Rd des Körpers festnähen. Der Rd-Anfang zeigt dabei nach oben. Anschließend den Kopf am Körper festnähen.

SCHNALLEN (2X IN WOLLWEISS)

19 Lm anschlagen, in die 2. Lm von der Nd aus einstechen und wie folgt in R weiterhäkeln:

1–4 R: 18 fM, 1 Lm und wenden (= 18 M).

Den Faden lang abschneiden und die Schnallen auf den Schuhen festnähen.

BROSCHE (2X IN SENF)

Häkle in Rd.
8 Lm anschlagen, in die 1. Lm einstechen und so die Lm-Kette zu einem Ring schließen. Anschließend wie folgt weiterhäkeln:
1. Rd: *3 fM in eine M, 1 fM*, von * bis * noch 3x wdh (= 16 M).
Abketten, den Faden lang abschneiden und die Broschen jeweils auf den Schnallen der Schuhe festnähen.

ARME (2X IN BEIGE UND WOLLWEISS)

Häkle in Rd. Nur die Faust mit Füllwatte ausstopfen. Beginne in Wollweiß.
1. Rd: 6 fM in einen Fadenring häkeln (= 6 M).
2. Rd: 6x 1 M zun (= 12 M).
3. Rd: *1 fM, 1 M zun*, von * bis * noch 5x wdh (= 18 M).
4. Rd: *2 fM, 1 M zun*, von * bis * noch 5x wdh (= 24 M).
5. Rd: 11 fM, 1 N aus 6 Stb, 12 fM (= 24 M).
6. Rd: *2 fM, 1 M abn*, von * bis * noch 5x wdh (= 18 M).
7.–8. Rd: 18 fM häkeln.
9. Rd: * 5 fM, 2x 1 M abn*, von * bis * noch 1x wdh (= 14 M).
10. Rd: *3 fM, 2x 1 M abn*, von * bis * noch 1x wdh (= 10 M).
11. Rd: 10 fM häkeln.
12. Rd: 10x 1 M zun ivM (= 20 M).
13. Rd: 20 fM häkeln.
Den Faden abschneiden und vernähen. Anschließend den Faden in Beige ihM aus der 12. Rd mit einer stehenden fM wieder aufnehmen. Stich dazu von oben nach unten ein und häkle wie folgt weiter:
14. Rd: 10 fM ihM häkeln (= 10 M).
15.–22. Rd: 10 fM häkeln (= 10 M).
Das Ende falten und mit 5 fM zusammenhäkeln. Die Faltkante liegt dabei in einer Linie mit dem Daumen. Den Faden lang abschneiden und die Arme 1 Rd unter dem Kopf, seitlich am Körper festnähen.

STACHELN (8X IN MITTELBLAU)

Häkle in Rd. Die Stacheln fortlaufend mit Füllwatte ausstopfen.
1. Rd: 6 fM in einen Fadenring häkeln (= 6 M).
2.–3. Rd: 6 fM häkeln.
4. Rd: *2 fM, 1 M zun*, von * bis * noch 1x wdh (= 8 M).
5. Rd: *3 fM, 1 M zun*, von * bis * noch 1x wdh (= 10 M).
6.–7. Rd: 10 fM häkeln.
8. Rd: *4 fM, 1 M zun*, von * bis * noch 1x wdh (= 12 M).
9. Rd: 12 fM häkeln.
10. Rd: *5 fM, 1 M zun*, von * bis * noch 1x wdh (= 14 M).
11. Rd: 14 fM häkeln.
12. Rd: *6 fM, 1 M zun*, von * bis * noch 1x wdh (= 16 M).
13. Rd: 16 fM häkeln.
14. Rd: *7 fM, 1 M zun*, von * bis * noch 1x wdh (= 18 M).
15. Rd: 18 fM häkeln.
16. Rd: *2 fM, 1 M zun*, von * bis * noch 5x wdh (= 24 M).
17.–18. Rd: 24 fM häkeln.
19. Rd: *8 fM, 2x 1 M abn*, von * bis * noch 1x wdh (= 20 M).
20. Rd: *6 fM, 2x 1 M abn*, von * bis * noch 1x wdh (= 16 M).
Abketten, den Faden lang abschneiden und sieben Stacheln am Hinterkopf, sowie einen Stachel zwischen Hinterkopf und Rücken festnähen *siehe Bild 14–15*.

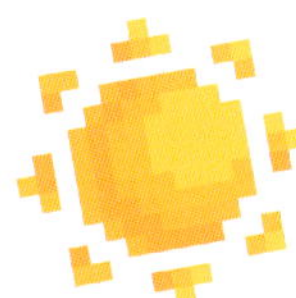

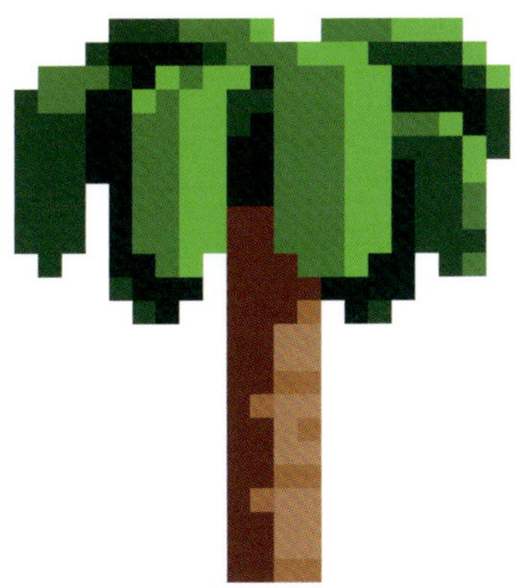

VERRÜCKTER *Hahn*

Ein Leben im Versteck führen? Das möchte der verrückte Hahn nicht. Gemeinsam mit seinen Verwandten traut er sich immer wieder aus seinem Schlupfloch. Frech versuchen sie, Jäger*innen durcheinander zu bringen und draußen zu überleben.

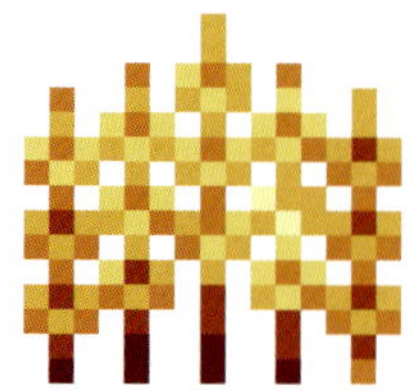

LEVEL: 2 | GRÖSSE: 18 CM

MATERIAL

- Schachenmayr Catania (100% Baumwolle, LL 125m/50g) in
- Sun-Kissed (Fb 437), 40g
- Signalrot (Fb 115), 10g
- Creme (Fb 130), 5g
- Sonne (Fb 208), 20g
- Sicherheitsaugen Ø 8mm
- 3 Pfeifenreiniger
- Häkelnadel 2,50mm
- Füllwatte
- Stopfnadel zum Vernähen
- Schere

SO WIRD'S GEMACHT

Es wird in Spiralrunden gehäkelt. Einzelteile werden später angenäht.

KOPF (IN SUN-KISSED)

Häkle in Rd. Den Kopf fortlaufend mit Füllwatte ausstopfen.

1. Rd: 6 fM in einen Fadenring häkeln (= 6 M).
2. Rd: 6x 1 M zun (= 12 M).
3. Rd: *1 fM, 1 M zun*, von * bis * noch 5x wdh (= 18 M).
4. Rd: *2 fM, 1 M zun*, von * bis * noch 5x wdh (= 24 M).
5. Rd: *3 fM, 1 M zun*, von * bis * noch 5x wdh (= 30 M).
6. Rd: *4 fM, 1 M zun*, von * bis * noch 5x wdh (= 36 M).
7. Rd: *17 fM, 1 M zun*, von * bis * noch 1x wdh (38 M).
8.–19. Rd: 38 fM häkeln.
20. Rd: *17 fM, 1 M abn*, von * bis * noch 1x wdh (= 36 M).
21. Rd: 36 fM häkeln.
22. Rd: *4 fM, 1 M abn*, von * bis * noch 5x wdh (= 30 M).
23. Rd: *3 fM, 1 M abn*, von * bis * noch 5x wdh (= 24 M).
24. Rd: *2 fM, 1 M abn*, von * bis * noch 5x wdh (= 18 M).
25. Rd: *1 fM, 1 M abn*, von * bis * noch 5x wdh (= 12 M).
26. Rd: 6x 1 M abn (= 6 M).

Faden abschneiden, durch alle vorderen M-Glieder fädeln, fest zuziehen und vernähen.

AUGEN (2X IN CREME UND SUN-KISSED)

Häkle in Rd. Die Augen nur leicht mit Füllwatte ausstopfen. Beginne in Creme.

1. Rd: 6 fM in einen Fadenring häkeln (= 6 M).
2. Rd: 6x 1 M zun (= 12 M).
3. Rd: *1 fM, 1 M zun*, von * bis * noch 5x wdh (= 18 M).
4.–6. Rd: 18 fM häkeln.

Fb-Wechsel zu Sun-Kissed.

7.–8. Rd: 18 fM häkeln.

Die Augen mittig an der ersten Rd befestigen. Abketten, den Faden lang abschneiden. Die Augen über der 7.–14. Rd am Kopf festnähen.

AUGENLIDER (2X IN SUN-KISSED)

Schlage 15 Lm an, stich in die 2. Lm von der Nd aus ein und häkle wie folgt in R weiter:

1.–2. R: 14 fM, 1 Lm und wenden (= 14 M).

Den Faden lang abschneiden und die Augenlider über den Augen festnähen.

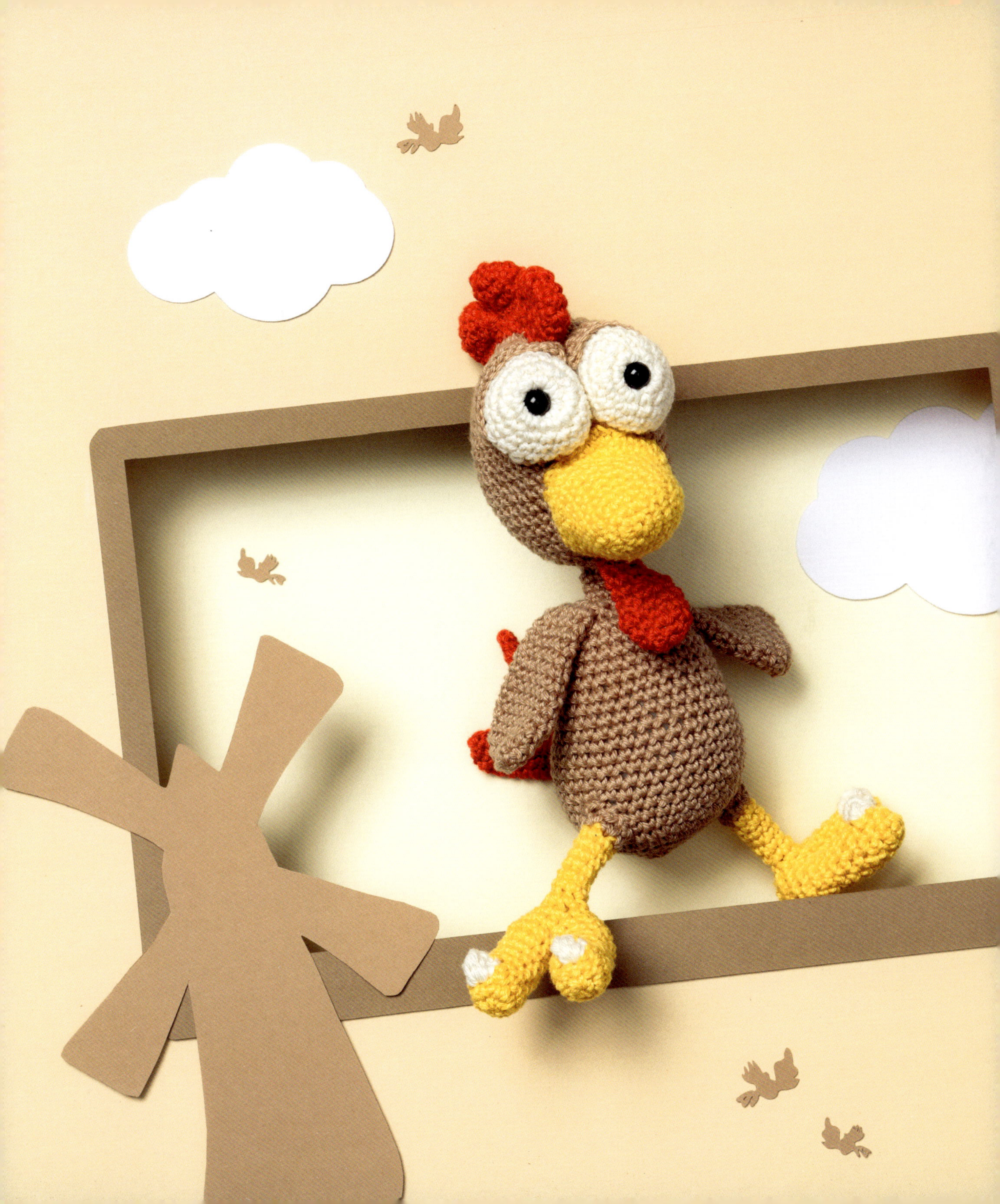

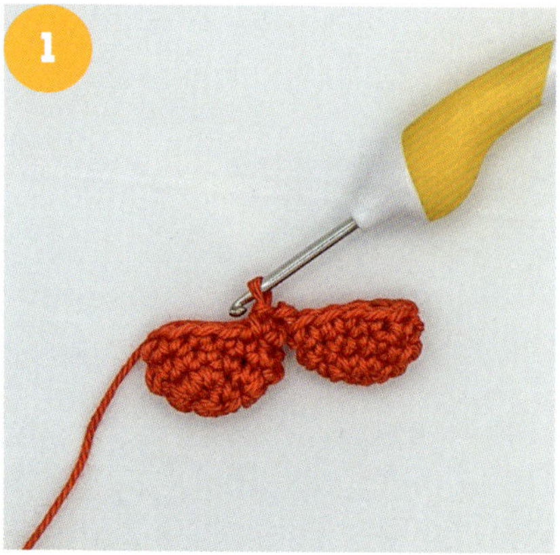

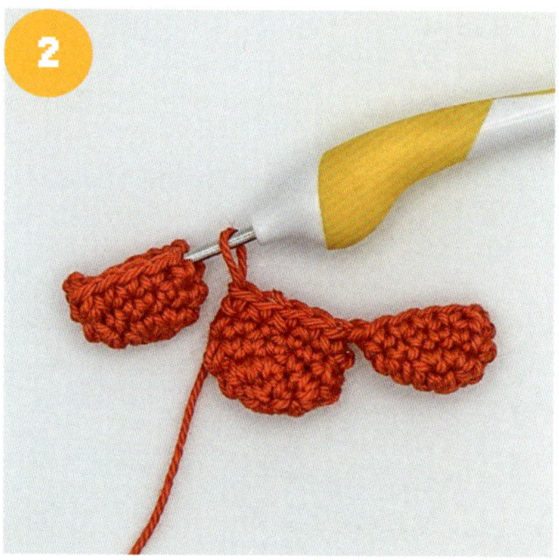

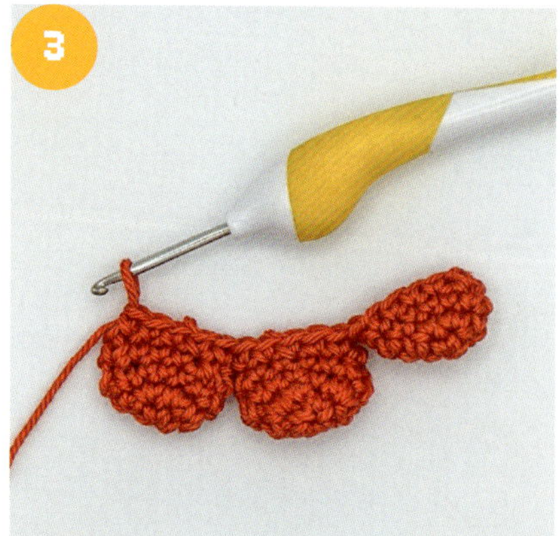

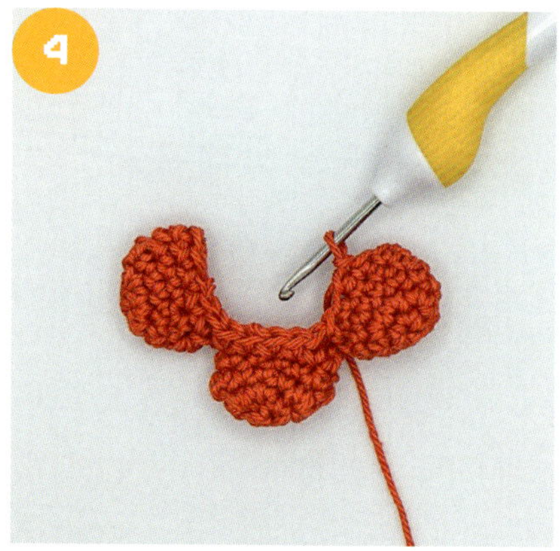

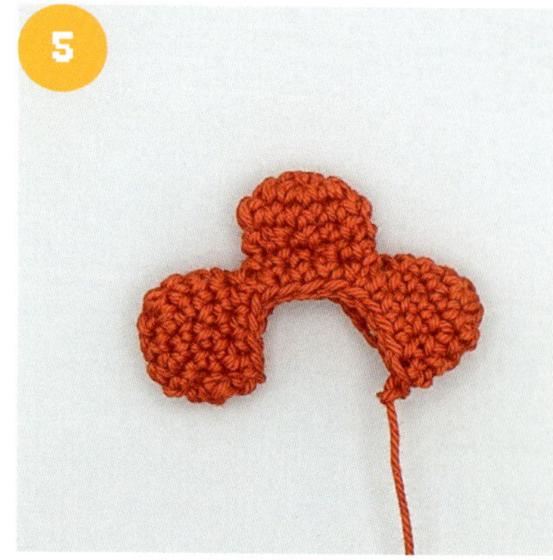

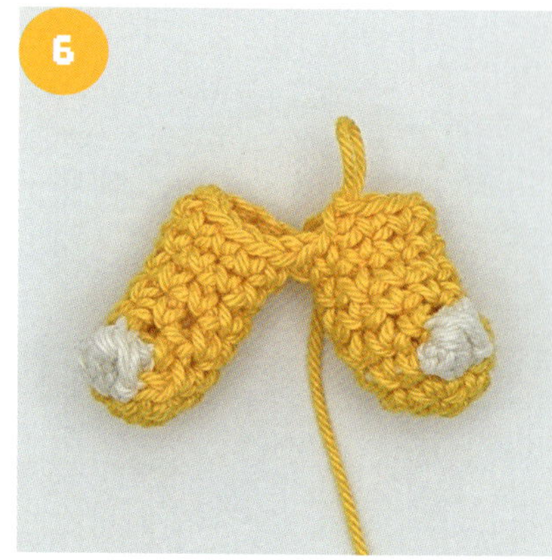

SCHNABEL (IN SONNE)

Häkle in Rd. Den Schnabel fortlaufend mit Füllwatte ausstopfen.
1. Rd: 6 fM in einen Fadenring häkeln (= 6 M).
2. Rd: 6x 1 M zun (= 12 M).
3. Rd: 12 fM häkeln.
4. Rd: *4 fM, 2x 1 M zun*, von * bis * noch 1x wdh (= 16 M).
5. Rd: 16 fM häkeln.
6. Rd: *6 fM, 2x 1 M zun*, von * bis * noch 1x wdh (= 20 M).
7.–8. Rd: 20 fM häkeln.
9. Rd: *8 fM, 2x 1 M zun*, von * bis * noch 1x wdh (= 24 M).
10. Rd: *10 fM, 2x 1 M zun*, von * bis * noch 1x wdh (= 28 M).
11. Rd: 6 fM, 2x 1 M zun, 20 fM (= 30 M).
Abketten, den Faden lang abschneiden und den Schnabel unter den Augen festnähen. Die Zun aus der letzten Rd liegen dabei oberhalb, zwischen den Augen.

KAMM (IN SIGNALROT)

Häkle in Rd. Den Kamm nicht mit Füllwatte ausstopfen.
1. Rd: 6 fM in einen Fadenring häkeln (= 6 M).
2. Rd: 6x 1 M zun (= 12 M).
3. Rd: 12 fM häkeln.
4. Rd: *4 fM, 1 M abn*, von * bis * noch 1x wdh (= 10 M).
Den Faden abschneiden und vernähen. Zwei weitere Teile auf dieselbe Weise häkeln. Den dritten Teil des Kamms jedoch nicht abketten. Stich stattdessen in die Kante des zweiten Teils ein und häkle wie folgt weiter:
5. Rd: 5 fM entlang der Seite von Teil 2 des Kamms, in Teil 1 einstechen und wieder 5 fM entlang der Seite, 15 fM entlang der Rückseite aller drei Teile, 5 fM entlang der Vorderseite des dritten Teils (= 30 M) ***siehe Bild 1–4***.
6. Rd: *3 fM, 1 M abn*, von * bis * noch 5x wdh (= 24 M).
Den Faden lang abschneiden ***siehe Bild 5***. Den Kamm am Kopf festnähen.

KEHLLAPPEN (IN SIGNALROT)

Häkle in Rd. Den Kehllappen nicht mit Füllwatte ausstopfen.
1. Rd: 6 fM in einen Fadenring häkeln (= 6 M).
2. Rd: *1 fM, 1 M zun*, von * bis * noch 2x wdh (= 9 M).
3. Rd: 9 fM häkeln.
4. Rd: *2 fM, 1 M zun*, von * bis * noch 2x wdh (= 12 M).
5. Rd: 12 fM häkeln.

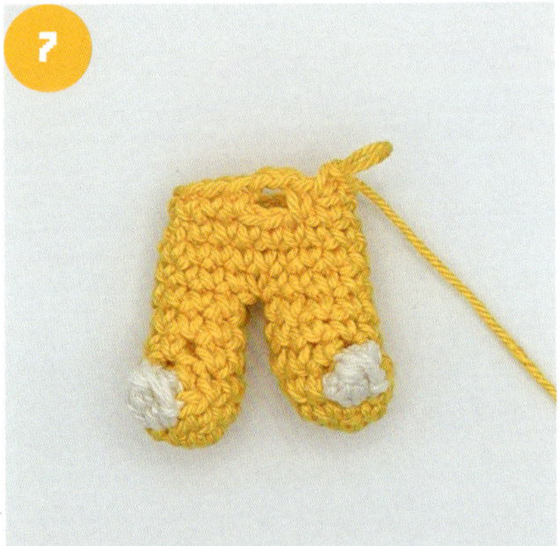

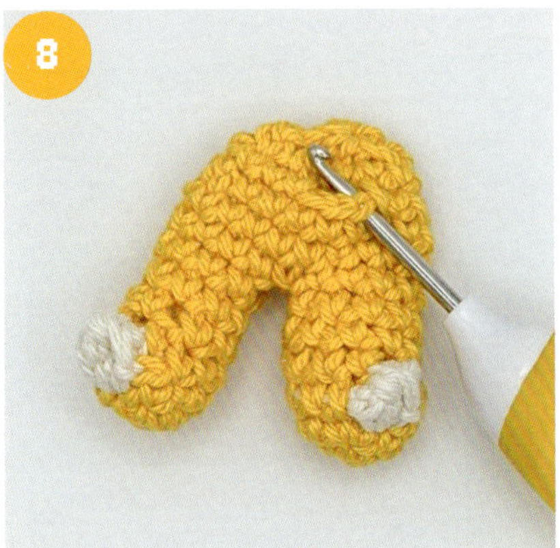

6. Rd: 6x 1 M abn (= 6 M).
7.–8. Rd: 6 fM häkeln.
Das Ende falten und mit 3 fM zusammenhäkeln. Den Faden lang abschneiden und den Kehllappen unter dem Schnabel festnähen.

KÖRPER (IN SUN-KISSED)

Häkle in Rd. Den Körper fortlaufend mit Füllwatte ausstopfen.
1. Rd: 6 fM in einen Fadenring häkeln (= 6 M).
2. Rd: 6x 1 M zun (= 12 M).
3. Rd: *1 fM, 1 M zun*, von * bis * noch 5x wdh (= 18 M).
4. Rd: *2 fM, 1 M zun*, von * bis * noch 5x wdh (= 24 M).
5. Rd: *3 fM, 1 M zun*, von * bis * noch 5x wdh (= 30 M).
6. Rd: *4 fM, 1 M zun*, von * bis * noch 5x wdh (= 36 M).
7. Rd: 16 fM, 4x 1 M zun, 16 fM (= 40 M).
8.–15. Rd: 40 fM häkeln.
16. Rd: 16 fM, 4x 1 M abn, 16 fM (= 36 M).
17. Rd: 14 fM, 4x 1 M abn, 14 fM (= 32 M).
18.–20. Rd: 32 fM häkeln.
21. Rd: 12 fM, 4x 1 M abn, 12 fM (= 28 M).
22. Rd: 28 fM häkeln.
23. Rd: 10 fM, 4x 1 M abn, 10 fM (= 24 M).
24. Rd: *2 fM, 1 M abn*, von * bis * noch 5x wdh (= 18 M).
25. Rd: *1 fM, 1 M abn*, von * bis * noch 5x wdh (= 12 M).
26. Rd: *4 fM, 1 M abn*, von * bis * noch 1x wdh (= 10 M).
27.–29. Rd: 10 fM häkeln.
Den Faden lang abschneiden. Einen Pfeifenreiniger zurecht schneiden und in den Hals schieben, rundherum fest mit Füllwatte ausstopfen, damit später nichts wackelt. Den Kopf am Körper festnähen. Die Wölbung am Körper sollte dabei hinten liegen, damit später der Schwanz dort festgenäht werden kann.

ZEHEN (4X IN SONNE UND CREME)

Häkle in Rd. Die Zehen fortlaufend mit Füllwatte ausstopfen. Beginne in Sonne.
1. Rd: 6 fM in einen Fadenring häkeln (= 6 M).
2. Rd: *1 fM, 1 M zun*, von * bis * noch 2x wdh (= 9 M).
3. Rd: 4 fM, Fb-Wechsel zu Creme, 1 N aus 4 Stb, Fb-Wechsel zu Sonne, 4 fM (= 9 M).
4.–7. Rd: 9 fM häkeln.
Abketten, den Faden abschneiden und vernähen. Jeweils einen zweiten Zeh für einen Fuß häkeln, jedoch nicht abketten. Es geht gleich mit den Füßen weiter.

FÜSSE (2X IN SONNE)

Häkle in Rd. Die Füße fortlaufend mit Füllwatte ausstopfen.
Zu Beginn sollte der Rd-Anfang vom zweiten Zeh links mittig liegen. Bei Bedarf fM bis zu diesem Punkt häkeln.
Anschließend in den ersten Zeh einstechen und wie folgt weiterhäkeln:
1. Rd: 9 fM um Zeh 1, 9 fM um Zeh 2 (= 18 M) *siehe Bild 6.*
2. Rd: 18 fM häkeln.
3. Rd: 4 fM, 1 M abn, 6 fM, 1 M abn, 4 fM (= 16 M).
4. Rd: 2 Lm und 2 fM überspringen, 14 fM (= 16 M) *siehe Bild 7.*
5. Rd: 8x 1 M abn (= 8 M).
Den Faden abschneiden, durch die vorderen M-Glieder fädeln, fest zuziehen und vernähen. Weiter mit den Beinen.

BEINE (2X IN SUN-KISSED UND SONNE)

Häkle in Rd. Die Beine nicht mit Füllwatte ausstopfen. Beginne in Sonne. Den Faden seitlich an der Öffnung des Fußes aufnehmen *siehe Bild 8.* Anschließend 6 fM rund um die Öffnung häkeln und wie folgt weiterarbeiten:
1.–6. Rd: 6 fM häkeln (= 6 M).
Fb-Wechsel zu Sun-Kissed.
7. Rd: 6x 1 M zun (= 12 M).
Abketten und den Faden lang abschneiden. Einen Pfeifenreiniger mittig falten und auf die Länge des Beins zurechtschneiden. Den Pfeifenreiniger in das Bein schieben.

ACHTUNG: Der Pfeifenreiniger sollte das Bein komplett ausfüllen, um es zu stabilisieren. Wenn dieser zu dünn sein sollte, kannst du alternativ rundherum fest mit Füllwatte ausstopfen oder einen dickeren Basteldraht nutzen.

Die Beine über der 7.–9. Rd so am Körper festnähen, dass der Hahn sitzt.

FLÜGEL (2X IN SUN-KISSED)

Häkle in Rd. Die Flügel nicht mit Füllwatte ausstopfen.
10 Lm anschlagen, in die 2. Lm von der Nd aus einstechen und wie folgt um die Lm-Kette herum häkeln:
1. Rd: 8 fM, 3 fM in eine M, 7 fM, 1 M zun (= 20 M).
2.–3. Rd: 20 fM häkeln.

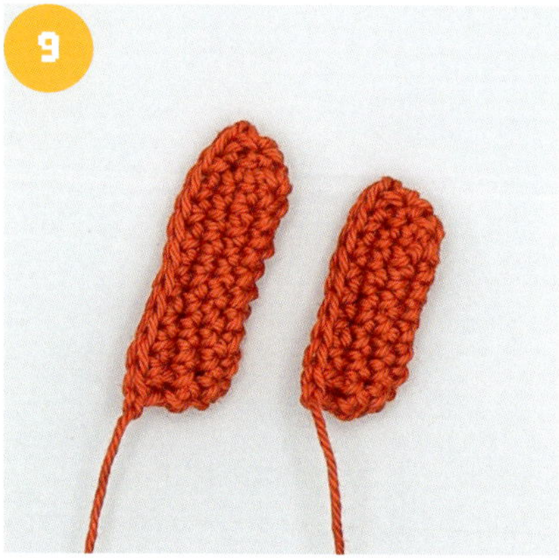

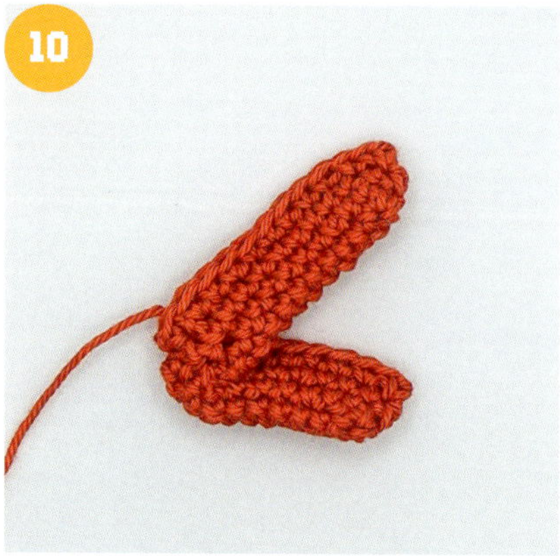

4. Rd: *8 fM, 1 M abn*, von * bis * noch 1x wdh (= 18 M).
5. Rd: 18 fM häkeln.
6. Rd: *7 fM, 1 M abn*, von * bis * noch 1x wdh (= 16 M).
7. Rd: 16 fM häkeln.
8. Rd: *6 fM, 1 M abn*, von * bis * noch 1x wdh (= 14 M).
9.–10. Rd: 14 fM häkeln.
11. Rd: *5 fM, 1 M abn*, von * bis * noch 1x wdh (= 12 M).
12.–13. Rd: 12 fM häkeln.
14. Rd: *4 fM, 1 M abn*, von * bis * noch 1x wdh (= 10 M).
Das Ende falten und mit 5 fM zu sammenhäkeln. Die Faltkante sollte dabei seitlich liegen. Den Faden lang abschneiden und die Flügel 4 Rd unter dem Kopf festnähen.

SCHWANZ (IN SIGNALROT)

Häkle in Rd. Den Schwanz nicht mit Füllwatte ausstopfen.

Schwanzteil 1

11 Lm anschlagen, in die 2. Lm von der Nd aus einstechen und wie folgt um die Lm-Kette herum häkeln:
1. Rd: 9 fM, 3 fM in eine M, 8 fM, 1 M zun (= 22 M).
2.–3. Rd: 22 fM häkeln.
Das Ende falten und mit 11 fM zusammenhäkeln. Den Faden lang abschneiden und den ersten Teil zur Seite legen.

Schwanzteil 2

9 Lm anschlagen, in die 2. Lm von der Nd aus einstechen und wie folgt um die Lm-Kette herum häkeln:
1. Rd: 7 fM, 3 fM in eine M, 6 fM, 1 M zun (= 18 M).
2.–3. Rd: 18 fM häkeln.
Das Ende falten und mit 9 fM zusammenhäkeln. Den Faden lang abschneiden. Beide Teile übereinander legen und die Kanten zusammennähen. Schwanzteil 1 sollte dabei oben liegen *siehe Bild 9–10*. Den Schwanz über die 9.–12. Rd am Körper festnähen.

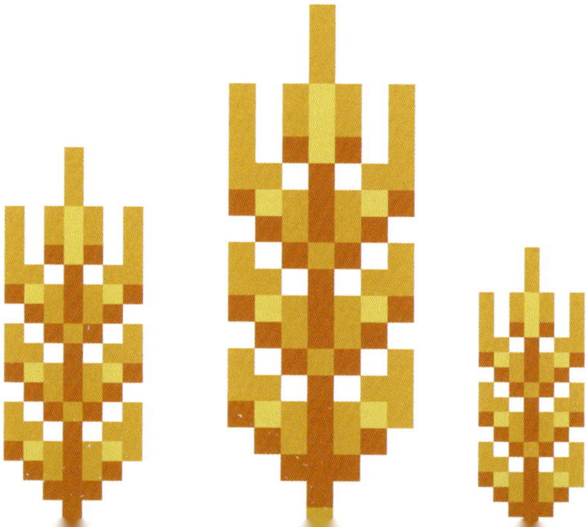

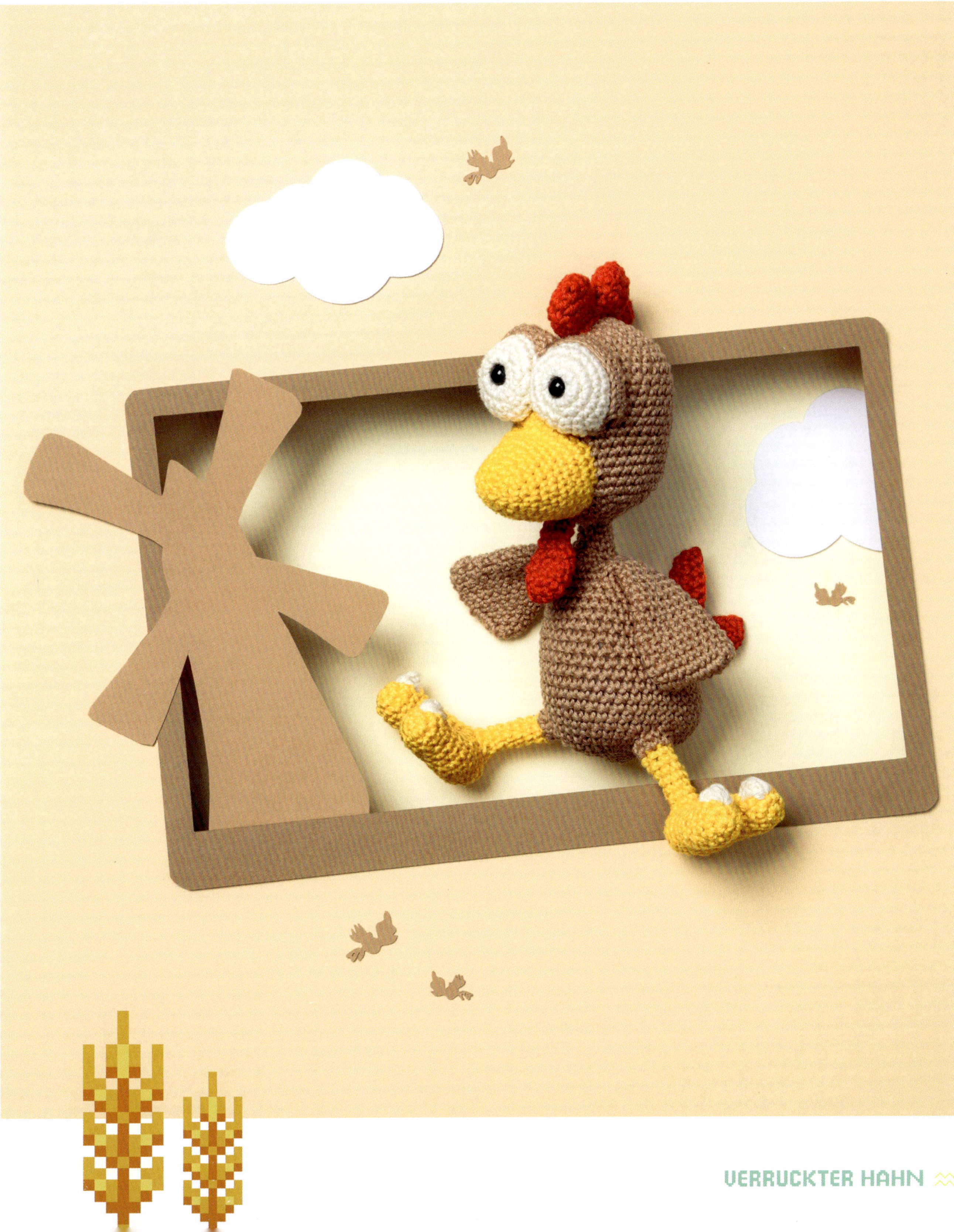

MAGISCHES *Helferlein*

Das magische Helferlein mag kuschelig und niedlich wirken, aber es ist ein wahrer Alleskönner! Egal ob du eine kurze Pause einlegen möchtest, Informationen brauchst oder dringend deinen Potion-Vorrat aufstocken musst, dein Helferlein ist zur Stelle. Und im Fall der Fälle zögert es auch nicht, selbst zur Tat zu schreiten und dich mit vollem Einsatz auf deiner Reise zu unterstützen.

LEVEL: 1 | GRÖSSE: 14 CM

MATERIAL

- Scheepjes Catona (100% Baumwolle, LL 125m/50g) in
- Old Lace (Fb 130), 25g
- Old Rose (Fb 408), 5g
- Watermelon (Fb 252), 5g
- Primrose (Fb 522), 5g
- Jet Black (Fb 110), ein Rest
- Filetgarn in Schwarz
- 1 Pfeifenreiniger
- Häkelnadel 2,50mm
- Füllwatte
- Stopfnadel zum Vernähen
- Schere

SO WIRD'S GEMACHT

Es wird überwiegend in Spiralrunden gehäkelt. Einzelteile werden später angenäht.

KOPF (IN OLD LACE)

Häkle in Rd. Den Kopf fortlaufend mit Füllwatte ausstopfen.

1. Rd: 7 fM in einen Fadenring häkeln (= 7 M).
2. Rd: 7x 1 M zun (= 14 M).
3. Rd: *1 fM, 1 M zun*, von * bis * noch 6x wdh (= 21 M).
4. Rd: *2 fM, 1 M zun*, von * bis * noch 6x wdh (= 28 M).
5. Rd: *3 fM, 1 M zun*, von * bis * noch 6x wdh (= 35 M).
6.–7. Rd: 35 fM häkeln.
8. Rd: *4 fM, 1 M zun*, von * bis * noch 6x wdh (= 42 M).
9.–19. Rd: 42 fM häkeln.
20. Rd: *4 fM, 1 M abn*, von * bis * noch 6x wdh (= 35 M).
21. Rd: *3 fM, 1 M abn*, von * bis * noch 6x wdh (= 28 M).
22. Rd: *2 fM, 1 M abn*, von * bis * noch 6x wdh (= 21 M).
23. Rd: *1 fM, 1 M abn*, von * bis * noch 6x wdh (= 14 M).
24. Rd: 7x 1 M abn (= 7 M).

Den Faden abschneiden, durch die vorderen M-Glieder fädeln, fest zuziehen und vernähen.

NASE (IN OLD ROSE)

Häkle in Rd. Die Nase fortlaufend mit Füllwatte ausstopfen.

1. Rd: 6 fM in einen Fadenring häkeln (= 6 M).
2. Rd: 6x 1 M zun (= 12 M).
3. Rd: *5 fM, 1 M zun*, von * bis * noch 1x wdh (= 14 M).
4. Rd: *6 fM, 1 M zun*, von * bis * noch 1x wdh (= 16 M).
5.–6. Rd: 16 fM häkeln.

Abketten, den Faden lang abschneiden und die Nase über die 12.–18. Rd am Kopf festnähen.

OHREN (2X IN OLD LACE)

Häkle in Rd. Die Ohren nicht mit Füllwatte ausstopfen.

1. Rd: 6 fM in einen Fadenring häkeln (= 6 M).
2. Rd: 6 fM häkeln.

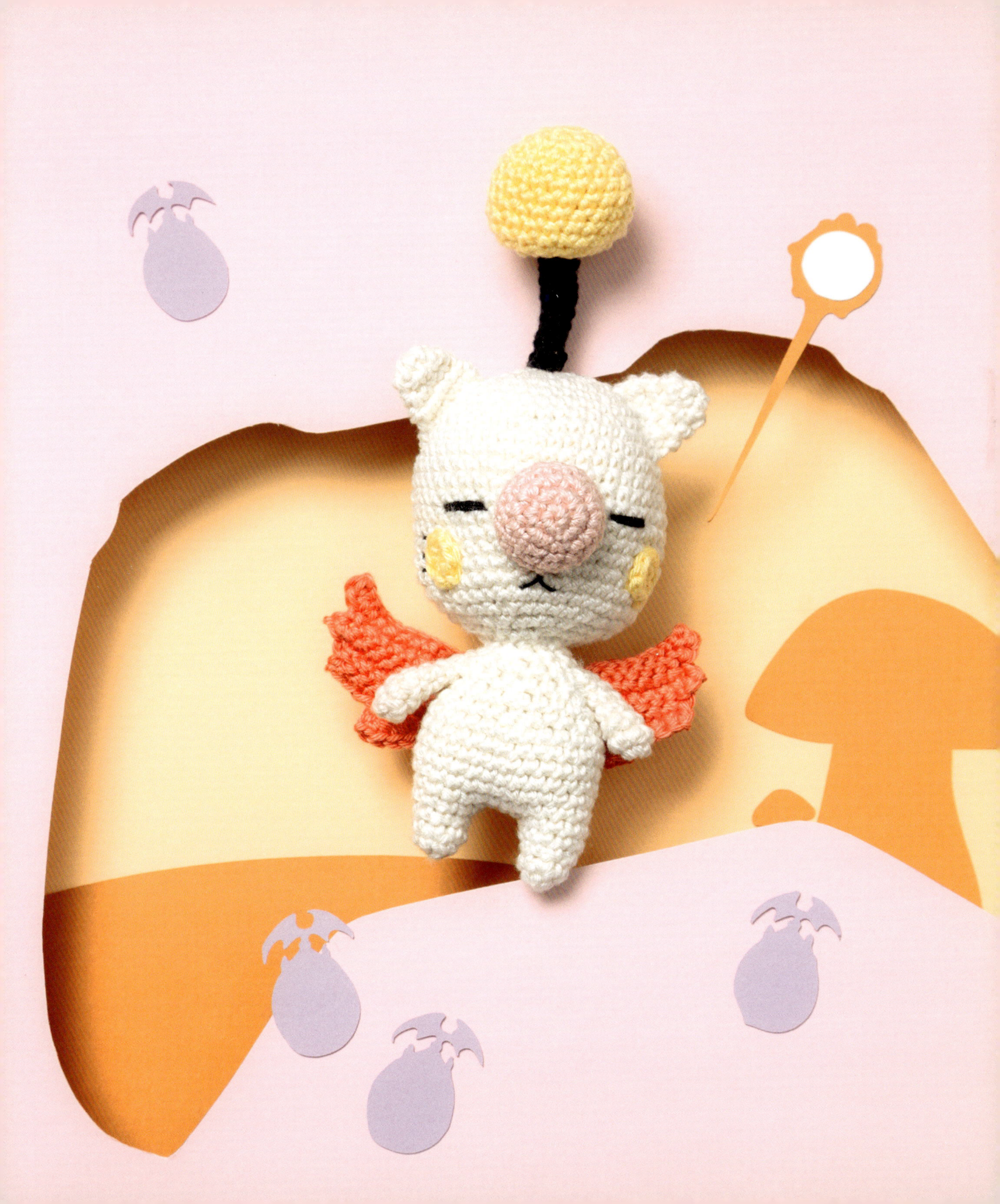

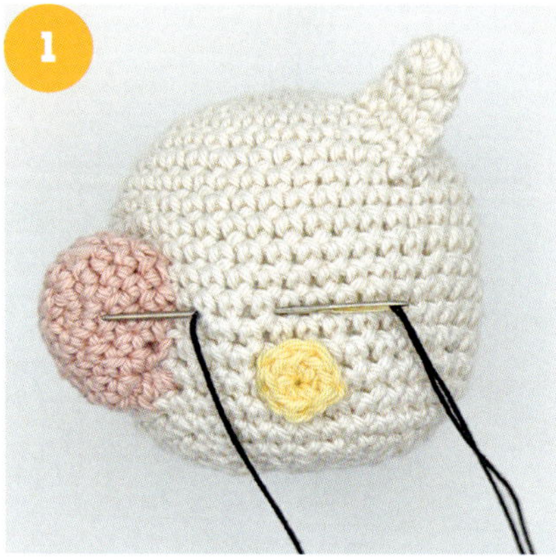

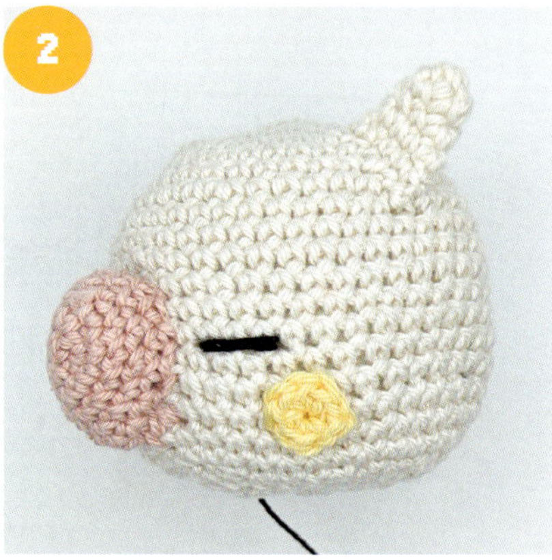

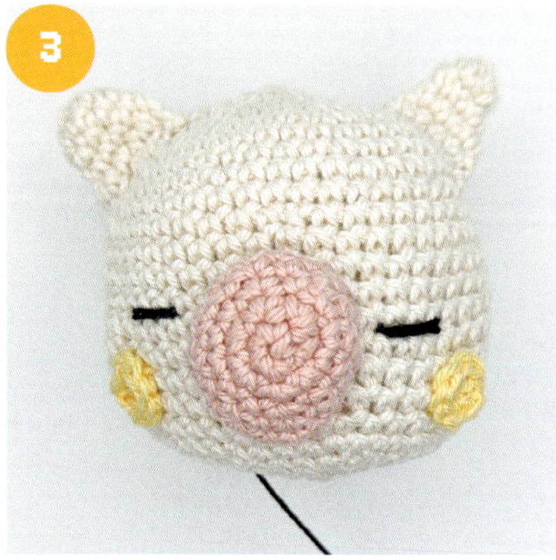

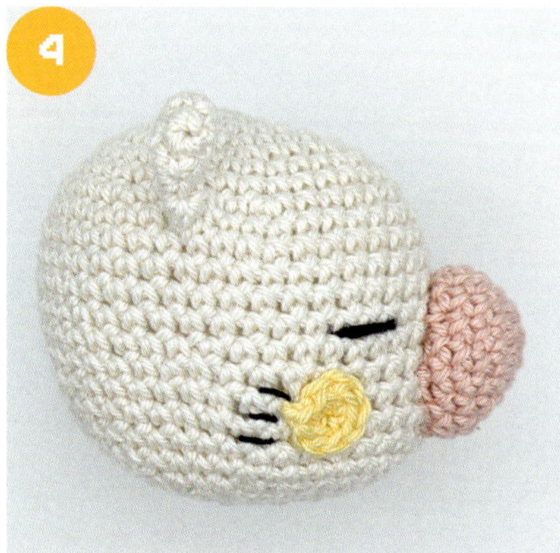

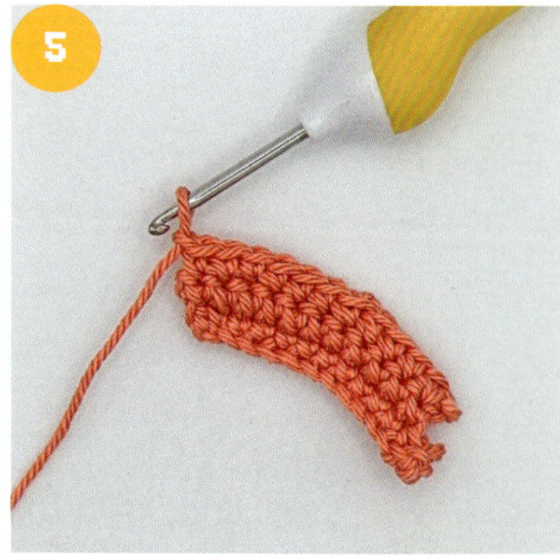

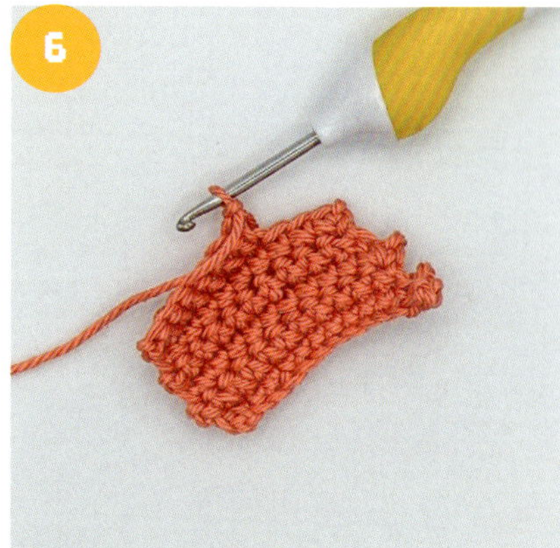

3. Rd: *2 fM, 1 M zun*, von * bis * noch 1x wdh (= 8 M).
4. Rd: *3 fM, 1 M zun*, von * bis * noch 1x wdh (= 10 M).
Das Ende falten und mit 5 fM zusammenhäkeln. Den Faden lang abschneiden und die Ohren über die 5.–8. Rd am Kopf festnähen.

WANGEN (2X IN PRIMROSE)

Häkle 8 fM in einen Fadenring und 1 Km in die erste M. Den Faden lang abschneiden und die Wangen über die 15.–17. Rd am Kopf festnähen.

GESICHT FERTIGSTELLEN

Die Augen in schwarzem Filetgarn 1 Rd neben der Nase und 1 Rd über den Wangen, über 3 fM breit sticken, 3x einstechen *siehe Bild 1–3.*

Den Mund mittig, unter der Nase, über 3 fM breit sticken. Die Schnurrhaare über je 1 fM breit, direkt neben den Wangen, aufsticken *siehe Bild 4.*

ANTENNE (IN JET BLACK)

Schlage 9 Lm an, stich in die 2. Lm von der Nd aus ein und häkle wie folgt in R weiter:
1.–3. R: 8 fM, 1 Lm und wenden (= 8 M).
Den Faden lang abschneiden. Einen Pfeifenreiniger mittig falten und in der Länge des Häkelstücks zurechtschneiden. Diesen danach auf das Häkelstück legen und die gegenüberliegenden Seiten zusammennähen. Bei Bedarf hier rundherum noch etwas Füllwatte nachstopfen. Wichtig ist, dass später nichts wackelt. Die Antenne mit dem Restfaden mittig auf dem Kopf festnähen.

BOMMEL (IN PRIMROSE)

Häkle in Rd. Den Bommel fortlaufend mit Füllwatte ausstopfen.
1. Rd: 6 fM in einen Fadenring häkeln (= 6 M).
2. Rd: 6x 1 M zun (= 12 M).
3. Rd: *1 fM, 1 M zun*, von * bis * noch 5x wdh (= 18 M).
4. Rd: *8 fM, 1 M zun*, von * bis * noch 1x wdh (= 20 M).
5.–9. Rd: 20 fM häkeln.
10. Rd: *8 fM, 1 M abn*, von * bis * noch 1x wdh (= 18 M).
11. Rd: *1 fM, 1 M abn*, von * bis * noch 5x wdh (= 12 M).
12. Rd: 6x 1 M abn (= 6 M).
Den Faden lang abschneiden, durch die vorderen M-Glieder fädeln, fest zuziehen und den Bommel auf der Antenne festnähen.

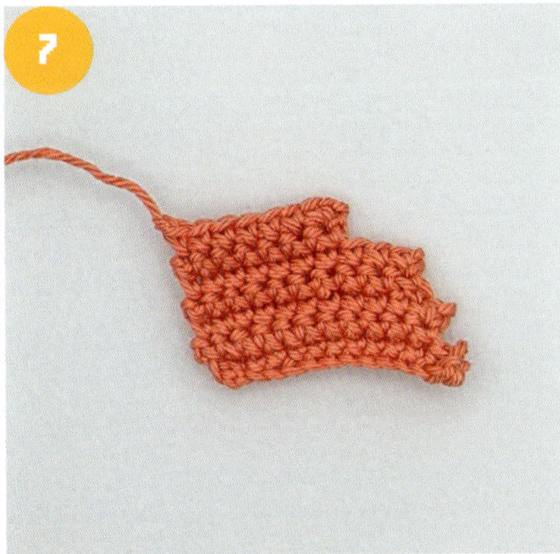

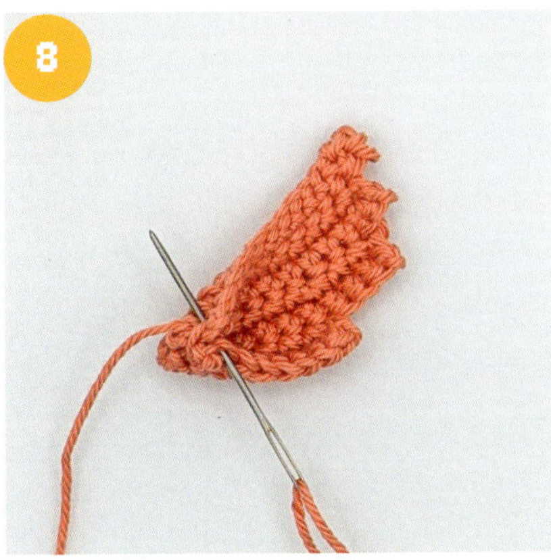

BEINE (2X IN OLD LACE)

Häkle in Rd. Die Beine fortlaufend mit Füllwatte ausstopfen.
1. Rd: 6 fM in einen Fadenring häkeln (= 6 M).
2. Rd: 6 fM häkeln.
3. Rd: *2 fM, 1 M zun*, von * bis * noch 1x wdh (= 8 M).
4. Rd: *3 fM, 1 M zun*, von * bis * noch 1x wdh (= 10 M).
Das erste Bein abketten und den Faden vernähen. Ein zweites Bein häkeln, jedoch nicht abketten. Es geht weiter mit der Verbindung der Beine.

VERBINDUNG DER BEINE

Häkle 4 Lm direkt an das zweite Bein, stich rechts mittig in das erste Bein ein und häkle 10 fM um das erste Bein, 4 fM in die Lm-Kette, 10 fM um das zweite

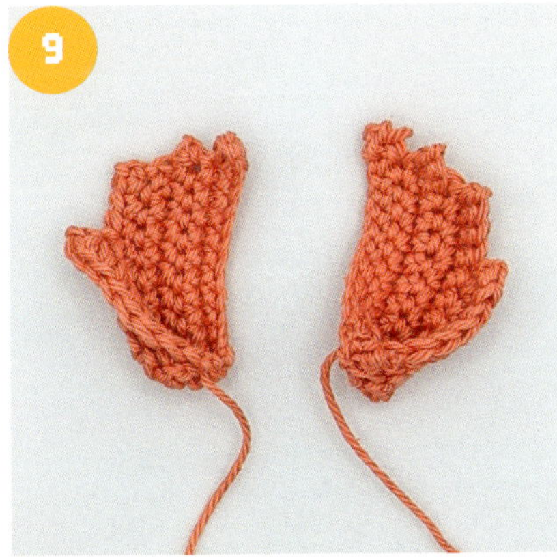

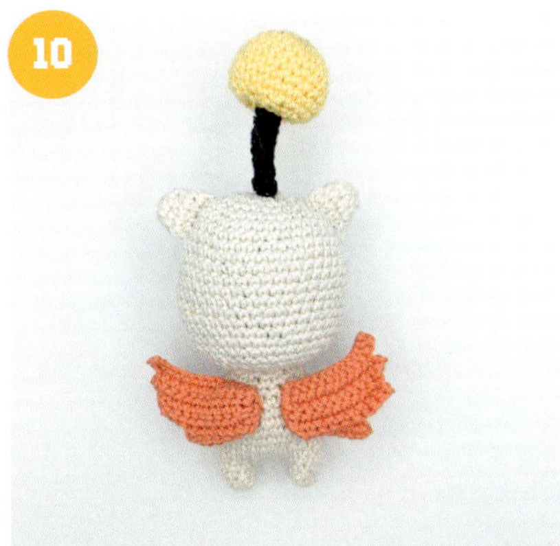

Bein, 4 fM auf die andere Seite der Lm-Kette (= 28 M). Weiter mit dem Körper.

KÖRPER (IN OLD LACE)

Häkle in Rd. Den Körper fortlaufend mit Füllwatte ausstopfen.
1.–4. Rd: 28 fM häkeln (= 28 M).
5. Rd: 4 fM, 1 M zun, 14 fM, 1 M zun, 8 fM (= 30 M).
6.–7. Rd: 30 fM häkeln.
8. Rd: *3 fM, 1 M abn*, von * bis * noch 5x wdh (= 24 M).
9. Rd: 24 fM häkeln.
10. Rd: *2 fM, 1 M abn*, von * bis * noch 5x wdh (= 18 M).
11. Rd: 18 fM häkeln.
12. Rd: *1 fM, 1 M abn*, von * bis * noch 5x wdh (= 12 M).
Abketten, den Faden lang abschneiden und den Kopf am Körper festnähen.

ARME (2X IN OLD LACE)

Häkle in Rd. Die Arme nicht mit Füllwatte ausstopfen.
1. Rd: 6 fM in einen Fadenring häkeln (= 6 M).
2.–6. Rd: 6 fM häkeln.
Das Ende falten und mit 3 fM zusammenhäkeln. Den Faden lang abschneiden und die Arme 2 Rd unter dem Kopf festnähen.

FLÜGEL (2X IN WATERMELON)

Schlage 13 Lm an, stich in die 2. Lm von der Nd aus ein und häkle wie folgt in R weiter:
1. R: 11 fM, 1 M zun, 1 Lm und wenden (= 13 M).
2. R: 11 fM ihM, 1 Lm und wenden (= 11 M).

ACHTUNG: In einigen R bleiben die letzten M unbehäkelt und es wird vorher gewendet. Achte darauf, immer genau die M-Anzahl zu häkeln, die in der R angegeben ist, so entsteht die Form der Flügel.

3. R: 1 M zun ihM, 10 fM ihM, 1 Lm und wenden (= 12 M).
4. R: 9 fM ihM, 1 M abn, 1 Lm und wenden (= 10 M).
5. R: 10 fM ihM, 1 Lm und wenden (= 10 M).
6. R: 7 fM ihM, 1 Lm und wenden (= 7 M).
7. R: 1 M zun ihM, 6 fM ihM (= 8 M).
Nach der letzten R wird nicht gewendet. Den Faden lang abschneiden und die gegenüberliegenden Kanten am Flügel zusammen nähen *siehe Bild 5–10*. Die Flügel am Körper festnähen.

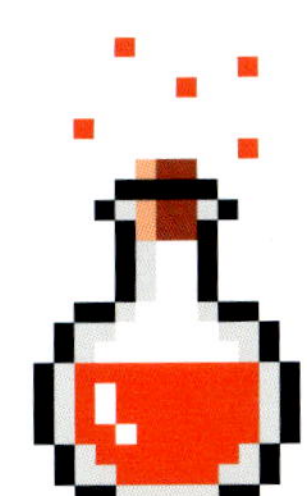

FIESES Pilzmonster

Etwas drollig sieht er ja aus, aber hinter dem niedlichen Pilzgesicht steckt ein kleiner Bösewicht. Er tritt besonders gerne in großen Horden auf, um einem gewissen Klempner richtig den Tag zu verderben. Oft reicht aber ein beherzter Sprung schon aus, das fiese Pilzmonster wieder loszuwerden.

LEVEL: 1 | GRÖSSE: 11 CM

MATERIAL

- Schachenmayr Catania (100% Baumwolle, LL 125m/50g) in
- Fuchs (Fb 426), 15g
- Zartbitter (Fb 415), 5g
- Sand (Fb 404), 15g
- Creme (Fb 130), ein Rest
- Schwarz (Fb 110), ein Rest
- Filetgarn in Schwarz und Weiß
- Häkelnadel 2,50mm
- Sicherheitsaugen Ø 6mm
- Füllwatte
- Stopfnadel zum Vernähen
- Schere

SO WIRD'S GEMACHT

Es wird in Spiralrunden gehäkelt. Einzelteile werden später angenäht.

AUGEN (2X IN CREME)

Schlage 6 Lm an, stich in die 2. Lm von der Nd aus ein und häkle wie folgt um die Lm-Kette herum:

1. Rd: 4 fM, 3 fM in eine M, 3 fM, 1 M zun (= 12 M).
2. Rd: *1 M zun, 5 fM*, von * bis * noch 1x wdh (= 14 M).

Abketten, den Faden lang abschneiden. Die Sicherheitsaugen feststecken, aber noch nicht verschließen. Die Augen zur Seite legen.

KOPF (IN FUCHS)

Häkle in Rd. Den Kopf fortlaufend mit Füllwatte ausstopfen.

1. Rd: 6 fM in einen Fadenring häkeln (= 6 M).
2. Rd: *1 fM, 2x 1 M zun*, von * bis * noch 1x wdh (= 10 M).
3. Rd: *3 fM, 2x 1 M zun*, von * bis * noch 1x wdh (= 14 M).
4. Rd: *5 fM, 2x 1 M zun*, von * bis * noch 1x wdh (= 18 M).
5. Rd: 18 fM häkeln.
6. Rd: *7 fM, 2x 1 M zun*, von * bis * noch 1x wdh (= 22 M).
7. Rd: *9 fM, 2x 1 M zun*, von * bis * noch 1x wdh (= 26 M).
8. Rd: 26 fM häkeln.
9. Rd: *11 fM, 2x 1 M zun*, von * bis * noch 1x wdh (= 30 M).
10. Rd: *13 fM, 2x 1 M zun*, von * bis * noch 1x wdh (= 34 M).
11. Rd: *15 fM, 2x 1 M zun*, von * bis * noch 1x wdh (= 38 M).

12.–13. Rd: 38 fM häkeln.

14. Rd: *17 fM, 2x 1 M zun*, von * bis * noch 1x wdh (= 42 M).

15.–18. Rd: 42 fM häkeln.

19. Rd: *13 fM, 4x 1 M abn*, von * bis * noch 1x wdh (= 34 M).
20. Rd: *9 fM, 4x 1 M abn*, von * bis * noch 1x wdh (= 26 M).

Die Augen über die 10.–15. Rd befestigen, aber noch nicht festnähen. Der Abstand zwischen den Augen beträgt 2 fM, die Zun sollten außen liegen.

21. Rd: *5 fM, 4x 1 M abn*, von * bis * noch 1x wdh (= 18 M).
22. Rd: *1 fM, 1 M abn*, von * bis * noch 5x wdh (= 12 M).
23. Rd: 6x 1 M abn (= 6 M).

Faden abschneiden, durch alle vorderen M-Glieder fädeln, fest zuziehen und vernähen. Die Augen festnähen.

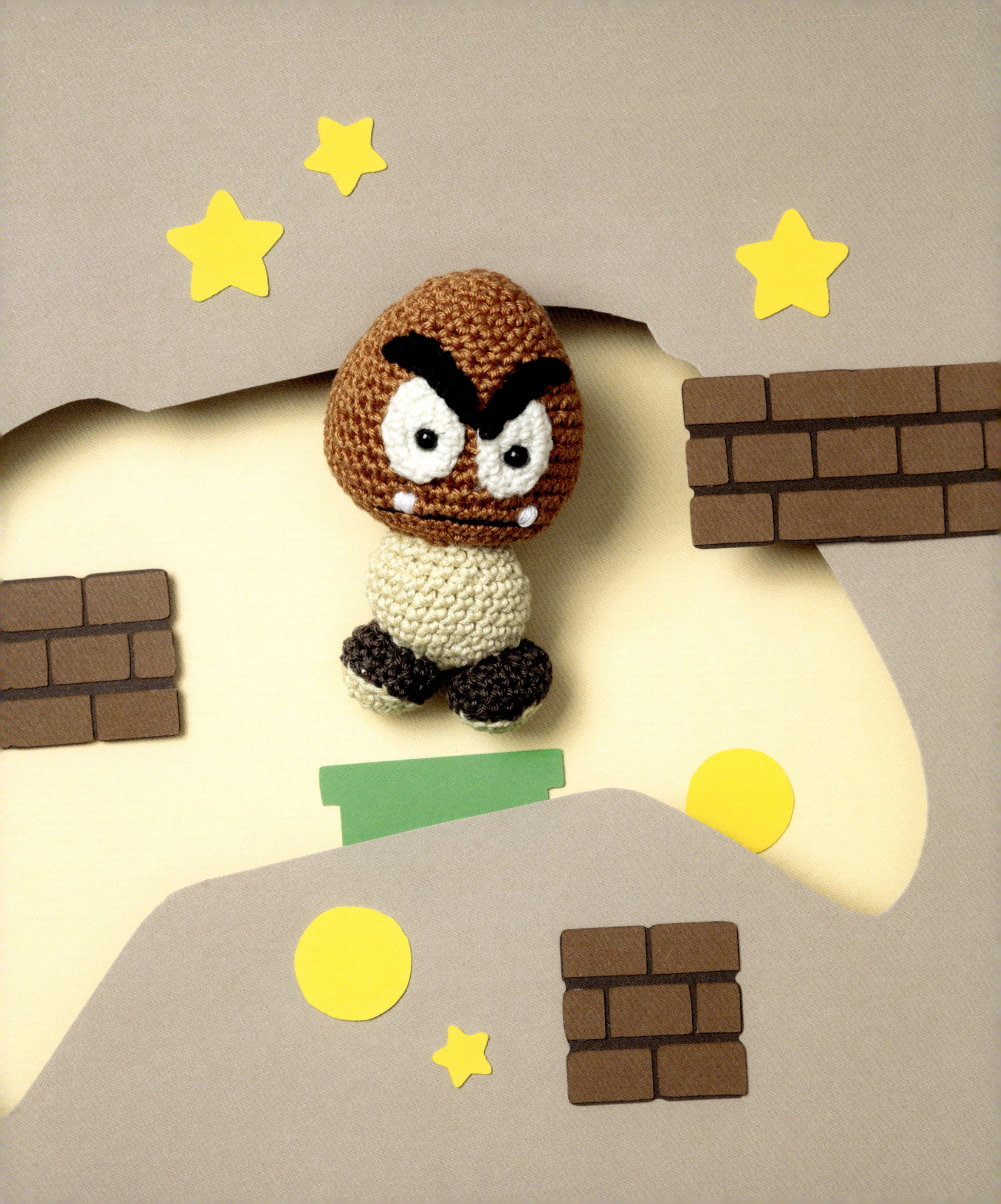

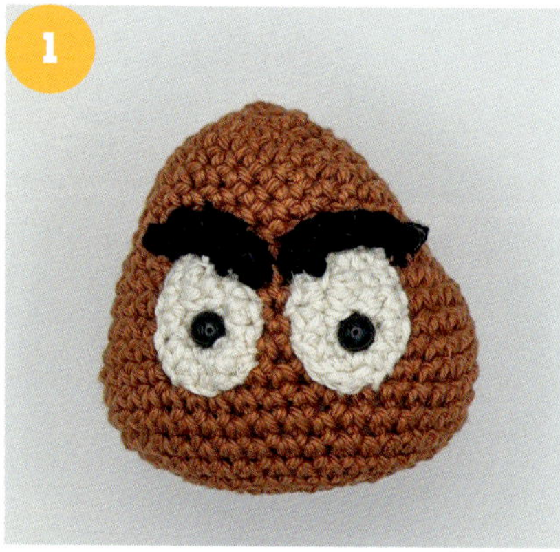

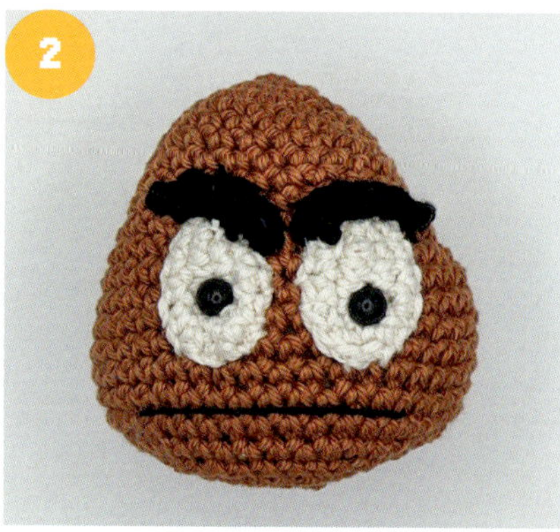

AUGENBRAUEN (2X IN SCHWARZ)

Schlage 10 Lm an, stich in die 2. Lm von der Nd aus ein und häkle wie folgt weiter:
1. R: 2 Km , 4 fM, 3 KM (= 9 M).
Den Faden lang abschneiden und die Augenbrauen über den Augen festnähen *siehe Bild 1.*

GESICHT FERTIGSTELLEN

Den Mund in schwarzem Filetgarn 2 Rd unter den Augen über 12 fM breit sticken. Die Zähne in weißem Filetgarn über je 1 fM hoch über dem Mund aufsticken, dazu pro Zahn ca. 10x einstechen *siehe Bild 2–5.*

KÖRPER (IN SAND)

Häkle in Rd. Den Körper fortlaufend mit Füllwatte ausstopfen.
1. Rd: 6 fM in einen Fadenring häkeln (= 6 M).

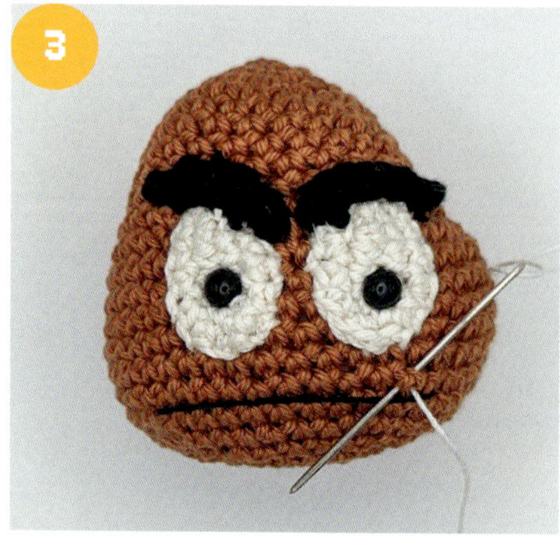

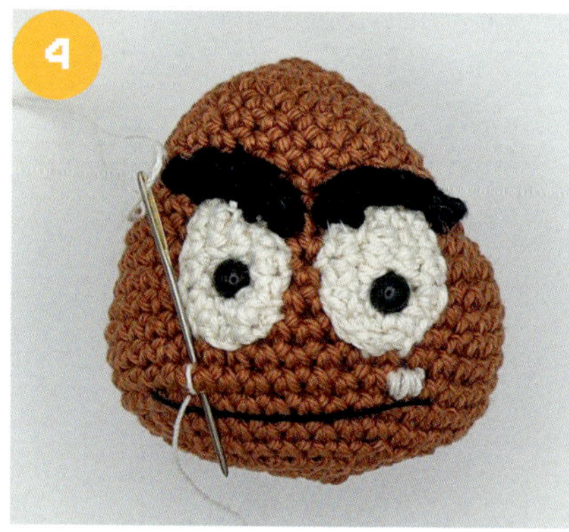

2. Rd: 6x 1 M zun (= 12 M).
3. Rd: *1 fM, 1 M zun*, von * bis * noch 5x wdh (= 18 M).
4. Rd: *2 fM, 1 M zun*, von * bis * noch 5x wdh (= 24 M).
5.–9. Rd: 24 fM häkeln.
10. Rd: *2 fM, 1 M abn*, von * bis * noch 5x wdh (= 18 M).
11. Rd: 18 fM häkeln.
Abketten, den Faden lang abschneiden und den Kopf am Körper festnähen.

FÜSSE (2X IN SAND UND ZARTBITTER)

Die Füße fortlaufend mit Füllwatte ausstopfen. Beginne in Sand.
Schlage 4 Lm an, stich in die 2. Lm von der Nd aus ein und häkle wie folgt um die Lm-Kette herum:
1. Rd: 2 fM, 3 fM in eine M, 1 fM, 1 M zun (= 8 M).

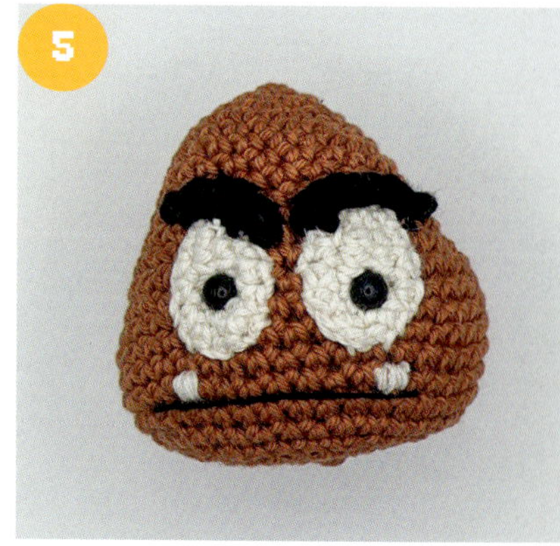

2. Rd: *1 M zun, 3 fM*, von * bis * noch 1x wdh (= 10 M).
3. Rd: *1 M zun, 4 fM*, von * bis * noch 1x wdh (= 12 M).
Fb Wechsel zu Zartbitter.
4. Rd: *1 fM, 1 M zun*, von * bis * noch 5x wdh (= 18 M).
5.–6. Rd: 18 fM häkeln.
7. Rd: *1 fM, 1 M abn*, von * bis * noch 5x wdh (= 12 M).
8. Rd: 6x 1 M abn (= 6 M).
Abketten, den Faden lang abschneiden und die Füße unter dem Körper festnähen.

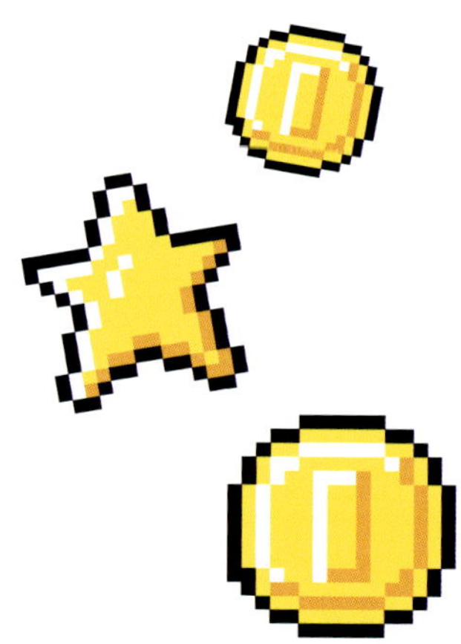

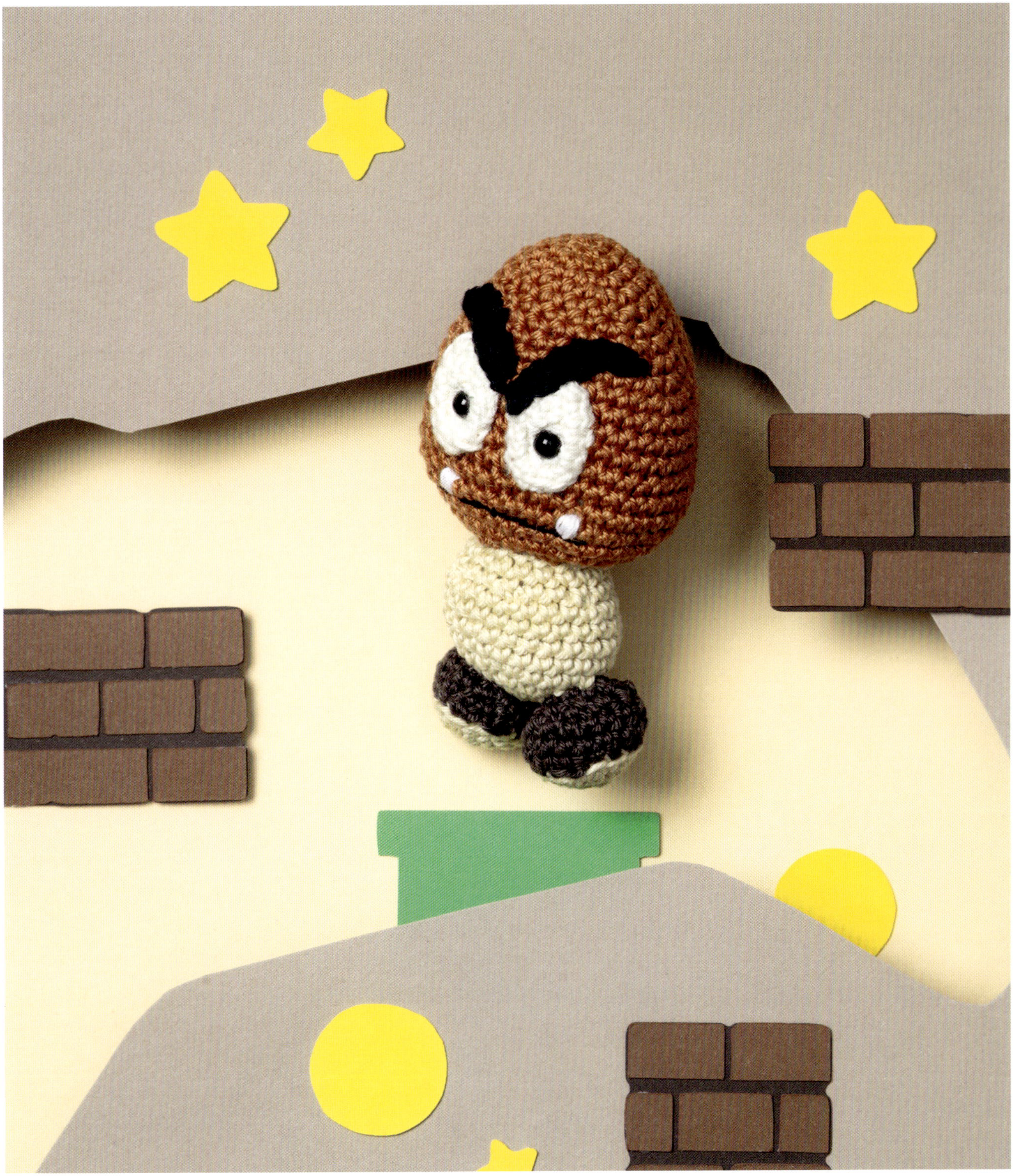

PFIFFIGER Bombenjunge

Im Streben nach Freiheit kämpft sich der pfiffige Bombenjunge aus dem Untergrund. Dabei muss er alle möglichen Hindernisse und Gegner überwinden. Und wie geht das am besten? BOOM! BOOM! BOOM!

LEVEL: 1 | GRÖSSE: 20 CM

MATERIAL

- Schachenmayr Catania (100% Baumwolle, LL 125m/50g) in
- Sand (Fb 404), 8g
- Creme (Fb 130), 25g
- Kamelie (Fb 252), 20g
- Jeans (Fb 164), 20g
- Stein (Fb 242), 10g
- Schwarz (Fb 110), ein Rest
- Sonne (Fb 208), ein Rest
- Filetgarn in Schwarz und Weiß
- Häkelnadel 2,50mm
- Ca. 10cm Fädelschnur
- 1 Pfeifenreiniger
- Füllwatte
- Stopfnadel zum Vernähen
- Schere

SO WIRD'S GEMACHT

Es wird überwiegend in Spiralrunden gehäkelt. Einzelteile werden später angenäht.

KOPF (IN CREME)

Häkle in Rd. Den Kopf fortlaufend mit Füllwatte ausstopfen.

1. Rd: 7 fM in einen Fadenring häkeln (= 7 M).
2. Rd: 7x 1 M zun (= 14 M).
3. Rd: *1 fM, 1 M zun*, von * bis * noch 6x wdh (= 21 M).
4. Rd: *2 fM, 1 M zun*, von * bis * noch 6x wdh (= 28 M).
5. Rd: *3 fM, 1 M zun*, von * bis * noch 6x wdh (= 35 M).
6. Rd: *4 fM, 1 M zun*, von * bis * noch 6x wdh (= 42 M).
7.–15. Rd: 42 fM häkeln.
16. Rd: *4 fM, 1 M abn*, von * bis * noch 6x wdh (= 35 M).
17. Rd: *3 fM, 1 M abn*, von * bis * noch 6x wdh (= 28 M).
18. Rd: *2 fM, 1 M abn*, von * bis * noch 6x wdh (= 21 M).
19. Rd: *1 fM, 1 M abn*, von * bis * noch 6x wdh (= 14 M).
20. Rfd: 7x 1 M abn (= 7 M).

Den Faden abschneiden, durch die vorderen M-Glieder der letzten Rd fädeln, fest zuziehen und vernähen.

GESICHT (IN SAND)

Schlage 13 Lm an, stich in die 2. Lm von der Nd aus ein und häkle wie folgt in R weiter:

1.–8. R: 12 fM, 1 Lm und wenden (= 12 M). Abketten, den Faden lang abschneiden und das Gesicht über die 7.–14. Rd am Kopf festnähen.

GESICHT FERTIGSTELLEN

Die Augen in schwarzem Filetgarn über 5 fM hoch, mit Hilfe des Rückstichs aufsticken. Der Abstand zwischen den Augen beträgt 6 fM, stich pro Auge 6x ein. Die Augenbrauen über 2 Rd hoch und 3 fM breit, direkt über den Augen aufsticken. Das Augenweiß in weißem Filetgarn direkt neben den Augen aufsticken *siehe Bild 1.*

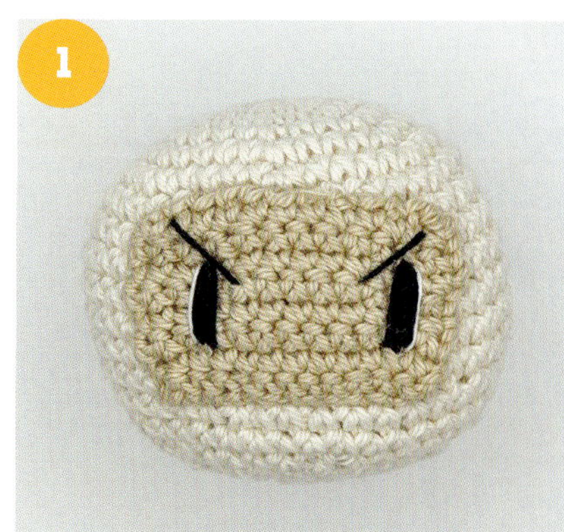

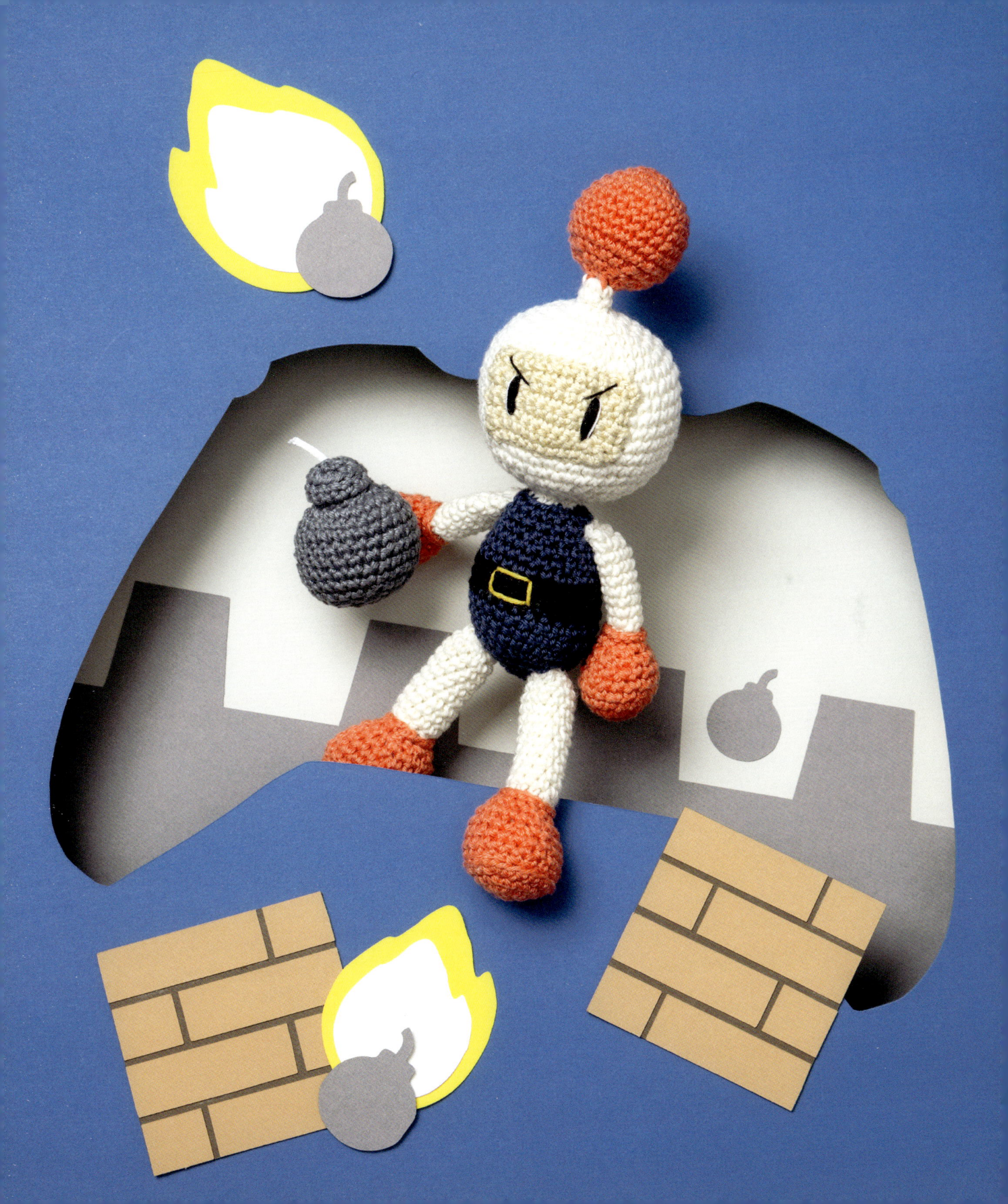

ANTENNE (IN CREME UND KAMELIE)

Häkle in Rd. Die Antenne fortlaufend mit Füllwatte ausstopfen. Beginne in Kamelie.
1. Rd: 6 fM in einen Fadenring häkeln (= 6 M).
2. Rd: 6x 1 M zun (= 12 M).
3. Rd: *1 fM, 1 M zun*, von * bis * noch 5x wdh (= 18 M).
4. Rd: *2 fM, 1 M zun*, von * bis * noch 5x wdh (= 24 M).
5. Rd: *11 fM, 1 M zun*, von * bis * noch 1x wdh (= 26 M).
6.–9. Rd: 26 fM häkeln.
10. Rd: *11 fM, 1 M abn*, von * bis * noch 1x wdh (= 24 M).
11. Rd: *2 fM, 1 M abn*, von * bis * noch 5x wdh (= 18 M).
12. Rd: *1 fM, 1 M abn*, von * bis * noch 5x wdh (= 12 M).
13. Rd: 6x 1 M abn (= 6 M).
Fb-Wechsel zu Creme. Ab der nächsten Rd nicht mehr mit Füllwatte nachstopfen.
14.–15. Rd: 6 fM häkeln.
Abketten, den Faden lang abschneiden. Einen Pfeifenreiniger in der Länge des unteren Teils zurechtschneiden, ggf. doppelt falten und ihn anschließend in die Antenne schieben. Alternativ kannst du diesen Teil auch sehr fest ausstopfen. Wichtig ist, dass der untere Bereich der Antenne stabil auf dem Kopf liegt. Die Antenne auf dem Kopf festnähen.

KÖRPER (IN JEANS, CREME UND SCHWARZ)

Häkle in Rd. Den Körper fortlaufend mit Füllwatte ausstopfen. Beginne in Jeans.
1. Rd: 6 fM in einen Fadenring häkeln (= 6 M).
2. Rd: 6x 1 M zun (= 12 M).
3. Rd: *1 fM, 1 M zun*, von * bis * noch 5x wdh (= 18 M).
4. Rd: *2 fM, 1 M zun*, von * bis * noch 5x wdh (= 24 M).
5. Rd: *11 fM, 1 M zun*, von * bis * noch 1x wdh (= 26 M).

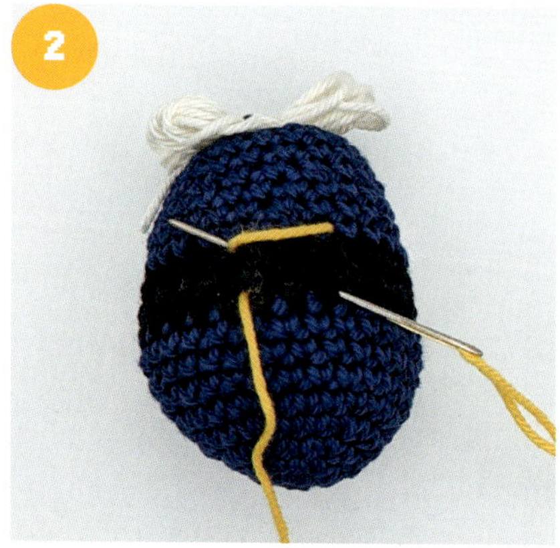

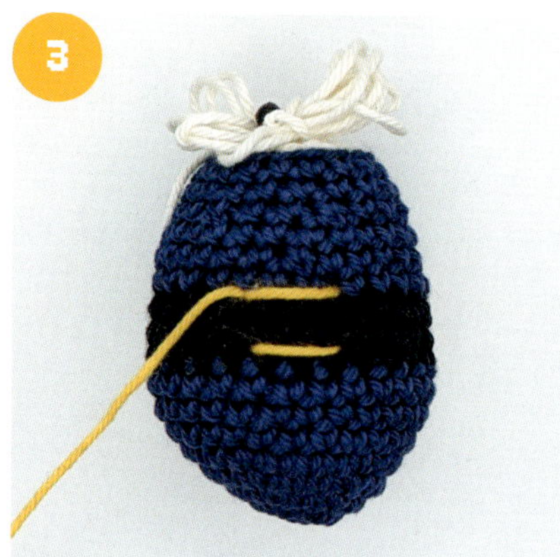

6.–8. Rd: 26 fM häkeln.
Fb-Wechsel zu Schwarz.
9.–11. Rd: 26 fM häkeln.
Fb-Wechsel zu Jeans.
12. Rd: 26 fM häkeln.
13. Rd: *11 fM, 1 M abn*, von * bis * noch 1x wdh (= 24 M).
14. Rd: 24 fM häkeln.
15. Rd: *2 fM, 1 M abn*, von * bis * noch 5x wdh (= 18 M).
16.–17. Rd: 18 fM häkeln.
Fb-Wechsel zu Creme.
18. Rd: *1 fM ihM, 1 M abn ihM*, von * bis * noch 5x wdh (= 12 M).
Abketten, den Faden lang abschneiden. Die Gürtelschnalle in Sonne auf dem schwarzen Gürtel aufsticken *siehe Bild 2–5*. Den Kopf am Körper festnähen.

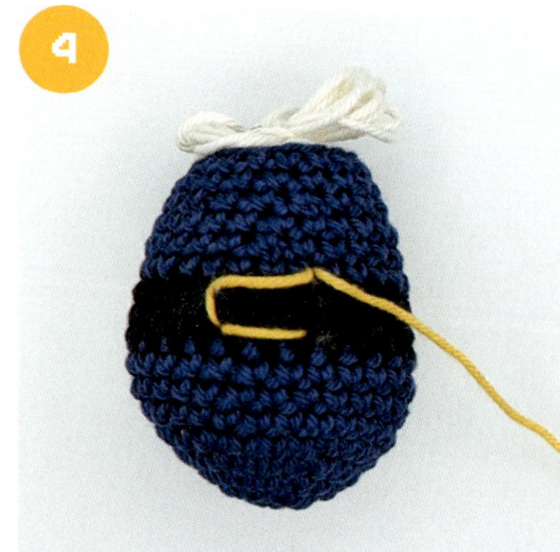

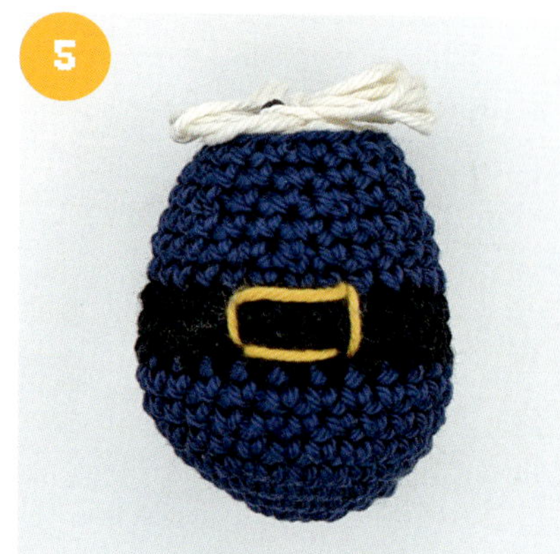

BEINE (2X IN CREME UND KAMELIE)

Häkle in Rd. Die Beine fortlaufend mit Füllwatte ausstopfen. Beginne in Kamelie.
1. Rd: 6 fM in einen Fadenring häkeln (= 6 M).
2. Rd: 6x 1 M zun (= 12 M).
3. Rd: *1 fM, 1 M zun*, von * bis * noch 5x wdh (= 18 M)
4. Rd: *8 fM, 1 M zun*, von * bis * noch 1x wdh (= 20 M).
5. Rd: 20 fM ihM häkeln.
6.–7. Rd: 20 fM häkeln.
8. Rd: *8 fM, 1 M abn*, von * bis * noch 1x wdh (= 18 M).
9. Rd: 18 fM häkeln.
10. Rd: *1 fM, 1 M abn*, von * bis * noch 5x wdh (= 12 M).
Fb-Wechsel zu Creme.

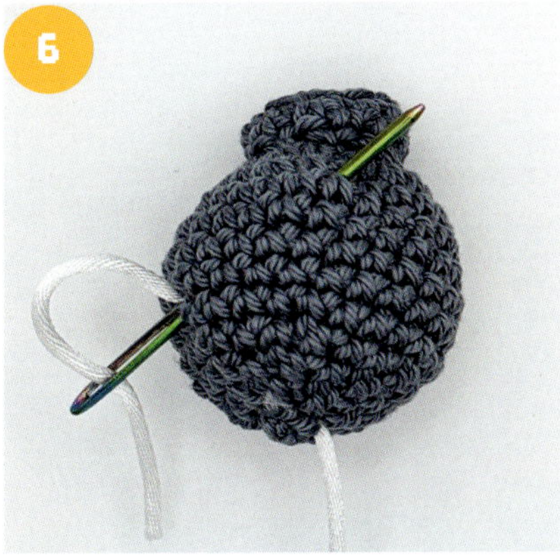

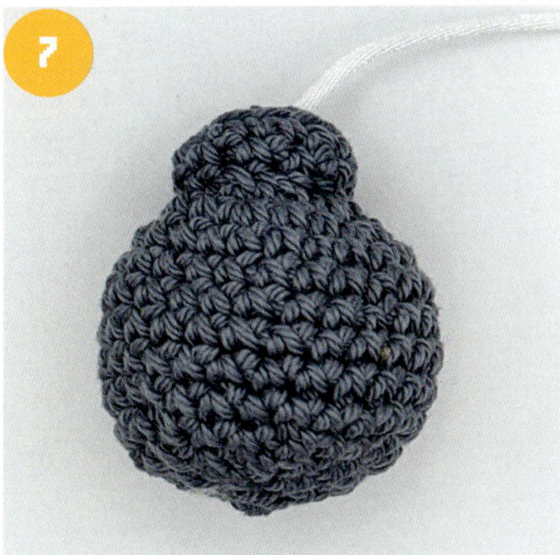

11. Rd: *4 fM ihM, 1 M abn ihM*, von * bis * noch 1x wdh (= 10 M).
12.–21. Rd: 10 fM häkeln.
22. Rd: *3 fM, 1 M abn*, von * bis * noch 1x wdh (= 8 M).
Abketten, den Faden lang abschneiden. Anschließend den Faden ivM aus der 11. Rd der Beine in Kamelie mit einer stehenden fM aufnehmen, von oben nach unten einstechen und rundherum Km häkeln. Den Faden abschneiden und vernähen. Die Beine über die 2.–5. Rd am Körper festnähen.

ARME (2X IN KAMELIE UND CREME)

Häkle in Rd. Nur die Faust mit Füllwatte ausstopfen. Beginne in Kamelie.
1. Rd: 6 fM in einen Fadenring häkeln (= 6 M).

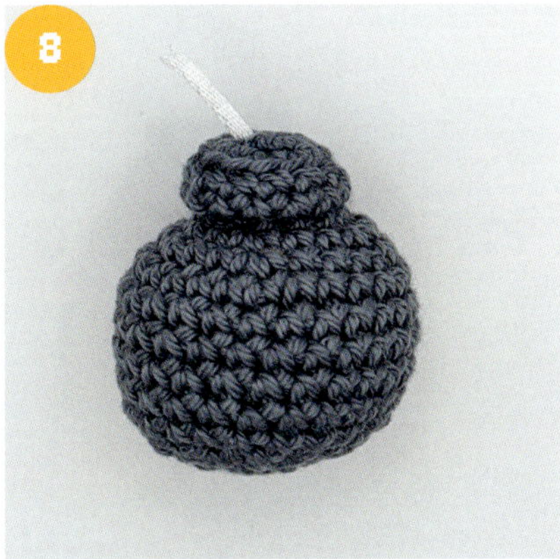

2. Rd: 6x 1 M zun (= 12 M).
3. Rd: *1 fM, 1 M zun*, von * bis * noch 5x wdh (= 18 M).
4.–5. Rd: 18 fM häkeln.
6. Rd: *7 fM, 1 M abn*, von * bis * noch 1x wdh (= 16 M).
7. Rd: *6 fM, 1 M abn*, von * bis * noch 1x wdh (= 14 M).
8. Rd: *5 fM, 1 M abn*, von * bis * noch 1x wdh (= 12 M).
9. Rd: *4 fM, 1 M abn*, von * bis * noch 1x wdh (= 10 M).
Fb-Wechsel zu Creme.
10. Rd: 10 fM ihM häkeln.
11. Rd: *3 fM, 1 M abn*, von * bis * noch 1x wdh (= 8 M).
12.–17. Rd: 8 fM häkeln.
18. Rd: *2 fM, 1 M abn*, von * bis * noch 1x wdh (= 6 M).
Das Ende falten und mit 3 fM zusammenhäkeln. Den Faden lang abschneiden. Anschließend den Faden in Kamelie ivM aus der 10. Rd mit einer stehenden fM wieder aufnehmen, von oben nach unten einstechen und rundherum Km häkeln. Den Faden abschneiden und vernähen. Die Arme 2 Rd unter dem Kopf festnähen.

BOMBE (IN STEIN)

Häkle in Rd. Die Bombe fortlaufend mit Füllwatte ausstopfen.
1. Rd: 6 fM in einen Fadenring häkeln (= 6 M).
2. Rd: 6x 1 M zun (= 12 M).
3. Rd: *1 fM, 1 M zun*, von * bis * noch 5x wdh (= 18 M).
4. Rd: *2 fM, 1 M zun*, von * bis * noch 5x wdh (= 24 M).
5.–10. Rd: 24 fM häkeln.
11. Rd: *2 fM, 1 M abn*, von * bis * noch 5x wdh (= 18 M).
12. Rd: *1 fM, 1 M zun*, von * bis * noch 5x wdh (= 12 M).
13. Rd: 6x 1 M abn (= 6 M).
Den Faden abschneiden, durch die vorderen M-Glieder der letzten Rd fädeln, fest zuziehen und vernähen.

BOMBENKAPPE (IN STEIN)

Häkle in Rd. Die Kappe fortlaufend mit Füllwatte ausstopfen.
1. Rd: 6 fM in einen Fadenring häkeln (= 6 M).
2. Rd: 6x 1 M zun (= 12 M).
3. Rd: 12 fM ihM häkeln.
4. Rd: 12 fM häkeln.
Abketten, den Faden lang abschneiden. Die Kappe über die 1.–2. Rd der Bombe festnähen. Eine Fädelschnur in ca. 10cm Länge zurechtschneiden, von unten nach oben durch die Bombe fädeln. Während des Auffädelns immer wieder aus der Bombe heraus- und wieder einstechen um den Faden zu befestigen. Komme anschließend mittig an der Kappe wieder heraus und schneide die Fädelschnur auf die richtige Länge zurecht *siehe Bild 6–8.*

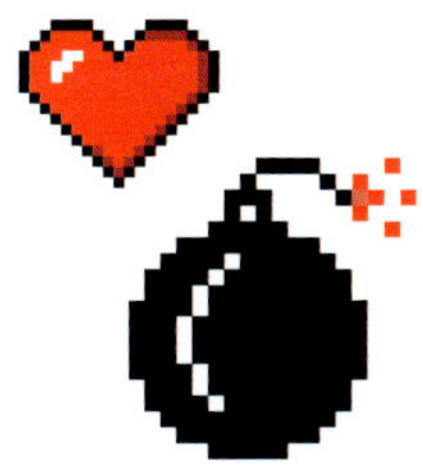

MUTIGER Drache

Es steht schlecht um die Heimat des kleinen Drachens. Seine Geschwister wurden in Kristall verwandelt und alle Dracheneier sind verschwunden. Doch mit der Kraft der Elemente und der Hilfe seiner Freunde ist der mutige Drache auf seinem Abenteuer nicht allein.

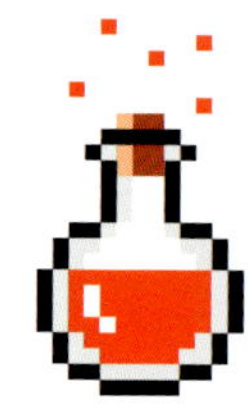

LEVEL: 3 | GRÖSSE: 17 CM

MATERIAL

- Schachenmayr Catania (100% Baumwolle, LL 125m/50g) in
- Hyazinth (Fb 240), 50g
- Mango (Fb 411), 5g
- Honig (Fb 206), 25g
- Sand (Fb 404), 7g
- Weiß (Fb 106), ein Rest
- Creme (Fb 130), ein Rest
- Schwarz (Fb 110), ein Rest
- Rosa (Fb 246), ein Rest
- Filetgarn in Weiß
- Häkelnadel 2,50mm
- Füllwatte
- Stopfnadel zum Vernähen
- Schere

SO WIRD'S GEMACHT

Es wird meist in Spiralrunden gehäkelt. Einzelteile werden später angenäht.

KOPF (IN HYAZINTH)

Häkle in Rd. Den Kopf fortlaufend mit Füllwatte ausstopfen.
1. Rd: 6 fM in einen Fadenring häkeln (= 6 M).
2. Rd: 6x 1 M zun (= 12 M).
3. Rd: *1 fM, 1 M zun*, von * bis * noch 5x wdh (= 18 M).
4. Rd: *2 fM, 1 M zun*, von * bis * noch 5x wdh (= 24 M).
5. Rd: *3 fM, 1 M zun*, von * bis * noch 5x wdh (= 30 M).
6. Rd: *14 fM, 1 M zun*, von * bis * noch 1x wdh (= 32 M).
7. Rd: 32 fM häkeln.
8. Rd: *15 fM, 1 M zun*, von * bis * noch 1x wdh (= 34 M).
9.–14. Rd: 34 fM häkeln.
15. Rd: *16 fM, 1 M zun*, von * bis * noch 1x wdh (= 36 M).
16. Rd: *15 fM, 3x 1 M zun*, von * bis * noch 1x wdh (= 42 M).
17.–19. Rd: 42 fM häkeln.
20. Rd: *15 fM, 3x 1 M abn*, von * bis * noch 1x wdh (= 36 M).
21. Rd: 36 fM häkeln.
22. Rd: *4 fM, 1 M abn*, von * bis * noch 5x wdh (= 30 M).
23. Rd: *3 fM, 1 M abn*, von * bis * noch 5x wdh (= 24 M).
24. Rd: *2 fM, 1 M abn*, von * bis * noch 5x wdh (= 18 M).
25. Rd: *1 fM, 1 M abn*, von * bis * noch 5x wdh (= 12 M).
26. Rd: 6x 1 M abn (= 6 M).
Faden abschneiden, durch alle vorderen M-Glieder fädeln, fest zuziehen und vernähen.

AUGEN (2X IN CREME, ROSA UND SCHWARZ)

Häkle in Rd. Beginne in Schwarz.
1. Rd: 4 fM in einen Fadenring häkeln (= 4 M).
2. Rd: *1 fM, 1 M zun*, von * bis * noch 1x wdh (= 6 M).
Fb-Wechsel zu Rosa.
3. Rd: *1 fM, 1 M zun*, von * bis * noch 2x wdh (= 9 M).
Fb-Wechsel zu Creme.
4. Rd: *2 fM, 1 M zun*, von * bis * noch 2x wdh (= 12 M).
Abketten, den Faden lang abschneiden und die Augen über die 10.–16. Rd mit 2 fM Abstand dazwischen, am Kopf festnähen. Die Zun für die Wangen sollten dabei seitlich liegen. Den Lichtreflex mit weißem Filetgarn mit Hilfe des Knötchenstichs auf die Augen aufsticken.

SCHNAUZE (IN HYAZINTH)

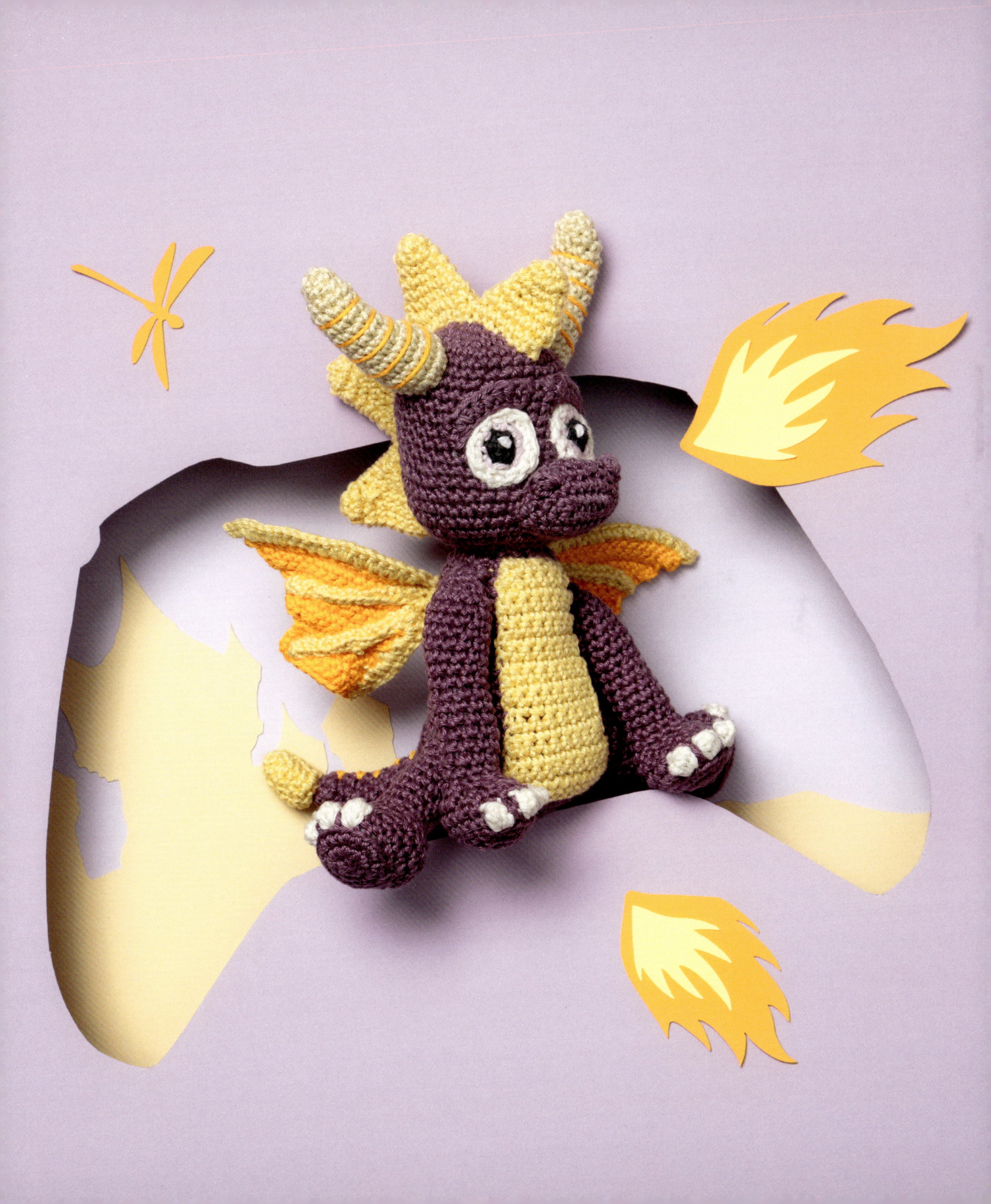

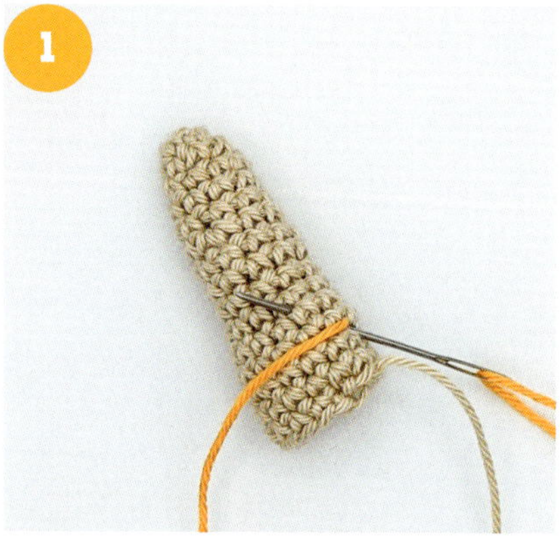

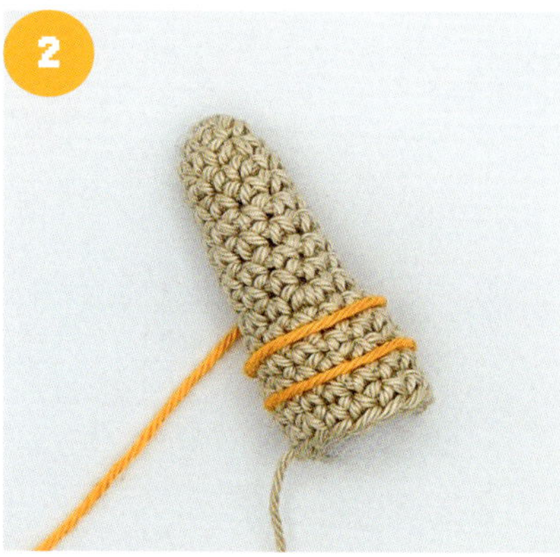

Häkle in Rd. Die Schnauze fortlaufend mit Füllwatte ausstopfen.
Schlage 8 Lm an, stich in die 2. Lm von der Nd aus ein und häkle wie folgt um die Lm-Kette herum:

1. Rd: 3 fM in eine M, 5 fM, 3 fM in eine M, 6 fM (= 17 M).
2. Rd: 1 fM, 1 M zun, 7 fM, 1 M zun, 7 fM (= 19 M).
3. Rd: 19 fM häkeln.
4. Rd: 1 N aus 4 Stb, 12 fM, 1 N aus 4 Stb, 5 fM (= 19 M).
5. Rd: 19 fM häkeln.

Abketten, den Faden lang abschneiden und die Schnauze unter den Augen festnähen.

AUGNLIDER (2X IN HYAZINTH)

Schlage 9 Lm an, stich in die 3. Lm von der Nd aus ein und häkle wie folgt weiter:

1. R: 1 hStb zun, 6 hStb (= 8 M).

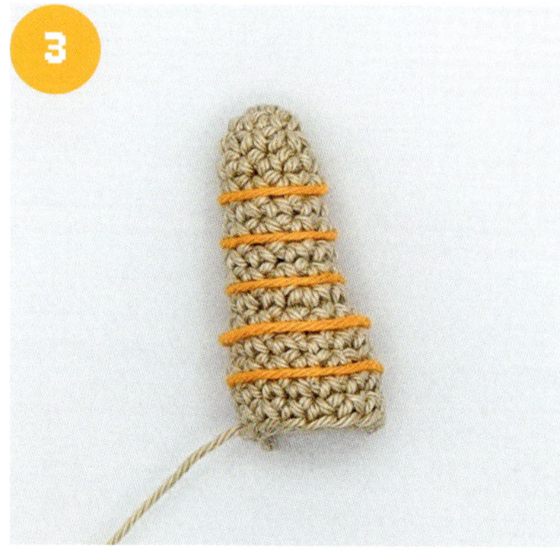

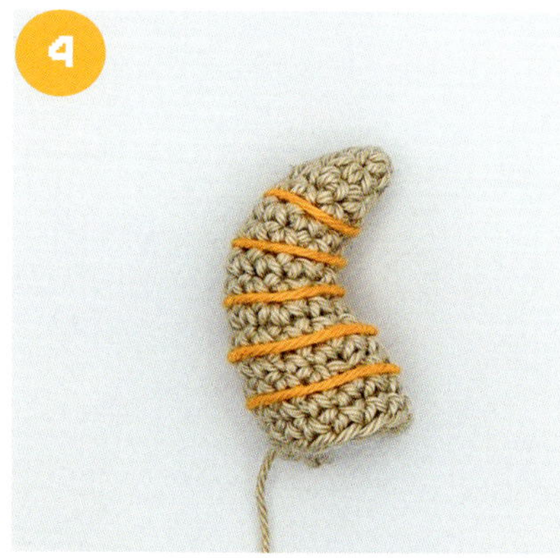

TIPP: Bei der Zun mit hStb werden, wie bei der üblichen Zun, 2 hStb in eine M gehäkelt.

Den Faden lang abschneiden und die Augenlider über den Augen festnähen.

HÖRNER (2X IN SAND)

Häkle in Rd. Die Hörner fortlaufend mit Füllwatte ausstopfen.

1. Rd: 6 fM in einen Fadenring häkeln (= 6 M).
2. Rd: 6 fM häkeln.
3. Rd: *1 fM, 1 M zun*, von * bis * noch 2x wdh (= 9 M).
4.–9. Rd: 9 fM häkeln.
10. Rd: *2 fM, 1 M zun*, von * bis * noch 2x wdh (= 12 M).
11.–12. Rd: 12 fM häkeln.
13. Rd: *3 fM, 1 M zun*, von * bis * noch 2x wdh (= 15 M).
14.–15. Rd: 15 fM häkeln.

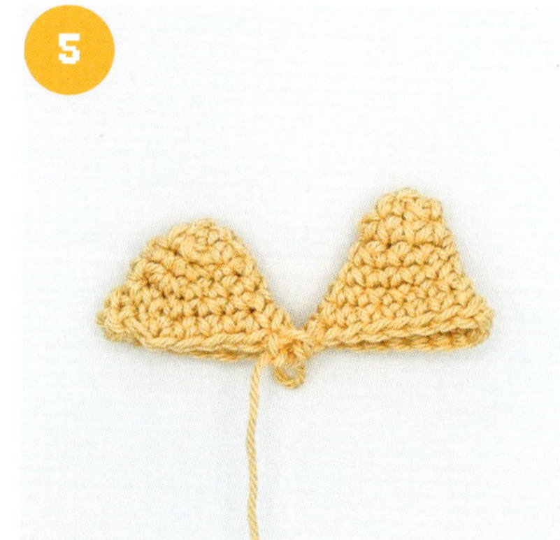

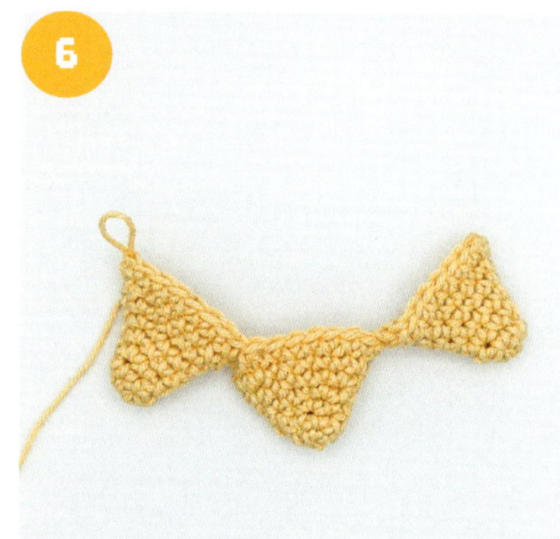

Abketten und den Faden lang ab schneiden. Die Kontraststreifen in Mango, mit Hilfe des Spannstichs, quer über das Horn sticken. Der Abstand zwischen den Streifen sollte dabei 2 Rd betragen *siehe Bild 1–3*. Die Spitze des Horns leicht nach innen biegen *siehe Bild 4*. Die Hörner über die 5.–8. Rd am Kopf festnähen.

ZACKEN (4X IN HONIG)

Häkle in Rd. Die Zacken nicht mit Füllwatte ausstopfen.

1. Rd: 6 fM in einen Fadenring häkeln (= 6 M).
2. Rd: 6 fM häkeln.
3. Rd: *2 fM, 1 M zun*, von * bis * noch 1x wdh (= 8 M).
4. Rd: *3 fM, 1 M zun*, von * bis * noch 1x wdh (= 10 M).
5. Rd: *4 fM, 1 M zun*, von * bis *

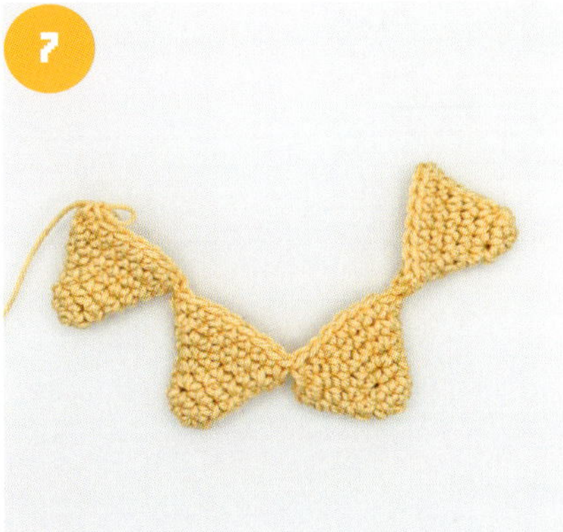

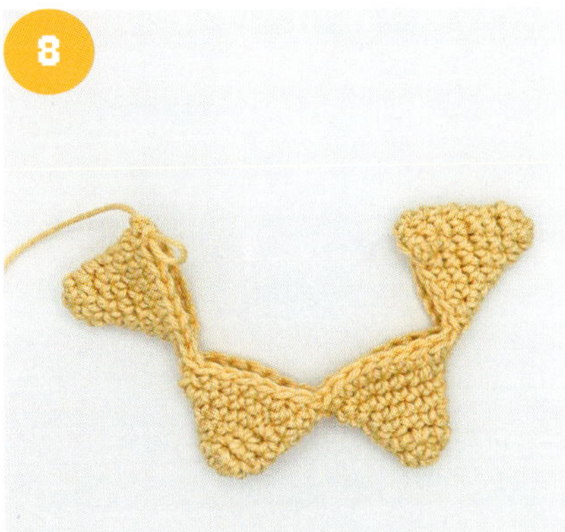

noch 1x wdh (= 12 M).
6. Rd: *5 fM, 1 M zun*, von * bis * noch 1x wdh (= 14 M).
7. Rd: *5 fM, 2x 1 M zun*, von * bis * noch 1x wdh (= 18 M).
Den Faden abschneiden und vernähen. Anschließend zwei weitere Zacken häkeln. Eine vierte häkeln, jedoch nicht abketten. Es geht weiter mit der Verbindung der Zacken.

VERBINDUNG DER ZACKEN

Stich von der vierten Zacke aus in eine der abgeketteten Zacken ein *siehe Bild 5* und häkle: 7 fM, 1 M abn entlang der 2. Zacke. In die nächste Zacke einstechen und noch einmal 7 fM, 1 M abn. In die nächste Zacke einstechen und 7 fM, 1 M abn. Weiter auf der anderen Seite der Zacken und wie folgt häkeln: *7 fM, 1 M abn*, von * bis * noch 3x

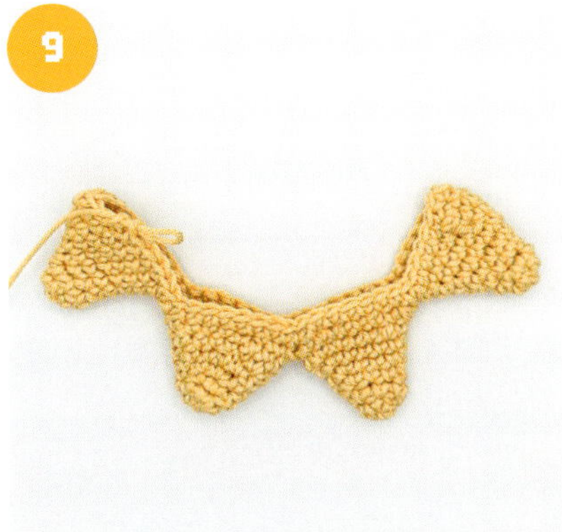

wdh. 7 fM , 1 M abn entlang der Vorderseite der vierten Zacke. Insgesamt solltest du so auf 64 fM kommen *siehe Bild 6–8*. Anschließend noch eine zweite Rd wie folgt häkeln: 2. Rd: * 14 fM, 1 M abn*, von * bis * noch 3x wdh (= 60 M) *siehe Bild 9*. Die Zacken beginnend 2 Rd über den Augenlidern, entlang des Hinterkopfs, festnähen.

KÖRPER (IN HYAZINTH)

Häkle in Rd. Den Körper fortlaufend mit Füllwatte ausstopfen.
1. Rd: 6 fM in einen Fadenring häkeln (= 6 M).
2. Rd: 6x 1 M zun (= 12 M).
3. Rd: *1 fM, 1 M zun*, von * bis * noch 5x wdh (= 18 M).
4. Rd: *2 fM, 1 M zun*, von * bis * noch 5x wdh (= 24 M).
5. Rd: *3 fM, 1 M zun*, von * bis * noch 5x wdh (= 30 M).
6. Rd: *4 fM, 1 M zun*, von * bis * noch 5x wdh (= 36 M).
7. Rd: *17 fM, 1 M zun*, von * bis * noch 1x wdh (= 38 M).
8.–10. Rd: 38 fM häkeln.
11. Rd: *17 fM, 1 M abn*, von * bis * noch 1x wdh (= 36 M).
12.–13. Rd: 36 fM häkeln.
14. Rd: *4 fM, 1 M abn*, von * bis * noch 5x wdh (= 30 M).
15.–16. Rd: 30 fM häkeln.
17. Rd: *3 fM, 1 M abn*, von * bis * noch 5x wdh (= 24 M).
18.–25. Rd: 24 fM häkeln.
26. Rd: *2 fM, 1 M abn*, von * bis * noch 5x wdh (= 18 M).
Abketten, den Faden lang abschneiden und den Kopf am Körper festnähen.

BAUCH (IN HONIG)

Schlage 13 Lm an, stich in die 2. Lm von der Nd aus ein und häkle wie folgt in R weiter:
1.–3. R: 12 fM, 1 Lm und wenden (= 12 M).
4. R: 1 M abn, 8 fM, 1 M abn, 1 Lm und wenden (= 10 M).
5. R: 10 fM, 1 Lm und wenden.
6. R: 1 M abn, 6 fM, 1 M abn, 1 Lm und wenden (= 8 M).
7.–18. R: 8 fM, 1 Lm und wenden.
19. R: 1 M abn, 4 fM, 1 M abn, 1 Lm und wenden (= 6 M).
20. R: 6 fM häkeln.
Den Faden lang abschneiden und den Bauch ab 1 Rd unter dem Kopf beginnend am Körper festnähen.

BEINE (2X IN HYAZINTH UND CREME)

Häkle in Rd. Die Beine fortlaufend mit Füllwatte ausstopfen. Beginne in Hyazinth.
1. Rd: 6 fM in einen Fadenring häkeln (= 6 M).
2. Rd: 6x 1 M zun (= 12 M).
3. Rd: *1 fM, 1 M zun*, von * bis * noch 5x wdh (= 18 M).
4. Rd: 5 fM ihM, *Fb-Wechsel zu Creme, 1 N aus 3 Stb ihM, Fb-Wechsel zu Hyazinth, 1 fM ihM*, von * bis * noch 1x wdh, Fb-Wechsel zu Creme, 1 N aus 3 Stb ihM, Fb-Wechsel zu Hyazinth, 8 fM ihM (= 18 M).
5. Rd: 18 fM häkeln.
6. Rd: 7 fM, 2x 1 M abn, 7 fM (= 16 M).
7. Rd: 16 fM häkeln.
8. Rd: *2 fM, 1 M abn*, von * bis * noch 3x wdh (= 12 M).
9. Rd: *4 fM, 1 M abn*, von * bis * noch 1x wdh (= 10 M).
10.–14. Rd: 10 fM häkeln.
15. Rd: *4 fM, 1 M zun*, von * bis *

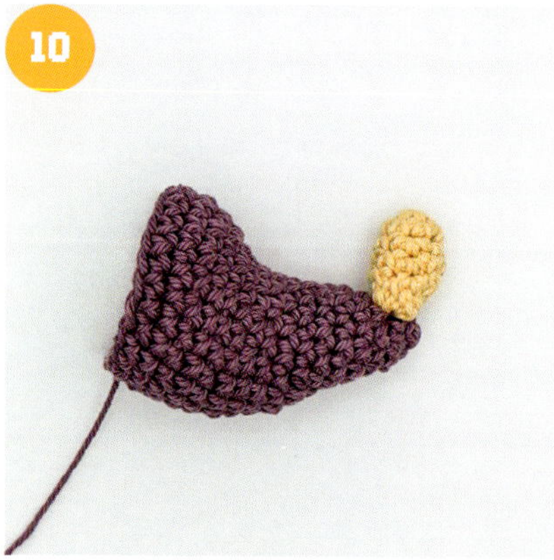

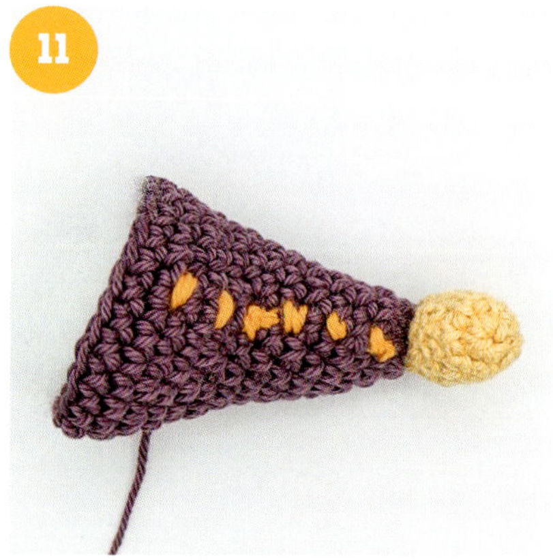

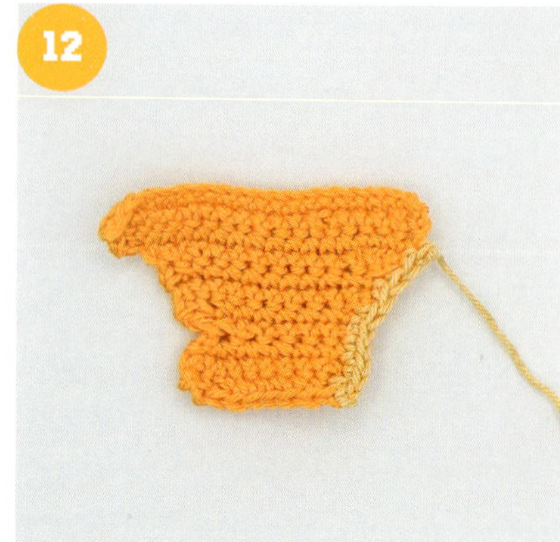

noch 1x wdh (= 12 M).
16. Rd: *1 fM, 1 M zun*, von * bis * noch 5x wdh (= 18 M).
17. Rd: *7 fM, 1 M abn*, von * bis * noch 1x wdh (= 16 M).
Abketten, den Faden lang abschneiden und die Beine über die 6.–11. Rd, in sitzender Position, am Körper festnähen.

ARME (2X IN HYAZINTH UND CREME)

Häkle in Rd. Die Arme fortlaufend mit Füllwatte ausstopfen. Beginne in Hyazinth.
1.–5. Rd: Wdh die 1.–5. Rd von den Beinen (= 18 M).
6. Rd: 5 fM, 4x 1 M abn, 5 fM (= 14 M).
7. Rd: 3 fM, 4x 1 M abn, 3 fM (= 10 M).
8.–15. Rd: 10 fM häkeln.
16. Rd: *4 fM, 1 M zun*, von * bis * noch 1x wdh (= 12 M).
17.–22. Rd: 12 fM häkeln.
23. Rd: 6x 1 M abn (= 6 M).
Das Ende falten und mit 3 fM zusammen häkeln. Die Faltkante sollte dabei mittig, zwischen den Zehen liegen. Bei Bedarf hierzu noch ein paar fM dazu häkeln. Den Faden lang abschneiden und die Arme 2 Rd unter dem Kopf festnähen.

SCHWANZ (IN HYAZINTH)

Häkle in Rd. Den Schwanz fortlaufend mit Füllwatte ausstopfen.
1. Rd: 6 fM in einen Fadenring häkeln (= 6 M).
2. Rd: 6 fM häkeln.
3. Rd: 2 fM, 2x 1 M zun, 2 fM (= 8 M).
4. Rd: 3 fM, 2x 1 M zun, 3 fM (= 10 M).
5.–6. Rd: 10 fM häkeln.
7. Rd: 4 fM, 2x 1 M zun, 4 fM (= 12 M).
8. Rd: 5 fM, 2x 1 M zun, 5 fM (= 14 M).
9.–10. Rd: 14 fM häkeln.
11. Rd: 6 fM, 2x 1 M zun, 6 fM (= 16 M).
12. Rd: 16 fM häkeln.
13. Rd: 6 fM, 4x 1 M zun, 6 fM (= 20 M).
14. Rd: 20 fM häkeln.
15. Rd: 8 fM, 4x 1 M zun, 8 fM (= 24 M).
16.–17. Rd: 24 fM häkeln.
Abketten und den Faden lang abschneiden.

SCHWANZSPITZE (IN HONIG)

Häkle in Rd. Die Schwanzspitze fortlaufend mit Füllwatte ausstopfen.
1. Rd: 6 fM in einen Fadenring häkeln (= 6 M).
2. Rd: 6 fM häkeln.
3. Rd: *2 fM, 1 M zun*, von * bis * noch 1x wdh (= 8 M).
4. Rd: 8 fM häkeln.
5. Rd: *3 fM, 1 M zun*, von * bis * noch 1x wdh (= 10 M).
6. Rd: *4 fM, 1 M zun*, von * bis * noch 1x wdh (= 12 M).
7. Rd: 6x 1 M abn (= 6 M).
Den Faden lang abschneiden, durch die vorderen M-Glieder der letzten Rd fädeln, fest zuziehen und die Schwanzspitze am Schwanz festnähen *siehe Bild 10*. Die Details auf dem Schwanz in Mango, mit Hilfe des Knötchenstichs, aufsticken *siehe Bild 11*. Den Schwanz am unteren Rücken festnähen.

FLÜGEL (2X IN MANGO UND HONIG)

Beginne in Mango.
Schlage 21 Lm an, stich in die 2. Lm von der Nd aus ein und häkle wie folgt in R weiter:
1. R: 20 fM, 1 Lm und wenden (= 20 M).
2. R: 1 M abn, 15 fM, 1 M abn, 1 Lm und wenden (= 17 M).
Die letzte M aus der 2. R bleibt hierbei frei.
3. R: 1 M abn, 15 fM, 1 Lm und wenden (= 16 M).
4. R: 2x 1 M abn, 8 fM, 2x 1 M abn, 1 Lm und wenden (= 12 M).
5. R: 1 M abn, 8 fM, 1 M abn, 1 Lm und wenden (= 10 M).
6. R: 9 fM, 1 M zun, 1 Lm und wenden (= 11 M).
7. R: 2x 1 M abn, 5 fM, 1 M abn, 1 Lm und wenden (= 8 M).
8. R: 4 fM, 2x 1 M abn, 1 Lm und wenden (= 6 M).
9. R: 2x 1 M zun, 4 fM, 1 Lm und wenden (= 8 M).

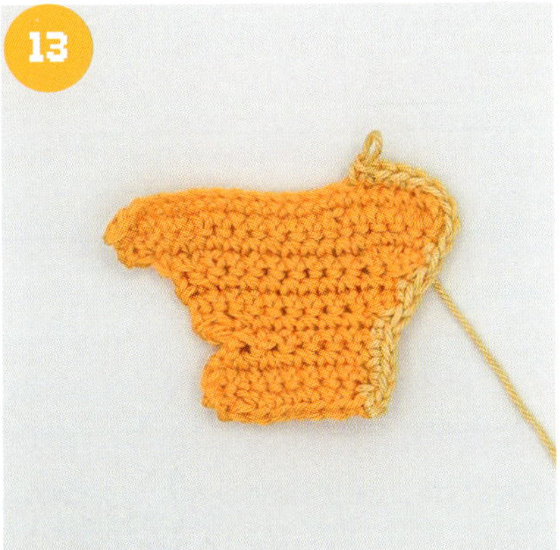

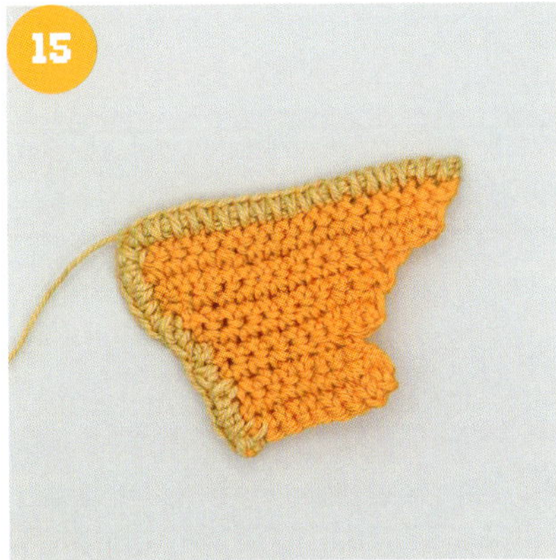

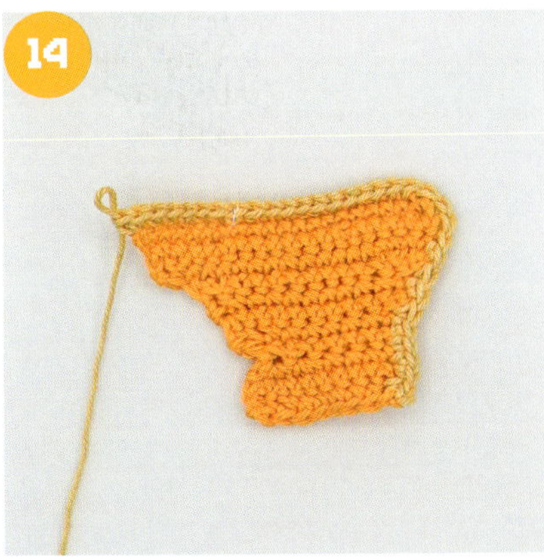

10. R: 6 fM, 2x 1 M zun, 1 Lm und wenden (= 10 M).
11. R: 2x 1 M abn, 6 fM, 1 Lm und wenden (= 8 M).
Fb-Wechsel zu Honig. Weiter entlang der R-Enden häkeln.
12. R: 11 fM entlang der R-Enden, 1 Zun in die Kante, 18 fM entlang des oberen Randes, 1 Zun in die Kante, 1 Lm und wenden (= 33 M) *siehe Bild 12–14.*
13. R: 33 tiefliegende fM häkeln (= 33 M).

TIPP: Die tiefliegenden fM werden genauso gehäkelt wie die üblichen fM. Hier wird allerdings nicht in die nächste M der Vorrunde gehäkelt, sondern eine M darunter. Du stichst also hier in die M aus der 11. R ein. Den Faden lang abschneiden und zur mittleren Kante des Flügels fädeln *siehe Bild 15.*

FLÜGELKNOCHEN (4X IN HONIG)

Kleiner Knochen

Schlage 17 Lm an, stich in die 2. Lm von der Nd aus ein und häkle 16 Km entlang der Lm-Kette. Den Faden lang abschneiden.

Großer Knochen (2x in Honig)

Schlage 19 Lm an, stich in die 2. Lm von der Nd aus ein und häkle 18 Km entlang der Lm-Kette. Den Faden lang abschneiden. Anschließend den kleinen Knochen unterhalb und die großen Knochen oberhalb des Flügels festnähen. Die Kante der Flügel zusammendrücken und mit ein paar Stichen zusammennähen. Die Flügel auf Höhe der Arme, ca. 2 M neben den Armen, festnähen.

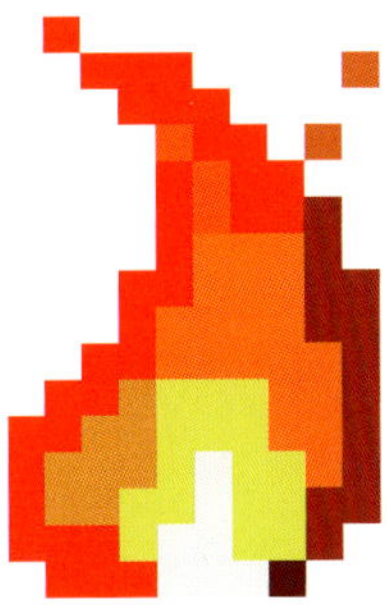

FRECHES Brüderpaar

Unter Zwillingen gibt es viele Gemeinsamkeiten, genauso wie einige Unterschiede. So besteht dieses freche Duo aus dem abenteuerlustigen Draufgänger, der tief im Inneren ein gutes Herz hat, und seinem eher ruhigen Bruder, der seinen hitzköpfigen Zwilling oft von allen möglichen Dummheiten abhalten muss. Das gelingt aber nicht immer und oft finden sich die beiden Brüder in den unmöglichsten Situationen wieder.

LEVEL: 2 | GRÖSSE: 18 CM

MATERIAL

- Scheepjes Catona (100% Baumwolle, LL 125m/50g) in
- Rust (Fb 388), 20g
- Creme (Fb 130), 50g
- Midnight (Fb 527), 20g
- Natur (Fb 105), 20g
- Schwarz (Fb 110), 20g
- Filetgarn in Schwarz und Weiß
- Häkelnadel 2,50mm
- Füllwatte
- Stopfnadel zum Vernähen
- Schere

SO WIRD'S GEMACHT

Es wird in Spiralrunden gehäkelt. Beine und Körper werden in einem Stück gehäkelt, Einzelteile später angenäht. Beginne mit dem Bruder in der Kontrastfarbe Rust.

KOPF (IN CREME UND NATUR)

Häkle in Rd. Den Kopf fortlaufend mit Füllwatte ausstopfen, jedoch im oberen Bereich nicht zu fest stopfen. Beginne in Creme.

1. Rd: 6 fM in einen Fadenring häkeln (= 6 M).
2. Rd: 6x 1 M zun (= 12 M).
3. Rd: *1 fM, 1 M zun*, von * bis * noch 5x wdh (= 18 M).
4. Rd: *2 fM, 1 M zun*, von * bis * noch 5x wdh (= 24 M).
5. Rd: 24 fM häkeln.
6. Rd: *3 fM, 1 M zun*, von * bis * noch 5x wdh (= 30 M).
7. Rd: 30 fM häkeln.
8. Rd: *4 fM, 1 M zun*, von * bis * noch 5x wdh (= 36 M).
9. Rd: 36 fM häkeln.
10. Rd: *16 fM, 2x 1 M zun*, von * bis * noch 1x wdh (= 40 M).
11.–16. Rd: 40 fM häkeln.
17. Rd: *19 fM, 1 M zun*, von * bis * noch 1x wdh (= 42 M).

Den Faden abschneiden und vernähen. Anschließend den Faden in Natur ihM aus der 17. Rd mit einer stehenden fM aufnehmen, von Außen nach Innen einstechen *siehe Bild 1* und wie folgt weiterhäkeln:

18. Rd: *5 fM ihM, 1 M abn ihM*, von * bis * noch 5x wdh (= 36 M).
19. Rd: *4 fM, 1 M abn*, von * bis * noch 5x wdh (= 30 M) *siehe Bild 2*.
20. Rd: *3 fM, 1 M abn*, von * bis * noch 5x wdh (= 24 M).
21. Rd: *2 fM, 1 M abn*, von * bis * noch 5x wdh (= 18 M).
22. Rd: *1 fM, 1 M abn*, von * bis * noch 5x wdh (= 12 M).
23. Rd: 6x 1 M abn (= 6 M).

Faden abschneiden, durch alle vorderen M-Glieder fädeln, fest zuziehen und vernähen. Dann den Faden ivM aus der 17. Rd in Creme mit einer stehenden fM aufnehmen, von unten nach oben einstechen und 42 fM rundherum häkeln. Den Faden abschneiden und vernähen.

HENKEL (IN CREME)

Häkle in Rd. Den Henkel fortlaufend mit Füllwatte ausstopfen. Lass zu Beginn einen langen Anfangsfaden für das spätere Annähen hängen.

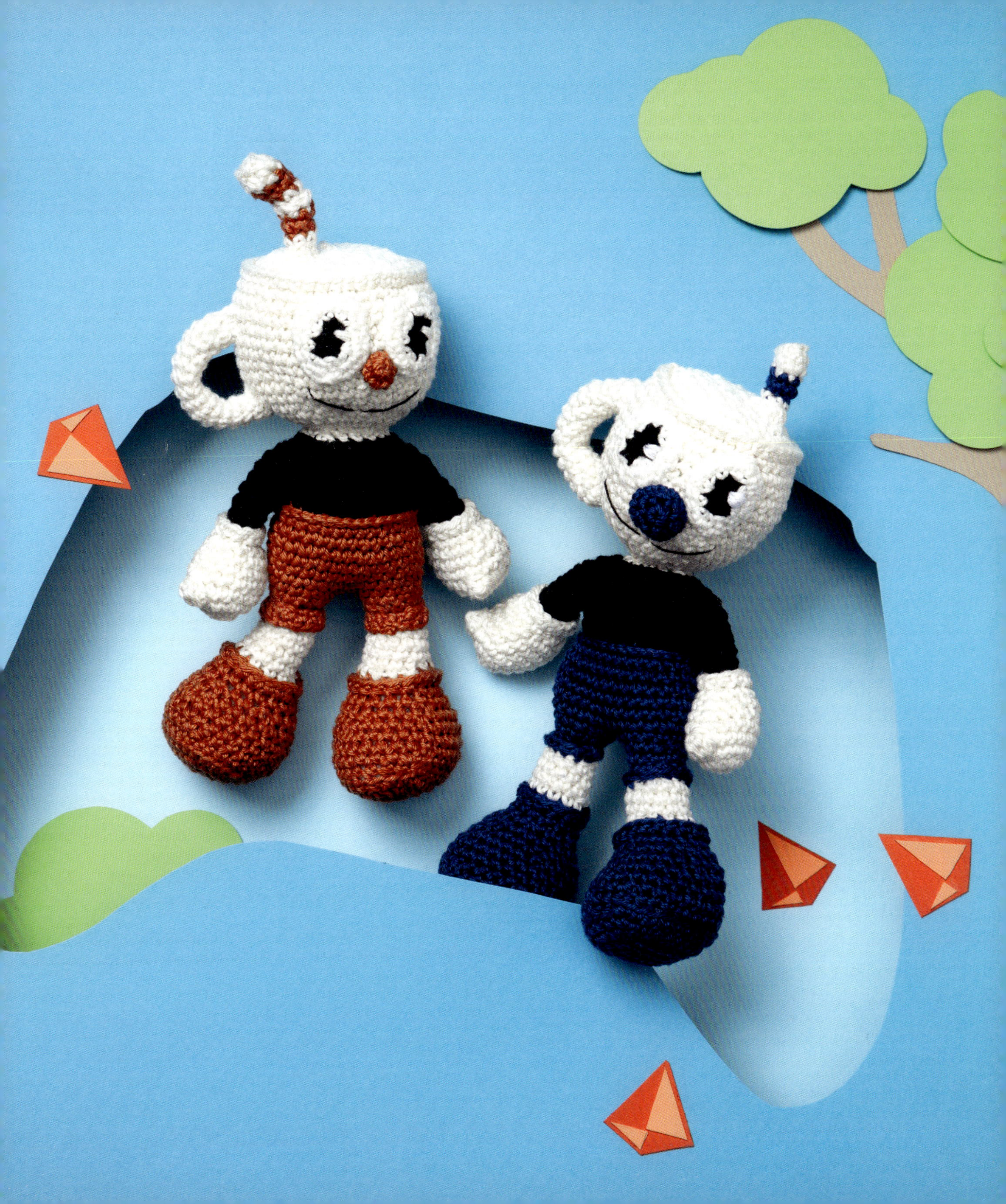

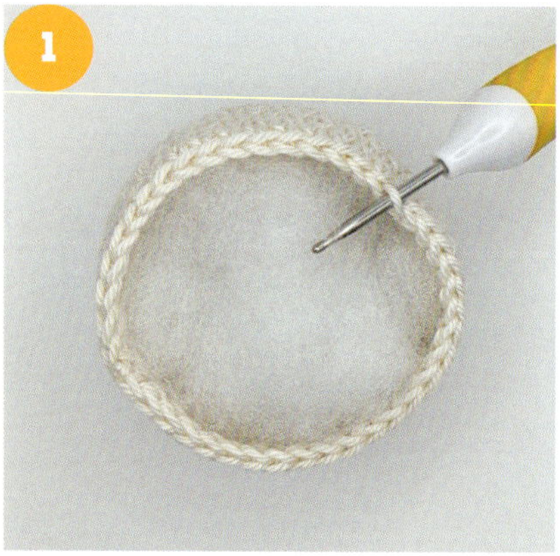

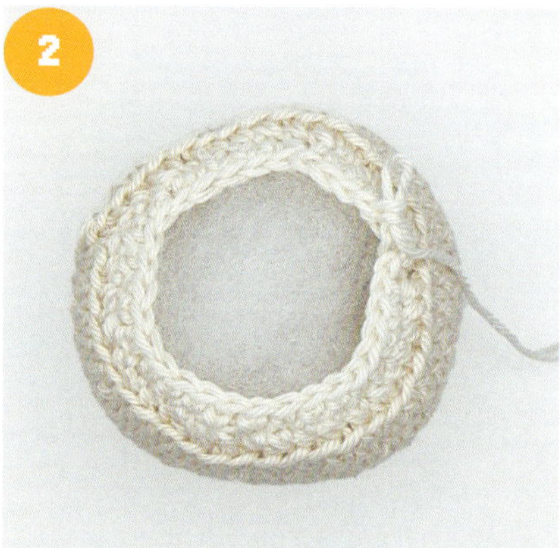

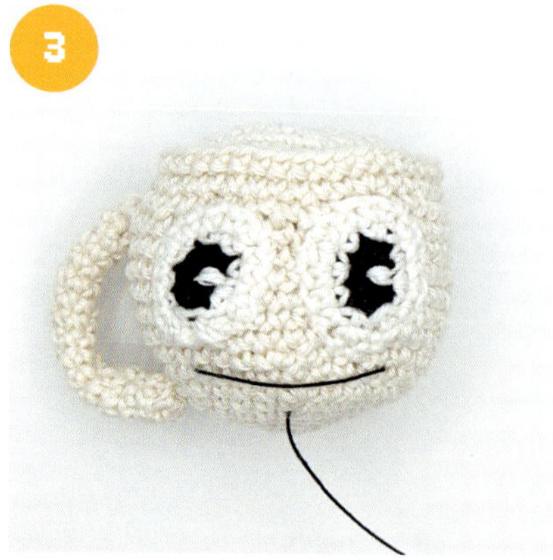

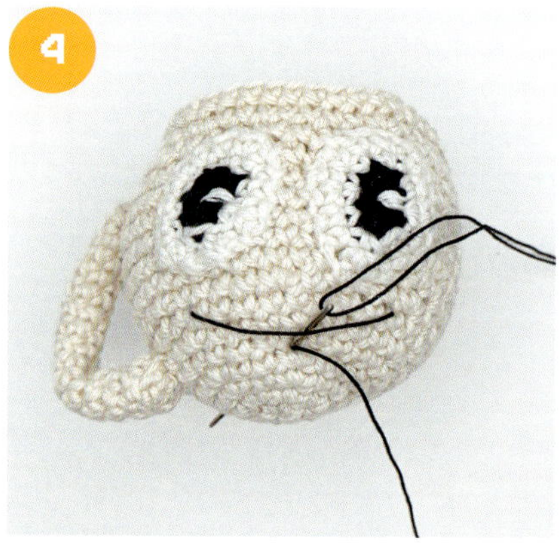

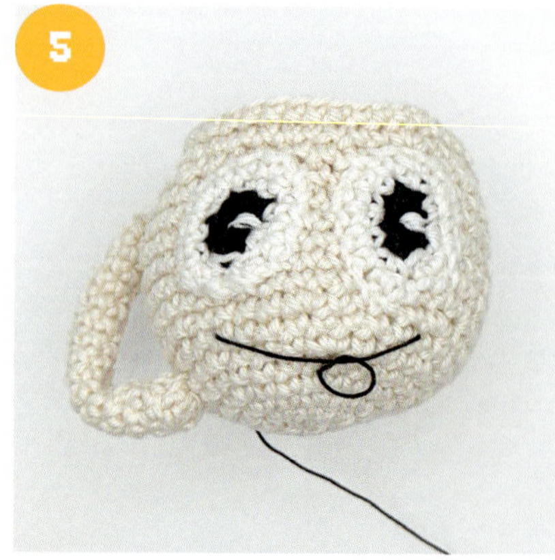

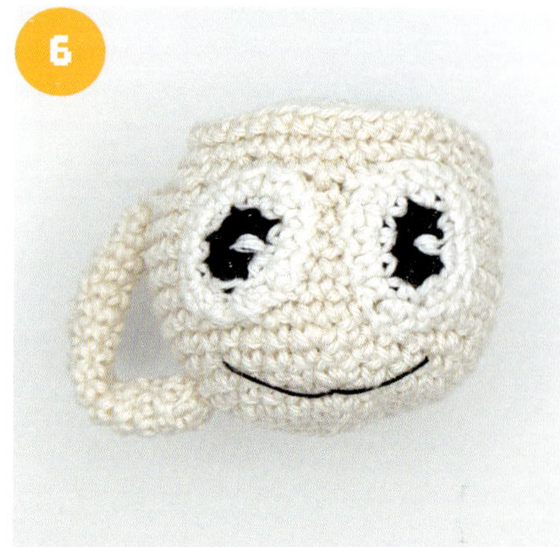

1. Rd: 6 fM in einen Fadenring häkeln (= 6 M).
2. Rd: 6 fM ihM häkeln.
3.–16. Rd: 6 fM häkeln.
17. Rd: 6 fM ihM häkeln.
Faden abschneiden, durch alle vorderen M-Glieder fädeln, fest zuziehen und den Faden lang lassen. Anschließend den Henkel unten über die 7.–8. Rd am Kopf festnähen. Das obere Ende wird über die 14.–15. Rd angenäht.

AUGEN (2X IN NATUR UND SCHWARZ)

Beginne in Schwarz.
Schlage 4 Lm an, stich in die 2. Lm von der Nd aus ein und häkle wie folgt um die Lm-Kette herum:
1. Rd: 2 fM, 3 fM in eine M, 1 fM, 1 M zun (= 8 M).
Fb-Wechsel zu Natur.
2. Rd: *1 fM, 1 M zun*, von * bis * noch 3x wdh (= 12 M).
3. Rd: *2 fM, 1 M zun*, von * bis * noch 3x wdh (= 16 M).
Abketten, den Faden lang abschneiden und die Augen über die 10.–16. Rd am Kopf, mit 2 fM Abstand dazwischen, festnähen. Den Lichtreflex in weißem Filetgarn über 1 fM breit auf dem Auge aufsticken, dazu 6x einstechen. Den Mund in schwarzem Filetgarn 1 Rd unter den Augen über 10 fM breit mit Hilfe des Spannstichs aufsticken. Anschließend den Mund mit Hilfe einer Schlaufe 3 Rd nach unten ziehen *siehe Bild 3–6*.

NASE (IN RUST)

Häkle in Rd. Die Nase nicht mit Füllwatte ausstopfen.
1. Rd: 6 fM in einen Fadenring häkeln (= 6 M).
2. Rd: 6 fM häkeln.
Faden abschneiden, durch alle vorderen M-Glieder fädeln, fest zuziehen und die Nase zwischen den Augen festnähen.

STROHHALM (IN RUST UND CREME)

Häkle in Rd. Den Strohhalm fortlaufend mit Füllwatte ausstopfen.
Beginne in Creme.
Einen langen Anfangsfaden hängen lassen.
1. Rd: 6 fM in einen Fadenring häkeln (= 6 M).
2. Rd: 6 fM ihM häkeln.
Fb-Wechsel zu Rust.
3.–4. Rd: 6 fM häkeln.
Fb-Wechsel zu Creme.

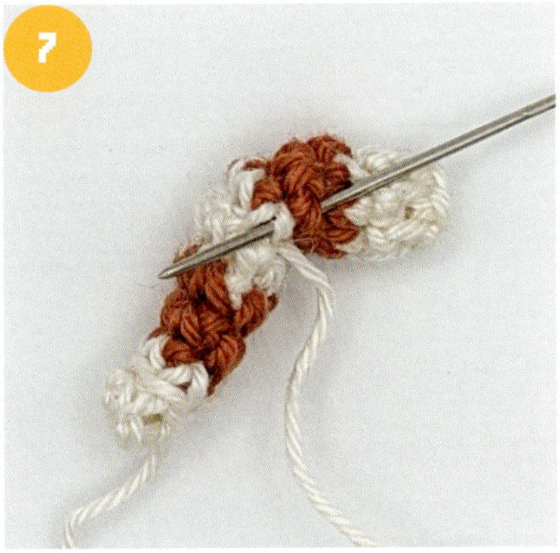

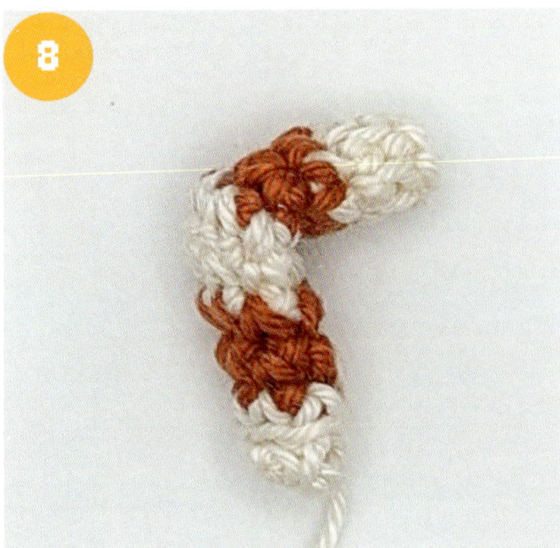

5.–6. Rd: 6 fM häkeln.
Fb-Wechsel zu Rust.
7.–8. Rd: 6 fM häkeln.
Fb-Wechsel zu Creme.
9. Rd: 6 fM häkeln.
10. Rd: 6 fM ihM häkeln.
Den Faden lang abschneiden, durch die vorderen M-Glieder fädeln, fest zuziehen und den Faden lang lassen. Den Anfangsfaden anschließend zum oberen Drittel fädeln. Den oberen Teil nach vorne biegen und mit ein paar Stichen durch den Strohhalm festnähen *siehe Bild 7–8*. Den Anfangsfaden vernähen und den Strohhalm mit dem Endfaden über Rd 2 des Kopfes, leicht seitlich, festnähen.

BEINE (2X IN RUST UND CREME)

Die Beine fortlaufend mit Füllwatte

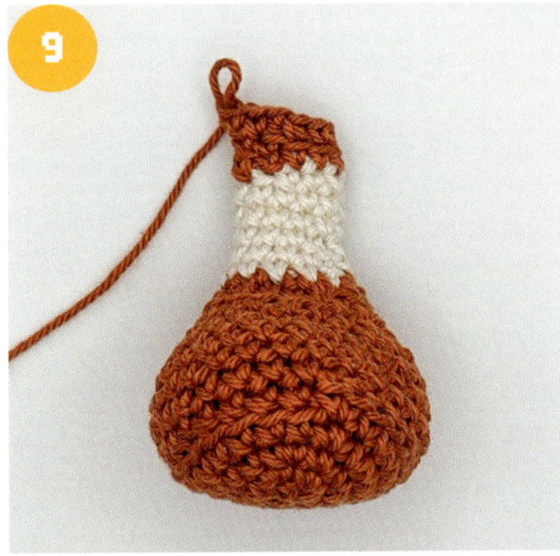

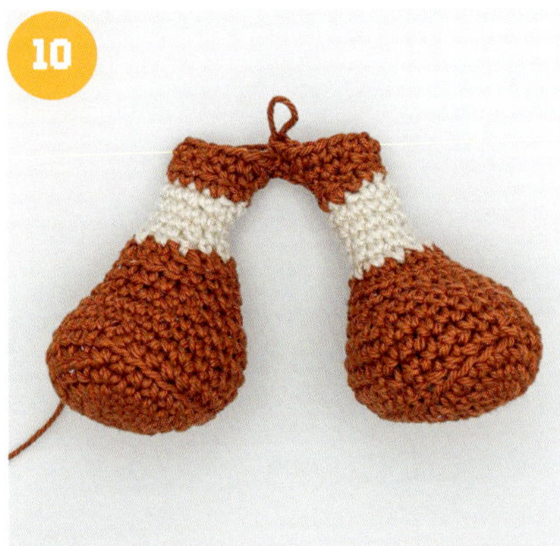

ausstopfen. Beginne in Rust.
Schlage 8 Lm an, stich in die 2. Lm ein und häkle wie folgt um die Lm-Kette herum:
1. Rd: 6 fM, 3 fM in eine M, 5 fM, 1 M zun (= 16 M).
2. Rd: 1 M zun, 6 fM, 2x 3 fM in eine M häkeln, 6 fM, 1 M zun (= 22 M).
3. Rd: 1 M zun, 9 fM, 2x 3 fM in eine M häkeln, 9 fM, 1 M zun (= 28 M).
4. Rd: *6 fM, 1 M zun*, von * bis * noch 3x wdh (= 32 M).
5. Rd: 32 fM ihM häkeln.
6. Rd: *6 fM, 1 M abn*, von * bis * noch 3x wdh (= 28 M).
7.–8. Rd: 28 fM häkeln.
9. Rd: *5 fM, 1 M abn*, von * bis * noch 3x wdh (= 24 M).
10. Rd: *2 fM, 1 M abn*, von * bis * noch 5x wdh (= 18 M).

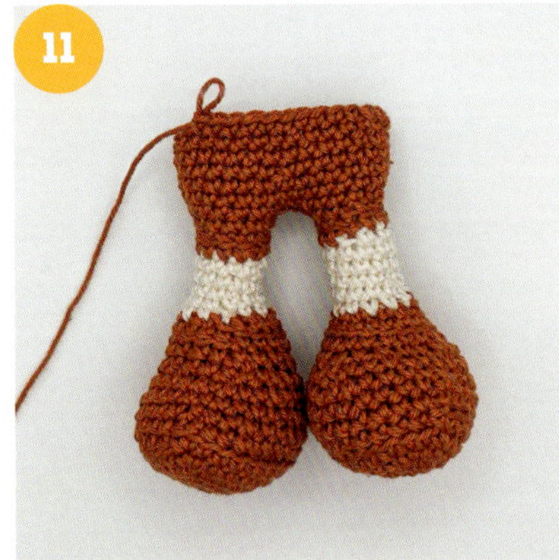

11. Rd: 18 fM häkeln.
12. Rd: 18 fM ihM häkeln.
Fb-Wechsel zu Creme.
13. Rd: *1 fM, 1 M abn*, von * bis * noch 5x wdh (= 12 M).
14.–17. Rd: 12 fM häkeln.
Fb-Wechsel zu Rust.
18. Rd: 12 fM häkeln.
19. Rd: 12 fM ihM häkeln.
Das erste Bein abketten und den Faden vernähen. Ein zweites Bein häkeln, jedoch nicht abketten. Es geht direkt mit dem Körper weiter.

KÖRPER (IN RUST UND SCHWARZ)

Häkle in Rd. Beginne in Rust. Den Körper fortlaufend mit Füllwatte ausstopfen. Häkle zunächst 4 weitere fM an das zweite Bein (der Rd-Anfang sollte links liegen) *siehe Bild 9*. Anschließend 2 Lm häkeln, in das erste Bein einstechen und wie folgt weiterhäkeln:
1. Rd: 12 fM um das erste Bein, 2 fM in die Lm-Kette, 12 fM um das zweite Bein, 2 fM in die Lm-Kette (= 28 M) *siehe Bild 10*.
2. Rd: 5 fM, 2x 1 M zun, 12 fM, 2x 1 M zun, 7 fM (= 32 M).
3.–7. Rd: 32 fM häkeln.
Häkle nun ca. 3 fM weiter, der Rd-Anfang sollte noch einmal links liegen *siehe Bild 11*. Fb-Wechsel zu Schwarz.
8. Rd: *14 fM ihM, 1 M abn ihM*,

von * bis * noch 1x wdh (= 30 M).
9.–12. Rd: 30 fM häkeln.
13. Rd: *3 fM, 1 M abn*, von * bis * noch 5x wdh (= 24 M).
14. Rd: *2 fM, 1 M abn*, von * bis * noch 5x wdh (= 18 M).
Fb-Wechsel zu Creme.
15. Rd: *7 fM ihM, 1 M abn ihM*, von * bis * noch 1x wdh (= 16 M).
Abketten, den Faden lang abschneiden. Anschließend den Faden in Rust ivM aus der 12. Rd der Beine mit einer stehenden fM wieder aufnehmen, von unten nach oben einstechen und eine Rd fM rundherum häkeln. Den Faden abschneiden und vernähen. Danach den Faden in Rust ivM aus der 19. Rd der Beine mit einer stehenden fM aufnehmen, von oben nach unten einstechen und 2 Rd mit fM rundherum häkeln. Den Faden abschneiden und vernähen. Zum Schluss den Faden ivM aus der 8. Rd des Körpers in Rust mit einer stehenden fM aufnehmen, von oben nach unten einstechen und eine Rd Km rundherum häkeln (Hosenbund). Den Faden abschneiden und vernähen, den Kopf am Körper festnähen.

ARME (2X IN CREME UND SCHWARZ)

Häkle in Rd. Nur die Faust mit Füllwatte ausstopfen. Beginne in Creme.
1. Rd: 6 fM in einen Fadenring häkeln (= 6 M).
2. Rd: 6x 1 M zun (= 12 M).
3. Rd: *1 fM, 1 M zun*, von * bis * noch 5x wdh (= 18 M).
4. Rd: 8 fM, 1 N aus 3 Stb, 9 fM (= 18 M).
5. Rd: 18 fM häkeln.
6. Rd: *7 fM, 1 M abn*, von * bis * noch 1x wdh (= 16 M).
7. Rd: *6 fM, 1 M abn*, von * bis * noch 1x wdh (= 14 M).
8. Rd: *5 fM, 1 M abn*, von * bis * noch 1x wdh (= 12 M).
Fb-Wechsel zu Schwarz.
9. Rd: *4 fM ihM, 1 M abn ihM*, von * bis * noch 1x wdh (= 10 M).
10.–15. Rd: 10 fM häkeln.
Das Ende falten und mit 5 fM zusammenhäkeln. Den Faden lang abschneiden. Anschließend den Faden in Creme ivM aus der 9. Rd mit einer stehenden fM wieder aufnehmen, von unten nach oben einstechen und rundherum fM häkeln. Den Faden abschneiden und vernähen. Einen zweiten Arm häkeln. Die Arme 2 Rd unter dem Kopf festnähen.

ACHTUNG: Nun kannst du noch den Bruder mit Hilfe der Kontrastfarbe Midnight häkeln. Dazu wird bis auf Nase und Strohhalm alles identisch gehäkelt. Ändere dazu an der entsprechenden Stelle die Farbe Rust in Midnight und häkle Nase und Strohhalm wie im Folgenden angegeben.

NASE (IN MIDNIGHT)

Häkle in Rd. Die Nase fortlaufend mit Füllwatte ausstopfen.
1. Rd: 6 fM in einen Fadenring häkeln (= 6 M).
2. Rd: 6x 1 M zun (= 12 M).
3. Rd: 12 fM häkeln.
4. Rd: 6x 1 M abn (= 6 M).
Den Faden lang abschneiden, durch die vorderen M-Glieder fädeln, fest zuziehen und die Nase zwischen den Augen festnähen.

STROHHALM (IN CREME UND MIDNIGHT)

Häkle in Rd. Den Strohhalm fortlaufend mit Füllwatte ausstopfen. Beginne in Creme.
1. Rd: 6 fM in einen Fadenring häkeln (= 6 M).
2. Rd: 6 fM ihM häkeln.
3. Rd: 6 fM häkeln.
Fb-Wechsel zu Midnight.
4.–5. Rd: 6 fM häkeln.
Fb-Wechsel zu Creme.
6. Rd: 6 fM häkeln.
7. Rd: 6 fM ihM häkeln.
Den Faden lang abschneiden, durch die vorderen M-Glieder fädeln, fest zuziehen und den Strohhalm auf dem Kopf festnähen.

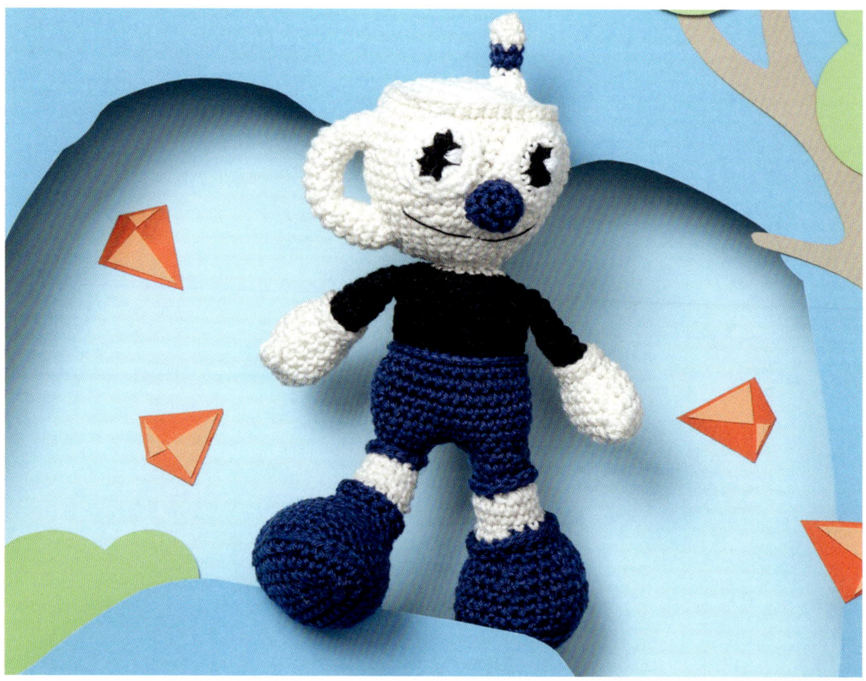

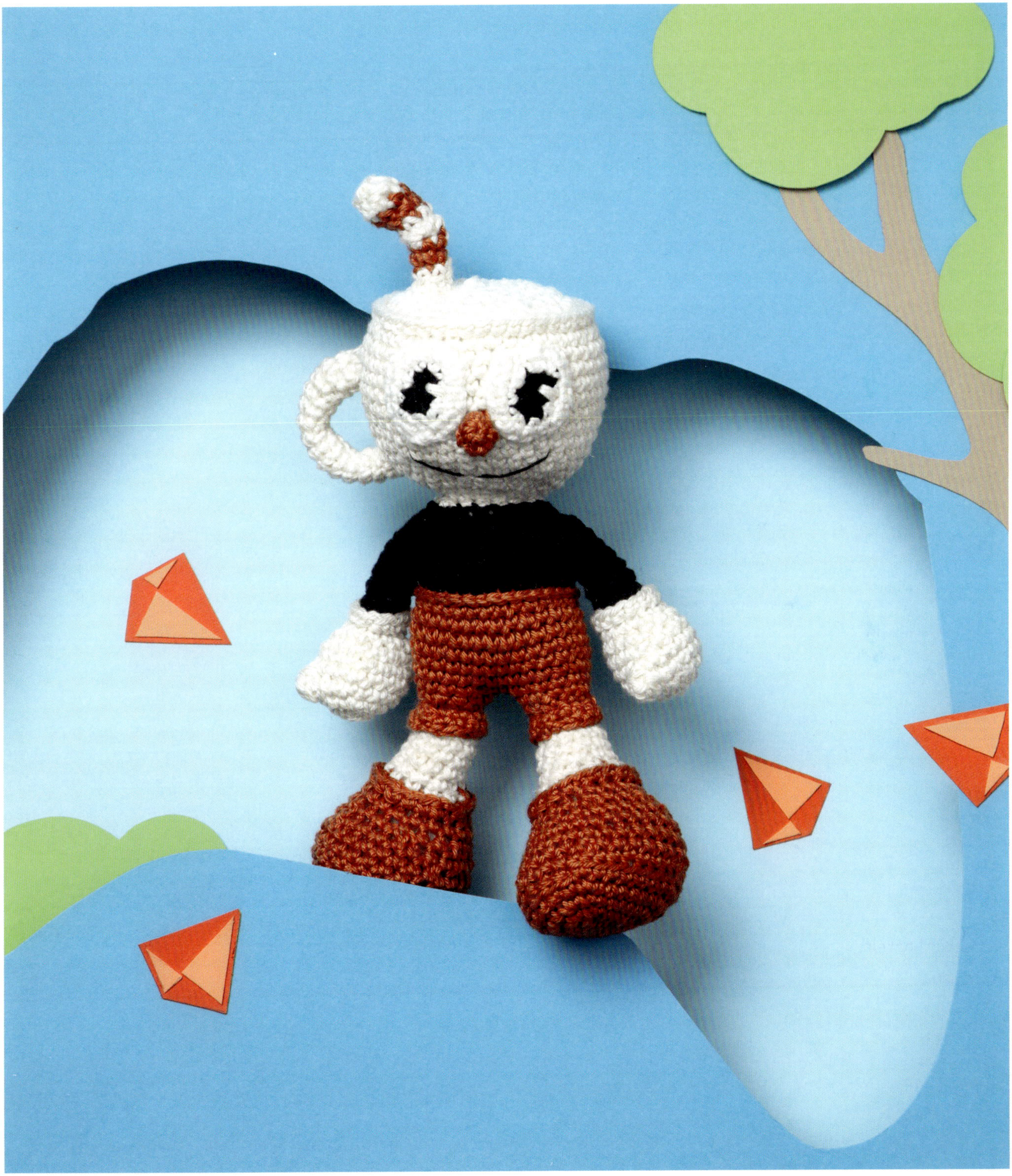

GIERIGES Schildkrötenbaby

Kleine Figur, großes Ego! Das gierige Schildkrötenbaby möchte so schnell wie möglich aus dem Schatten seines Vaters heraustreten und selbst herrschen. Aber auch wenn es nicht am nötigen Selbstbewusstsein fehlt, wirklich gefährlich ist das Schildkrötenbaby nicht. Stattdessen fällt es hauptsächlich wegen seiner trotzigen und ausfallenden Art auf.

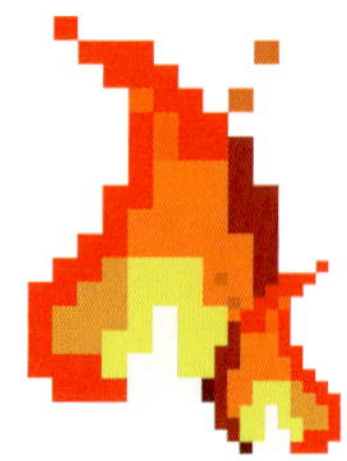

LEVEL: 3 | GRÖSSE: 15 CM

MATERIAL

- Schachenmayr Catania (100% Baumwolle, LL 125m/50g) in
- Honig (Fb 206), 20g
- Sand (Fb 404), 20g
- Creme (Fb 130), 20g
- Kirsche (Fb 424), 10g
- Apfel (Fb 205), 20g
- Tannenbaum (Fb 419), 10g
- Weiß (Fb 106), ein Rest
- Zartbitter (Fb 415), ein Rest
- Sicherheitsaugen Ø 6mm
- Filetgarn in Schwarz und Weiß
- Häkelnadel 2,50mm
- Füllwatte
- Stopfnadel zum Vernähen
- Schere

SO WIRD'S GEMACHT

Es wird überwiegend in Spiralrunden gehäkelt. Einzelteile werden später angenäht.

KOPF (IN SAND UND APFEL)

Häkle in Rd. Den Kopf fortlaufend mit Füllwatte ausstopfen. Beginne in Apfel.

1. Rd: 6 fM in einen Fadenring häkeln (= 6 M).
2. Rd: 6x 1 M zun (= 12 M).
3. Rd: *1 fM, 1 M zun*, von * bis * noch 5x wdh (= 18 M).
4. Rd: *2 fM, 1 M zun*, von * bis * noch 5x wdh (= 24 M).
5. Rd: *3 fM, 1 M zun*, von * bis * noch 5x wdh (= 30 M).
6. Rd: *4 fM, 1 M zun*, von * bis * noch 5x wdh (= 36 M).

7.–13. Rd: 36 fM häkeln.

Fb-Wechsel zu Sand.

14. Rd: *17 fM, 1 M zun*, von * bis * noch 1x wdh (= 38 M).
15. Rd: *18 fM, 1 M zun*, von * bis * noch 1x wdh (= 40 M).

16.–17. Rd: 40 fM häkeln.

18. Rd: *18 fM, 1 M abn*, von * bis * noch 1x wdh (= 38 M).
19. Rd: *17 fM, 1 M abn*, von * bis * noch 1x wdh (= 36 M).
20. Rd: *4 fM, 1 M abn*, von * bis * noch 5x wdh (= 30 M).
21. Rd: *3 fM, 1 M abn*, von * bis * noch 5x wdh (= 24 M).

Die Augen zwischen der 11. und 12. Rd mit 4 fM Abstand befestigen. Achte darauf, dass die Zun der Wangen dabei seitlich liegen.

22. Rd: *2 fM, 1 M abn*, von * bis * noch 5x wdh (= 18 M).
23. Rd: *1 fM, 1 M abn*, von * bis * noch 5x wdh (= 12 M).
24. Rd: 6x 1 M abn (= 6 M).

Faden abschneiden, durch alle vorderen M-Glieder fädeln, fest zuziehen und vernähen.

SCHNAUZE (IN SAND)

Häkle in Rd. Die Schnauze fortlaufend mit Füllwatte ausstopfen.

Schlage 5 Lm an, stich in die 2. Lm von der Nd aus ein und häkle wie folgt um die Lm-Kette herum:

1. Rd: 3 fM, 3 fM in eine M, 2 fM, 1 M zun (= 10 M).
2. Rd: *1 M zun, 4 fM*, von * bis * noch 1x wdh (= 12 M).
3. Rd: *1 M zun, 5 fM*, von * bis * noch 1x wdh (= 14 M).

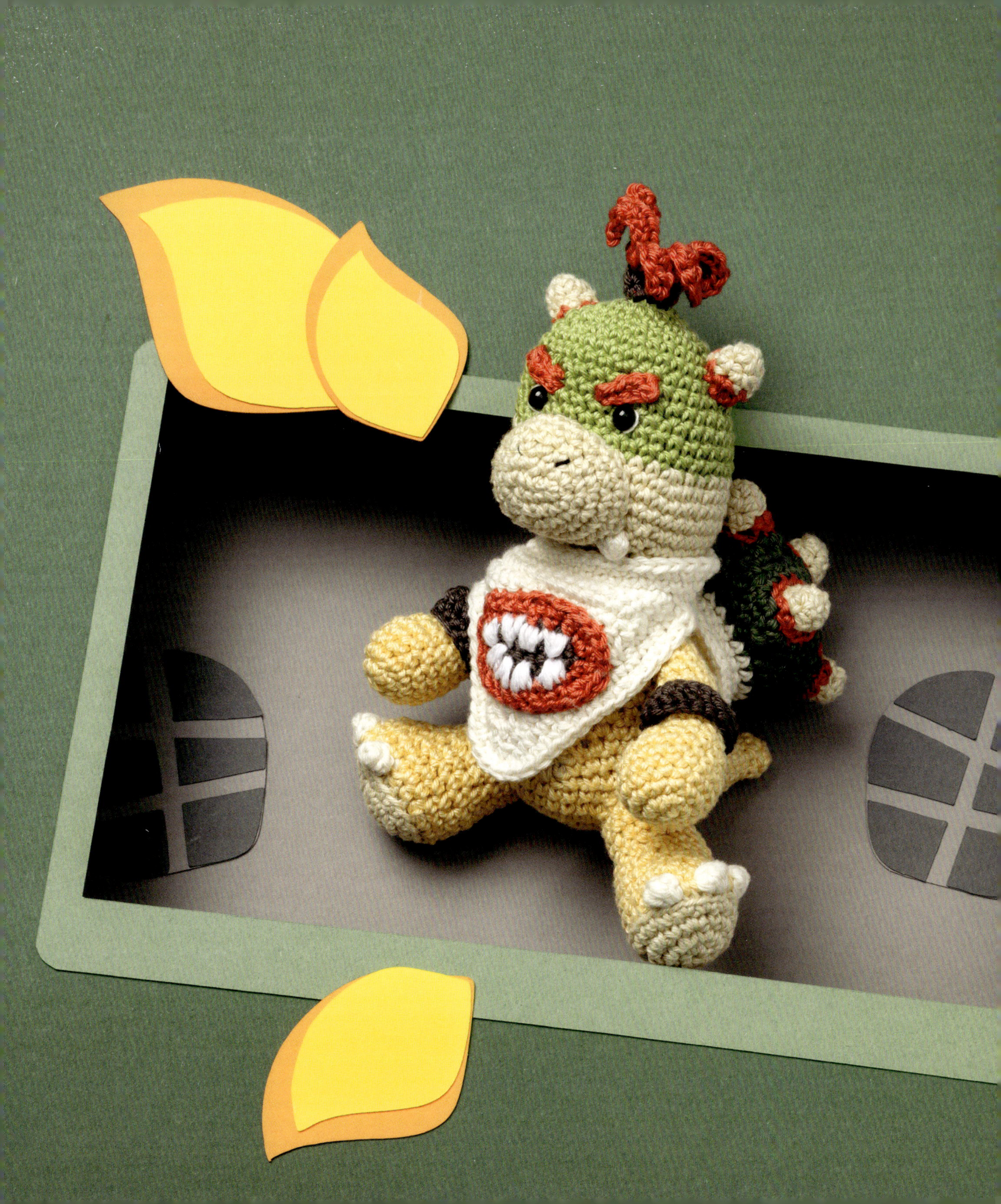

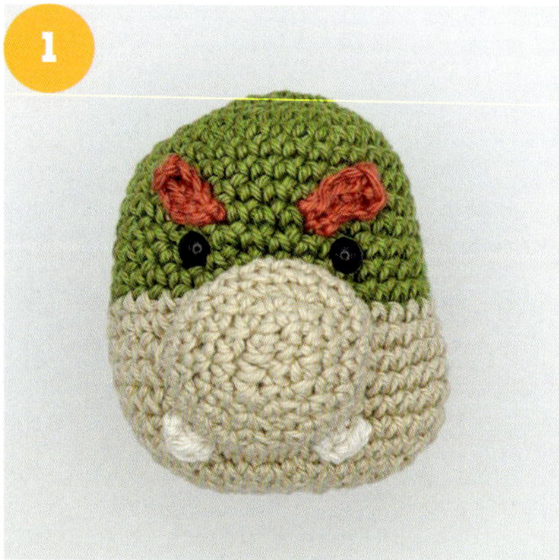

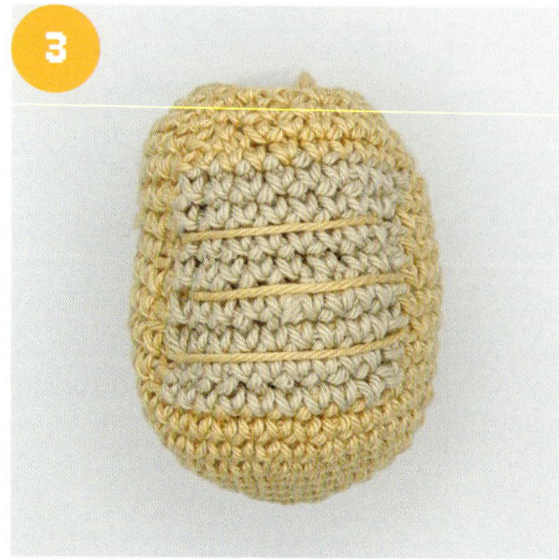

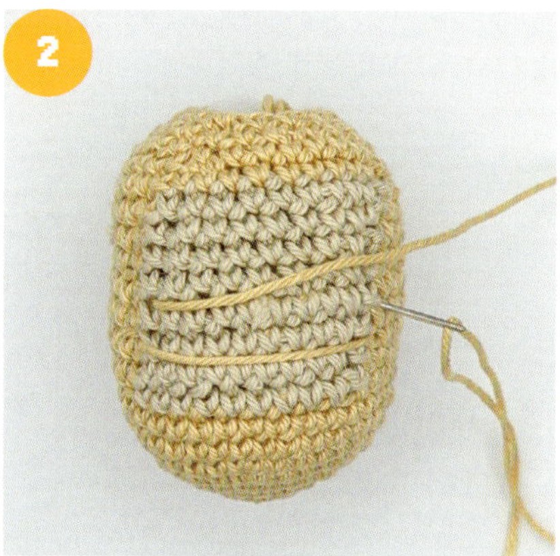

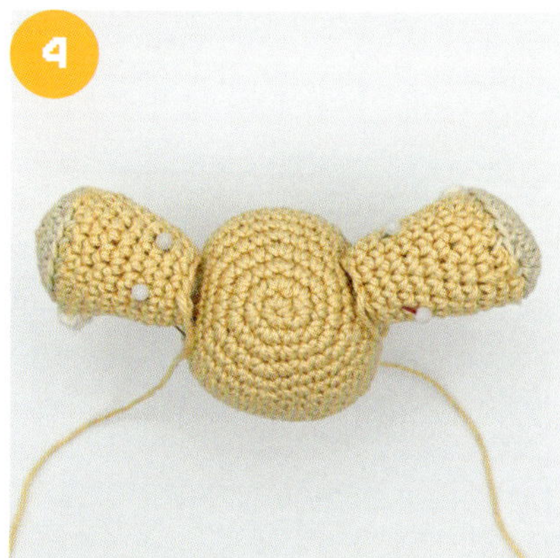

4. Rd: *2x 1 M zun, 5 fM*, von * bis * noch 1x wdh (= 18 M).
5.–6. Rd: 18 fM häkeln.
Abketten, den Faden lang abschneiden und die Schnauze zwischen den Augen festnähen.

ZÄHNE (2X IN CREME)

Schlage 2 Lm an, stich in die 2. Lm von der Nd aus ein und häkle 1 fM. Den Faden lang abschneiden und die Zähne unter der Schnauze festnähen.

AUGENBRAUEN (2X IN KIRSCHE)

Schlage 5 Lm an, stich in die 2. Lm von der Nd aus ein und häkle wie folgt weiter:
1. R: 2 fM, 2 Km (= 4 M).
Den Faden lang abschneiden und die Augenbrauen über den Augen festnähen *siehe Bild 1.*

GESICHT FERTIGSTELLEN

Sticke das Augenweiß in weißem Filetgarn direkt neben den Augen auf. Die Nasenlöcher werden in schwarzem Filetgarn über die 3. Rd der Schnauze mit 3 fM Abstand dazwischen aufgestickt.

ZOPF (IN ZARTBITTER UND KIRSCHE)

Häkle in Rd. Beginne in Zartbitter. Das untere Haargummi des Zopfs nicht mit Füllwatte ausstopfen. Lass zu Beginn einen langen Anfangsfaden hängen, um das Haarteil später gut festnähen zu können.
1. Rd: 6 fM in einen Fadenring häkeln (= 6 M).
2. Rd: 6 fM ihM häkeln.
3. Rd: 6 fM häkeln.
Fb-Wechsel zu Kirsche.
4. Rd: 6 fM ihM häkeln.
Es folgen die Strähnen, häkle dazu wie folgt weiter:
5. Rd: *1 fM, 8 Lm, in die 2. Lm von der Nd aus einstechen und 1 Km , 1 fM, 1 M zun, 4 hStb entlang der Lm-Kette*, von * bis * noch 5x wdh (= 54 M).
Du solltest nun insgesamt auf sechs Strähnen kommen. Den Faden lang abschneiden und mittig zur Öffnung zwischen den Strähnen fädeln. Die Öffnung mit ein paar Stichen zunähen, und den Zopf mit Hilfe des Anfangsfadens mittig auf dem Kopf festnähen.

HÖRNER (2X IN SAND UND KIRSCHE)

Häkle in Rd. Die Hörner fortlaufend mit Füllwatte ausstopfen. Beginne in Sand.
1. Rd: 6 fM in einen Fadenring häkeln (= 6 M).
2. Rd: 6 fM häkeln.
Fb-Wechsel zu Kirsche.
3. Rd: *1 fM, 1 M zun*, von * bis * noch 2x wdh (= 9 M).
Den Faden lang abschneiden und die Hörner je über die 6.–8. Rd am Kopf festnähen.

KÖRPER (IN SAND UND HONIG)

Häkle in Rd. Den Körper fortlaufend mit Füllwatte ausstopfen. Beginne in Honig.
1. Rd: 6 fM in einen Fadenring häkeln (= 6 M).
2. Rd: 6x 1 M zun (= 12 M).
3. Rd: *1 fM, 1 M zun*, von * bis * noch 5x wdh (= 18 M).
4. Rd: *2 fM, 1 M zun*, von * bis * noch 5x wdh (= 24 M).
5. Rd: *3 fM, 1 M zun*, von * bis * noch 5x wdh (= 30 M).
6. Rd: *4 fM, 1 M zun*, von * bis * noch 5x wdh (= 36 M).
7.–8. Rd: 36 fM häkeln.
In den folgenden Rd wird der Fb-Wechsel am Bauch gehäkelt. Achte darauf, dass diese dabei immer in einer Linie untereinander liegen.

9.–12. Rd: 13 fM, Fb-Wechsel zu Sand, 10 fM, Fb-Wechsel zu Honig, 13 fM (= 36 M).
13. Rd: *4 fM, 1 M abn*, von * bis * noch 1x wdh, 1 fM, Fb-Wechsel zu Sand, 3 fM, 1 M abn, 4 fM, Fb-Wechsel zu Honig, 1 M abn, *4 fM, 1 M abn*, von * bis * noch 1x wdh (= 30 M).
14.–16. Rd: 11 fM, Fb-Wechsel zu Sand, 9 fM, Fb-Wechsel zu Honig, 10 fM (= 30 M).
Ab der folgenden Rd wird nur noch in Honig gehäkelt.
17.–18. Rd: 30 fM häkeln.
19. Rd: *3 fM, 1 M abn*, von * bis * noch 5x wdh (= 24 M).
20. Rd: *2 fM, 1 M abn*, von * bis * noch 5x wdh (= 18 M).
Abketten und den Faden lang abschneiden. Den Kontrast am Bauch mit Hilfe des Rückstichs in Honig aufsticken. Der Abstand zwischen den einzelnen Streifen beträgt dabei je 2 Rd *siehe Bild 2–3*.
Den Kopf am Körper festnähen.

BEINE (2X IN SAND, CREME UND HONIG)

Häkle in Rd. Die Beine fortlaufend mit Füllwatte ausstopfen. Beginne in Sand.
1. Rd: 6 fM in einen Fadenring häkeln (= 6 M).
2. Rd: 6x 1 M zun (= 12 M).
3. Rd: *1 fM, 1 M zun*, von * bis * noch 5x wdh (= 18 M).
4. Rd: 7 fM, 4x 1 M zun, 7 fM (= 22 M).
In der nächsten Rd werden die Krallen gehäkelt.
5. Rd: Fb-Wechsel zu Honig, 7 fM ihM, *Fb-Wechsel zu Creme, 1 N aus 3 Stb ihM, Fb-Wechsel zu Honig, 2 fM ihM*, von * bis * noch 1x wdh, Fb-Wechsel zu Creme, 1 N aus 3 Stb ihM, Fb-Wechsel zu Honig, 8 fM ihM (= 22 M).
Am Ende der 5. Rd solltest du auf je drei Krallen pro Bein kommen.
6. Rd: 22 fM häkeln.
7. Rd: 9 fM, 2x 1 M abn, 9 fM (= 20 M).
8. Rd: 8 fM, 2x 1 M abn, 8 fM (= 18 M).
9. Rd: 7 fM, 2x 1 M abn, 7 fM (= 16 M).
10. Rd: 6 fM, 2x 1 M abn, 6 fM (= 14 M).
11.–14. Rd: 14 fM häkeln.
Abketten, den Faden lang abschneiden und die Beine über die 5.–9. Rd des Körpers, in sitzender Position, festnähen *siehe Bild 4*.

ARME (2X IN HONIG)

Häkle in Rd. Die Faust fest mit Füllwatte ausstopfen, die Arme nur leicht ausstopfen.
1. Rd: 7 fM in einen Fadenring häkeln (= 7 M).
2. Rd: 7x 1 M zun (= 14 M).
3. Rd: 6 fM, 2x 1 M zun, 6 fM (= 16 M).
4.–7. Rd: 16 fM häkeln.
8. Rd: 4 fM, 4x 1 M abn, 4 fM (= 12 M).
9. Rd: 4 fM, 2x 1 M abn, 4 fM (= 10 M).
10.–16. Rd: 10 fM häkeln.
Das Ende falten und mit 5 fM zusammenhäkeln, die Faltkante sollte dabei parallel zur Faustwölbung liegen. Bei Bedarf hierzu ein paar fM dazu häkeln. Den Faden lang abschneiden und die Arme zur Seite legen.

ARMBÄNDER (2X IN ZARTBITTER)

Schlage 14 Lm an, stich in die 2. Lm von der Nd aus ein und häkle wie folgt in R weiter:
1. R: 13 fM, 1 Lm und wenden (= 13 M).
2. R: 13 fM häkeln, nicht wenden. Den Faden lang abschneiden und die Armbänder um das Handgelenk der Arme legen. Die Enden zusammennähen und den Faden vernähen. Anschließend die Arme 1 Rd unter dem Kopf, leicht schräg nach vorne verlaufend, festnähen.

SCHWANZ (IN HONIG)

Häkle in Rd. Den Schwanz fortlaufend mit Füllwatte ausstopfen.
1. Rd: 6 fM in einen Fadenring häkeln (= 6 M).
2.–3. Rd: 6 fM häkeln.
4. Rd: *1 fM, 1 M zun*, von * bis * noch 2x wdh (= 9 M).
5. Rd: *2 fM, 1 M zun*, von * bis * noch 2x wdh (= 12 M).
6. Rd: *3 fM, 1 M zun*, von * bis * noch 2x wdh (= 15 M).
7.–9. Rd: 15 fM häkeln.
10. Rd: *4 fM, 1 M zun*, von * bis * noch 2x wdh (= 18 M).
11. Rd: *5 fM, 1 M zun*, von * bis * noch 2x wdh (= 21 M).
Abketten, den Faden lang abschneiden und den Schwanz am unteren Rücken, auf dem Boden anliegend, festnähen.

PANZER (IN CREME UND TANNENBAUM)

Häkle in Rd. Den Panzer fortlaufend mit Füllwatte ausstopfen. Beginne in Tannenbaum.
1. Rd: 6 fM in einen Fadenring häkeln (= 6 M).
2. Rd: 6x 1 M zun (= 12 M).
3. Rd: *1 fM, 1 M zun*, von * bis * noch 5x wdh (= 18 M).
4. Rd: *2 fM, 1 M zun*, von * bis * noch 5x wdh (= 24 M).
5. Rd: *3 fM, 1 M zun*, von * bis * noch 5x wdh (= 30 M).
6. Rd: *4 fM, 1 M zun*, von * bis * noch 5x wdh (= 36 M).
7.–8. Rd: 36 fM häkeln.
9. Rd: *4 fM, 1 M abn*, von * bis * noch 5x wdh (= 30 M).
10. Rd: 30 fM häkeln.
Fb-Wechsel zu Creme.
11. Rd: *3 fM, 1 M abn*, von * bis * noch 5x wdh (= 24 M).
12. Rd: *2 fM ihM, 1 M abn ihM*, von * bis * noch 5x wdh (= 18 M).
Abketten, den Faden lang abschneiden. Dieser wird später zum Annähen genutzt.

PANZER FERTIGSTELLEN (IN CREME)

Nimm den Faden ivM aus der 12. Rd des Panzers in Creme mit einer stehenden fM auf, stich von oben nach unten ein und häkle wie folgt in Rd weiter:
1.–2. Rd: 24 fM häkeln (= 24 M).
3. Rd: *3 fM ivM, 1 M zun ivM*,

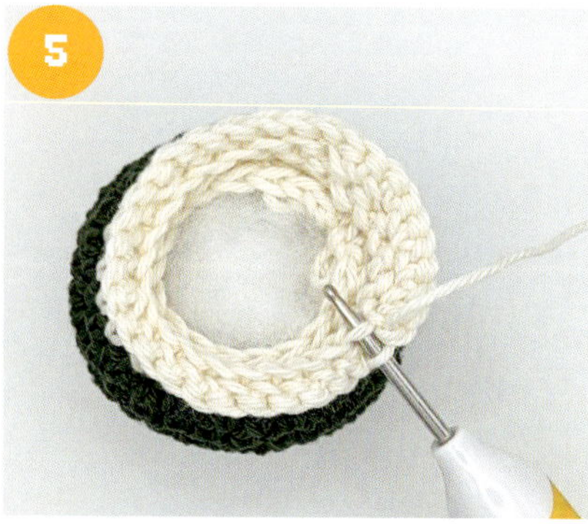

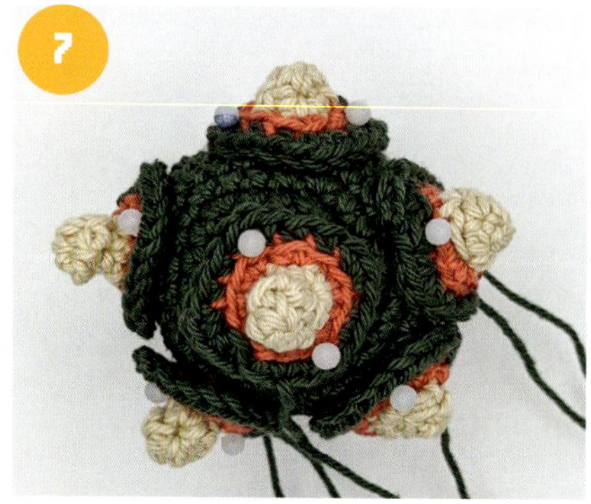

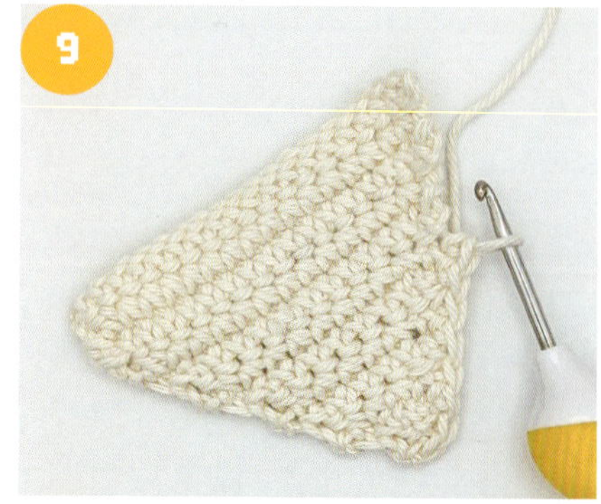

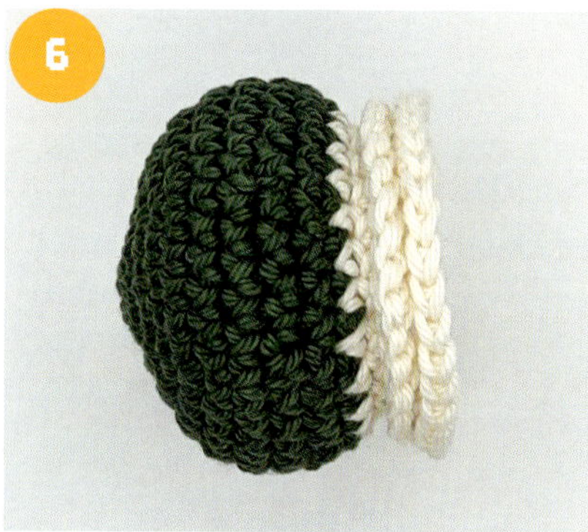

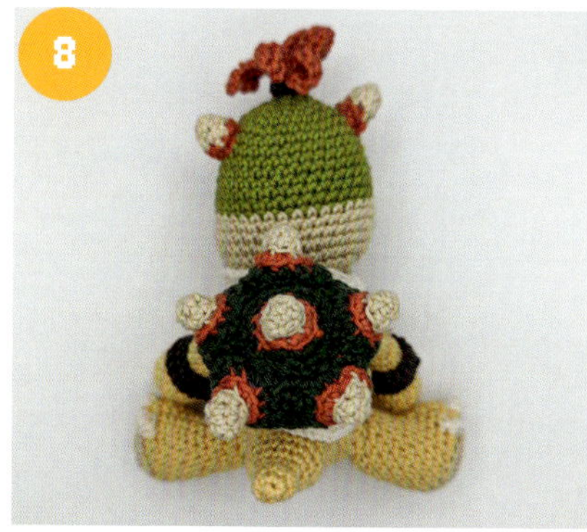

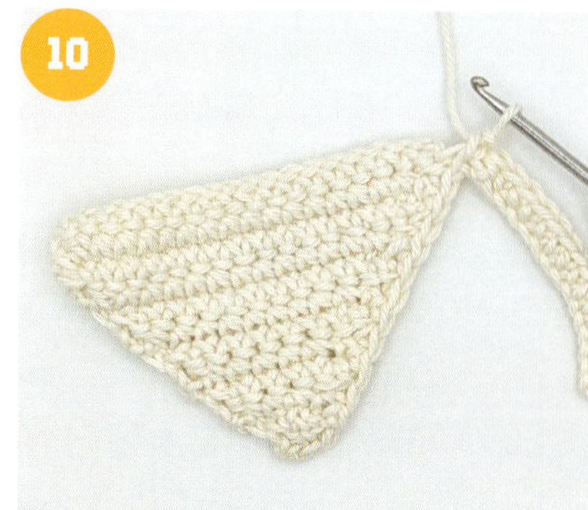

von * bis * noch 5x wdh (= 30 M).
In der nächsten Rd wird im sichtbaren hinteren M-Glied der Vorrunde eingestochen. Du häkelst also in das hintere M-Glied, welches in Rd 3 sichtbar geworden ist, ohne abzuketten, wie folgt weiter:
4. Rd: 30x 1 M zun ihM (= 60 M) *siehe Bild 5–6.*
Den Faden abschneiden und vernähen. Den Panzer mit Füllwatte ausstopfen und zur Seite legen.

STACHELN (6X IN SAND, KIRSCHE UND TANNENBAUM)

Häkle in Rd. Nur die Spitze mit Füllwatte ausstopfen. Beginne in Sand.
1. Rd: 4 fM in einen Fadenring häkeln (= 4 M).
2. Rd: 4 fM häkeln.
3. Rd: *1 fM, 1 M zun*, von * bis * noch 1x wdh (= 6 M).
Fb-Wechsel zu Kirsche.
4. Rd: 6x 1 M zun (= 12 M).
Fb-Wechsel zu Tannenbaum.
5. Rd: *2 fM ihM, 3 fM in eine M ihM*, von * bis * noch 3x wdh (= 20 M). Abketten, den Faden lang abschneiden und die Stacheln auf dem Panzer festnähen *siehe Bild 7.* Den Panzer anschließend am Rücken festnähen *siehe Bild 8.*

LÄTZCHEN (IN CREME)

Schlage 21 Lm an, stich in die 2. Lm von der Nd aus ein und häkle wie folgt in R weiter:
1. R: 20 fM, 1 Lm und wenden (= 20 M).
2. R: 1 M abn, 16 fM, 1 M abn, 1 Lm und wenden (= 18 M).
3. R: 1 M abn, 14 fM, 1 M abn, 1 Lm und wenden (= 16 M).
4. R: 1 M abn, 12 fM, 1 M abn, 1 Lm und wenden (= 14 M).
5. R: 1 M abn, 10 fM, 1 M abn, 1 Lm und wenden (= 12 M).
6. R: 1 M abn, 8 fM, 1 M abn, 1 Lm und wenden (= 10 M).
7. R: 1 M abn, 6 fM, 1 M abn, 1 Lm und wenden (= 8 M).
8. R: 1 M abn, 4 fM, 1 M abn, 1 Lm und wenden (= 6 M).
9. R: 6 fM, 1 Lm und wenden.
10. R: 1 M abn, 2 fM, 1 M abn, 1 Lm und wenden (= 4 M).
11. R: 2x 1 M abn, 1 Lm und wenden (= 2 M).
12. R: 2 fM, 1 Lm und wenden.
13. R: 1 M abn, nicht wenden (= 1 M).
Im Anschluss wird das Tuch noch einmal umhäkelt und der Halsverschluss entsteht. Häkle dazu wie folgt in Rd weiter:
14. Rd: 14 fM in eine Seite der R-Enden, 16 Lm anschlagen, in die 2. Lm von der Nd aus einstechen und 15 fM entlang der Lm-Kette, 20 fM in die Lm-Kette vom Anfang des Lätzchens, 14 fM entlang der anderen Seite der R-Enden, 1 fM in die Spitze (= 64 M)
siehe Bild 9–12.

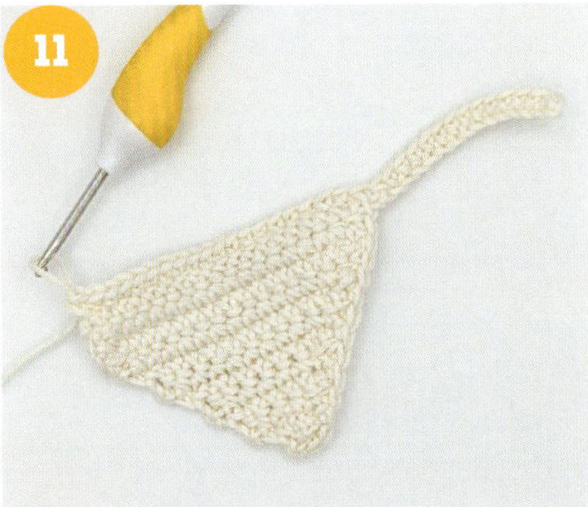

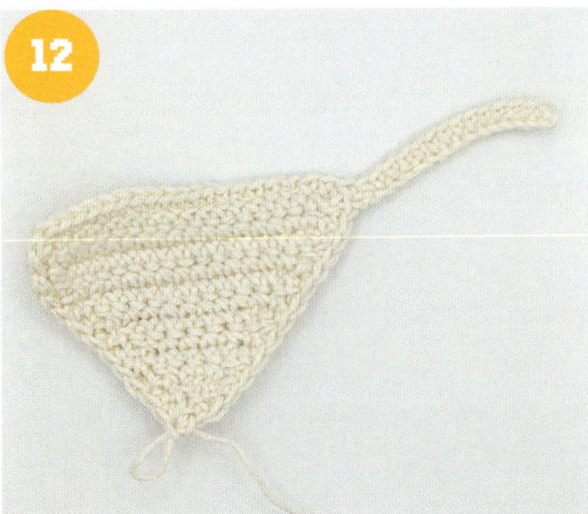

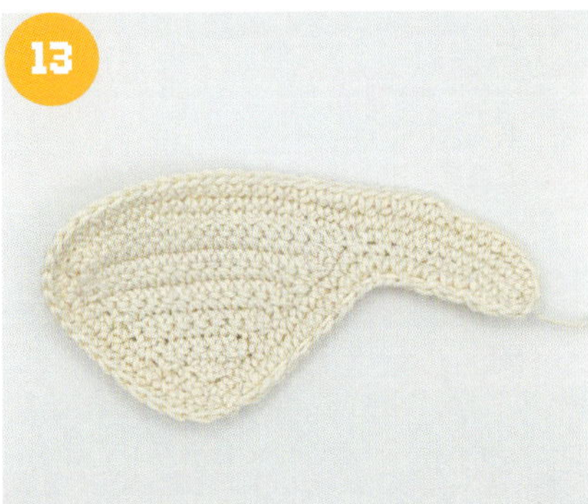

Häkle anschließend noch zwei weitere Rd mit fM rund um das Lätzchen. Den Faden lang abschneiden und zum oberen Ende fädeln. Das Lätzchen zur Seite legen *siehe Bild 13.*

MUND (IN ZARTBITTER UND KIRSCHE)

Beginne in Zartbitter. Schlage 6 Lm an, stich in die 2. Lm von der Nd aus ein und häkle wie folgt um die Lm-Kette herum:

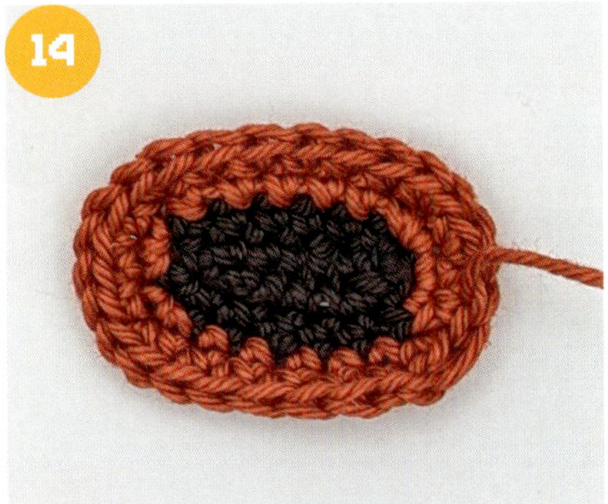

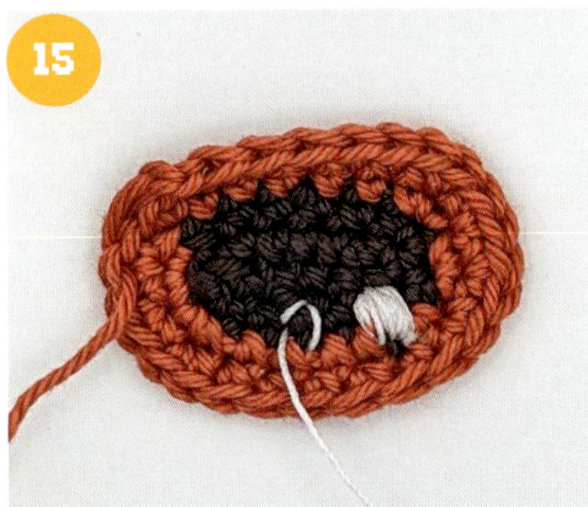

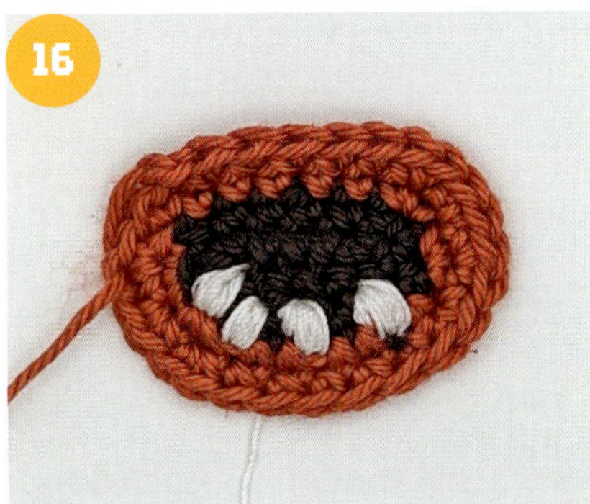

1. Rd: 4 fM, 3 fM in eine M, 3 fM, 1 M zun (= 12 M).
2. Rd: *1 M zun, 5 fM*, von * bis * noch 1x wdh (= 14 M).
Fb-Wechsel zu Kirsche.
3. Rd: *2x 1 M zun, 5 fM*, von * bis * noch 1x wdh (= 18 M).
4. Rd: *4x 1 M zun, 5 fM*, von * bis * noch 1x wdh (= 26 M).
Abketten, den Faden lang abschneiden *siehe Bild 14.* Die Zähne mit weißem

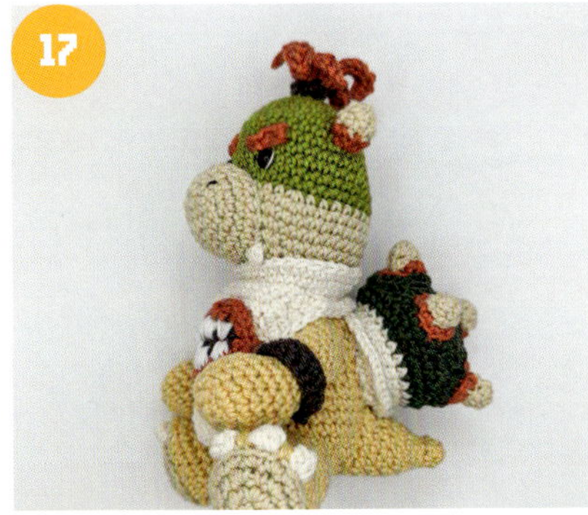

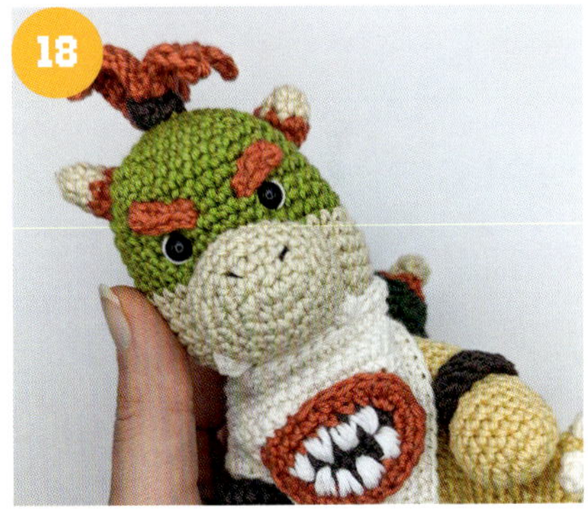

Filetgarn über je 1 fM hoch mit Hilfe des Rückstichs aufsticken. Dabei solange einstechen bis die gewünschte Form erreicht ist *siehe Bild 15–16.* Den Mund auf dem Lätzchen festnähen. Das Lätzchen um den Hals legen und die Enden zusammennähen. Den Faden abschneiden und vernähen *siehe Bild 17–18.*

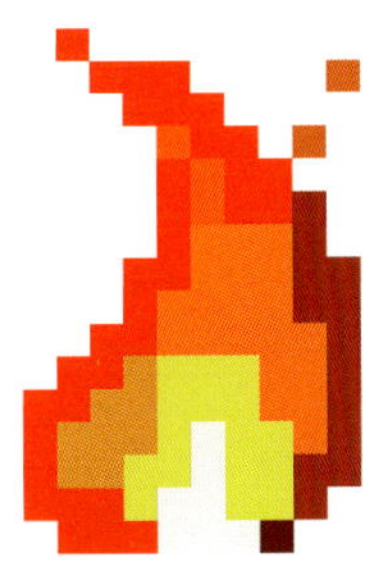

LIEBENSWERTER *Waldgeist*

Als Beschützer des Waldes zeichnen sich die kleinen Holz-Wesen besonders durch ihre Maske in Form eines Blattes aus. Und so unterschiedlich wie ihre Charaktere können auch die Masken sein. Doch eines haben die Waldgeister gemeinsam: sie sind schüchtern und zeigen sich Menschen in der Regel nicht. Außerdem können sie fliegen, indem sie Blätter, die aus ihren Köpfen sprießen, als Propeller nutzen.

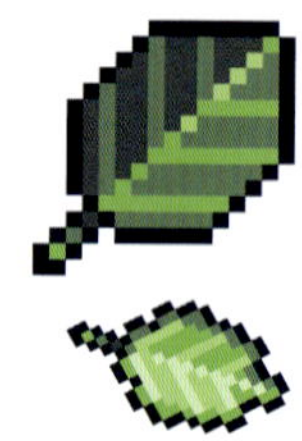

LEVEL: 2 | GRÖSSE: 15 CM

MATERIAL

- Scheepjes Catona (100% Baumwolle, LL 125m/50g) in
- Camel (Fb 502), 25g
- Kiwi (Fb 205), 10g
- Filetgarn in Weiß und Schwarz
- Häkelnadel 2,50mm
- Sicherheitsaugen Ø 1x 6mm, 1x 10mm
- Füllwatte
- Stopfnadel zum Vernähen
- Schere

SO WIRD'S GEMACHT

Es wird überwiegend in Spiralrunden gehäkelt. Einzelteile werden später angenäht.

BLATT (IN KIWI)

Häkle in Rd.

1. Rd: 6 fM in einen Fadenring häkeln (= 6 M).
2. Rd: 6x 1 M zun (= 12 M).
3. Rd: *1 fM, 1 M zun*, von * bis * noch 5x wdh (= 18 M).
4. Rd: *2 fM, 1 M zun*, von * bis * noch 5x wdh (= 24 M).
5. Rd: *3 fM, 1 M zun*, von * bis * noch 5x wdh (= 30 M).
6. Rd: 5 fM, 2 hStb, 1 hStb zun, 4 Stb, 1 Stb zun, 1 Stb, 1 hStb, 1 fM, 1 hStb, 1 Stb,1 Stb zun, 4 Stb, 1 hStb zun, 2 hStb, 4 fM (= 34 M).
7. Rd: 3 Lm, in die 2. Lm von der Nd aus einstechen und 2 fM entlang der Lm-Kette, weiter entlang des Blattes, 1 fM zun, 4 fM, 4 hStb, 5 Stb, 1 Stb zun, 1 Stb, 1 hStb, 1 fM, 1 hStb, 1 Stb, 1 Stb zun, 5 Stb, 4 hStb, 2 fM, 1 fM zun, 1 fM, 1 fM zun entlang der anderen Seite der Lm-Kette *siehe Bild 1–3* (= 42 M).
8. Rd: 1 fM, 1 fM zun, 14 fM, 2x 1 fM zun, 3 fM, 2 Km , 3 fM, 2x 1 fM zun, 12 fM, 1 fM zun, 1 fM (= 48 M).

Befestige das große Auge links unten zwischen der 5. und 6. Rd des Blattes. Das kleine Auge rechts oben zwischen der 4. und 5. Rd befestigen. Die Augen noch nicht verschließen. Den Faden abschneiden und vernähen. Den Faden unten mittig in Kiwi wieder aufnehmen, 4 Lm anschlagen, in die 2. Lm von der Nd aus einstechen und 3 Km entlang der Lm-Kette häkeln. Mit 1 Km in das Blatt beenden, den Faden lang abschneiden *siehe Bild 4–6.*

KÖRPER (IN CAMEL)

Häkle in Rd. Den Körper fortlaufend mit Füllwatte ausstopfen. Der Körper wird von unten nach oben gehäkelt.

1. Rd: 6 fM in einen Fadenring häkeln (= 6 M).
2. Rd: 6x 1 M zun (= 12 M).
3. Rd: *1 fM, 1 M zun*, von * bis * noch 5x wdh (= 18 M).
4. Rd: *2 fM, 1 M zun*, von * bis * noch 5x wdh (= 24 M).
5. Rd: *3 fM, 1 M zun*, von * bis * noch 5x wdh (= 30 M).
6. Rd: *4 fM, 1 M zun*, von * bis * noch 5x wdh (= 36 M).
7. Rd: 36 fM häkeln.
8. Rd: *5 fM, 1 M zun*, von * bis * noch 5x wdh (= 42 M).
9. Rd: *6 fM, 1 M zun*, von * bis * noch 5x wdh (= 48 M).

10.–19. Rd: 48 fM häkeln.

20. Rd: *22 fM, 1 M abn*, von * bis *

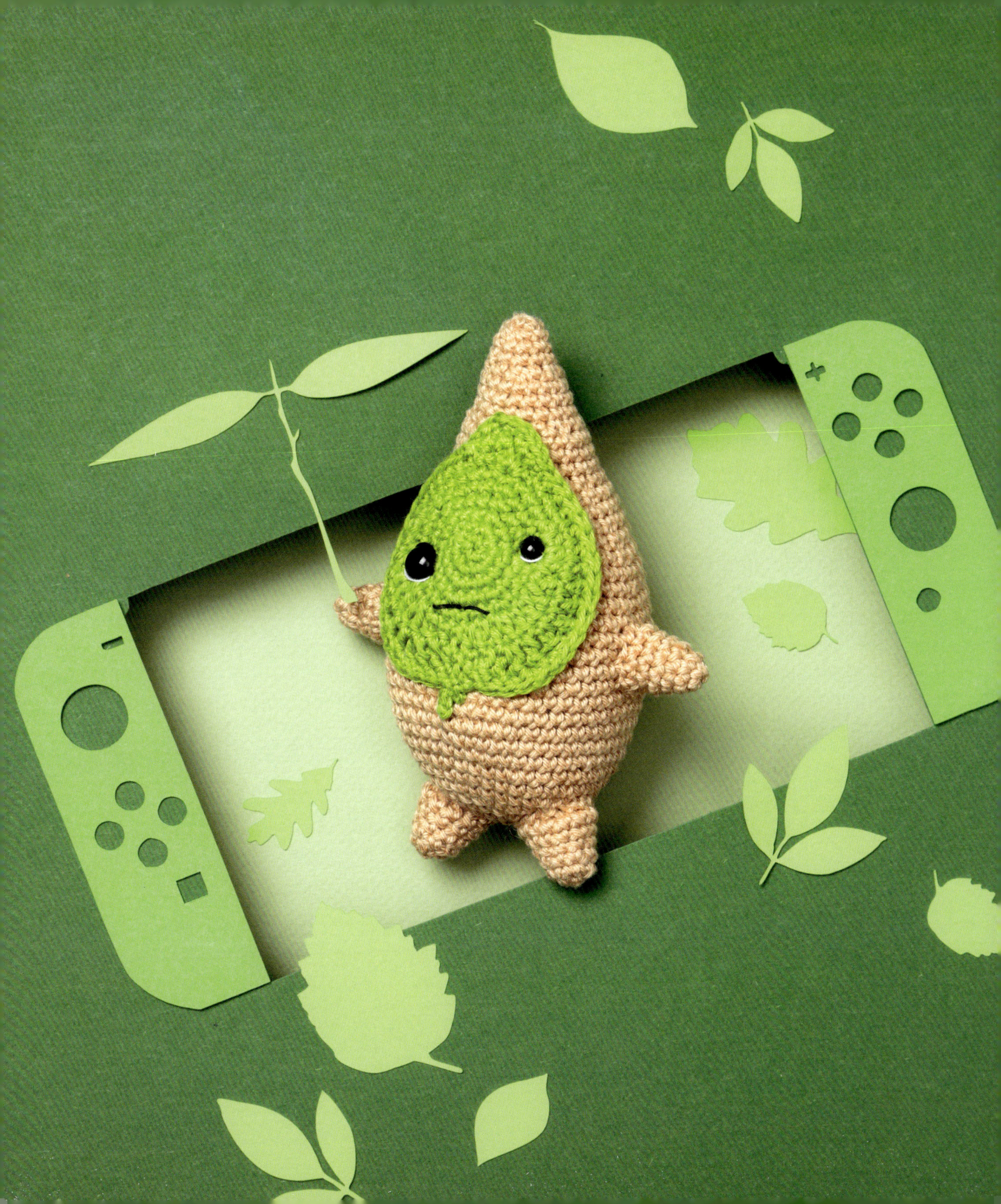

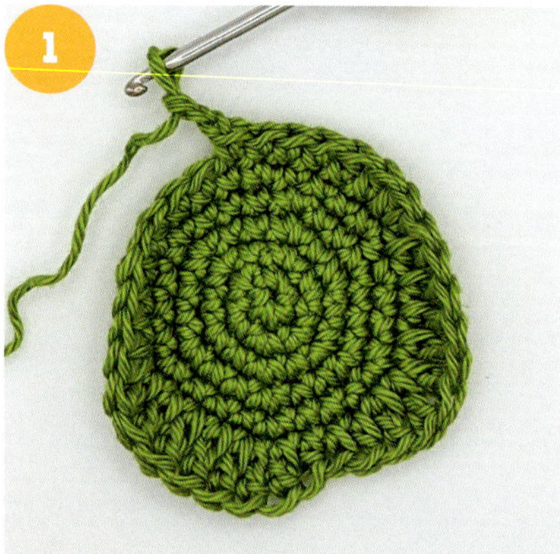

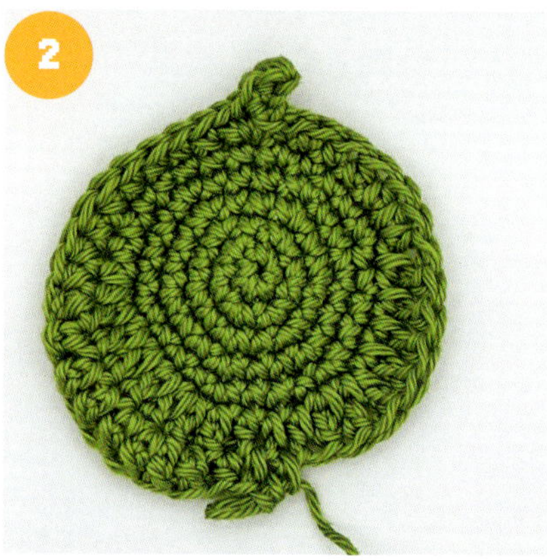

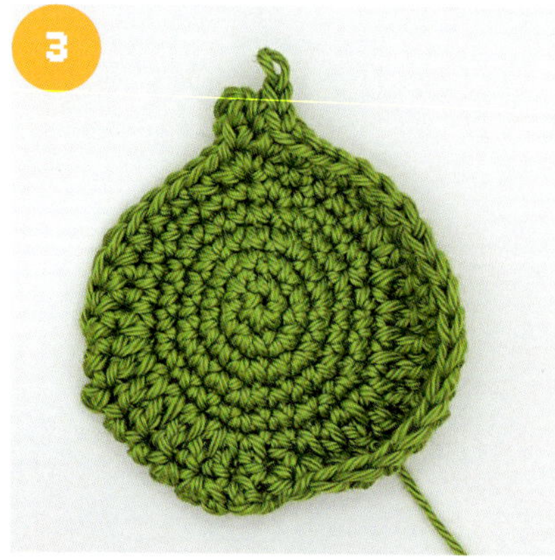

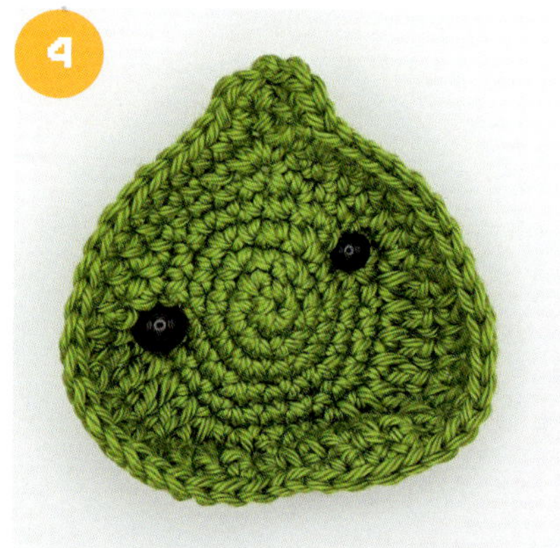

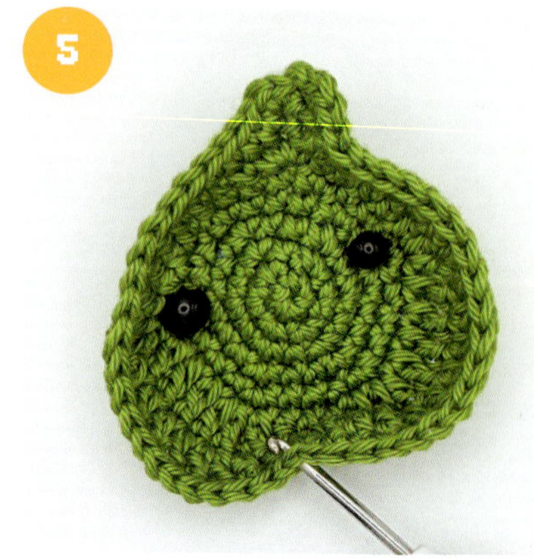

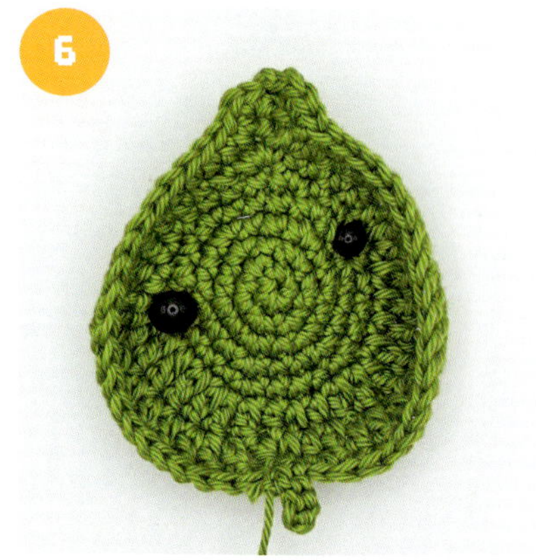

noch 1x wdh (= 46 M).
21. Rd: 46 fM häkeln.
22. Rd: *21 fM, 1 M abn*, von * bis * noch 1x wdh (= 44 M).
23. Rd: *20 fM, 1 M abn*, von * bis * noch 1x wdh (= 42 M).
24. Rd: *5 fM, 1 M abn*, von * bis * noch 5x wdh (= 36 M).
Das Blatt samt Auge am Körper befestigen. Dabei sollte das kleine Auge zwischen Rd 22 und 23 des Körpers, und das große Auge zwischen Rd 20 und 21 des Körpers liegen. Das Blatt noch nicht festnähen.
25. Rd: 36 fM häkeln.
26. Rd: *4 fM, 1 M abn*, von * bis * noch 5x wdh (= 30 M).
27. Rd: *3 fM, 1 M abn*, von * bis * noch 5x wdh (= 24 M).
28.–30. Rd. 24 fM häkeln.
31. Rd: *2 fM, 1 M abn*, von * bis * noch 5x wdh (= 18 M).
32.–34. Rd: 18 fM häkeln.
35. Rd: *1 fM, 1 M abn*, von * bis * noch 5x wdh (= 12 M).
36.–37. Rd: 12 fM häkeln.
38. Rd: 6x 1 M abn (= 6 M).
Den Faden abschneiden, durch die vorderen M-Glieder der letzten Rd fädeln, fest zuziehen und vernähen. Das Blatt am Körper festnähen. Achte dabei darauf, dass du nur durch die hinteren M-Glieder stichst, damit das Blatt am Ende nicht zu flach am Körper anliegt.

GESICHT FERTIGSTELLEN

Den Mund in schwarzem Filetgarn zwischen der 5. und 6. Rd des Blattes, über 4 fM breit sticken und mit einer Schlaufe 1 Rd nach oben ziehen. Die Augenlider ebenso in Schwarz direkt über den Augen, und das Augenweiß in weißem Filetgarn direkt unter den Augen aufsticken.

BEINE (2X IN CAMEL)

Häkle in Rd. Die Beine fortlaufend mit Füllwatte ausstopfen.
1. Rd: 6 fM in einen Fadenring häkeln (= 6 M).
2. Rd: *2 fM, 1 M zun*, von * bis * noch 1x wdh (= 8 M).
3. Rd: 8 fM häkeln.
4. Rd: *3 fM, 1 M zun*, von * bis * noch 1x wdh (= 10 M).
5. Rd: *4 fM, 1 M zun*, von * bis * noch 1x wdh (= 12 M).
6. Rd: *5 fM, 1 M zun*, von * bis * noch 1x wdh (= 14 M).
Abketten, den Faden lang abschneiden

und die Beine über der 2.–6. Rd am Körper festnähen.

ARME (2X IN CAMEL)

Häkle in Rd. Die Arme fortlaufend mit Füllwatte ausstopfen.
1. Rd: 6 fM in einen Fadenring häkeln (= 6 M).
2. Rd: 6 fM häkeln.
3. Rd: *2 fM, 1 M zun*, von * bis * noch 1x wdh (= 8 M).
4. Rd: *3 fM, 1 M zun*, von * bis * noch 1x wdh (= 10 M).
5. Rd: 10 fM häkeln.
6. Rd: *4 fM, 1 M zun*, von * bis * noch 1x wdh (= 12 M).
Abketten, den Faden lang abschneiden und die Arme über der 14.–18. Rd am Körper festnähen.

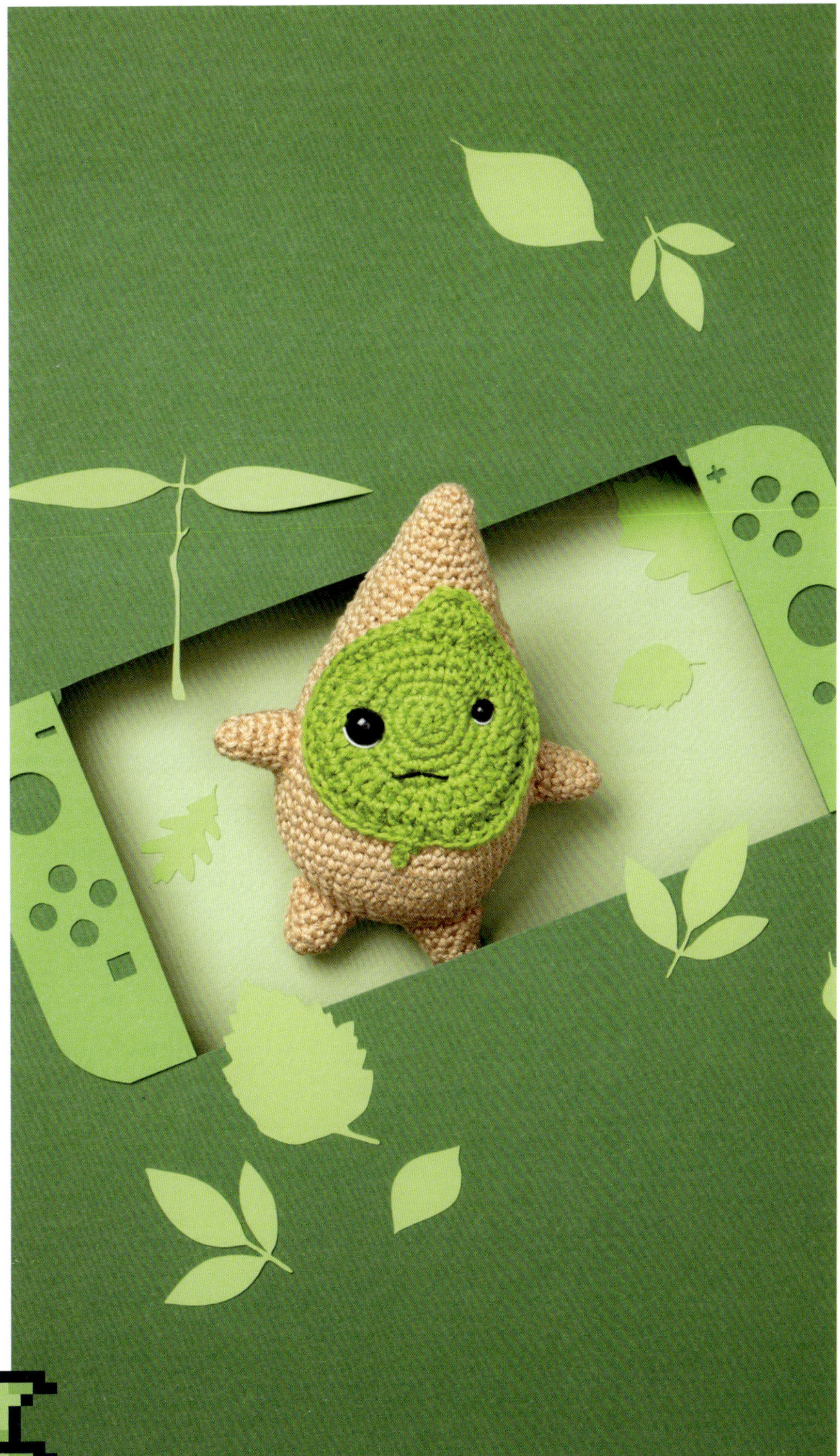

HERZLOSER Schatten

Wo Licht ist, muss es auch Dunkelheit geben. Dieses Gesetz hält die Welt zusammen und schafft Balance. Und so wird, jedes Mal wenn Hass und Zorn ein reines Herz verschlingen, ein Schatten aus diesem Herz geboren.

LEVEL: 3 | GRÖSSE: 18 CM

MATERIAL

- Schachenmayr Catania (100% Baumwolle, LL 125m/50g) in
- Schwarz (Fb 110), 50g
- Gold (Fb 249), ein Rest
- 6 Pfeifenreiniger oder Basteldraht
- Häkelnadel 2,50mm
- Füllwatte
- Stopfnadel zum Vernähen
- Schere

SO WIRD'S GEMACHT

Es wird überwiegend in Spiralrunden gehäkelt. Einzelteile werden später angenäht. Die Pfeifenreiniger oder der Draht werden später genutzt um Fühler, Arme und Bein zu stabilisieren.

KOPF (IN SCHWARZ)

Häkle in Rd. Den Kopf fortlaufend mit Füllwatte ausstopfen.

1. Rd: 6 fM in einen Fadenring häkeln (= 6 M).
2. Rd: 6x 1 M zun (= 12 M).
3. Rd: *1 fM, 1 M zun*, von * bis * noch 5x wdh (= 18 M).
4. Rd: *2 fM, 1 M zun*, von * bis * noch 5x wdh (= 24 M).
5. Rd: *3 fM, 1 M zun*, von * bis * noch 5x wdh (= 30 M).
6. Rd: *4 fM, 1 M zun*, von * bis * noch 5x wdh (= 36 M).

7.–17. Rd: 36 fM häkeln.

18. Rd: *4 fM, 1 M abn*, von * bis * noch 5x wdh (= 30 M).
19. Rd: *3 fM, 1 M abn*, von * bis * noch 5x wdh (= 24 M).
20. Rd: *2 fM, 1 M abn*, von * bis * noch 5x wdh (= 18 M).
21. Rd: *1 fM, 1 M abn*, von * bis * noch 5x wdh (= 12 M).
22. Rd: 6x 1 M abn (= 6 M).

Faden abschneiden, durch alle vorderen M-Glieder fädeln, fest zuziehen und vernähen.

AUGEN (2X IN GOLD)

Häkle in Rd.

1. Rd: 6 fM in einen Fadenring häkeln (= 6 M).
2. Rd: 6x 1 M zun (= 12 M).

Abketten, den Faden lang abschneiden und die Augen über Rd 12–16 am Kopf festnähen.

FÜHLER (2X IN SCHWARZ)

Häkle in Rd. Die Fühler nicht mit Füllwatte ausstopfen.

1. Rd: 6 fM in einen Fadenring häkeln (= 6 M).

2.–26. Rd: 6 fM häkeln.

Abketten und den Faden lang abschneiden. Anschließend einen Pfeifenreiniger mittig falten und die spitzen Enden zusammendrücken. Den Pfeifenreiniger anschließend in den Fühler schieben. Das obere Ende des Fühlers einrollen und anschließend über der 4.–5. Rd am Kopf festnähen *siehe Bild 1–5*. Für den zweiten Fühler wiederholen. Sollte dein Draht oder Pfeifenreiniger etwas zu lang sein, kannst du ihn zuvor mit der Schere kürzen. Bei dickerem Draht das Stück nicht mittig falten, sondern gleich in der richtigen Länge in den Fühler schieben. Achte hier darauf, dass du die spitzen Enden mit etwas Klebeband abklebst, damit sie sich nicht aus dem Fühler herausdrücken können.

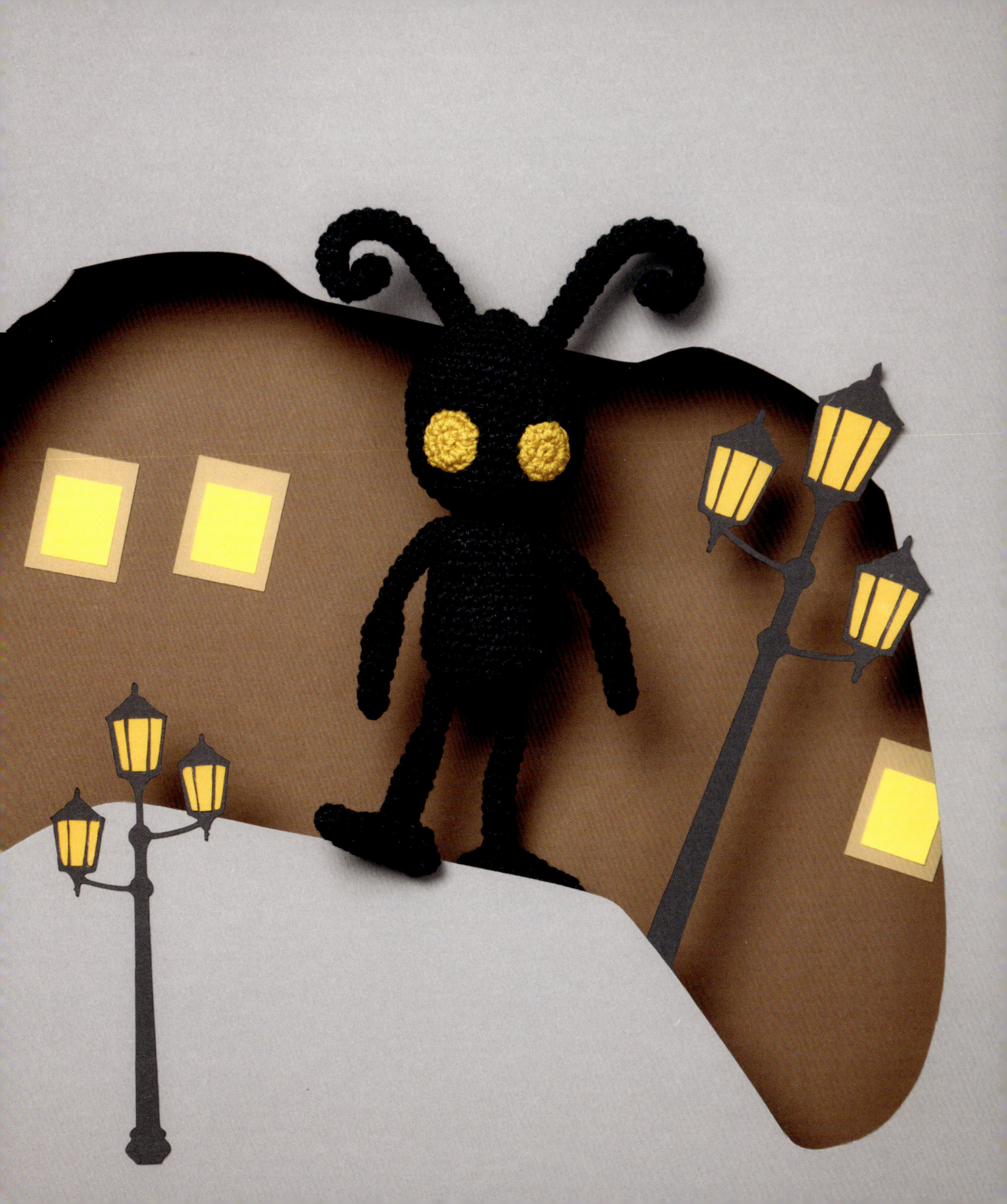

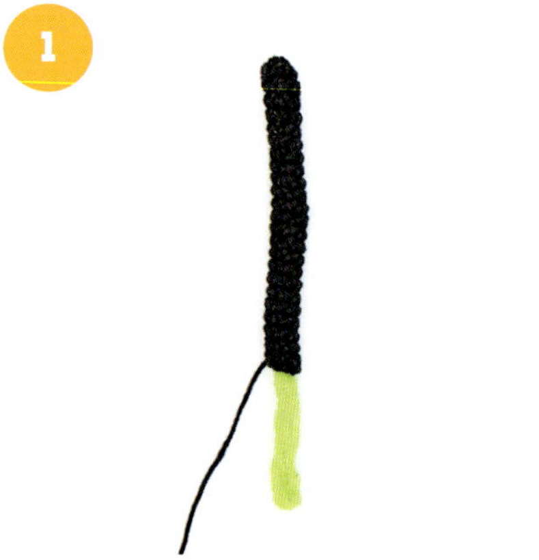

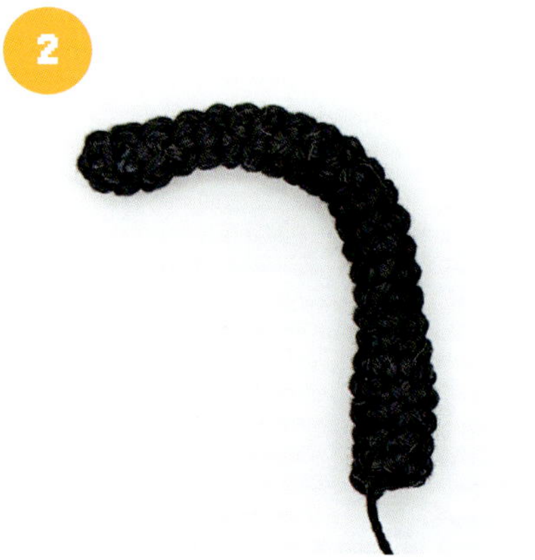

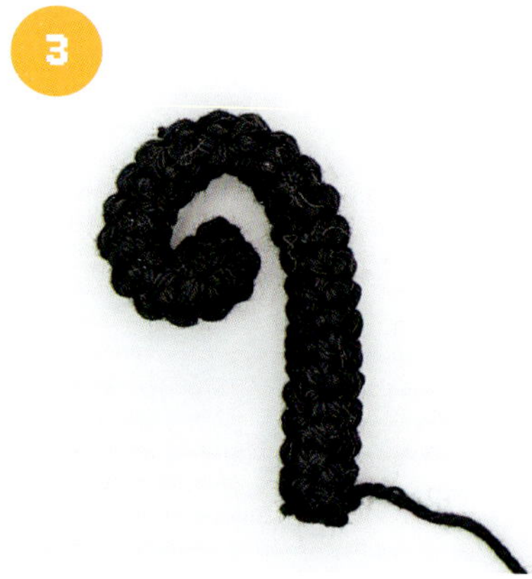

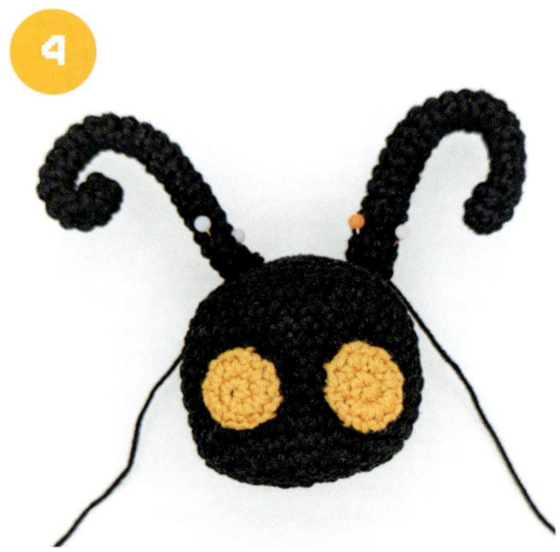

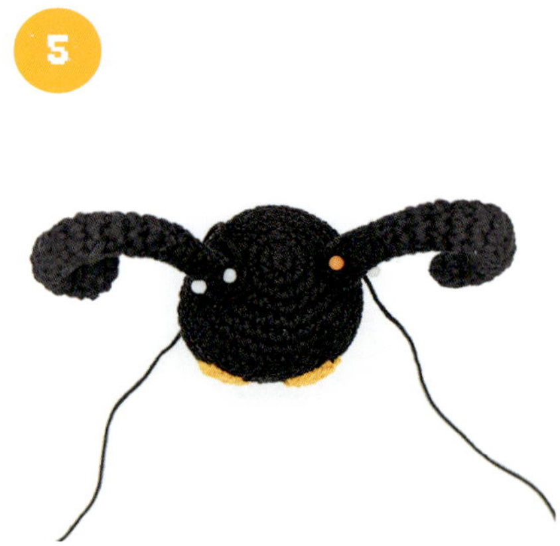

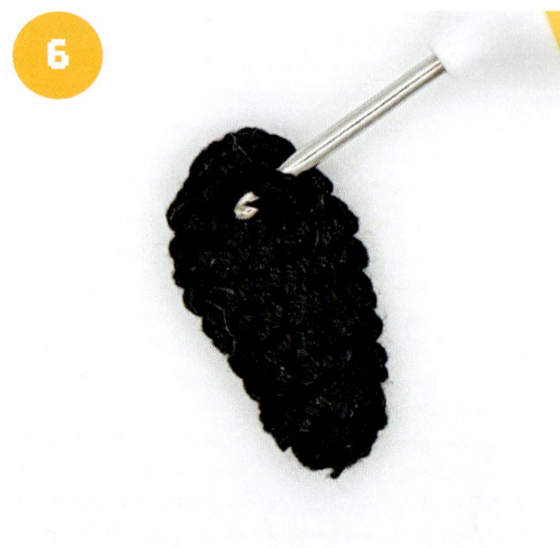

KÖRPER (IN SCHWARZ)

Häkle in Rd. Den Körper fortlaufend mit Füllwatte ausstopfen.

1. Rd: 6 fM in einen Fadenring häkeln (= 6 M).
2. Rd: 6x 1 M zun (= 12 M).
3. Rd: *1 fM, 1 M zun*, von * bis * noch 5x wdh (= 18 M).
4. Rd: *2 fM, 1 M zun*, von * bis * noch 5x wdh (= 24 M).
5. Rd: *3 fM, 1 M zun*, von * bis * noch 5x wdh (= 30 M).

6.–9. Rd: 30 fM häkeln.

10. Rd: *3 fM, 1 M abn*, von * bis * noch 5x wdh (= 24 M).

11.–17. Rd: 24 fM häkeln.

18. Rd: *2 fM, 1 M abn*, von * bis * noch 5x wdh (= 18 M).
19. Rd: *1 fM, 1 M abn*, von * bis * noch 5x wdh (= 12 M).

Abketten, den Faden lang abschneiden und den Kopf am Körper festnähen.

FÜSSE (2X IN SCHWARZ)

Häkle in Rd. Die Füße nicht mit Füllwatte ausstopfen.

1. Rd: 6 fM in einen Fadenring häkeln (= 6 M).
2. Rd: 6 fM häkeln.
3. Rd: *2 fM, 1 M zun*, von * bis * noch 1x wdh (= 8 M).
4. Rd: 8 fM häkeln.
5. Rd: *3 fM, 1 M zun*, von * bis * noch 1x wdh (= 10 M).

6.–8. Rd: 10 fM häkeln.

In der nächsten Rd folgt die Öffnung an den Füßen, an denen später die Beine direkt angehäkelt werden.

9. Rd: 2 Lm anschlagen, 2 fM überspringen, in die 3. fM einstechen, 8 fM häkeln (= 10 M).
10. Rd: 10 fM häkeln.
11. Rd: *3 fM, 1 M abn*, von * bis * noch 1x wdh (= 8 M).

Den Faden abschneiden, durch die vorderen M-Glieder der letzten Rd fädeln, fest zuziehen und vernähen.

BEINE (2X IN SCHWARZ)

Häkle in Rd. Die Beine nicht mit Füllwatte ausstopfen.

Nimm den Faden seitlich an der Öffnung des Fuß auf ***siehe Bild 6,*** häkle anschließend wie folgt weiter:

1.–6. Rd: 6 fM häkeln ***siehe Bild 7.***

Bereite dir nun, wie bei den Fühlern, einen Pfeifenreiniger vor und schiebe ihn in das Bein hinein ***siehe Bild 8.***

Wie folgt weiterhäkeln:

7. Rd: * 1 fM, 1 M abn*, von * bis * noch 1x wdh (= 4 M).

7

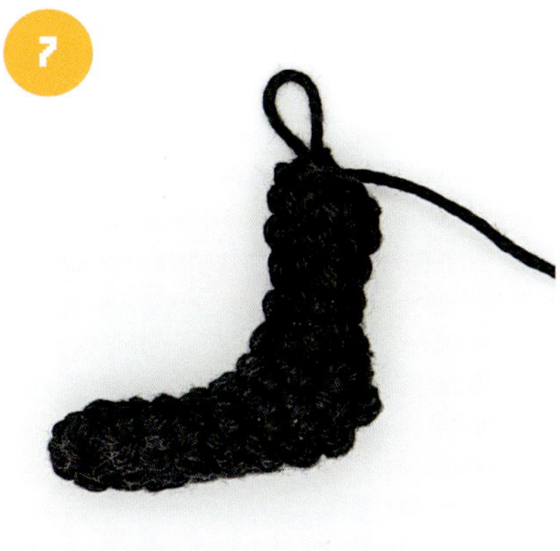

8

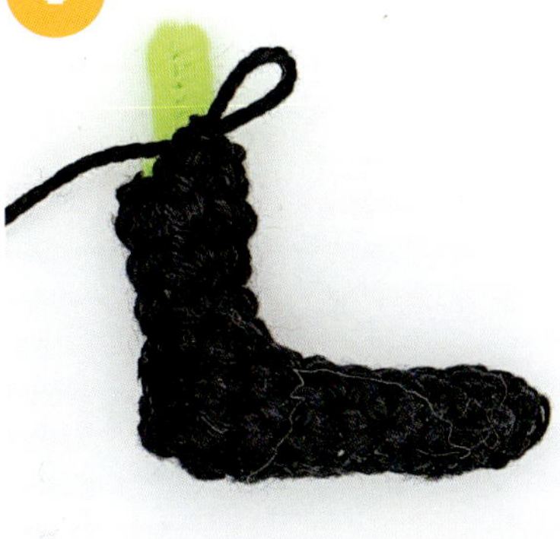

8.–12. Rd: 4 fM häkeln.
Abketten, den Faden lang abschneiden *siehe Bild 9.* Ein zweites Bein häkeln, die Beine über der 3.–4. Rd am Körper festnähen.

ARME (2X IN SCHWARZ)

Häkle in Rd. Die Arme nicht mit Füllwatte ausstopfen.
1. Rd: 6 fM in einen Fadenring häkeln (= 6 M).
2.–3. Rd: 6 fM häkeln.
4. Rd: *2 fM, 1 M zun*, von * bis * noch 1x wdh (= 8 M).
5.–6. Rd: 8 fM häkeln.
7. Rd: *3 fM, 1 M zun*, von * bis * noch 1x wdh (= 10 M).
8. Rd: 10 fM häkeln.
9. Rd: 5x 1 M abn (= 5 M).
10.–18. Rd: 5 fM häkeln.

9

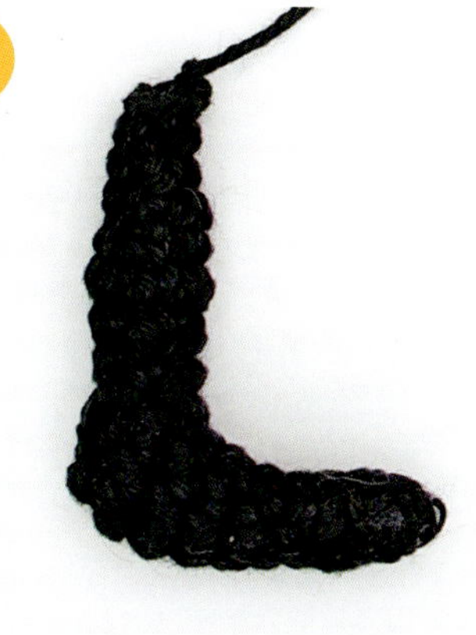

Nun genau wie bei den Beinen einen Pfeifenreiniger in die Arme schieben, den Faden lang abschneiden und die Arme 2 Rd unter dem Kopf festnähen.

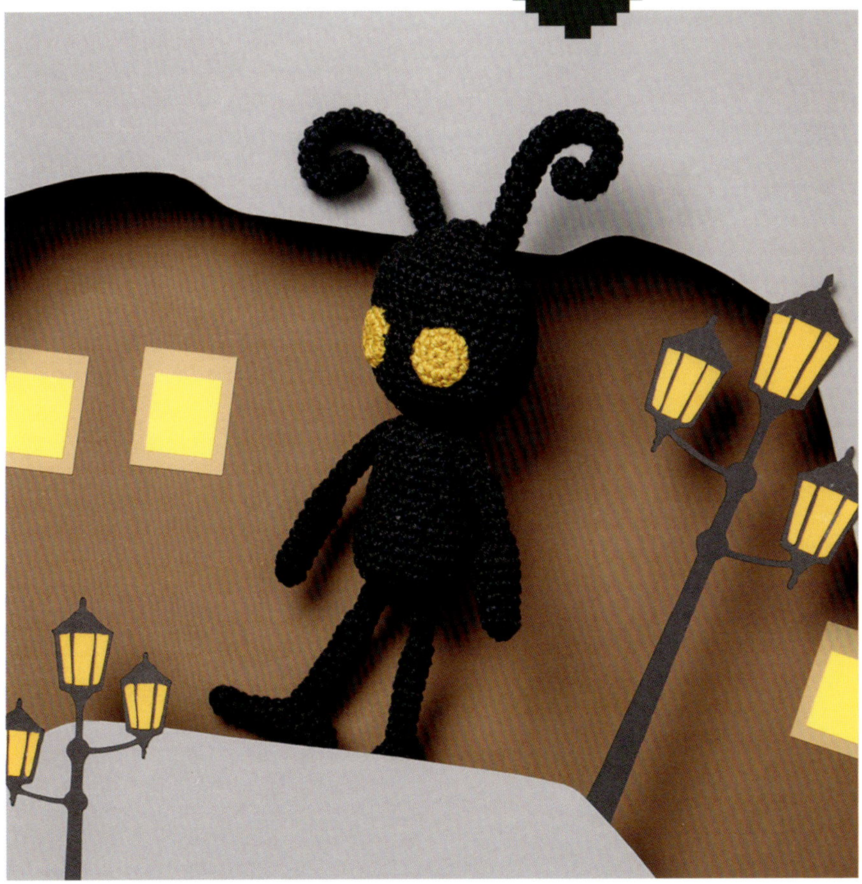

MELANCHOLISCHE *Mumie*

Ein Fluch verdammt die melancholische Mumie zur ewigen Einsamkeit. Seither streift sie durch die Welt und ist stetig auf der Suche nach neuen Freund*innen, die dem Fluch trotzen können. Seit vielen Generationen wird die Geschichte der melancholischen Mumie in Liedern, Märchen und Legenden weitergegeben, aber nur die wenigsten haben sie je zu Gesicht bekommen.

LEVEL: 2 | GRÖSSE: 18 CM

MATERIAL

- Scheepjes Catona (100% Baumwolle, LL 125m/50g) in
- Sage Green (Fb 212), 50g
- Saffron (Fb 249), 5g
- Häkelnadel 2,50mm
- Füllwatte
- Stopfnadel zum Vernähen
- Stecknadeln
- Schere

SO WIRD'S GEMACHT

Es wird in Spiralrunden gehäkelt. Die Einzelteile werden später angenäht.

KOPF (IN SAGE GREEN)

Häkle in Rd. Den Kopf fortlaufend mit Füllwatte ausstopfen.

1. Rd: 7 fM in einen Fadenring häkeln (= 7 M).
2. Rd: 7x 1 M zun (= 14 M).
3. Rd: *1 fM, 1 M zun*, von * bis * noch 6x wdh (= 21 M).
4. Rd: *2 fM, 1 M zun*, von * bis * noch 6x wdh (= 28 M).
5. Rd: *3 fM, 1 M zun*, von * bis * noch 6x wdh (= 35 M).
6. Rd: *4 fM, 1 M zun*, von * bis * noch 6x wdh (= 42 M).

7.–16. Rd: 42 fM häkeln.

17. Rd: *4 fM, 1 M abn*, von * bis * noch 6x wdh (= 35 M).
18. Rd: *3 fM, 1 M abn*, von * bis * noch 6x wdh (= 28 M).
19. Rd: *2 fM, 1 M abn*, von * bis * noch 6x wdh (= 21 M).
20. Rd: *1 fM, 1 M abn*, von * bis * noch 6x wdh (= 14 M).
21. Rd: 7x 1 M abn (= 7 M).

Den Faden abschneiden, durch die vorderen M-Glieder der letzten Rd fädeln, fest zuziehen und vernähen. Den Kopf zur Seite legen.

BEINE (2X IN SAGE GREEN)

Die Beine fortlaufend mit Füllwatte ausstopfen. Schlage 6 Lm an, stich in die 2. Lm von der Nd aus ein und häkle wie folgt um die Lm-Kette herum:

1. Rd: 4 fM, 3 fM in eine M, 3 fM, 1 M zun (= 12 M).
2. Rd: *5 fM, 3 fM in eine M*, von * bis * noch 1x wdh (= 16 M).
3. Rd: *7 fM, 3 fM in eine M*, von * bis * noch 1x wdh (= 20 M).
4. Rd: 20 fM ihM häkeln.
5. Rd: 20 fM häkeln.
6. Rd: 8 fM, 2x 1 M abn, 8 fM (= 18 M).
7. Rd: 7 fM, 2x 1 M abn, 7 fM (= 16 M).
8. Rd: 6 fM, 2x 1 M abn, 6 fM (= 14 M).
9. Rd: 5 fM, 2x 1 M abn, 5 fM (= 12 M).

10.–17. Rd: 12 fM häkeln.

Das erste Bein abketten und den Faden vernähen. Ein zweites Bein häkeln, jedoch nicht abketten. Es geht weiter mit der Verbindung der Beine.

TIPP: Die Wölbung der Füße sollte am Ende vorne mittig liegen. Ggf. kannst du das während dem Häkeln anpassen, sollten sich die M aufgrund von Festigkeit und/oder Material ein wenig verschieben. Passe die 6.–9. Rd dann bei Bedarf an, indem du Abn aus der Mitte entsprechend früher oder später machst.

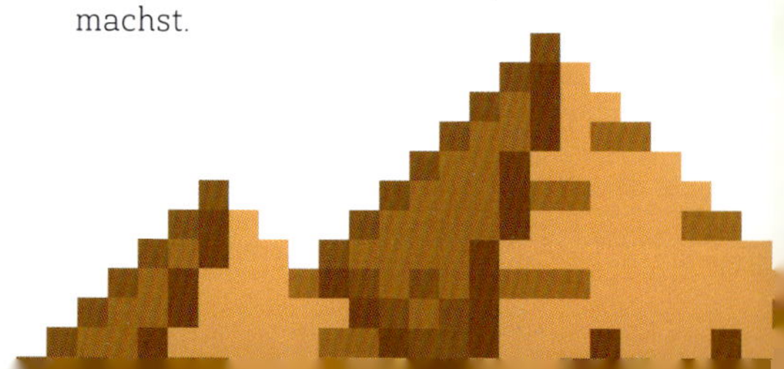

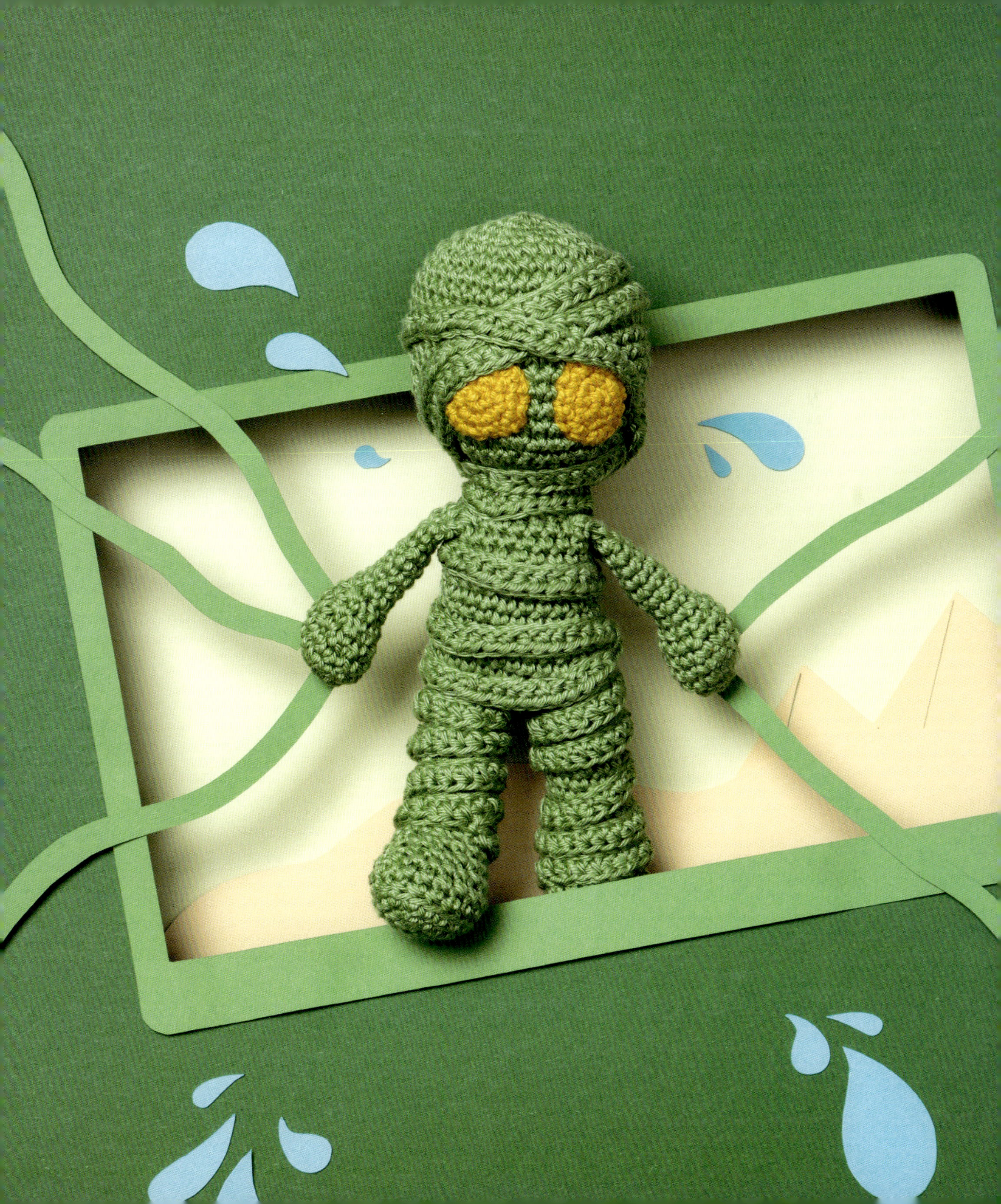

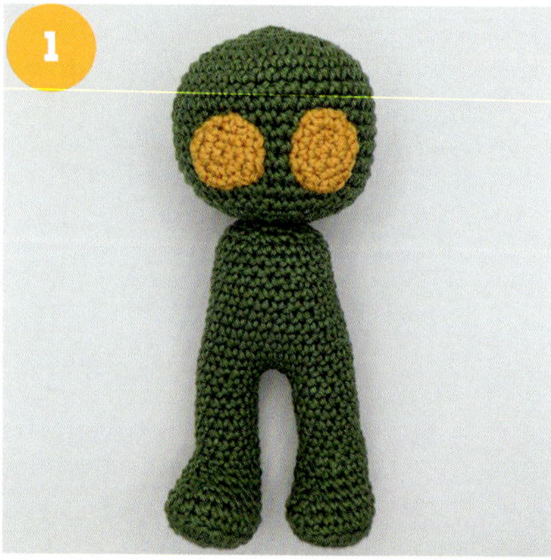

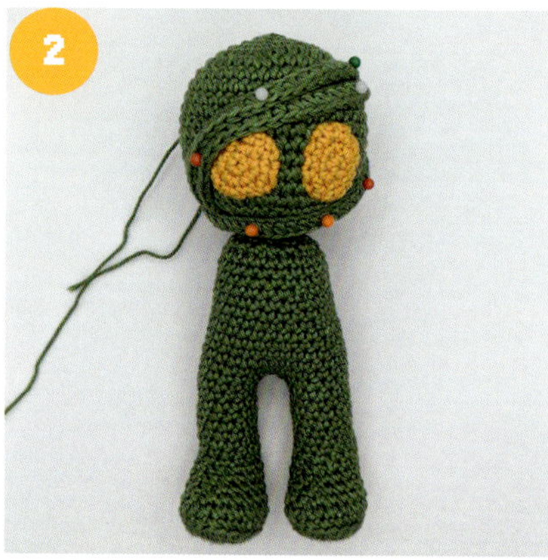

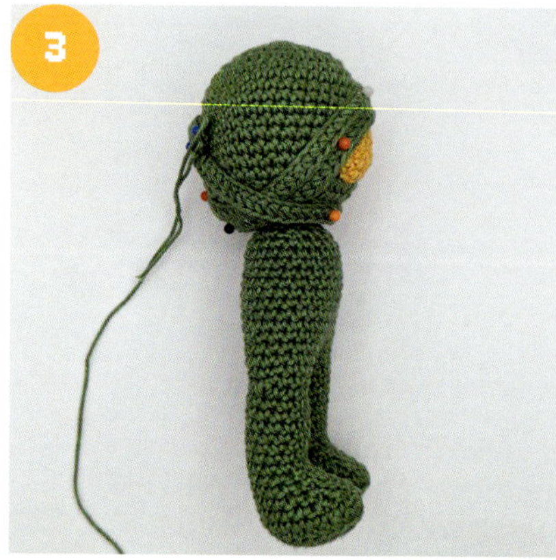

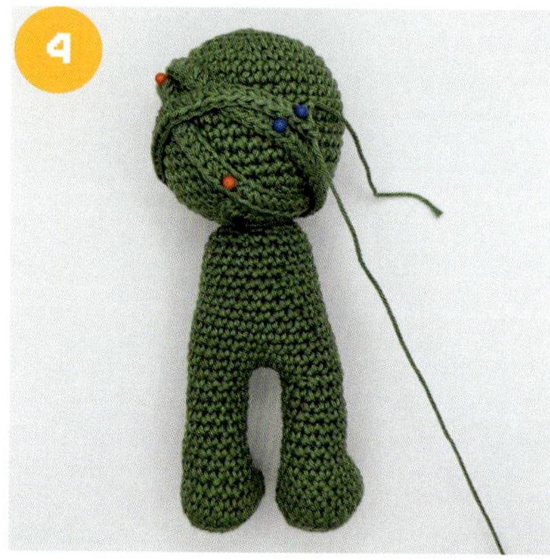

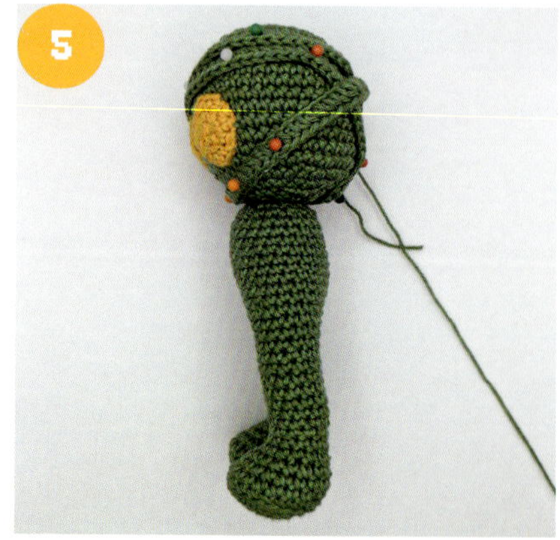

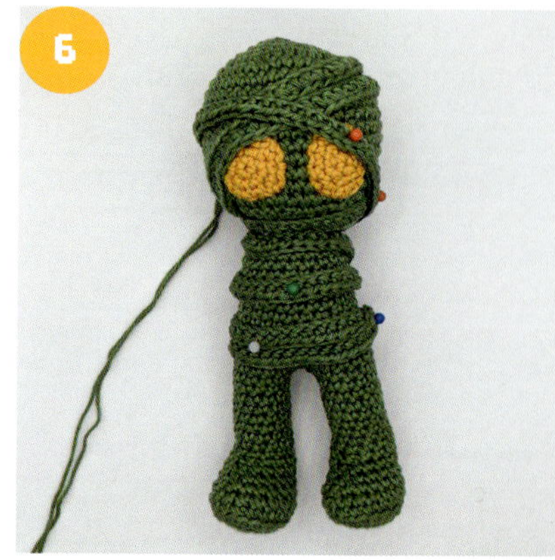

VERBINDUNG DER BEINE (IN SAGE GREEN)

Häkle 3 Lm an das zweite Bein, stich in das erste Bein ein und häkle 12 fM um das Bein herum, 3 fM in die Lm-Kette, 12 fM um das zweite Bein, 3 fM auf die andere Seite der Lm-Kette (= 30 M). Die Füße sollten nach vorne zeigen.

KÖRPER (IN SAGE GREEN)

Häkle in Rd. Den Körper fortlaufend mit Füllwatte ausstopfen.
1.–3. Rd: 30 fM häkeln.
4. Rd: 4 fM, 1 M abn, 13 fM, 1 M abn, 9 fM (= 28 M).
5. Rd: 3 fM, 1 M abn, 12 fM, 1 M abn, 9 fM (= 26 M).
6.–7. Rd: 26 fM häkeln.
8. Rd: 2 fM, 1 M abn, 11 fM, 1 M abn, 9 fM (= 24 M).
9.–11. Rd: 24 fM häkeln.
12. Rd: *2 fM, 1 M abn*, von * bis * noch 5x wdh (= 18 M).
13. Rd: *1 fM, 1 M abn*, von * bis * noch 5x wdh (= 12 M).
Abketten, den Faden lang abschneiden und den Kopf am Körper festnähen.

ARME (2X IN SAGE GREEN)

Häkle in Rd. Nur die Faust mit Füllwatte ausstopfen.
1. Rd: 7 fM in einen Fadenring häkeln (= 7 M).
2. Rd: 7x 1 M zun (= 14 M).
3.–4. Rd: 14 fM häkeln.
5. Rd: 5 fM, 2x 1 M abn, 5 fM (= 12 M).
6. Rd: 4 fM, 2x 1 M abn, 4 fM (= 10 M).
7. Rd: 3 fM, 2x 1 M abn, 3 fM (= 8 M).
8.–15. Rd: 8 fM häkeln.

Das Ende falten und mit 4 fM zusammenhäkeln. Die Faltkante sollte dabei seitlich zur Faustwölbung liegen. Den Faden lang abschneiden und die Arme zur Seite legen.

AUGEN (2X IN SAFFRON)

Häkle in Rd.
1. Rd: 6 fM in einen Fadenring häkeln (= 6 M).
2. Rd: *1 fM, 2x 1 M zun*, von * bis * noch 1x wdh (= 10 M).
3. Rd: *3 fM, 2x 1 M zun*, von * bis * noch 1x wdh (= 14 M).
Mit einer Km beenden und den Faden lang abschneiden. Die Augen über Rd 11–16, mit 2 fM Abstand dazwischen, am Kopf festnähen *siehe Bild 1.*

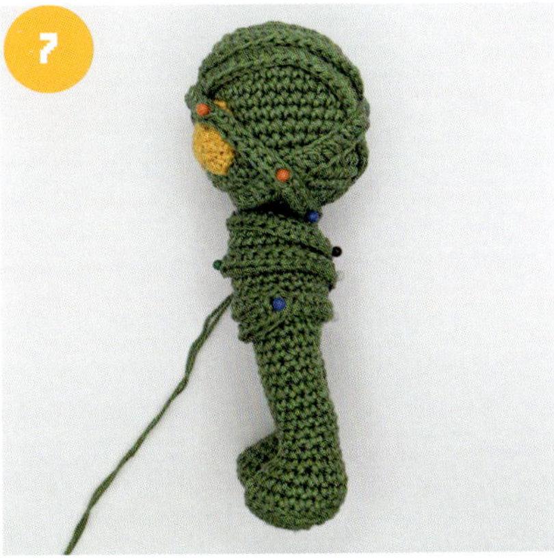

KOPF-BINDEN (2X IN SAGE GREEN)

ACHTUNG: Bei den Binden kann die Anzahl an Lm je nach Festigkeit variieren. Häkelst du z.B. fester, brauchst du entsprechend mehr Lm. Darum ist im Folgenden keine exakte Anzahl an Lm angegeben. Orientiere dich an deiner fertigen Figur.

Schlage eine Lm-Kette mit 132–152 Lm an, stich in die 3. Lm von der Nd aus ein und häkle zwischen 130 hStb und 150 hStb entlang der Lm-Kette. Den Faden lang abschneiden und die erst Binde um den Kopf herum festnähen *siehe Bild 2–5*. Eine zweite Binde häkeln. Das erste Drittel vom Hinterkopf ausgehend über das rechte Auge festnähen. Den restlichen Teil um den Körper herum festnähen *siehe Bild 6–7*. Achte darauf, am Körper Platz für die Arme freizulassen, sodass diese später gut angenäht werden können.

BEIN-BINDEN (2X IN SAGE GREEN)

Schlage eine Lm-Kette mit 72–82 Lm an, stich in die 3. Lm von der Nd aus ein und häkle zwischen 70 hStb und 80 hStb entlang der Lm-Kette. Den Faden lang abschneiden und die Binden um die Beine herum festnähen. Anschließend die Arme am Körper festnähen.

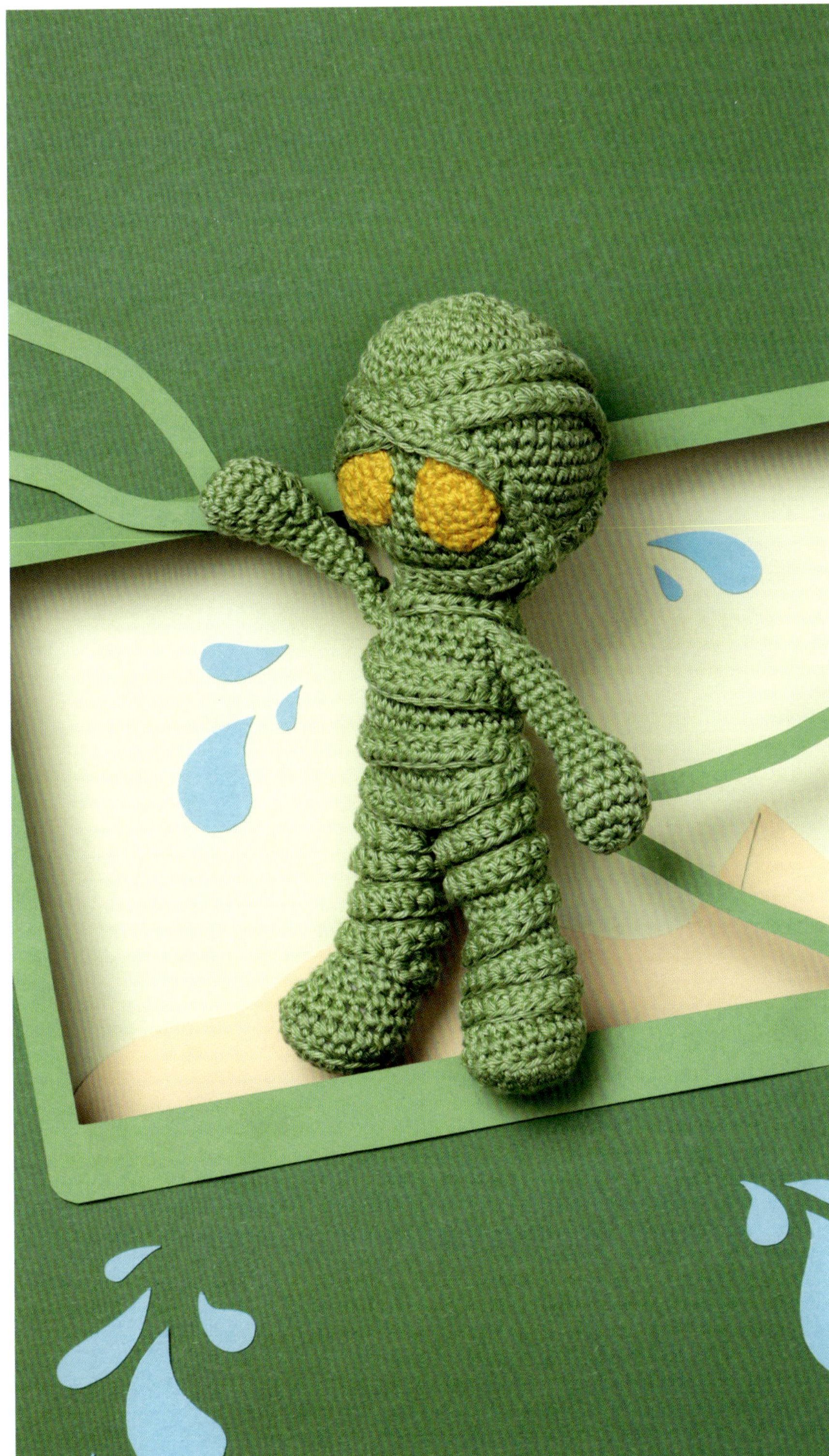

GESCHÄFTSTÜCHTIGER *Bauleiter*

Er kümmert sich um Innen- und Außeneinrichtung, baut zahlreiche, prunkvolle Projekte und ist stets darauf bedacht, alles über seine Umgebung in Erfahrung zu bringen. Als Bauleiter zeichnet er sich durch Arbeitswille, Produktivität und eine gehörigen Portion Habgier aus, aber im Kern ist er ein herzensguter Geselle.

LEVEL: 2 | GRÖSSE: 17 CM

MATERIAL

- Schachenmayr Catania (100% Baumwolle, LL 125m/50g) in
- Camel (Fb 179), 20g
- Marone (Fb 157), 20g
- Creme (Fb 130), 5g
- Jade (Fb 253), 10g
- Zartbitter (Fb 415), 5g
- Gold (Fb 249), ein Rest
- Kamelie (Fb 252), ein Rest
- Altrosa (Fb 408), ein Rest
- Stein (Fb 242), ein Rest
- Filetgarn in Hellblau und Gelb, je ein Rest
- Häkelnadel 2,50mm
- Häkelnadel 0,75mm
- Füllwatte
- Stopfnadel zum Vernähen
- Schere

SO WIRD'S GEMACHT

Es wird überwiegend in Spiralrunden gehäkelt. Einzelteile werden später angenäht.

KOPF (IN CAMEL)

Häkle in Rd. Den Kopf fortlaufend mit Füllwatte ausstopfen.
1. Rd: 7 fM in einen Fadenring häkeln (= 7 M).
2. Rd: 7x 1 M zun (= 14 M).
3. Rd: *1 fM, 1 M zun*, von * bis * noch 6x wdh (= 21 M).
4. Rd: *2 fM, 1 M zun*, von * bis * noch 6x wdh (= 28 M).
5. Rd: *3 fM, 1 M zun*, von * bis * noch 6x wdh (= 35 M).
6. Rd: *4 fM, 1 M zun*, von * bis * noch 6x wdh (= 42 M).
7.–17. Rd: 42 fM häkeln.
18. Rd: *5 fM, 1 M abn*, von * bis * noch 5x wdh (= 36 M).
19. Rd: *4 fM, 1 M abn*, von * bis * noch 5x wdh (= 30 M).
20. Rd: *3 fM, 1 M abn*, von * bis * noch 5x wdh (= 24 M).
21. Rd: *2 fM, 1 M abn*, von * bis * noch 5x wdh (= 18 M).
22. Rd: *1 fM, 1 M abn*, von * bis * noch 5x wdh (= 12 M).
23. Rd: 6x 1 M abn (= 6 M).

Faden abschneiden, durch alle vorderen M-Glieder fädeln, fest zuziehen und vernähen.

MASKE (IN MARONE)

Schlage 11 Lm an, stich in die 2. Lm von der Nd aus ein und häkle wie folgt um die Lm-Kette herum:
1. Rd: 9 fM, 3 fM in eine M, 8 fM, 1 M zun (= 22 M).
2. Rd: *1 M zun, 10 fM*, von * bis * noch 1x wdh (= 24 M).
3. Rd: *3 fM, 1 M zun*, von * bis * noch 5x wdh (= 30 M).
4. Rd: *2x 1 M zun, 13 fM*, von * bis * noch 1x wdh (= 34 M).
5. Rd: *1 M zun, 16 fM*, von * bis * noch 1x wdh (= 36 M).

Abketten, den Faden lang abschneiden und die Maske über die 6.–15. Rd am Kopf festnähen.

AUGEN (2X IN CREME UND STEIN)

Beginne in Stein. Schlage 3 Lm an, stich in die 2. Lm von der Nd aus ein und häkle wie folgt um die Lm-Kette herum:

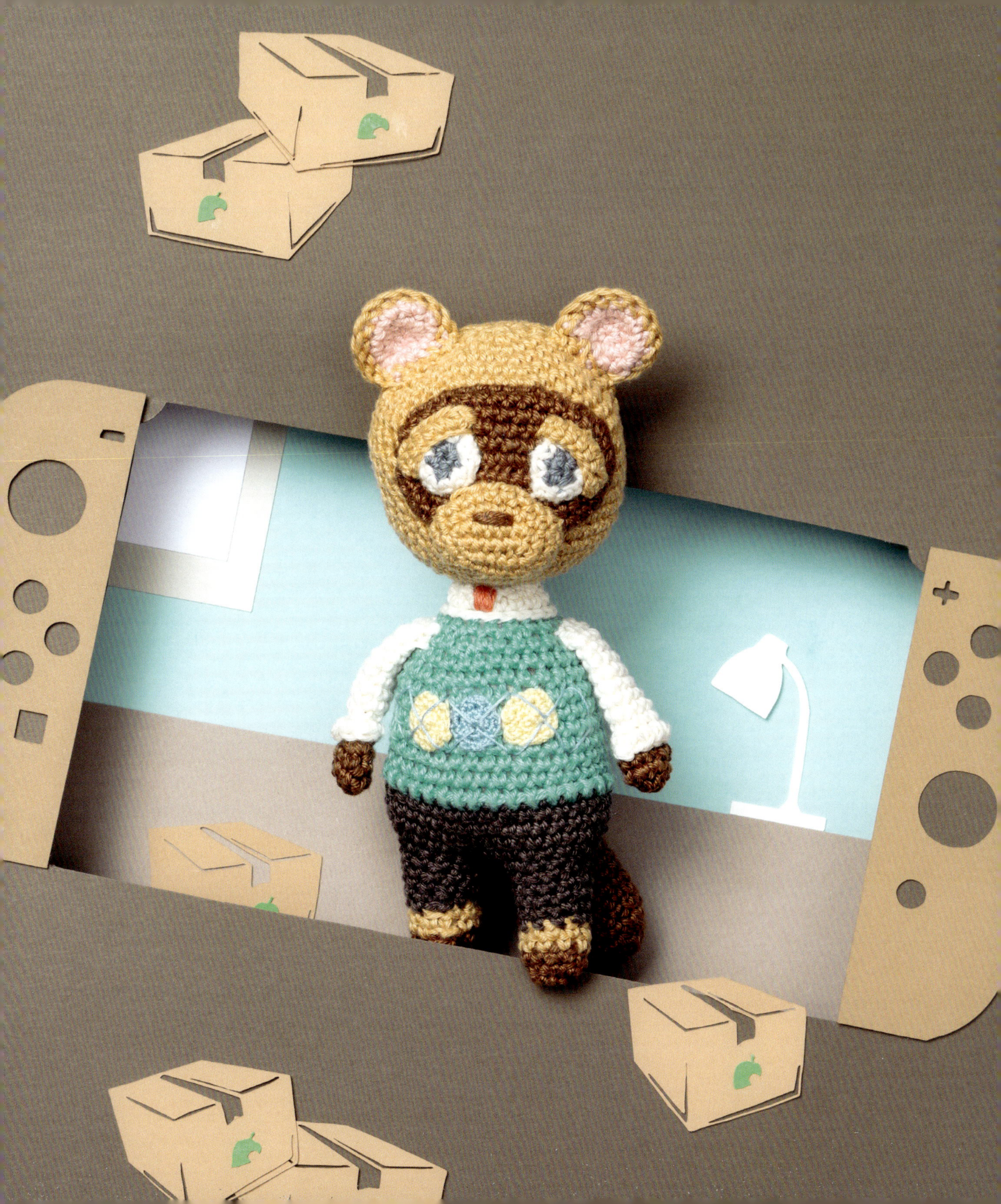

1. Rd: 1 fM, 3 fM in eine M, 1 M zun (= 6 M).
Fb-Wechsel zu Creme.
2. Rd: *1 M zun, 2 fM*, von * bis * noch 1x wdh (= 8 M). Abketten, den Faden lang abschneiden und die Augen mit 4 fM Abstand dazwischen auf der Maske festnähen *siehe Bild 1.*

SCHNAUZE (IN CAMEL)

Schlage 7 Lm an, stich in die 2. Lm von der Nd aus ein und häkle wie folgt um die Lm-Kette herum:
1. Rd: 5 fM, 3 fM in eine M, 4 fM, 1 M zun (= 14 M).
2. Rd: *2x 1 M zun, 5 fM*, von * bis * noch 1x wdh (= 18 M).
3.–4. Rd: 18 fM häkeln.
Abketten, den Faden lang abschneiden und die Schnauze über die 14.–18. Rd am Kopf festnähen. Während dem Festnähen mit Füllwatte ausstopfen.

AUGENLIDER (2X IN CAMEL)

Schlage 8 Lm an, stich in die 3. Lm von der Nd aus ein und häkle 6 hStb entlang der Lm-Kette. Den Faden lang abschneiden und die Augenlider schräg über den Augen festnähen. Dabei nur oberhalb am Augenlid einstechen, sodass die untere Seite nicht zu fest an den Augen anliegt *siehe Bild 2.*

NASE (IN MARONE)

Sticke die Nase über Rd 3 der Schnauze mit 3 fM Breite auf, dabei 4x einstechen.

OHREN (JE 2X IN CAMEL UND ALTROSA)

Häkle in Rd. Beginne in Altrosa.
1. Rd: 6 fM in einen Fadenring häkeln (= 6 M).
2. Rd: *1 fM, 2x 1 M zun*, von * bis * noch 1x wdh (= 10 M).
3. Rd: *3 fM, 2x 1 M zun*, von * bis * noch 1x wdh (= 14 M).
Den Faden abschneiden und vernähen. Ein zweites Teil in Camel identisch

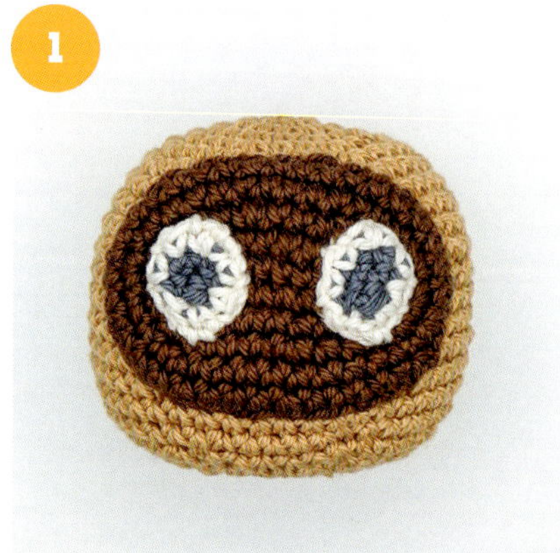

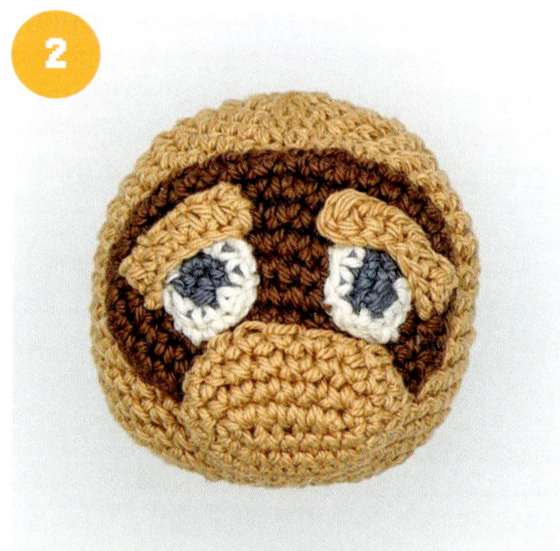

häkeln, jedoch nicht abketten. Beide Teile mit der Rückseite aufeinander legen, durch beide Schichten stechen und diese mit 14 fM zusammenhäkeln *siehe Bild 3–4.* Den Faden lang abschneiden und die Ohren über Rd 4–8 am Kopf festnähen.

BEINE (2X IN MARONE, CAMEL UND ZARTBITTER)

Häkle in Rd. Die Beine fortlaufend mit Füllwatte ausstopfen. Beginne in Marone.
1. Rd: 8 fM in einen Fadenring häkeln (= 8 M).
2. Rd: 8 fM ihM häkeln.
3. Rd: *3 fM, 1 M zun*, von * bis * noch 1x wdh (= 10 M).
Fb-Wechsel zu Camel.
4.–5. Rd: 10 fM häkeln.

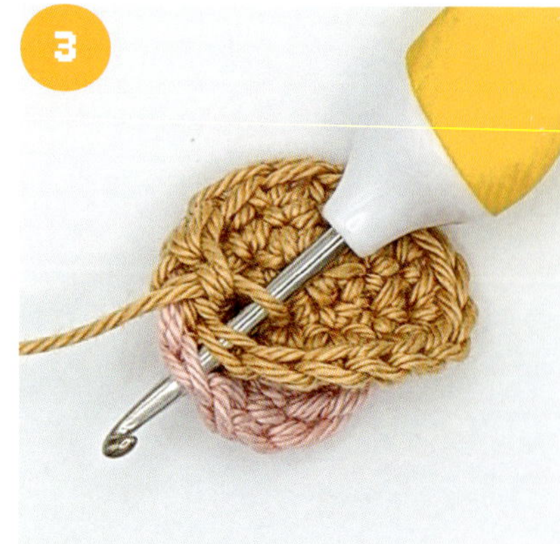

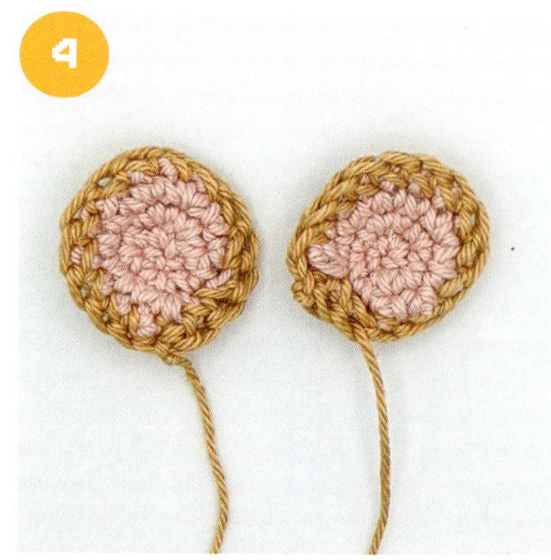

Fb-Wechsel zu Zartbitter.
6. Rd: 10 fM häkeln.
7. Rd: *4 fM, 1 M zun*, von * bis * noch 1x wdh (= 12 M).
8.–9. Rd: 12 fM häkeln.
Den Faden abschneiden und vernähen. Ein zweites Bein häkeln, jedoch den Faden nicht abschneiden. Es geht direkt weiter mit der Verbindung der Beine.

VERBINDUNG DER BEINE

Häkle 2 Lm an Bein zwei, stich in Bein eins ein und häkle 12 fM um das erste Bein, 2 fM in die Lm-Kette, 12 fM um das zweite Bein, 2 fM auf die andere Seite der Lm-Kette (= 28 M).

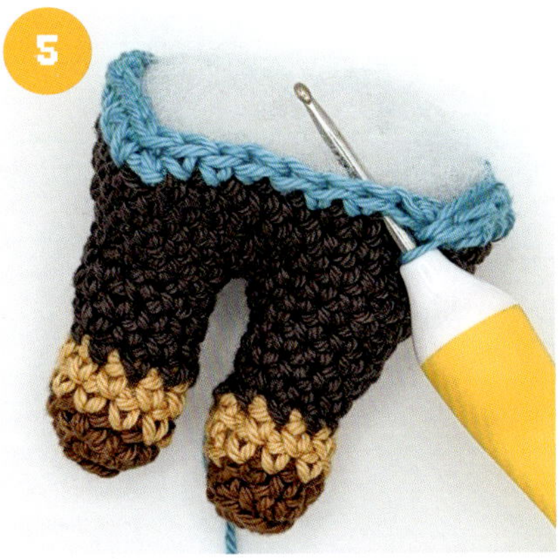

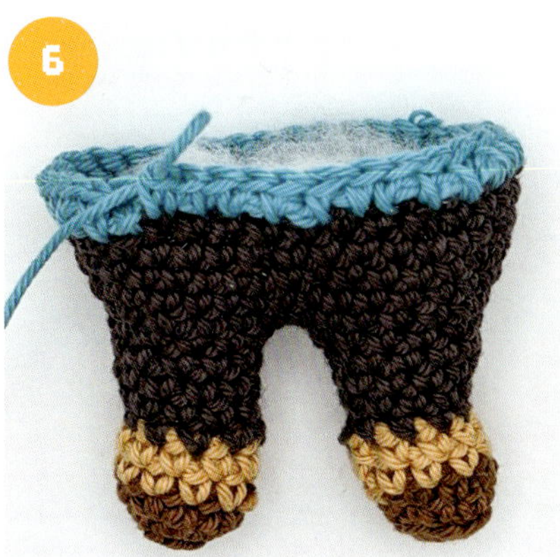

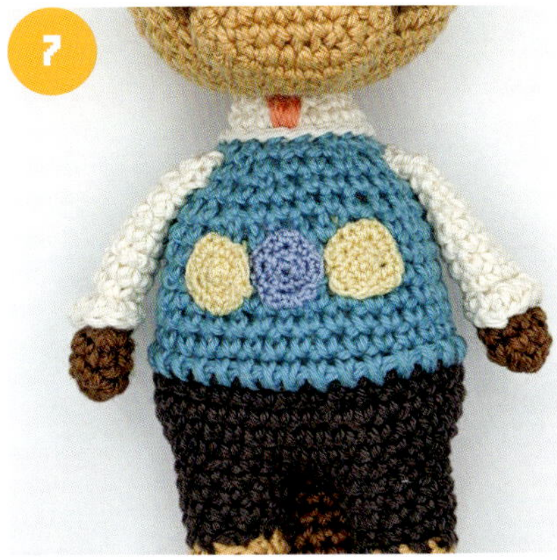

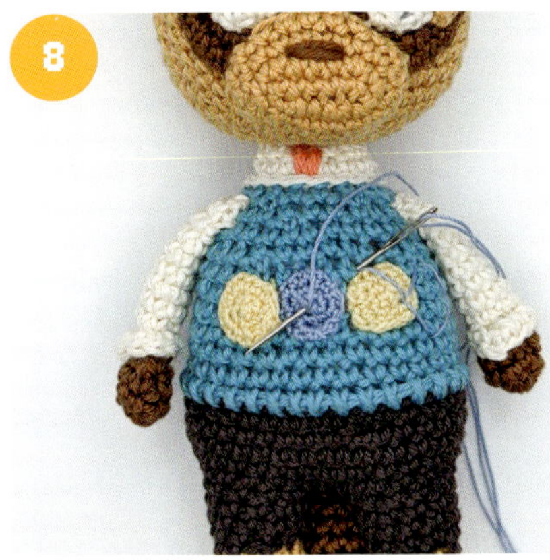

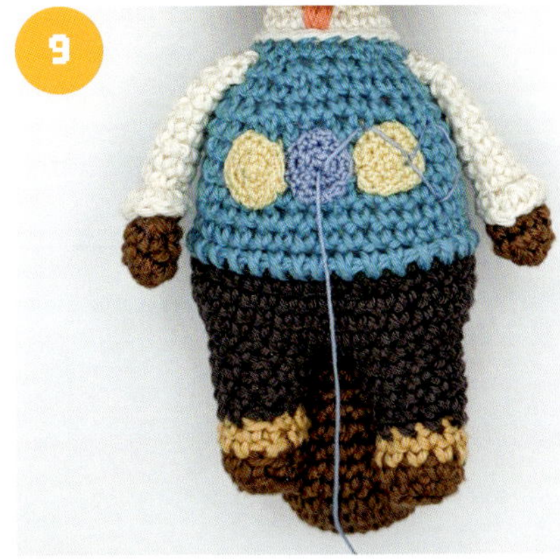

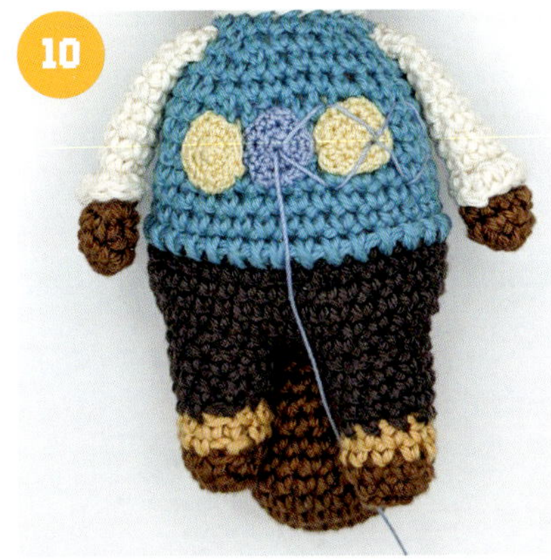

KÖRPER (IN ZARTBITTER, JADE UND CREME)

Häkle in Rd. Beginne in Zartbitter.
1. Rd: 5 fM, 2x 1 M zun, 12 fM, 2x 1 M zun, 7 fM (= 32 M).
2. Rd: 6 fM, 2x 1 M zun, 14 fM, 2x 1 M zun, 8 fM (= 36 M).
3.–4. Rd: 36 fM häkeln.
5. Rd: *7 fM, 1 M abn*, von * bis * noch 3x wdh (= 32 M).
Fb-Wechsel zu Jade.
6. Rd: 32 fM häkeln.
7. Rd: 32 tiefliegende fM häkeln.
Erklärung: Tiefliegende fM werden auf dieselbe Weise gehäkelt wie übliche fM. Hier stichst du jedoch nicht wie gewohnt in die nächste fM der Vorrunde ein, sondern eine M darunter. Du stichst also in die M aus Rd 5 ein *siehe Bild 5–6.*
8.–13. Rd: 32 fM häkeln.
14. Rd: *6 fM, 1 M abn*, von * bis * noch 3x wdh (= 28 M).
15. Rd: 28 fM häkeln.
16. Rd: *5 fM, 1 M abn*, von * bis * noch 3x wdh (= 24 M).
17. Rd: *2 fM, 1 M abn*, von * bis * noch 5x wdh (= 18 M).
Fb-Wechsel zu Creme.
18. Rd: 18 fM ihM häkeln.
19. Rd: 18 fM häkeln.
20. Rd: *1 fM, 1 M abn*, von * bis * noch 5x wdh (= 12 M).
Abketten und den Faden lang abschneiden. Anschließend den Faden in Creme ivM aus Rd 18 mit einer stehenden fM wieder aufnehmen, von unten nach oben einstechen und rundherum 18 Km häkeln. Den Faden abschneiden und vernähen. Den Schlips in Kamelie über 2 fM hoch auf dem Kragen aufsticken, 5x einstechen. Den Kopf am Körper festnähen.

ARME (2X IN CREME UND MARONE)

Häkle in Rd. Die Arme nicht mit Füllwatte ausstopfen. Beginne in Marone.
1. Rd: 6 fM in einen Fadenring häkeln (= 6 M).
2. Rd: *2 fM, 1 M zun*, von * bis * noch 1x wdh (= 8 M).
3. Rd: 8 fM häkeln.
Fb-Wechsel zu Creme.
4. Rd: 8 fM häkeln.
5. Rd: 8 fM ihM häkeln.
6.–12. Rd: 8 fM häkeln.
Das Ende falten und mit 4 fM zusammenhäkeln. Den Faden lang abschneiden. Anschließend den Faden in Creme

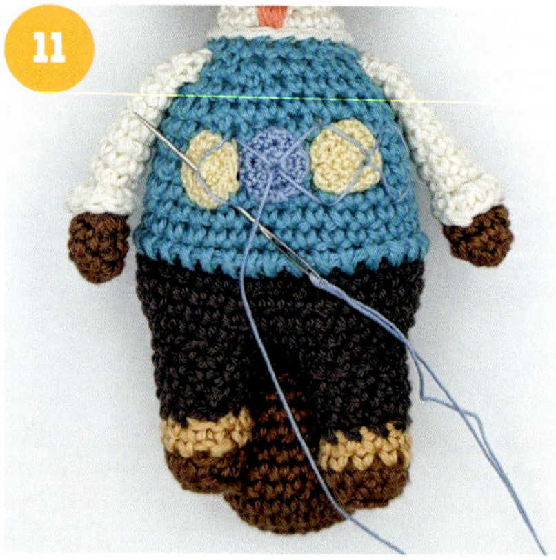

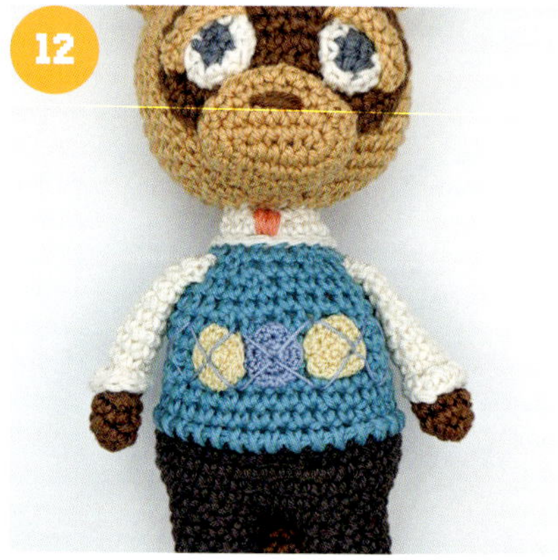

ivM aus Rd 5 mit einer stehenden fM wieder aufnehmen, von oben nach unten einstechen und 8 fM rundherum häkeln. Mit 1 Km beenden, den Faden abschneiden und vernähen. Die Arme 1 Rd unter dem Kragen festnähen.

SCHWANZ (IN MARONE)

Den Schwanz fortlaufend mit Füllwatte ausstopfen.
Schlage 8 Lm an, stich in die 2. Lm von der Nd aus ein und häkle wie folgt um die Lm-Kette herum:
1. Rd: 6 fM, 3 fM in eine M, 5 fM, 1 M zun (= 16 M).
2. Rd: *1 M zun, 7 fM*, von * bis * noch 1x wdh (= 18 M).
3. Rd: *1 M zun, 8 fM*, von * bis * noch 1x wdh (= 20 M).
4.–6. Rd: 20 fM häkeln.
7. Rd: *1 M abn, 8 fM*, von * bis * noch 1x wdh (= 18 M).
8.–9. Rd: 18 fM häkeln.
10. Rd: *1 M abn, 7 fM*, von * bis * noch 1x wdh (= 16 M).
11. Rd: *1 M abn, 6 fM*, von * bis * noch 1x wdh (= 14 M).
12. Rd: *1 M abn, 5 fM*, von * bis * noch 1x wdh (= 12 M).
13.–14. Rd: 12 fM häkeln.
Das Ende falten und mit 6 fM zusammenhäkeln. Den Faden lang abschneiden und den Schwanz am Rücken festnähen.

APPLIKATIONEN (3X IN GELB UND HELLBLAU)

Die Applikationen werden mit Hilfe eines Filetgarns und mit einer Häkelnadel in 0,75mm gehäkelt. Hast du dies nicht zur Hand, kannst du die Details auf dem Pullover ebenso mit Hilfe des Rückstichs aufsticken.
1. Rd: 4 fM in einen Fadenring häkeln (= 4 M).
2. Rd: 4x 1 M zun (= 8 M).
3. Rd: *1 fM, 3 fM in eine M*, von * bis * noch 3x wdh (= 16 M).
Abketten, den Faden lang abschneiden. Es werden je zwei Applikationen in Gelb und eine in Hellblau gehäkelt. Nähe diese anschließend über Rd 11–13 am Pullover fest. Die Details über den Quadraten in Hellblau aufsticken *siehe Bild 7–12*. Den Kopf am Körper festnähen.

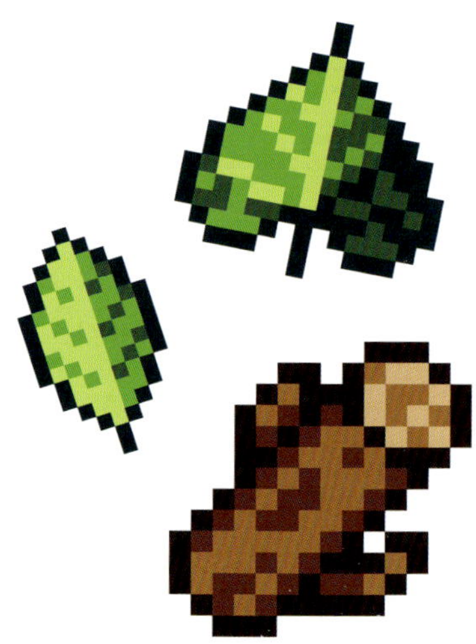

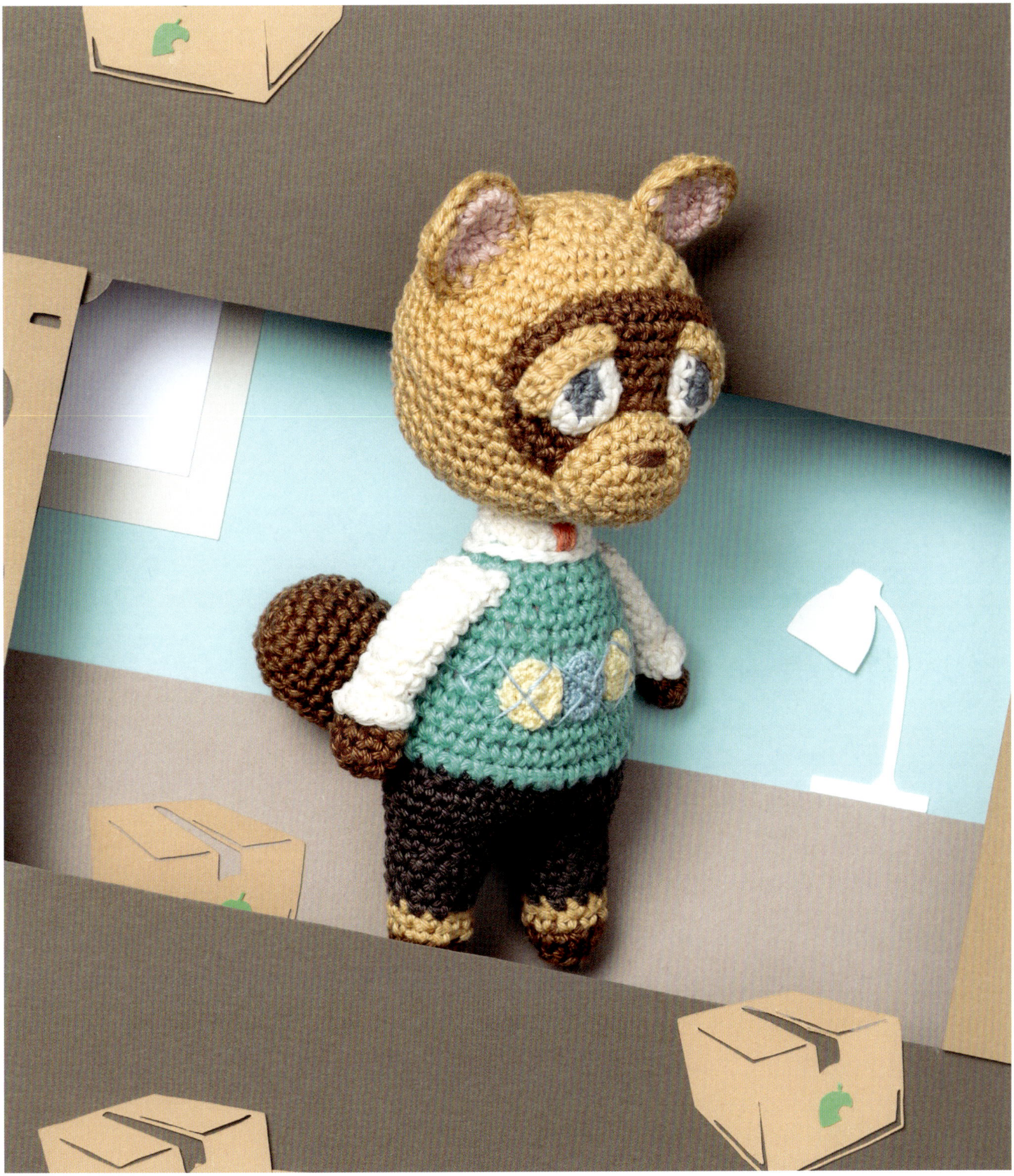

DUNKLER *Assassine*

Schon als Kinder ausgebildet kennen die Assassinen oft nichts anderes als den Kampf. Vor vielen Jahrhunderten machten sie sich auf den Weg, um eine Stadt nach der anderen von den Templern zu befreien. Besonderes Merkmal sind dabei immer ihre Kapuzen, die die Gesichter der Mitglieder verhüllen.

LEVEL: 2 | GRÖSSE: 22 CM

MATERIAL

- Schachenmayr Catania (100% Baumwolle, LL 125m/50g) in
- Soft Apricot (Fb 263), 20g
- Creme (Fb 130), 50g
- Zartbitter (Fb 415), 10g
- Kirsche (Fb 424), 5g
- Marone (Fb 157), 15g
- Schwarz (Fb 110), 8g
- Sicherheitsaugen Ø 7mm
- Filetgarn in Schwarz und Weiß
- Häkelnadel 2,50mm
- Füllwatte
- Stopfnadel zum Vernähen
- Schere

SO WIRD'S GEMACHT

Es wird überwiegend in Spiralrunden gehäkelt. Einzelteile werden später angenäht.

KOPF (IN SOFT APRICOT)

Häkle in Rd. Den Kopf fortlaufend mit Füllwatte ausstopfen.
1. Rd: 6 fM in einen Fadenring häkeln (= 6 M).
2. Rd: 6x 1 M zun (= 12 M).
3. Rd: *1 fM, 1 M zun*, von * bis * noch 5x wdh (= 18 M).
4. Rd: *2 fM, 1 M zun*, von * bis * noch 5x wdh (= 24 M).
5. Rd: *3 fM, 1 M zun*, von * bis * noch 5x wdh (= 30 M).
6. Rd: *4 fM, 1 M zun*, von * bis * noch 5x wdh (= 36 M).
7. Rd: *8 fM, 1 M zun*, von * bis * noch 3x wdh (= 40 M).
8.–15. Rd: 40 fM häkeln.
Befestige die Augen zwischen Rd 9 und 10 mit 7 fM Abstand.
16. Rd: *8 fM, 1 M abn*, von * bis * noch 3x wdh (= 36 M).
17. Rd: *4 fM, 1 M abn*, von * bis * noch 5x wdh (= 30 M).
18. Rd: *3 fM, 1 M abn*, von * bis * noch 5x wdh (= 24 M).
19. Rd: *2 fM, 1 M abn*, von * bis * noch 5x wdh (= 18 M).
20. Rd: *1 fM, 1 M abn*, von * bis * noch 5x wdh (= 12 M).
21. Rd: 6x 1 M abn (= 6 M).
Faden abschneiden, durch alle vorderen M-Glieder fädeln, fest zuziehen und vernähen. Den Kopf zur Seite legen.

FRISUR (IN MARONE)

Häkle in Rd.
1. Rd: 6 fM in einen Fadenring häkeln (= 6 M).
2. Rd: 6x 1 M zun (= 12 M).
3. Rd: *1 fM, 1 M zun*, von * bis * noch 5x wdh (= 18 M).
4. Rd: *2 fM, 1 M zun*, von * bis * noch 5x wdh (= 24 M).
5. Rd: *3 fM, 1 M zun*, von * bis * noch 5x wdh (= 30 M).
6. Rd: *4 fM, 1 M zun*, von * bis * noch 5x wdh (= 36 M).
7. Rd: *8 fM, 1 M zun*, von * bis * noch 3x wdh (= 40 M).
8.–10. Rd: 40 fM häkeln.

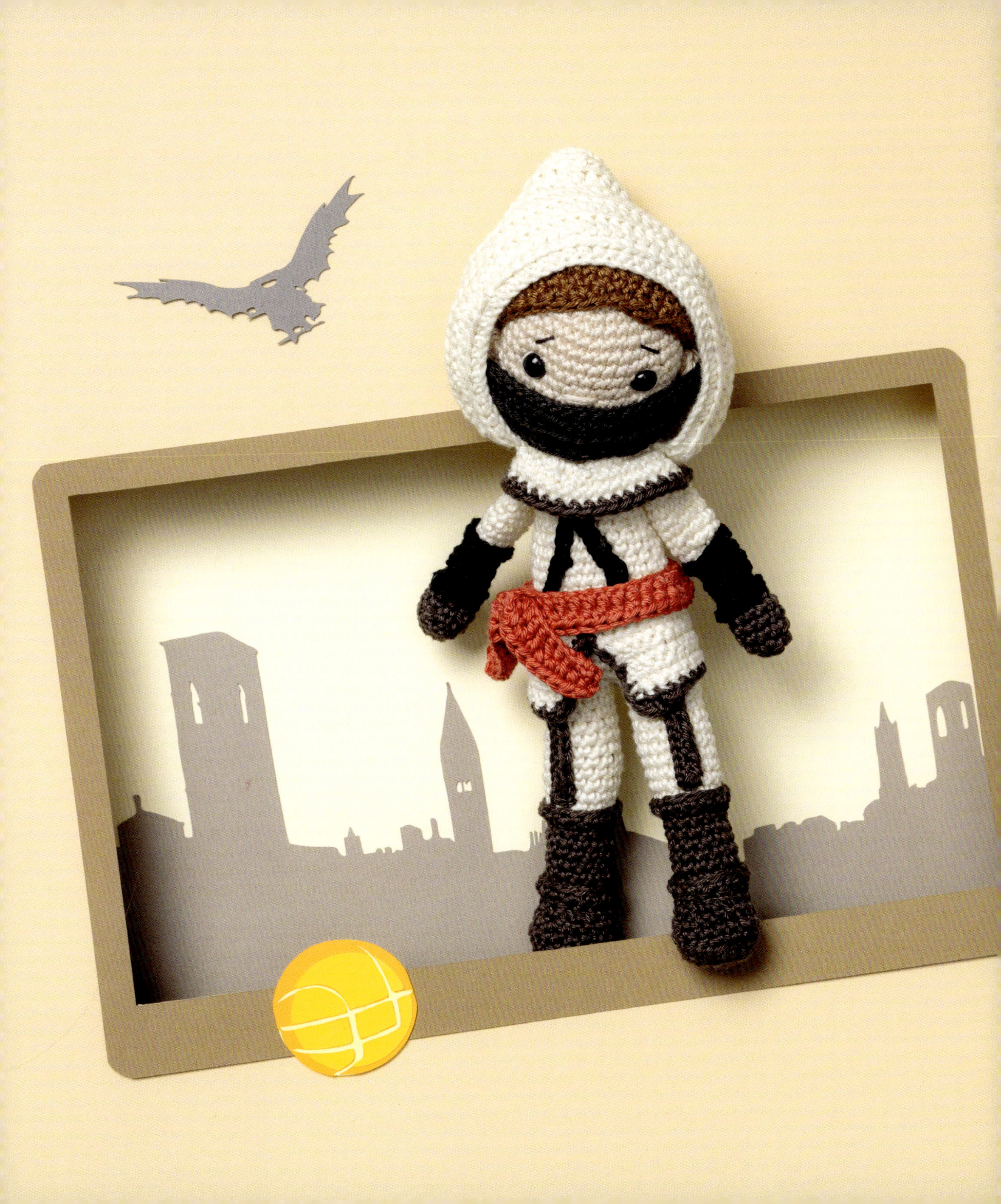

11. Rd: 19 hStb, 2 Km , 19 hStb (= 40 M). Abketten und den Faden lang abschneiden. Die Frisur vorne 5 Rd über den Augen und hinten abschließend mit dem Kopfende festnähen *siehe Bild 1–2.*

1

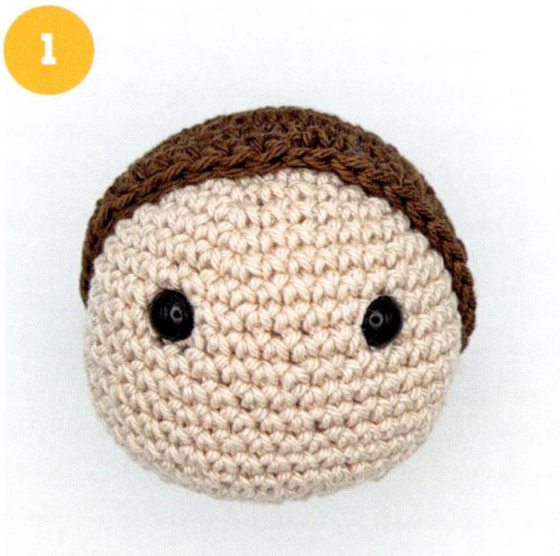

2

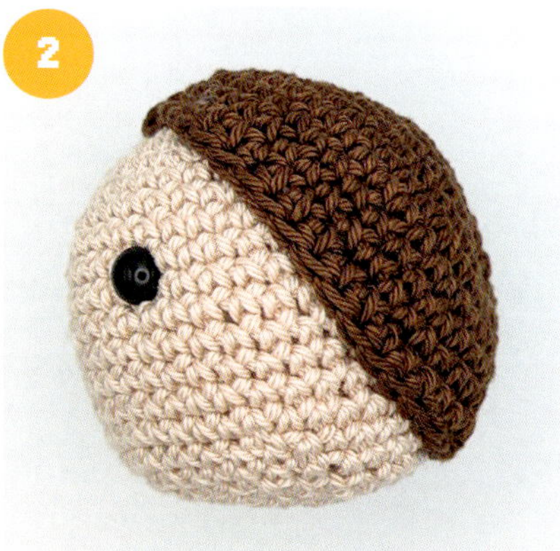

OHREN (2X IN SOFT APRICOT)

Häkle 6 hStb in einen Fadenring, ziehe ihn zu und beende mit einer Km in das erste hStb. Den Faden lang abschneiden und die Ohren über Rd 11–13 unter der Frisur festnähen.

GESICHT FERTIGSTELLEN

Sticke die Nase in Soft Apricot über 3 fM breit zwischen den Augen auf, stich 3x ein. Das Augenweiß in weißem Filetgarn direkt neben den Augen sticken. Die Augenbrauen in schwarzem Filetgarn 1 Rd über den Augen über 1 Rd hoch und 2 fM breit sticken.

BEINE (2X IN ZARTBITTER UND CREME)

Häkle in Rd. Die Beine fortlaufend mit Füllwatte ausstopfen. Beginne in Zartbitter.
5 Lm anschlagen, in die 2. Lm von der Nd aus einstechen und wie folgt um die Lm-Kette herum häkeln:
1. Rd: 3 fM, 3 fM in eine M, 2 fM, 1 M zun (= 10 M).
2. Rd: *4 fM, 3 fM in eine M*, von * bis * noch 1x wdh (= 14 M).
3. Rd: *6 fM, 3 fM in eine M*, von * bis * noch 1x wdh (= 18 M).
4. Rd: 18 fM ihM häkeln.
5. Rd: 18 fM häkeln.
6. Rd: 7 fM, 2x 1 M abn, 7 fM (= 16 M).
7. Rd: 5 fM, 3x 1 M abn, 5 fM (= 13 M).
8. Rd: 13 fM ihM häkeln.
9.–14. Rd: 13 fM häkeln.
Fb-Wechsel zu Creme.
15. Rd: 13 fM ihM häkeln.
16. Rd: 5 fM, 1 M zun, 6 fM, 1 M zun (= 15 M).
17.–20. Rd: 15 fM häkeln.
21. Rd: 5 fM, 1 M abn, 6 fM, 1 M abn (= 13 M).
22.–25. Rd: 13 fM häkeln.
Das erste Bein abketten und den Faden vernähen. Ein zweites Bein häkeln, jedoch nicht abketten. Im nächsten Schritt wird der Stiefelsaum gehäkelt, danach geht es gleich mit der Verbindung der Beine weiter.

STIEFELSAUM (IN ZARTBITTER)

Den Faden ivM aus Rd 8 der Beine mit einer stehenden fM anschlingen, von unten nach oben einstechen und 2 Rd mit je 13 fM rundherum häkeln. Abketten, den Faden abschneiden und vernähen. Ebenso in Rd 15 anschlingen und 2 Rd mit je 13 fM häkeln. Für das zweite Bein wiederholen. Es geht weiter mit der Verbindung der Beine.

VERBINDUNG DER BEINE (IN CREME)

Der Rd-Anfang des zweiten Beins sollte nun links mittig liegen, bei Bedarf hier noch ein paar fM dazu häkeln. Schlage anschließend 2 Lm an, stich in das erste Bein ein und häkle 13 fM um Bein eins, 2 fM in die Lm-Kette, 13 fM um Bein zwei und 2 fM auf die andere Seite der Lm-Kette (= 30 M). Es geht weiter mit dem Körper.

KÖRPER (IN CREME UND SOFT APRICOT)

Häkle in Rd. Den Körper fortlaufend mit Füllwatte ausstopfen. Beginne in Creme.
1.–6. Rd: 30 fM häkeln.
7. Rd: 30 fM ihM häkeln.
8. Rd: 30 fM häkeln.
9. Rd: 4 fM, 1 M abn, 13 fM, 1 M abn, 9 fM (= 28 M).
10. Rd: 3 fM, 1 M abn, 12 fM, 1 M abn, 9 fM (= 26 M).
11.–12. Rd: 26 fM häkeln.
13. Rd: 2 fM, 1 M abn, 11 fM, 1 M abn, 9 fM (= 24 M).
14.–15. Rd: 24 fM häkeln.
16. Rd: *4 fM, 1 M abn*, von * bis * noch 3x wdh (= 20 M).
17. Rd: 20 fM häkeln.
18. Rd: *3 fM, 1 M abn*, von * bis * noch 3x wdh (= 16 M).
19. Rd: *2 fM, 1 M abn*, von * bis * noch 3x wdh (= 12 M).
Fb-Wechsel zu Soft Apricot.
20. Rd: 12 fM häkeln.
Abketten und den Faden lang abschneiden. Den Kopf noch nicht am Körper festnähen, es geht zunächst mit weiteren Details weiter.

JACKENSAUM (IN CREME UND ZARTBITTER)

Beginne in Creme.
Den Faden vorne mittig ivM aus Rd 7 des Körpers mit einer stehenden fM anschlingen, von oben nach unten einstechen *siehe Bild 3* und wie folgt in R weiterhäkeln:

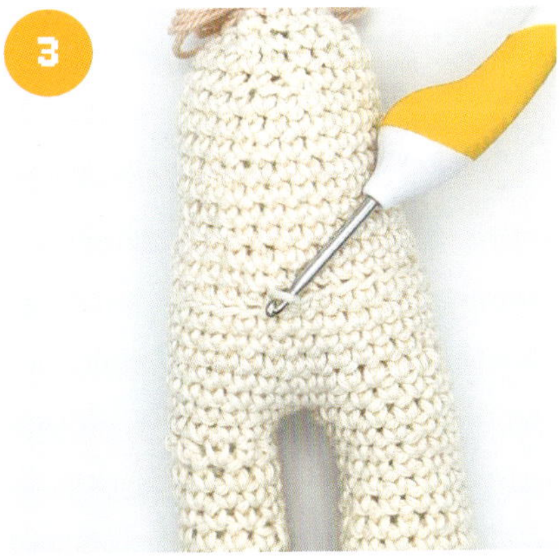

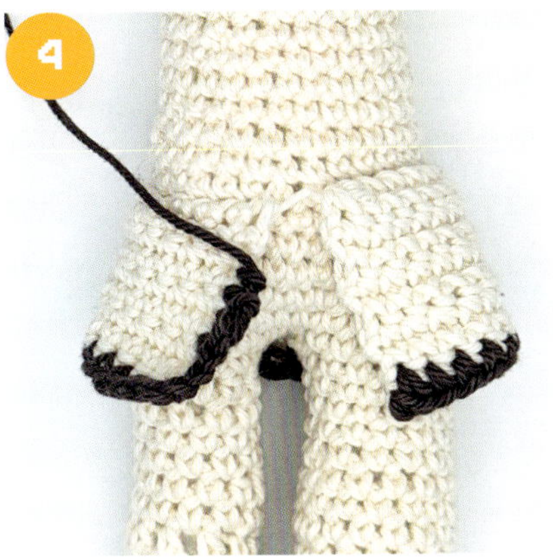

1.–8. R: 30 fM, 1 Lm und wenden (= 30 M).
Fb-Wechsel zu Zartbitter. Weiter in Rd.
ACHTUNG: In der nächsten Rd werden die Zun je in die Kanten des Saums gehäkelt. Mittig am Körper, zwischen den Hälften der Jacke wird eine fM gearbeitet. Die restlichen M häkelst du entlang der R-Enden.
9. Rd: 1 M zun, 28 fM, 1 M zun, 8 fM in die R-Enden, 1 fM, 8 fM in die R-Enden (= 49 M) *siehe Bild 4–6.* Den Faden abschneiden und vernähen.

KONTRASTSTREIFEN HOSE (4X IN ZARTBITTER)

Schlage 10 Lm an, stich in die 2. Lm von der Nd aus ein und häkle 9 fM entlang der Lm-Kette. Den Faden lang aschneiden. Je einen Streifen vorne und einen hinten auf dem Bein festnähen.

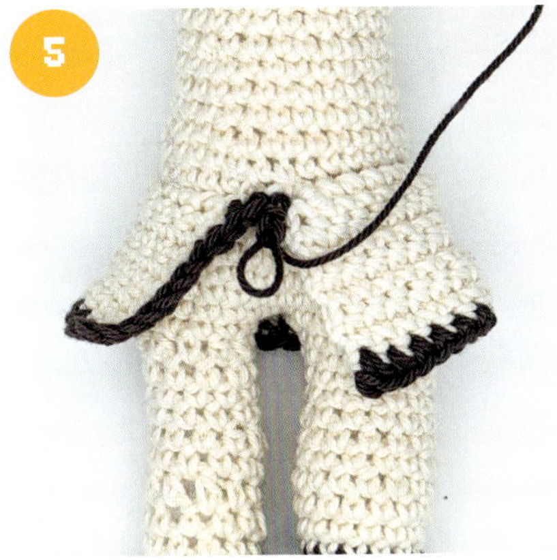

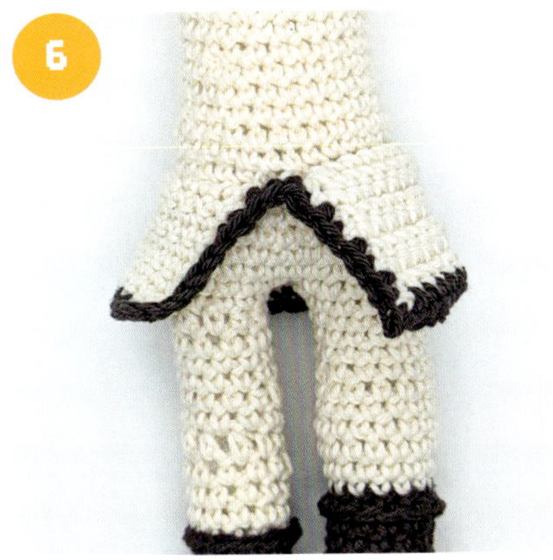

ARME (2X IN ZARTBITTER, SCHWARZ UND CREME)

Häkle in Rd. Beginne in Zartbitter.
Nur die Faust mit Füllwatte ausstopfen.
1. Rd: 5 fM in einen Fadenring häkeln (= 5 M).
2. Rd: 5x 1 M zun (= 10 M).
3.–5. Rd: 10 fM häkeln.
Fb-Wechsel zu Schwarz.
6. Rd: 10 fM häkeln.
7. Rd: 10 fM ihM häkeln.
8.–10. Rd: 10 fM häkeln.
Fb-Wechsel zu Creme.
11. Rd: 10 fM ihM häkeln.
12.–19. Rd: 10 fM häkeln.
Das Ende falten und mit 5 fM zusammenhäkeln. Den Faden lang abschneiden. Anschließend den Faden jeweils ivM aus Rd 7 und 11 mit einer stehenden fM aufnehmen, von oben nach unten einstechen und je 10 fM rundherum häkeln. Mit einer Km beenden, den Faden abschneiden und vernähen. Die Arme 2 Rd unter dem Hals festnähen.

BRUSTGÜRTEL (2X IN SCHWARZ)

Schlage 41 Lm an, stich in die 2. Lm von der Nd aus ein und häkle 40 Km entlang der Lm-Kette. Den Faden lang abschneiden, einen zweiten Brustgürtel häkeln. Anschließend beide Teile über-kreuz, über den Schultern entlang, am Körper festnähen.

HÜFTSCHAL (IN KIRSCHE)

54 Lm anschlagen, in die 3. Lm von der Nd aus einstechen und wie folgt in R weiterhäkeln:
1. R: 10 hStb, 2 Lm und 2 fM überspringen, 40 fM, 2 Lm und wenden (= 52 M).
2. R: 52 hStb (= 52 M).
Den Faden abschneiden und vernähen. Den Schal um die Hüfte legen und das Ende durch die Schlaufe ziehen. Den Schal anschließend noch etwas festziehen, damit er richtig auf den Hüften sitzt. Der Schal wird nicht festgenäht.

SCHULTER-ÜBERWURF (IN CREME UND ZARTBITTER)

Beginne in Creme.
Schlage 16 Lm an, stich in die 1. Lm ein und schließe so die Lm-Kette zu einem Ring. Anschließend in Rd wie folgt weiterhäkeln:
1. Rd: *3 fM, 3 fM in eine M*, von * bis * noch 3x wdh (= 24 M).
2. Rd: *5 fM, 3 fM in eine M*, von * bis * noch 3x wdh (= 32 M).
3. Rd: *7 fM, 3 fM in eine M*, von * bis * noch 3x wdh (= 40 M).
4.–5. Rd: 40 fM häkeln.
Fb-Wechsel zu Zartbitter.
6. Rd: 40 fM häkeln.
Abketten, den Faden abschneiden und vernähen *siehe Bild 7.* Den Überwurf über den Hals legen und anschließend den Kopf am Körper festnähen.

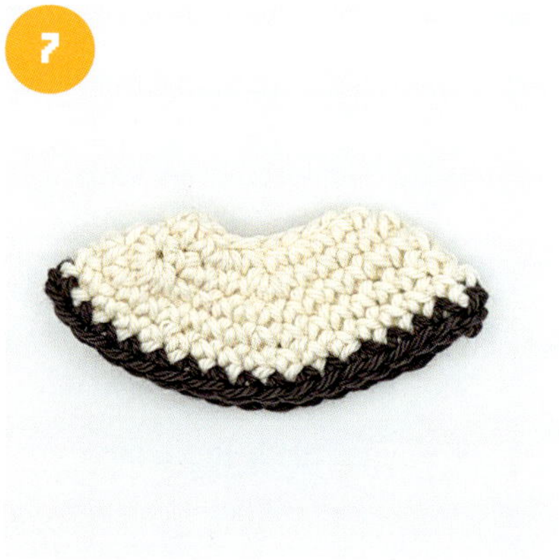

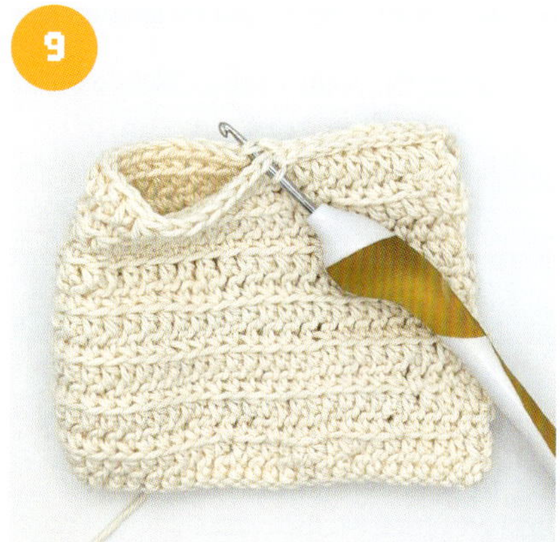

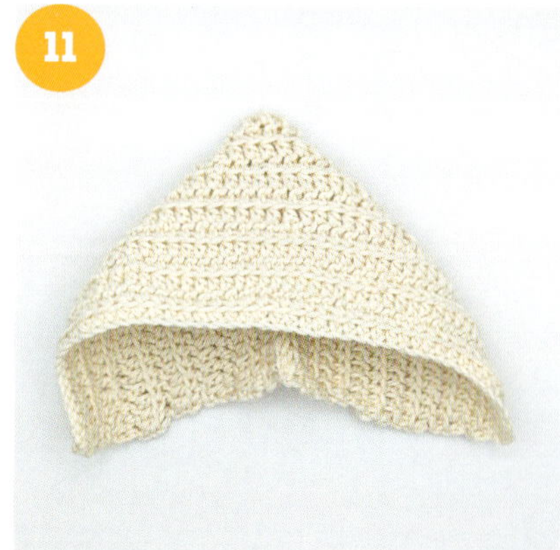

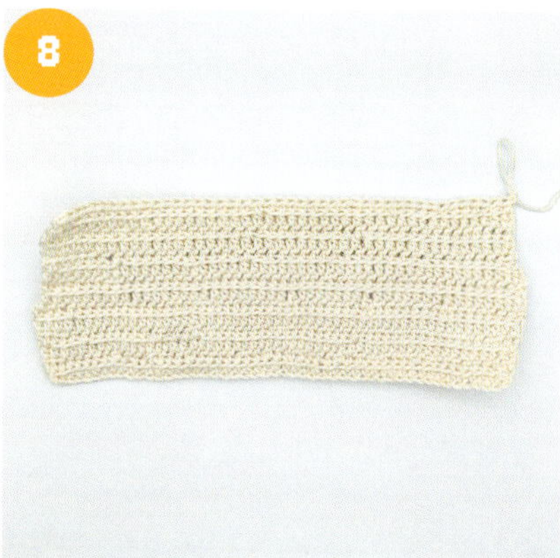

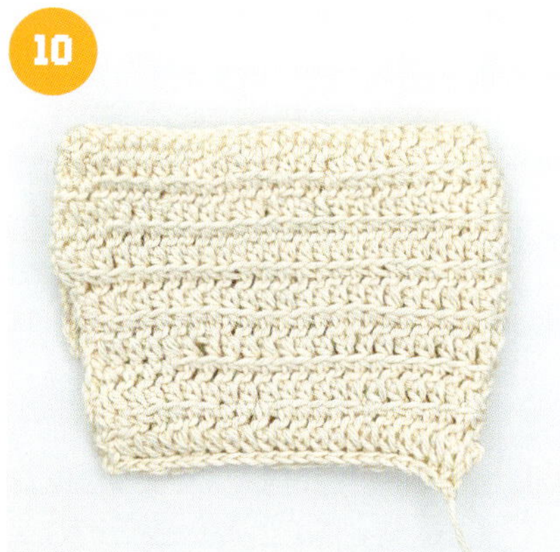

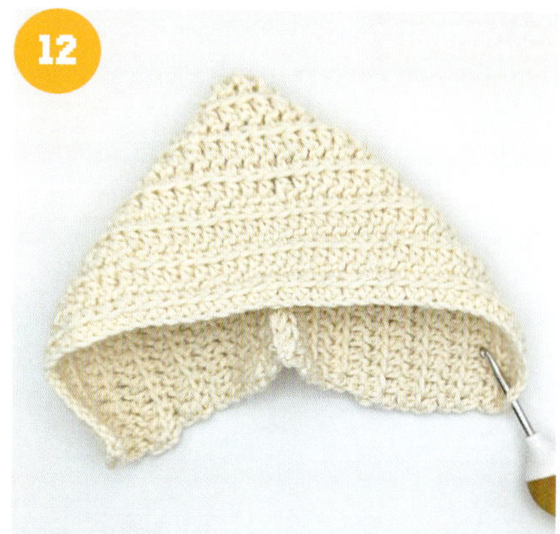

KAPUZE (IN CREME)

Schlage 50 Lm an, stich in die 3. Lm von der Nd aus ein und häkle wie folgt in R weiter:

1. R: 48 hStb, 2 Lm und wenden (= 48 M).
2. R: *7 hStb, 1 hStb zun*, von * bis * noch 5x wdh, 2 Lm und wenden (= 54 M).
3.–6. R: 54 hStb, 2 Lm und wenden.
7. R: *7 hStb, 1 hStb abn*, von * bis * noch 5x wdh, 2 Lm und wenden (= 48 M).
8.–9. R: 48 hStb, 2 Lm und wenden.
10. R: *6 hStb, 1 hStb abn*, von * bis * noch 5x wdh, 2 Lm und wenden (= 42 M).
11.–13. R: 42 hStb, 2 Lm und wenden.
14. R: 42 hStb, 1 Lm und wenden *siehe Bild 8*.

Falte das Häkelstück nun mittig und häkle das lange Ende mit 21 Km zusammen *siehe Bild 9–10*. Den Faden abschneiden und vernähen. Die Kapuze nun umstülpen, sodass die Naht später innen liegt *siehe Bild 11*. Den Faden an der Kante der R-Enden mit einer stehenden fM wieder aufnehmen *siehe Bild 12* und jede M mit einer fM zusammen abn *siehe Bild 13*. Häkle 1 Lm und wende deine Arbeit, danach noch ein letztes Mal jede M zusammen abn *siehe Bild 14*. Den Faden lang abschneiden und die Kapuze an dem Schulter-Überwurf festnähen.

MUNDSCHUTZ (IN SCHWARZ)

Schlage 48 Lm an, stich in die 3. Lm von der Nd aus ein und häkle wie folgt in R weiter:

1.–4. R: 46 hStb, 2 Lm und wenden (= 46 M).

Den Faden lang abschneiden und den Mundschutz um den Kopf legen. Die Enden zusammennähen, den Faden abschneiden und vernähen. Die Kapuze über den Kopf ziehen.

13

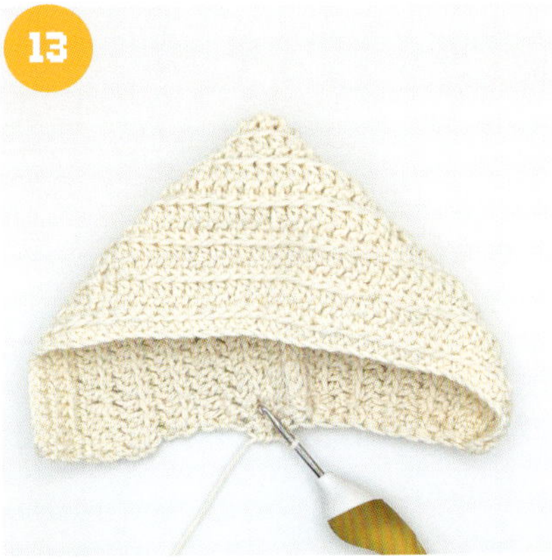

14

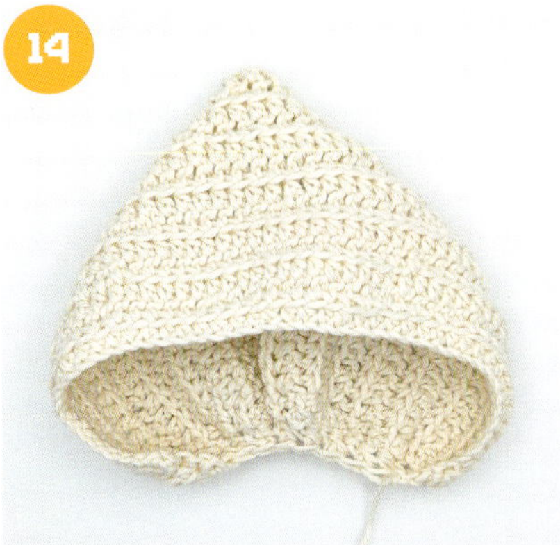

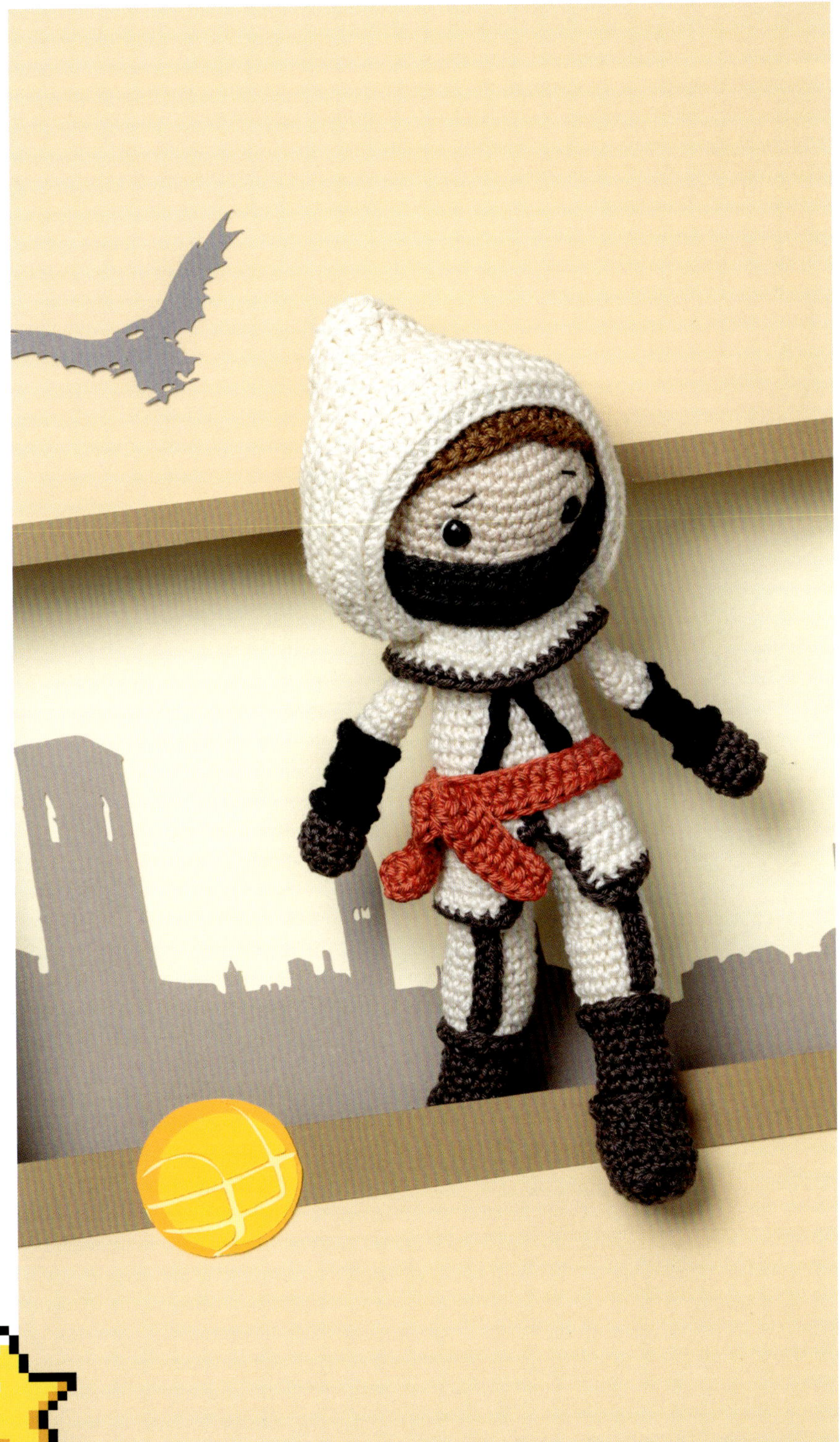

LUSTIGE Königsbohne

Allerlei Kostüme finden sich im Repertoire der lustigen Bohnenwesen. So stehen sie in großer Vielfalt an der Seite ihrer Spieler und zeichnen sich durch ihre kontinuierliche Motivation aus, die Krone zu gewinnen. Sie treten gegeneinander an, können rennen, springen, tauchen und vor allem aufgeregte Geräusche von sich geben.

LEVEL: 1 | GRÖSSE: 13 CM

MATERIAL

- Schachenmayr Catania (100% Baumwolle, LL 125m/50g) in
- Altrosa (Fb 408), ein Rest
- Kamelie (Fb 252), 25g
- Gold (Fb 249), 5g
- Filetgarn in Schwarz
- Häkelnadel 2,50mm
- Füllwatte
- Stopfnadel zum Vernähen
- Schere

SO WIRD'S GEMACHT

Es wird überwiegend in Spiralrunden gehäkelt. Einzelteile werden später angenäht.

KÖRPER (IN KAMELIE)

Häkle in Rd. Den Körper fortlaufend mit Füllwatte ausstopfen.

1. Rd: 7 fM in einen Fadenring häkeln (= 7 M).
2. Rd: 7x 1 M zun (= 14 M).
3. Rd: *1 fM, 1 M zun*, von * bis * noch 6x wdh (= 21 M).
4. Rd: *2 fM, 1 M zun*, von * bis * noch 6x wdh (= 28 M).
5. Rd: *3 fM, 1 M zun*, von * bis * noch 6x wdh (= 35 M).
6.–25. Rd: 35 fM häkeln.
26. Rd: *3 fM, 1 M abn*, von * bis * noch 6x wdh (= 28 M).
27. Rd: *2 fM, 1 M abn*, von * bis * noch 6x wdh (= 21 M).
28. Rd: *1 fM, 1 M abn*, von * bis * noch 6x wdh (= 14 M).
29. Rd: 7x 1 M abn (= 7 M).

Den Faden abschneiden, durch die vorderen M-Glieder fädeln, fest zuziehen und vernähen.

GESICHT (IN KAMELIE UND ALTROSA)

Häkle in Rd. Beginne in Altrosa.

1. Rd: 6 fM in einen Fadenring häkeln (= 6 M).
2. Rd: 6x 1 M zun (= 12 M).
3. Rd: *1 fM, 1 M zun*, von * bis * noch 5x wdh (= 18 M).
4. Rd: *2 fM, 1 M zun*, von * bis * noch 5x wdh (= 24 M).

Fb-Wechsel zu Kamelie.

5. Rd: *11 fM, 1 M zun*, von * bis * noch 1x wdh (= 26 M).
6. Rd: 26 fM ihM häkeln.

Abketten, den Faden lang abschneiden und das Gesicht über Rd 7–17 am Körper festnähen. Die Augen in schwarzem Filetgarn über 2 Rd hoch und mit 3 fM Abstand dazwischen auf dem Gesicht aufsticken, 6x einstechen.

BEINE (2X IN KAMELIE)

Häkle in Rd. Die Beine fortlaufend mit Füllwatte ausstopfen.

Schlage 6 Lm an, stich in die 2. Lm von der Nd aus ein und häkle wie folgt um die Lm-Kette herum:

1. Rd: 4 fM, 3 fM in eine M, 3 fM, 1 M zun (= 12 M).
2. Rd: 5 fM, 2x 1 M zun, 5 fM (= 14 M).
3. Rd: 14 fM ihM häkeln.
4. Rd: 14 fM häkeln.
5. Rd: 5 fM, 2x 1 M abn, 5 fM (= 12 M).
6. Rd: 4 fM, 2x 1 M abn, 4 fM (= 10 M).
7. Rd: 3 fM, 2x 1 M abn, 3 fM (= 8 M).
8.–9. Rd: 8 fM häkeln.

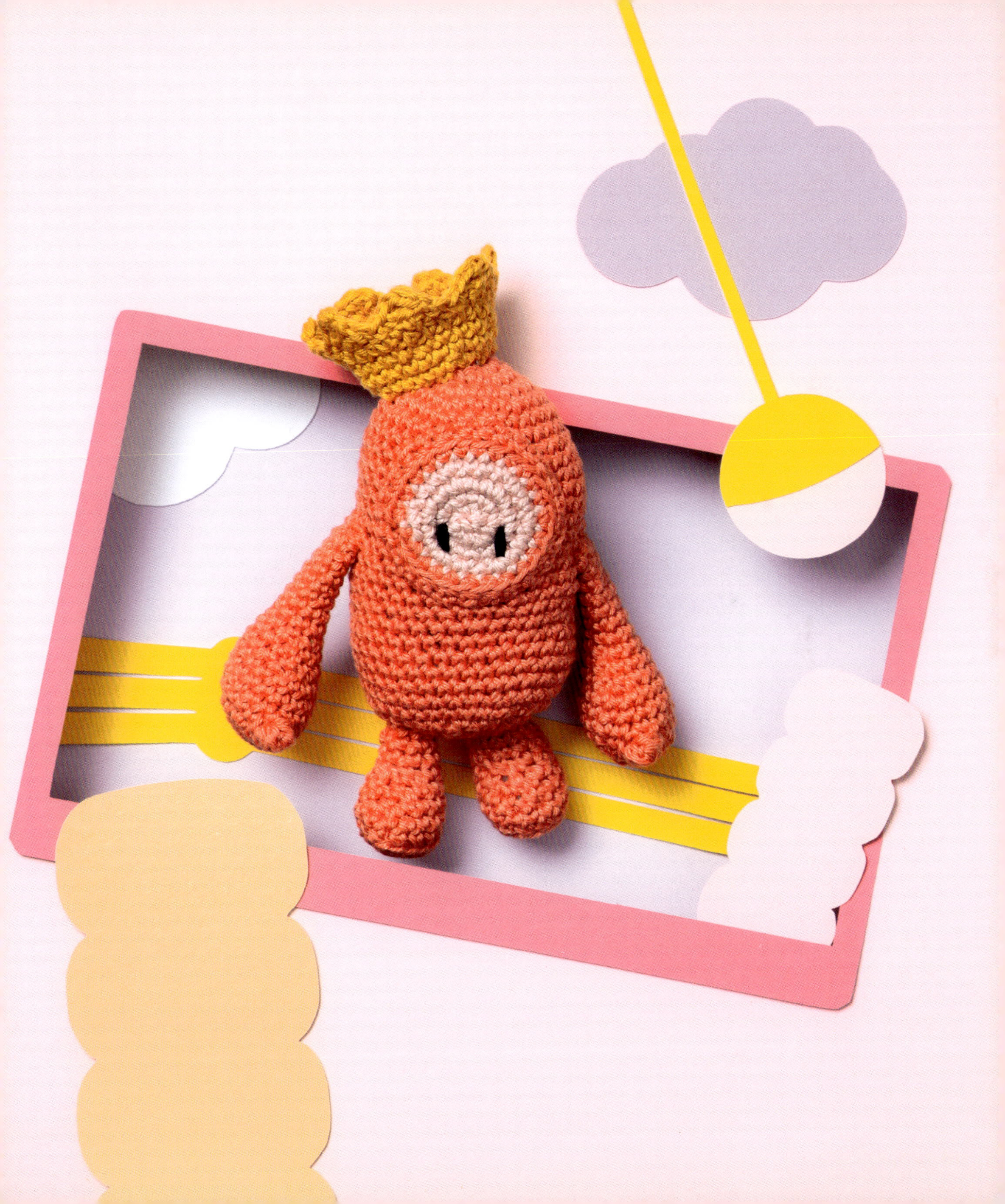

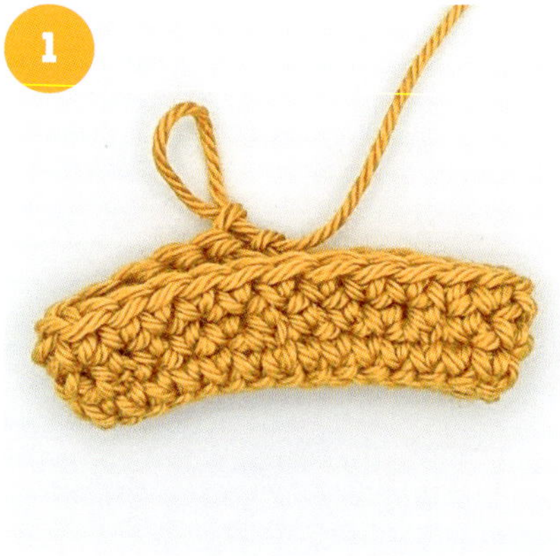

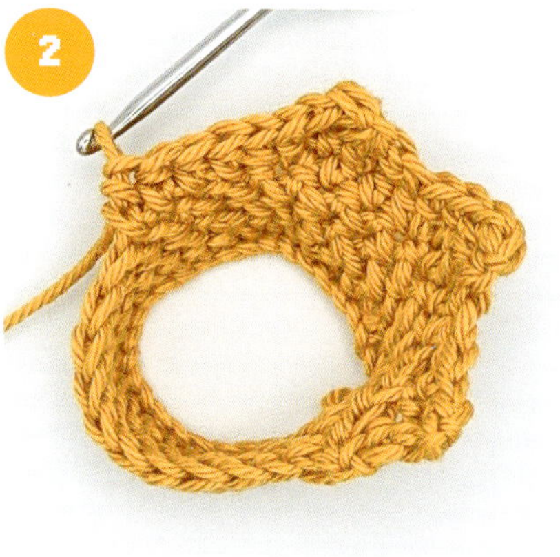

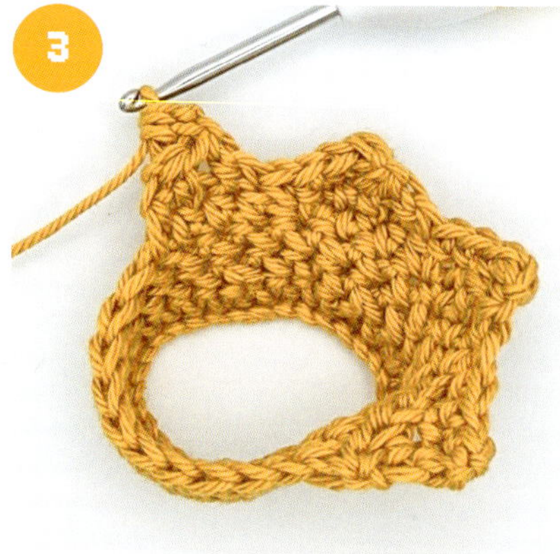

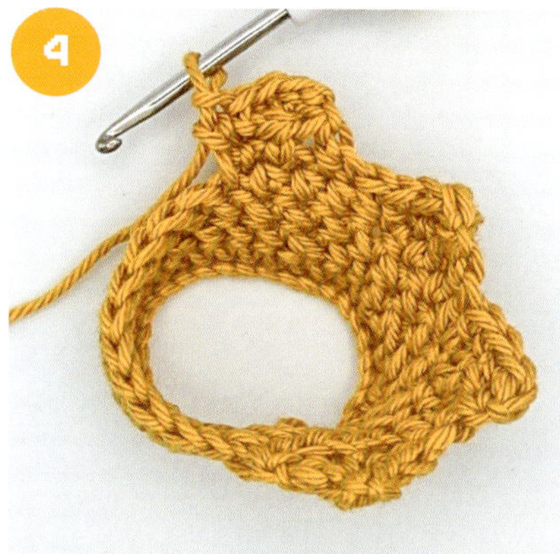

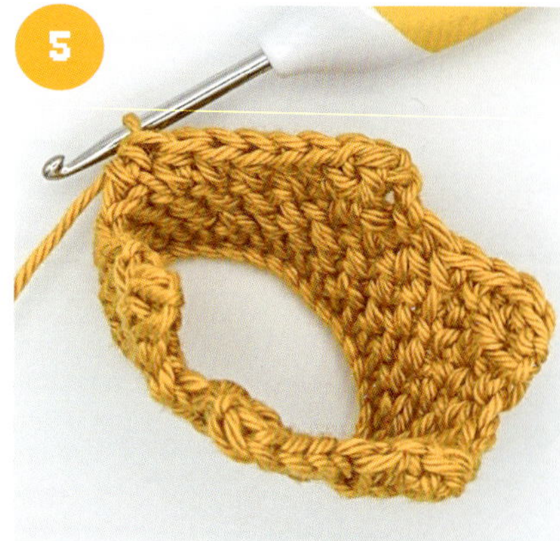

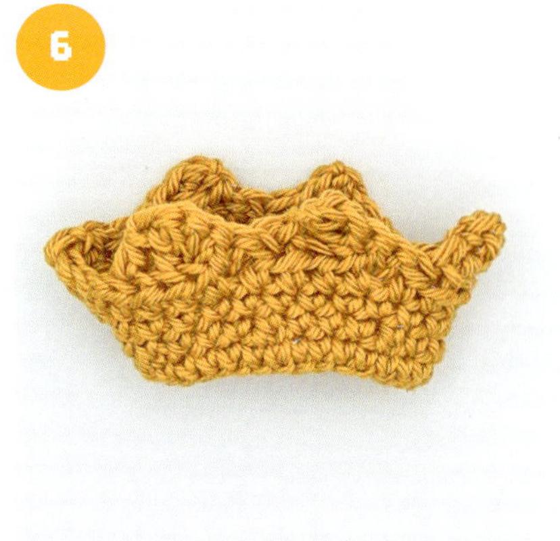

Abketten, den Faden lang abschneiden und die Beine unterhalb des Körpers, mit 2 fM Abstand dazwischen, festnähen.

ARME (2X IN KAMELIE)

Häkle in Rd. Nur die Faust mit Füllwatte ausstopfen.
1. Rd: 6 fM in einen Fadenring häkeln (= 6 M).
2. Rd: 6x 1 M zun (= 12 M).
3. Rd: *1 fM, 1 M zun*, von * bis * noch 5x wdh (= 18 M).
4. Rd: 8 fM, 1 N aus 4 Stb, 9 fM (= 18 M).
5.–7. Rd: 18 fM häkeln.
8. Rd: *5 fM, 2x 1 M abn*, von * bis * noch 1x wdh (= 14 M).
9. Rd: *5 fM, 1 M abn*, von * bis * noch 1x wdh (= 12 M).
10. Rd: *4 fM, 1 M abn*, von * bis * noch 1x wdh (= 10 M).
11.–16. Rd: 10 fM häkeln.
Das Ende falten und mit 5 fM zusammenhäkeln. Den Faden lang abschneiden und die Arme zwischen Rd 13 und 14 am Körper festnähen. Die Daumen sollten dabei nach vorne zeigen.

KRONE (IN GOLD)

Schlage 30 Lm an, stich in die 1. Lm ein und häkle 1 Km, um die Lm-Kette zu einem Ring zu schließen. Achte darauf, dass die Lm-Kette sich nicht verdreht. Häkle wie folgt in Rd weiter:
1. Rd: 30 fM häkeln (= 30 M).
2. Rd: *3 fM, 1 M abn*, von * bis * noch 5x wdh (= 24).
3. Rd: 24 fM häkeln.
In der nächsten Rd folgen die Zacken der Krone.
4. Rd: *4 hStb, 1 Lm und wenden, 2x 1 hStb abn, 1 Lm und wenden, 1 hStb abn, 3 fM entlang der R-Enden*, von * bis * noch 5x wdh (= 60 M).
Am Ende solltest du auf sechs Zacken kommen. Mit einer Km beenden, den Faden abschneiden und vernähen *siehe Bild 1–6*. Die Krone auf dem Kopf festnähen.

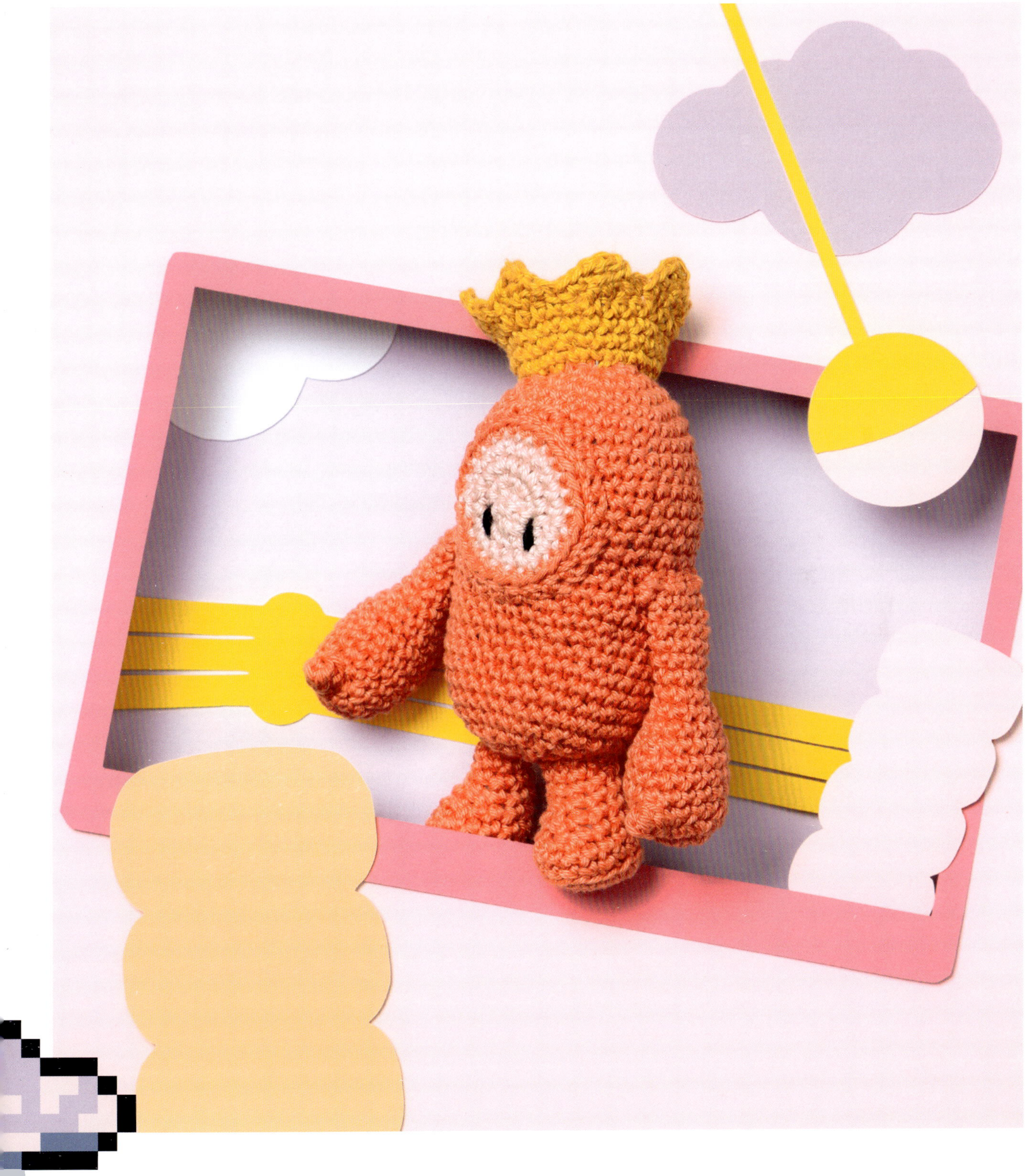

KANTIGES *Schweinchen*

Die Gemeinsamkeit der kantigen Schweinchen besteht darin, dass sie sich in der Regel zufällig durch ihre Welt bewegen. Sie haben ein Gefühl für Gefahren und laufen, wenn nötig, auch vor ihnen weg. Treffen sie auf menschliche Wesen in ihrer Umgebung, müssen sie sich zunächst davon überzeugen ob sie stehen bleiben, oder sich zu der Person bewegen. Locken lassen sich die Schweinchen dabei besonders gut mit Karotten, Kartoffeln oder roter Bete.

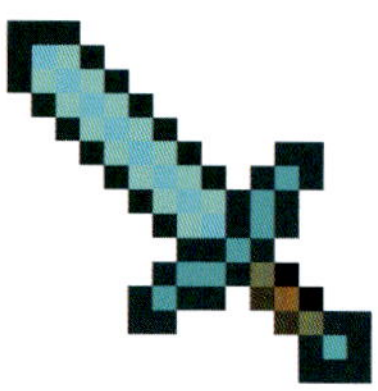

LEVEL: 1 | GRÖSSE: 11 CM

MATERIAL

- Scheepjes Catona (100% Baumwolle, LL 125m/50g) in
- Old Rose (Fb 408), 40g
- Filetgarn in Schwarz und Weiß
- Häkelnadel 2,50mm
- Füllwatte
- Stopfnadel zum Vernähen
- Schere

SO WIRD'S GEMACHT

Es wird überwiegend in Spiralrunden gehäkelt. Einzelteile werden später angenäht.

KOPF (IN OLD ROSE)

Häkle in Rd. Den Kopf fortlaufend mit Füllwatte ausstopfen.

1. Rd: 8 fM in einen Fadenring häkeln (= 8 M).
2. Rd: *1 fM, 3 fM in eine M*, von * bis * noch 3x wdh (= 16 M).
3. Rd: *3 fM, 3 fM in eine M*, von * bis * noch 3x wdh (= 24 M).
4. Rd: *5 fM, 3 fM in eine M*, von * bis * noch 3x wdh (= 32 M).
5. Rd: *7 fM, 3 fM in eine M*, von * bis * noch 3x wdh (= 40 M).
6. Rd: 40 fM ihM häkeln.
7.–14. Rd: 40 fM häkeln.
15. Rd: 40 fM ihM häkeln.
16. Rd: *7 fM, 3 fM zusammen abn*, von * bis * noch 3x wdh (= 32 M).

TIPP: Wenn du drei fM zusammen abn möchtest, wird dies auf dieselbe Weise gehäkelt wie eine übliche Abn, jedoch stichst du hier zusätzlich in die dritte M ein und maschst alle drei gemeinsam ab.

17. Rd: *5 fM, 3 fM zusammen abn*, von * bis * noch 3x wdh (= 24 M).
18. Rd: *3 fM, 3 fM zusammen abn*, von * bis * noch 3x wdh (= 16 M).
19. Rd: *1 fM, 3 fM zusammen abn*, von * bis * noch 3x wdh (= 8 M).

Den Faden abschneiden, durch die vorderen M-Glieder der letzten Rd fädeln, fest zuziehen und vernähen *siehe Bild 1–2.*

NASE (IN OLD ROSE)

Häkle in Rd. Die Nase nicht mit Füllwatte ausstopfen.

1. Rd: 4 fM in einen Fadenring häkeln (= 4 M).
2. Rd: 4x 1 M zun (= 8 M).
3. Rd: *1 fM, 3 fM in eine M*, von * bis * noch 3x wdh (= 16 M).
4. Rd: 16 fM ihM häkeln.

Abketten, den Faden lang abschneiden und die Nase über Rd 10–14 am Kopf festnähen.

GESICHT FERTIGSTELLEN

Die Augen in weißem Filetgarn neben der Nase, über 2 Rd hoch und 2 fM breit, mit Hilfe des Spannstichs aufsticken. Stich dabei so oft ein bis die 2 fM in der Breite komplett ausgefüllt sind.

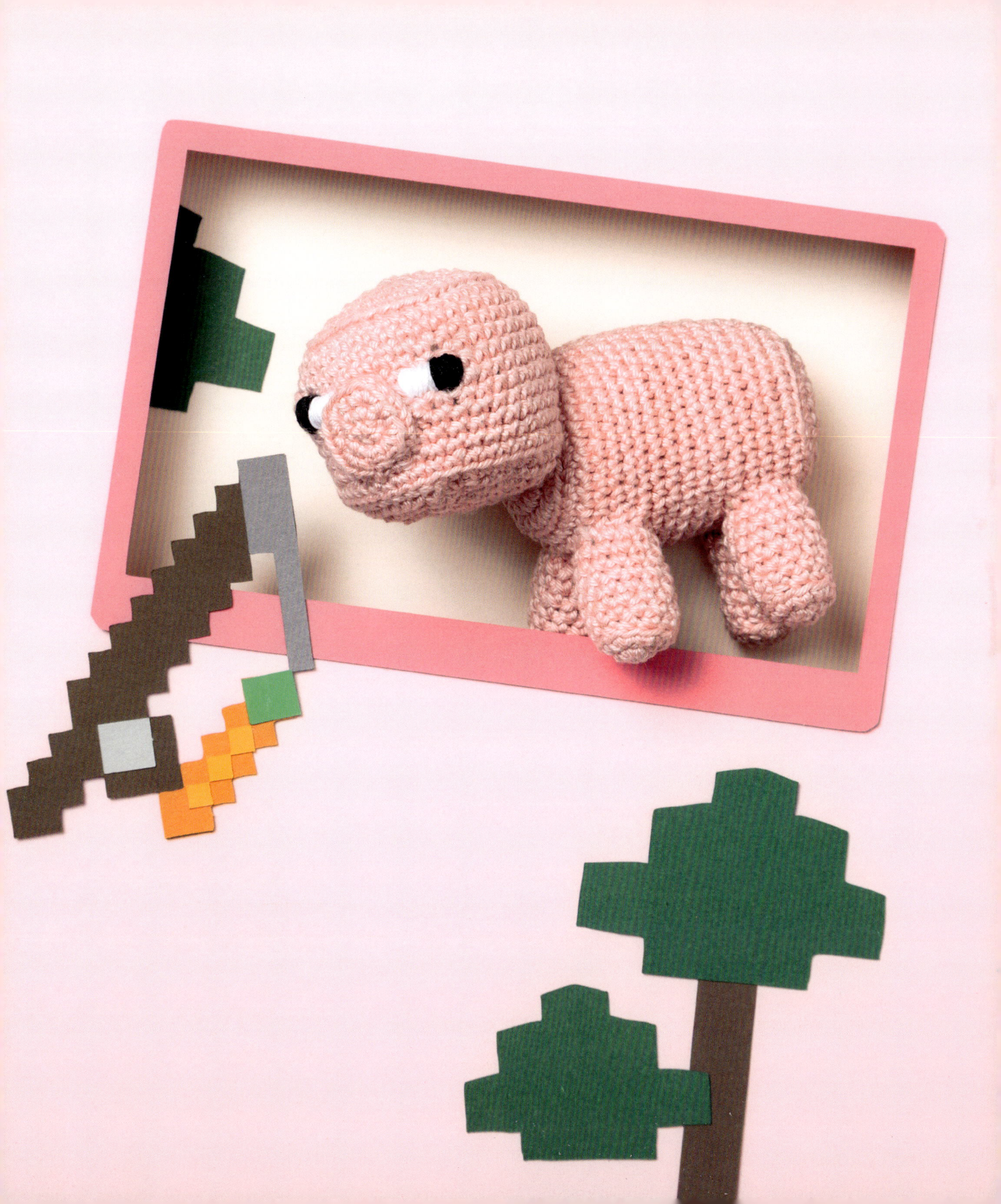

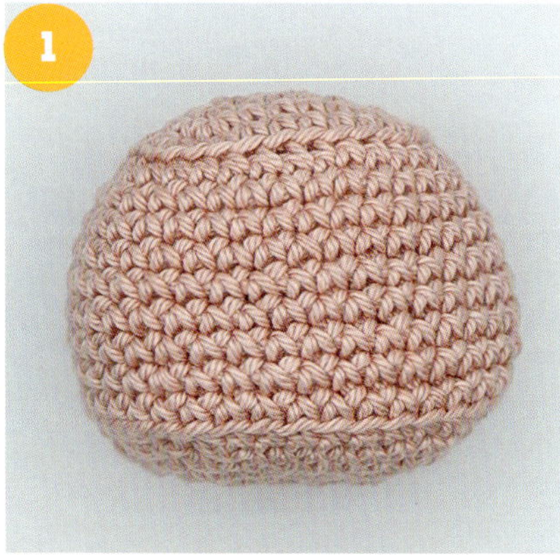

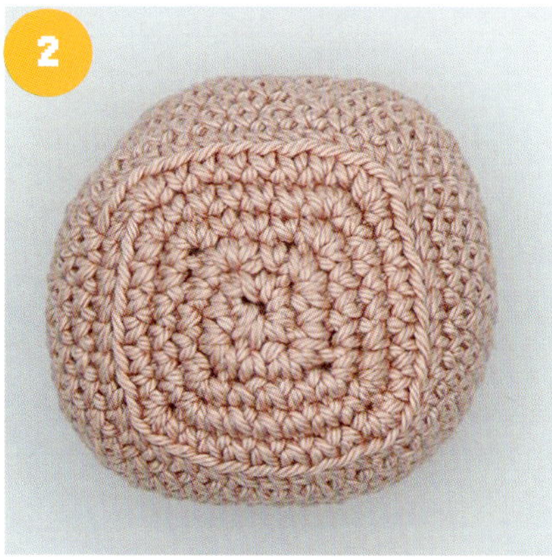

Direkt neben dem Augenweiß die Pupillen in schwarzem Filetgarn über 1 fM breit auf dieselbe Weise sticken *siehe Bild 3*.

KÖRPER (IN OLD ROSE)

Häkle in Rd. Den Körper fortlaufend mit Füllwatte ausstopfen.
1.–4. Rd: Wdh. Rd 1–4 des Kopfes (= 32 M).
5. Rd: 32 fM ihM häkeln.
6.–20. Rd: 32 fM häkeln.
21. Rd: 32 fM ihM häkeln.
22. Rd: *5 fM, 3 fM zusammen abn*, von * bis * noch 3x wdh (= 24 M).
23. Rd: *3 fM, 3 fM zusammen abn*, von * bis * noch 3x wdh (= 16 M).
24. Rd: *1 fM, 3 fM zusammen abn*, von * bis * noch 3x wdh (= 8 M).
Den Faden lang abschneiden, durch

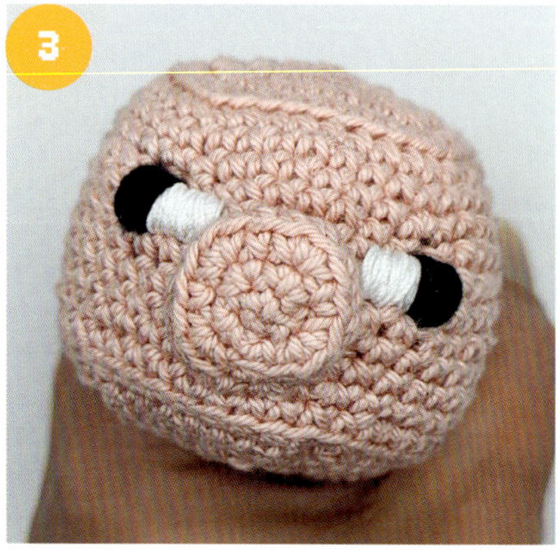

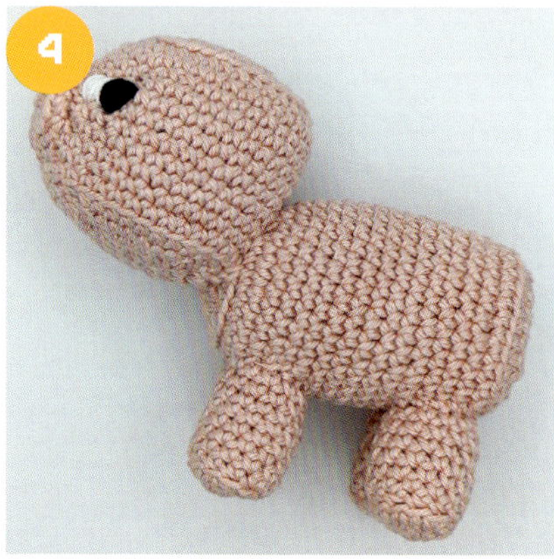

die vorderen M-Glieder fädeln, fest zuziehen und den Faden durch die Mitte der letzten Rd zum vorderen Teil des Körpers fädeln. Den Kopf anschließend mit dem Faden am Körper festnähen.

BEINE (4X IN OLD ROSE)

Häkle in Rd. Die Beine fortlaufend mit Füllwatte ausstopfen.
1. Rd: 4 fM in einen Fadenring häkeln (= 4 M).
2. Rd: 4x 1 M zun (= 8 M).
3. Rd: *1 fM, 1 M zun*, von * bis * noch 3x wdh (= 12 M).
4. Rd: 12 fM ihM häkeln.
5.–10. Rd: 12 fM häkeln.
Abketten, den Faden lang abschneiden und die Beine am Körper festnähen *siehe Bild 4–7*.

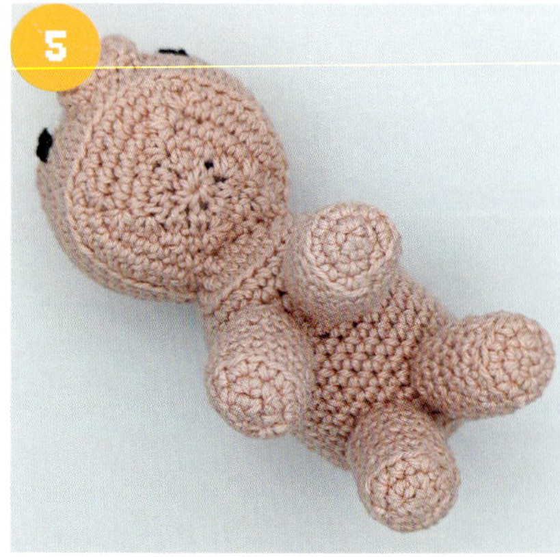

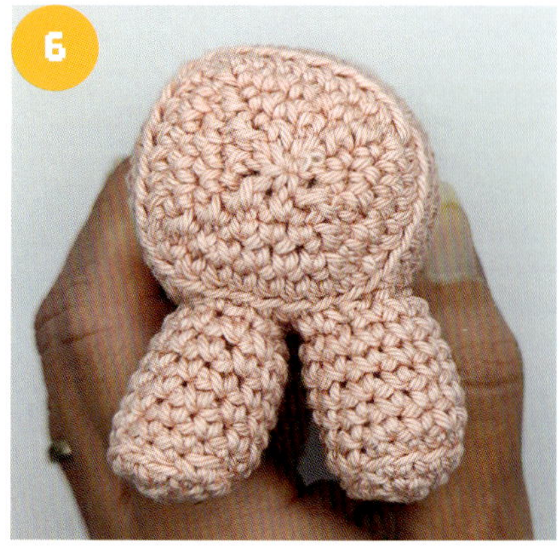

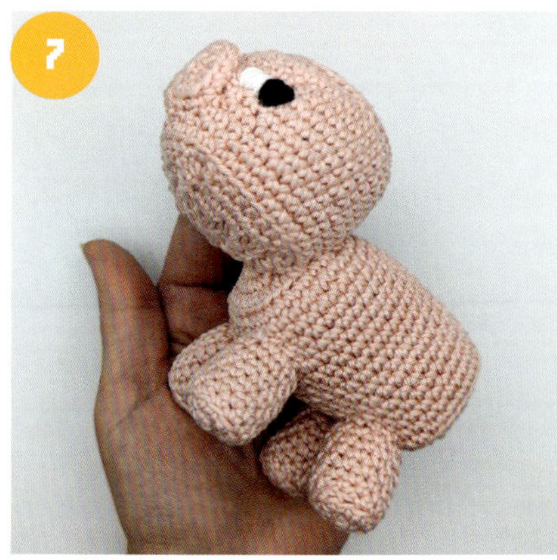

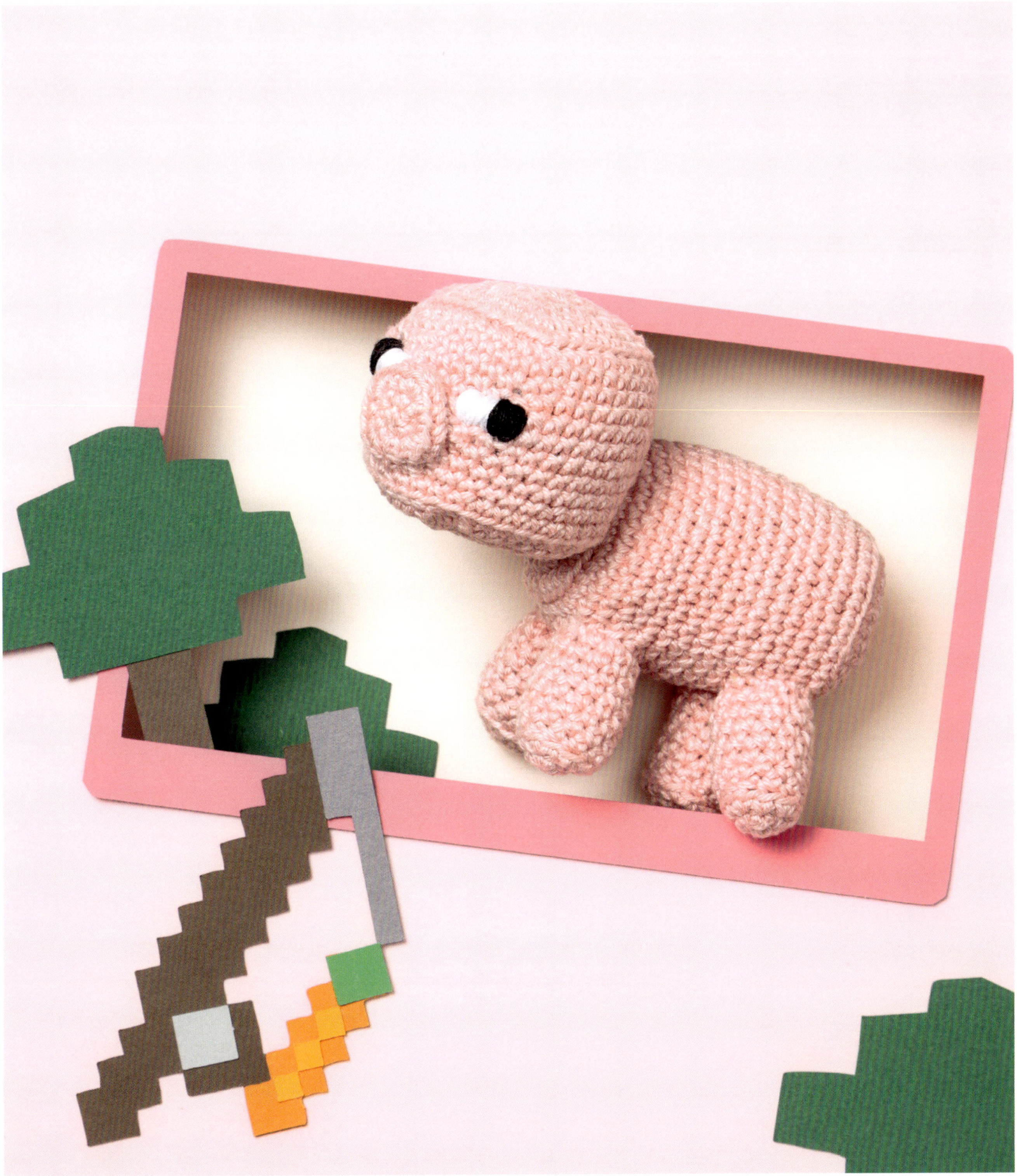

LUSTIGE *Blumenzwiebel*

Loyalität ist den lustigen Blumenzwiebeln besonders wichtig. Hat man sie einmal aus der Erde gezogen, folgen sie auf Schritt und Tritt und erledigen dabei allerlei Aufgaben. Sie können Hindernisse aus dem Weg räumen und Gegner bekämpfen.

LEVEL: 1 | GRÖSSE: 13 CM

MATERIAL

- Scheepjes Catona (100% Baumwolle, LL 125m/50g) in
- Kiwi (Fb 205), ein Rest
- Rust (Fb 388), 15g
- Old Lace (Fb 130), ein Rest
- Yellow Gold (Fb 208), 15g
- 2 Paar Sicherheitsaugen Ø 6mm
- 2 Pfeifenreiniger
- Häkelnadel 2,50mm
- Füllwatte
- Stopfnadel zum Vernähen
- Schere

SO WIRD'S GEMACHT

Es wird überwiegend in Spiralrunden gehäkelt. Einzelteile werden später angenäht.

GELBE BLUMENZWIEBEL

AUGEN (2X IN OLD LACE)

Häkle 8 fM in einen Fadenring, ziehe den Fadenring zu und beende mit einer Km in die erste M. Den Faden lang abschneiden und die Augen feststecken, aber noch nicht verschließen. Die Augen zur Seite legen.

KOPF UND KÖRPER (IN YELLOW GOLD)

1. Rd: 6 fM in einen Fadenring häkeln (= 6 M).
2. Rd: 6x 1 M zun (= 12 M).
3. Rd: *1 fM, 1 M zun*, von * bis * noch 5x wdh (= 18 M).
4. Rd: *2 fM, 1 M zun*, von * bis * noch 5x wdh (= 24 M).
5.–7. Rd: 24 fM häkeln.
8. Rd: *10 fM, 2x 1 M zun*, von * bis * noch 1x wdh (= 28 M).
9.–11. Rd: 28 fM häkeln.
12. Rd: *10 fM, 2x 1 M abn*, von * bis * noch 1x wdh (= 24 M).
13. Rd: *8 fM, 2x 1 M abn*, von * bis * noch 1x wdh (= 20 M).
Die Augen zwischen Rd 9 und 10 mit 3 fM Abstand dazwischen befestigen. Achte darauf, dass die Zun des Kopfes dabei seitlich liegen.
14. Rd: 10x 1 M abn (= 10 M).
15.–16. Rd: 10 fM häkeln.
17. Rd: *4 fM, 1 M zun*, von * bis * noch 1x wdh (= 12 M).
18. Rd: *2 fM, 1 M zun*, von * bis * noch 3x wdh (= 16 M).
19.–24. Rd: 16 fM häkeln.
25. Rd: *2 fM, 1 M abn*, von * bis * noch 3x wdh (= 12 M).
26. Rd: 6x 1 M abn (= 6 M).
Den Faden abschneiden, durch die vorderen M-Glieder fädeln, fest zuziehen und vernähen. Die Augen am Kopf festnähen.

OHREN (2X IN YELLOW GOLD)

Häkle in Rd. Die Ohren nicht mit Füllwatte ausstopfen.
1. Rd: 6 fM in einen Fadenring häkeln (= 6 M).
2. Rd: 6 fM häkeln.
3. Rd: *2 fM, 1 M zun*, von * bis * noch 1x wdh (= 8 M).
4. Rd: 8 fM häkeln.
5. Rd: *3 fM, 1 M zun*, von * bis * noch 1x wdh (= 10 M).
6. Rd: *3 fM, 2x 1 M zun*, von * bis * noch 1x wdh (= 14 M).
7. Rd: *5 fM, 2x 1 M zun*, von * bis *

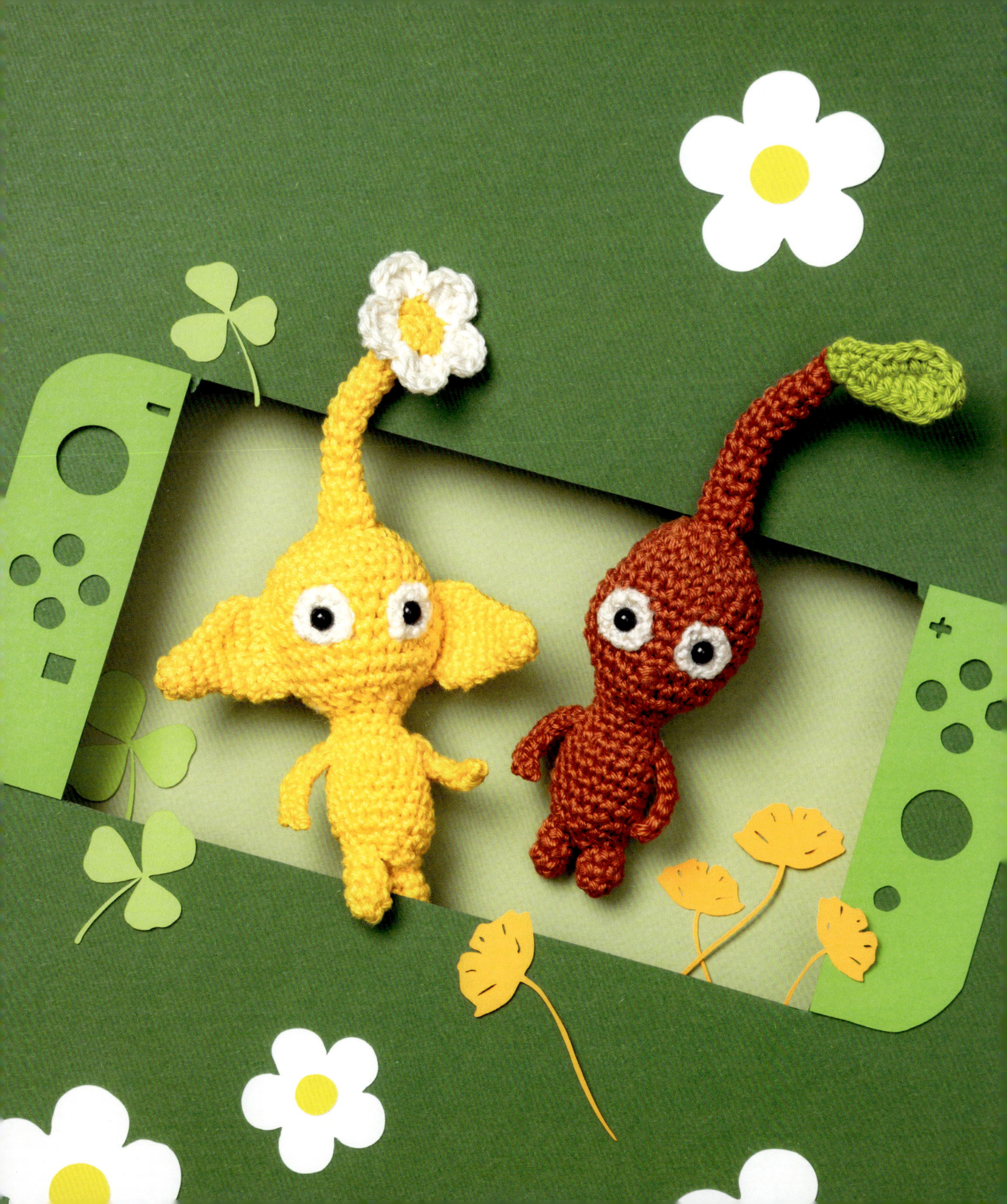

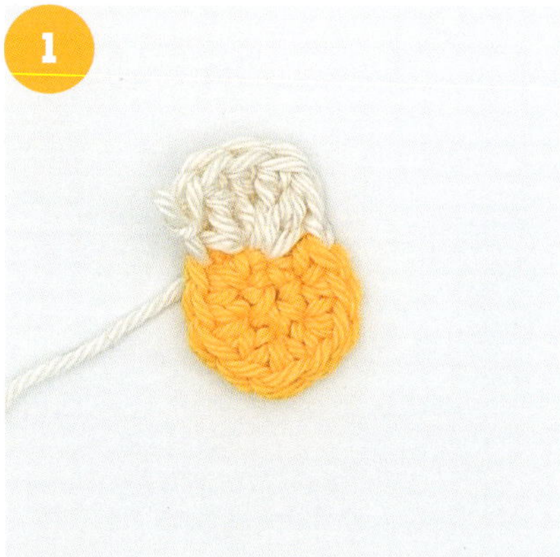

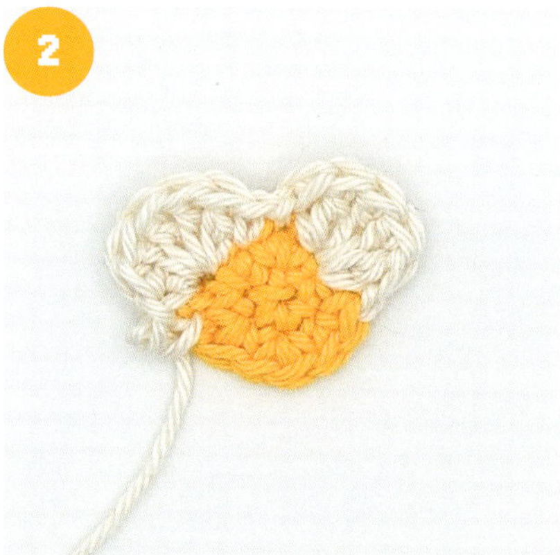

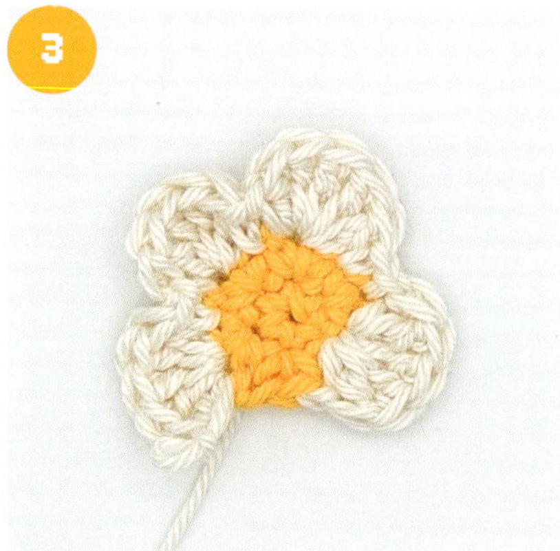

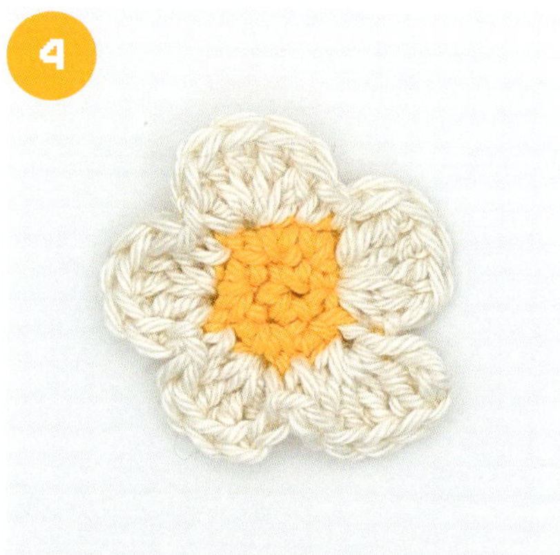

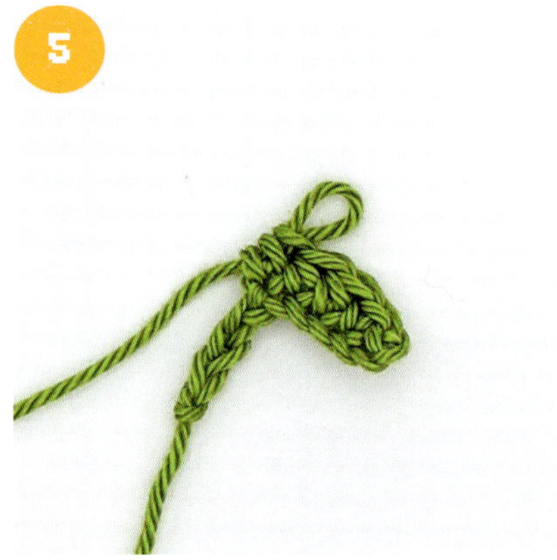

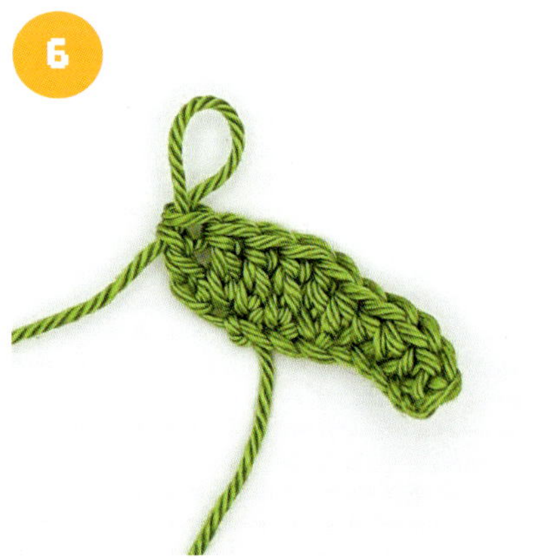

noch 1x wdh (= 18 M).
8. Rd: *1 fM, 1 M abn*, von * bis * noch 5x wdh (= 12 M).
Das Ende falten und mit 6 fM zusammenhäkeln. Den Faden lang abschneiden und die Ohren über Rd 8–12 am Kopf festnähen.

BEINE (2X IN YELLOW GOLD)

Häkle in Rd. Die Beine fortlaufend mit Füllwatte ausstopfen.
1. Rd: 5 fM in einen Fadenring häkeln (= 5 M).
2.–4. Rd: 5 fM häkeln.
Abketten, den Faden lang abschneiden und die Beine am Körper festnähen.

ARME (2X IN YELLOW GOLD)

Die Arme nicht mit Füllwatte ausstopfen. Schlage 9 Lm an, stich in die 2. Lm von der Nd aus ein und häkle wie folgt in R weiter:
1.–2. R: 8 fM, 1 Lm und wenden (= 8 M).
Den Faden lang abschneiden, den Arm mit der langen Seite zusammenfalten. Die gegenüberliegenden Seiten Stich für Stich zusammennähen. Die Arme 2 Rd unter dem Kopf festnähen.

STIEL (IN YELLOW GOLD)

Häkle in Rd. Den Stiel nicht mit Füllwatte ausstopfen. Lasse einen langen Anfangsfaden hängen, um damit später die Blüte festzunähen.
1. Rd: 4 fM in einen Fadenring häkeln (= 4 M).
2.–3. Rd: 4 fM häkeln.
4. Rd: *1 fM, 1 M zun*, von * bis * noch 1x wdh (= 6 M).
5.–12. Rd: 6 fM häkeln.
13. Rd: *2 fM, 1 M zun*, von * bis * noch 1x wdh (= 8 M).
14. Rd: 8 fM häkeln.
Abketten, den Faden lang abschneiden. Einen Pfeifenreiniger in der Länge des Stiels zurechtschneiden, die spitzen Enden zusammendrücken und den Pfeifenreiniger in den Stiel schieben. Den Stiel zur Seite legen.

BLÜTE (IN OLD LACE UND YELLOW GOLD)

Häkle in Rd. Beginne in Yellow Gold.
1. Rd: 5 fM in einen Fadenring häkeln (= 5 M).
2. Rd: 5x 1 M zun (= 10 M).
Fb-Wechsel zu Old Lace.

7

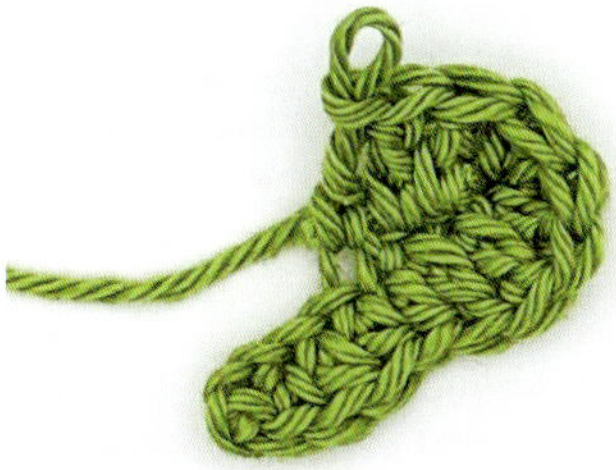

8

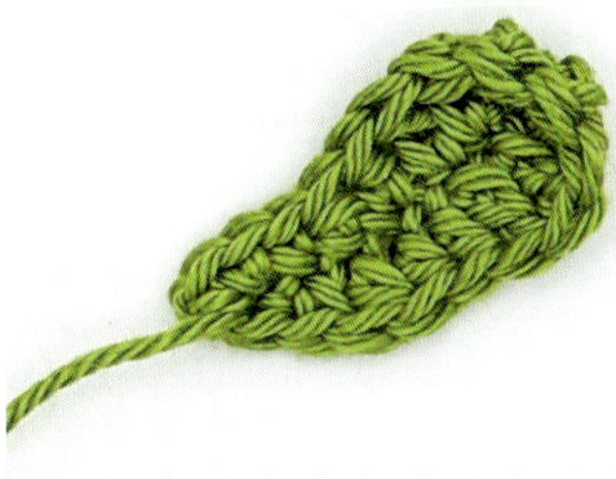

3. Rd: *1 fM, 5 Stb und 1 Km in eine fM*, von * bis * noch 4x wdh (= 35 M). Mit einer Km beenden, den Faden abschneiden und vernähen *siehe Bild 1–4.* Die Blüte mit dem Anfangsfaden des Stiels am Stiel festnähen. Diesen anschließend am Kopf festnähen.

ROTE BLUMENZWIEBEL

AUGEN (2X IN OLD LACE)

Wdh hierzu die Anleitung für die Augen der gelben Blumenzwiebel auf S. 96.

KOPF UND KÖRPER (IN RUST)

Wdh. hierzu die Anleitung zu Kopf und Körper der gelben Blumenzwiebel auf S 96. Sticke anschließend die Nase in Rust über 1 fM breit zwischen den Augen auf, 6x einstechen.

ARME, BEINE UND STIEL (IN RUST)

Wdh hierzu die Anleitung der gelben Blumenwiebel auf S. 98.

BLATT (IN KIWI)

Schlage 9 Lm an, stich in die 2. Lm von der Nd aus ein und häkle wie folgt um die Lm-Kette herum:
1. Rd: 2 fM, 3 hStb, 2 Stb, 3 Stb in eine M, 2 Stb, 2 hStb, 1 fM, 1 M zun (= 17 M). Den Faden lang abschneiden *siehe Bild 5–8,* das Blatt am Stil und anschließend den Stil am Kopf festnähen.

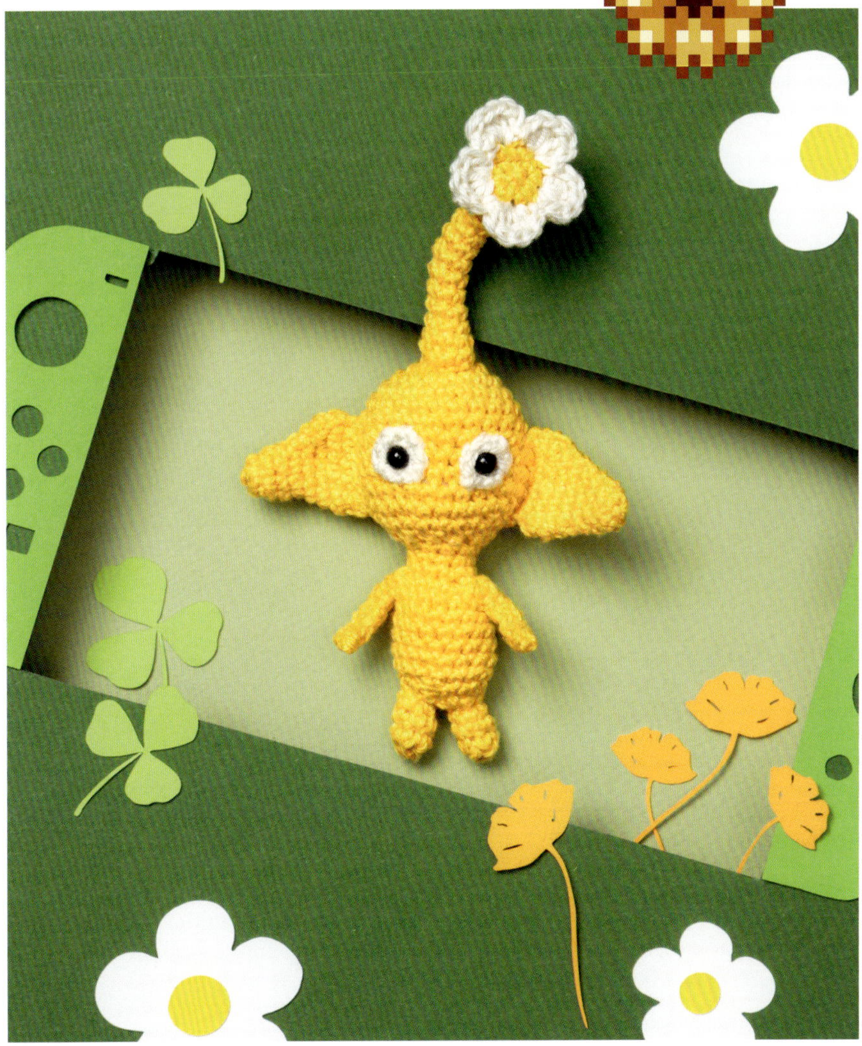

LIEBENSWERTER Sackjunge

Wie es sich für einen wahren Helden gehört, reist der liebenswerte Sackjunge voller Mut und Tatendrang durch die Welt. Dabei hilft es ihm ungemein, einen Leinensack als Körper zu haben. Neben Hüpfen und Klettern taugt dieser auch für den Kampf und natürlich hat der Sackjunge dabei immer das Gute im Sinn.

LEVEL: 1 | GRÖSSE: 16 CM

MATERIAL

- Schachenmayr Catania (100% Baumwolle, LL 125m/50g) in
- Marone (Fb 157), 40g
- Leinen (Fb 248), 8g
- Schwarz (Fb 110), 8g
- Signalrot (Fb 115), ein Rest
- Filetgarn in Beige für die Details
- Sicherheitsaugen Ø 10mm
- Häkelnadel 2,50mm
- Füllwatte
- Stopfnadel zum Vernähen
- Schere

SO WIRD'S GEMACHT

Es wird in Spiralrunden gehäkelt.
Die Einzelteile werden später angenäht.

KOPF (IN MARONE)

Häkle in Rd. Den Kopf fortlaufend mit Füllwatte ausstopfen. Fülle im Bereich des Mundes nicht zu fest, da dieser später noch nach innen gedrückt wird.

1. Rd: 7 fM in einen Fadenring häkeln (= 7 M).
2. Rd: 7x 1 M zun (= 14 M).
3. Rd: *1 fM, 1 M zun*, von * bis * noch 6x wdh (= 21 M).
4. Rd: *2 fM, 1 M zun*, von * bis * noch 6x wdh (= 28 M).
5. Rd: *3 fM, 1 M zun*, von * bis * noch 6x wdh (= 35 M).
6. Rd: 35 fM ihM häkeln.
7.–9. Rd: 35 fM häkeln.
10. Rd: *4 fM, 1 M zun*, von * bis * noch 6x wdh (= 42 M).
11.–15. Rd: 42 fM häkeln.
Die Augen zwischen Rd 12 und 13 mit 6 sichtbaren fM Abstand befestigen.
16. Rd: *4 fM, 1 M abn*, von * bis * noch 6x wdh (= 35 M).
17.–18. Rd: 35 fM häkeln.
19. Rd: 12 fM bis 2 fM neben dem linken Auge häkeln, 12 Lm anschlagen, 11 fM überspringen, in die 12. M einstechen und 12 fM häkeln (= 35 M).

ACHTUNG: In Rd 19 ensteht die Öffnung für den Mund, achte dabei darauf, dass diese am Ende vorne mittig liegt *siehe Bild 1–2.* Häkle bei Bedarf ein paar fM dazu um die Position entsprechend anzupassen.

20. Rd: 35 fM häkeln.
21. Rd: *3 fM, 1 M abn*, von * bis * noch 6x wdh (= 28 M).
22. Rd: *2 fM, 1 M abn*, von * bis * noch 6x wdh (= 21 M).
23. Rd: *1 fM, 1 M abn*, von * bis * noch 6x wdh (= 14 M).
24. Rd: 7x 1 M abn (= 7 M).
Faden abschneiden, durch alle vorderen M-Glieder fädeln, fest zuziehen und vernähen.

MUND (IN MARONE UND SCHWARZ)

Häkle in Rd. Beginne in Marone. Nimm den Faden unten rechts am Mund auf, stich von unten nach oben ein und beginne die Rd mit einer stehenden fM. Häkle wie folgt weiter:

1. Rd: 25 fM häkeln (= 25 M) *siehe Bild 3–4.*
Fb-Wechsel zu Schwarz.
2. Rd: *3 fM ihM, 1 M abn ihM*, von * bis * noch 4x wdh (= 20 M).
3. Rd: *2 fM, 1 M abn* von * bis * noch 4x wdh (= 15 M).

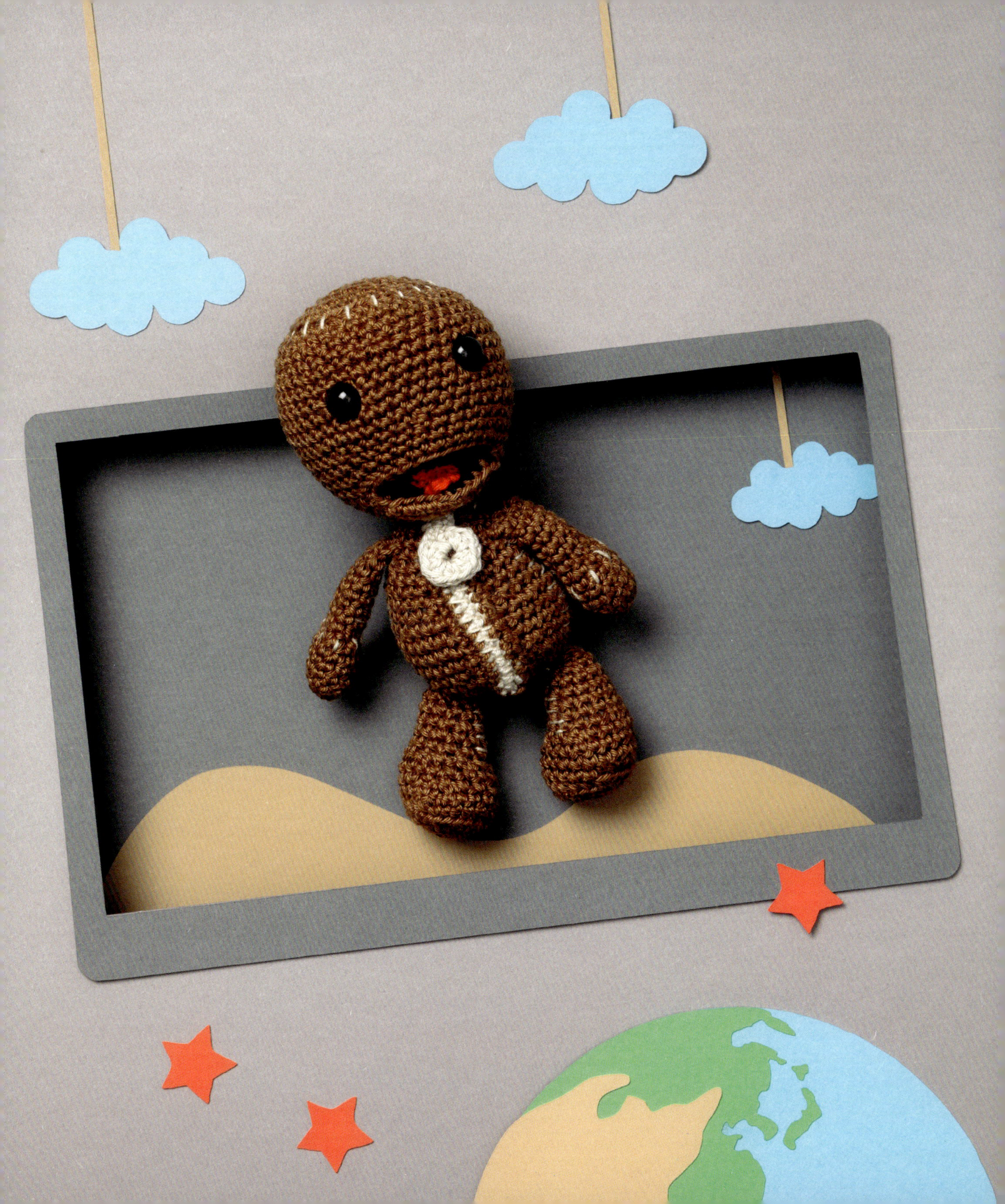

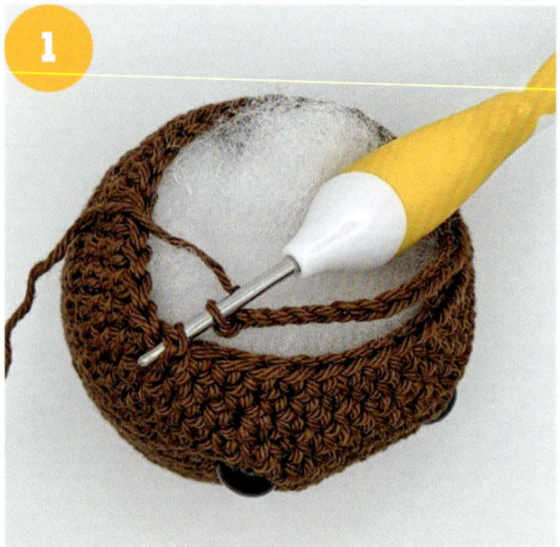

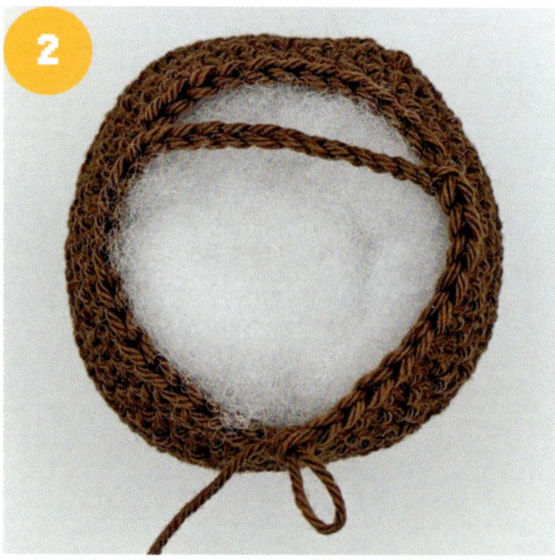

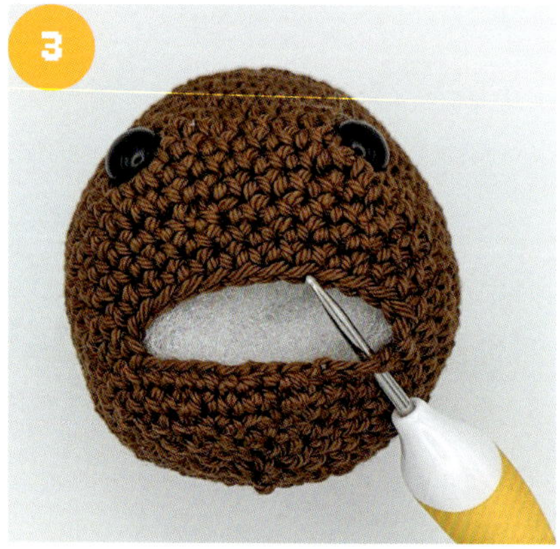

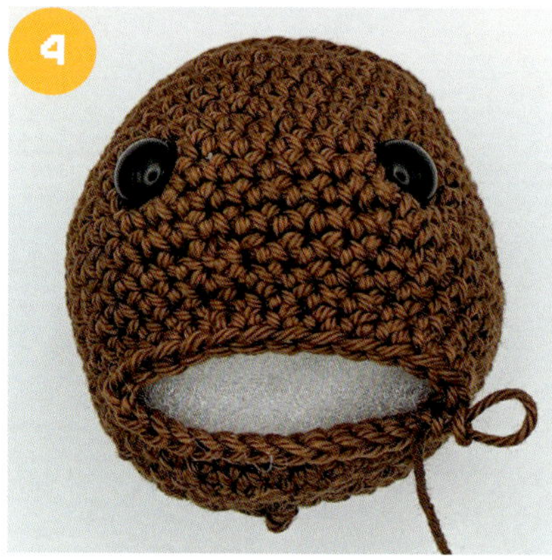

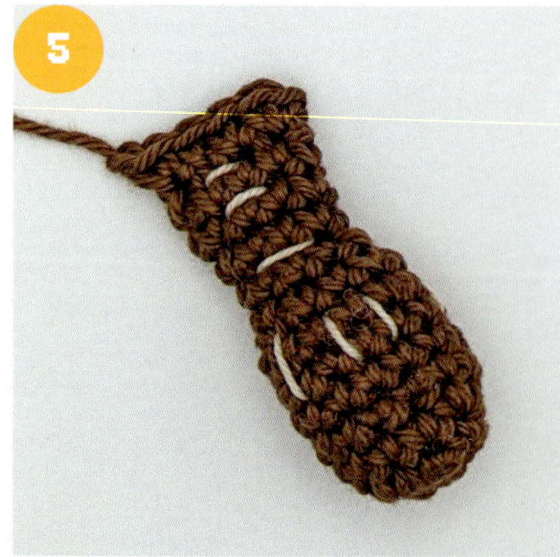

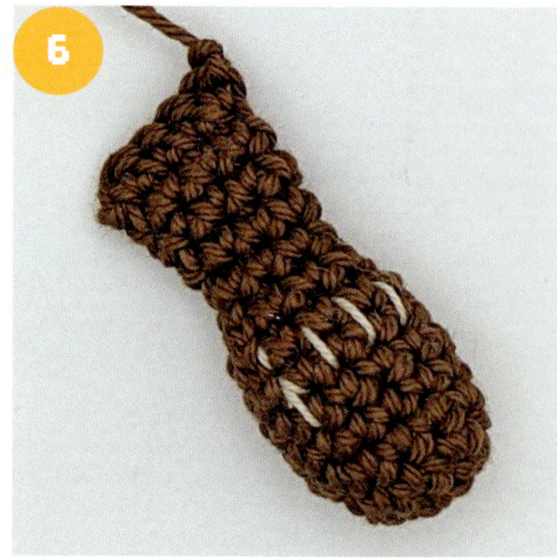

4. Rd: *1 fM, 1 M abn* von * bis * noch 4x wdh (= 10 M).
5. Rd: 5x 1 M abn (= 5 M).
Faden abschneiden, durch alle vorderen M-Glieder fädeln, fest zuziehen und vernähen. Anschließend den schwarzen Teil des Mundes nach innen drücken.

ZUNGE (IN SIGNALROT)

Schlage 4 Lm an, stich in die 2. Lm von der Nd aus ein und häkle wie folgt um die Lm-Kette herum:
1. Rd: 2 fM, 3 fM in eine M, 1 fM, 1 M zun (= 8 M).
Abketten, den Faden lang abschneiden und die Zunge im Mund festnähen.

ARME (2X IN MARONE)

Häkle in Rd. Nur die Faust mit Füllwatte ausstopfen.
Schlage 4 LM an, stich in die 2. Lm von der Nd aus ein und häkle wie folgt um die Lm-Kette herum:
1. Rd: 2 fM, 3 fM in eine M, 1 fM, 1 M zun (= 8 M).
2. Rd: *1 M zun, 3 fM* von * bis * noch 1x wdh (= 10 M).
3. Rd: *1 M zun, 4 fM* von * bis * noch 1x wdh (= 12 M).
4.–6. Rd: 12 fM häkeln.
7. Rd: *1 M abn, 4 fM* von * bis * noch 1x wdh (= 10 M).
8. Rd: *1 M abn, 3 fM* von * bis * noch 1x wdh (= 8 M).
9.–13. Rd: 8 fM häkeln.
Das Ende falten und mit 4 fM zusammenhäkeln. Den Faden lang abschneiden.

Die Details an den Armen in beigem Filetgarn mit Hilfe des Rückstichs über 2 fM Länge und mit je 2 fM Abstand dazwischen aufsticken *siehe Bild 5–6.*

BEINE (IN MARONE)

Häkle in Rd. Die Beine fortlaufend mit Füllwatte ausstopfen.
1. Rd: 7 fM in einen Fadenring häkeln (= 7 M).
2. Rd: 7x 1 M zun (= 14 M).
3. Rd: *1 fM, 1 M zun*, von * bis * noch 6x wdh (= 21 M).
4. Rd: 21 fM ihM häkeln.
5. Rd: 9 fM, 1 M abn, 10 fM (= 20 M).
6. Rd: 8 fM, 2x 1 M abn, 8 fM (= 18 M).
7. Rd: 18 fM häkeln.
8. Rd: *1 fM, 1 M abn*, von * bis * noch 5x wdh (= 12 M).
9.–13. Rd: 12 fM häkeln.

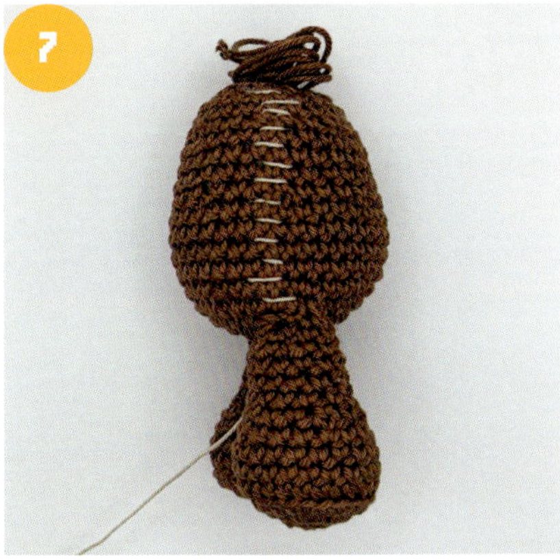

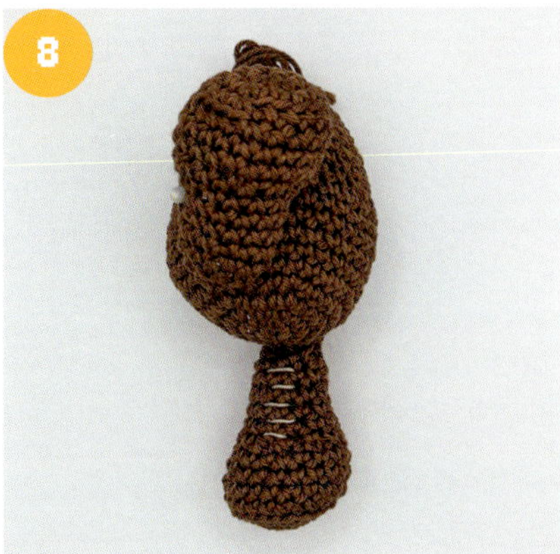

14. Rd: 6x 1 M abn (= 6 M). Abketten, den Faden lang abschneiden und die Beine zur Seite legen.

KÖRPER (IN MARONE)

Häkle in Rd. Den Körper fortlaufend mit Füllwatte ausstopfen.
1. Rd: 7 fM in einen Fadenring häkeln (= 7 M).
2. Rd: 7x 1 M zun (= 14 M).
3. Rd: *1 fM, 1 M zun*, von * bis * noch 6x wdh (= 21 M).
4. Rd: *2 fM, 1 M zun*, von * bis * noch 6x wdh (= 28 M).
5. Rd: *3 fM, 1 M zun*, von * bis * noch 6x wdh (= 35 M).
6.–10. Rd: 35 fM häkeln.
11. Rd: *3 fM, 1 M abn*, von * bis * noch 6x wdh (= 28 M).
12.–14. Rd: 28 fM häkeln.

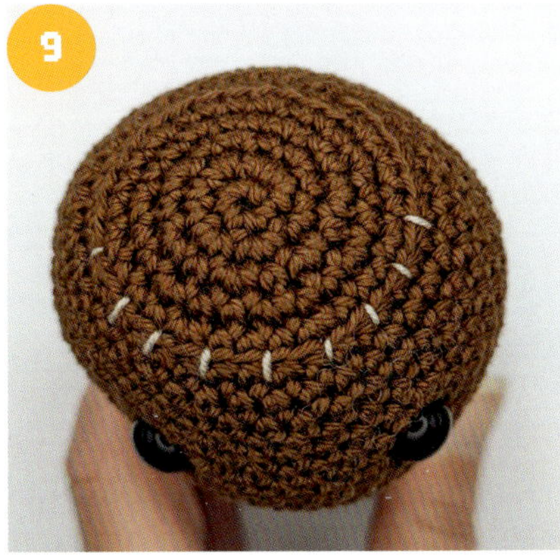

15. Rd: *2 fM, 1 M abn*, von * bis * noch 6x wdh (= 21 M).
16.–17. Rd: 21 fM häkeln.
18. Rd: *1 fM, 1 M abn*, von * bis * noch 6x wdh (= 14 M).
Abketten, den Faden lang abschneiden und die Beine über Rd 4–5 am Körper festnähen. Achte dabei darauf, dass die Füße leicht nach innen zeigen. Die Details für die Naht an den Beinen mit beigem Filetgarn je an der Innenseite der Beine und des Körpers über 2 fM breit und mit 1 fM Abstand dazwischen aufsticken *siehe Bild 7–8*. Die Arme 2 Rd unter der Halsöffnung festnähen. Den Kopf am Körper festnähen.

KOPF FERTIGSTELLEN

Sticke die Details in beigem Filetgarn mit Hilfe des Rückstichs über Rd 7 des Kopfes, mit je 3 fM Abstand dazwischen auf *siehe Bild 9*.

REISSVERSCHLUSS (IN LEINEN UND MARONE)

Beginne in Leinen.
Schlage 16 Lm an, stich in die 2. Lm von der Nd aus ein und häkle 15 fM entlang der Lm-Kette. Fb-Wechsel zu Marone, anschließend wie folgt um die R herum häkeln:
1. Rd: 14x 1 M zun, 4 fM in eine M, weiter auf der anderen Seite der Lm-Kette, 14x 1 M zun (= 60 M).

Abketten, den Faden lang abschneiden und den Reißverschluss auf der Brust festnähen. Die Zähne in beigem Filetgarn mit je 1 fM Abstand auf dem Reißverschluss aufsticken.

ZIPPER (IN LEINEN)

Schlage einen Fadenring an und häkle wie folgt in diesen hinein:
1. Rd: *1 fM, 2 hStb*, von * bis * noch 3x wdh (= 12 M).
Den Fadenring zuziehen und 1 Km in die 1. M häkeln. Schlage anschließend 3 Lm an, stich in die 2. Lm von der Nd aus ein und häkle 2 fM entlang der Lm-Kette. 1 Km in die nächste M des Zippers, den Faden lang abschneiden und den Zipper oberhalb des Reißverschlusses festnähen.

GRÜNE Erbsenkanone

Mit ratterndem Erbsengetöse können sie ihre Umgebung besonders gut verteidigen. Wie sie es schaffen, so viele Erbsen hintereinander zu verschießen, fragt man sich dabei oft. Mit einem Spezialdünger, Arbeitsfleiß und einer guten Ernährung kann das aber ausgesprochen gut gelingen.

LEVEL: 2 | GRÖSSE: 15 CM

MATERIAL

- Scheepjes Catona (100% Baumwolle, LL 125m/50g) in
- Kiwi (Fb 205), 15g
- Jet Black (Fb 110), 5g
- Sage Green (Fb 212), 15g
- Sicherheitsaugen Ø 8mm
- Filetgarn in Weiß
- Häkelnadel 2,50mm
- Füllwatte
- Stopfnadel zum Vernähen
- Schere
- Optional: Basteldraht

SO WIRD'S GEMACHT

Es wird überwiegend in Spiralrunden gehäkelt. Einzelteile werden später angenäht.

KOPF (IN KIWI UND JET BLACK)

Häkle in Rd. Den Kopf fortlaufend mit Füllwatte ausstopfen. Beginne in Kiwi.

1. Rd: 6 fM in einen Fadenring häkeln (= 6 M).
2. Rd: 6x 1 M zun (= 12 M).
3. Rd: *1 fM, 1 M zun*, von * bis * noch 5x wdh (= 18 M).
4. Rd: *2 fM, 1 M zun*, von * bis * noch 5x wdh (= 24 M).
5. Rd: *3 fM, 1 M zun*, von * bis * noch 5x wdh (= 30 M).
6. Rd: *4 fM, 1 M zun*, von * bis * noch 5x wdh (= 36 M).
7. Rd: *16 fM, 2x 1 M zun*, von * bis * noch 1x wdh (= 40 M).

8.–15. Rd: 40 fM häkeln.

16. Rd: *16 fM, 2x 1 M abn*, von * bis * noch 1x wdh (= 36 M).

17.–18. Rd: 36 fM häkeln.

19. Rd: *4 fM, 1 M abn*, von * bis * noch 5x wdh (= 30 M).
20. Rd: *3 fM, 1 M abn*, von * bis * noch 5x wdh (= 24 M).
21. Rd: 24 fM häkeln.
22. Rd: *2 fM, 1 M abn*, von * bis * noch 5x wdh (= 18 M).
23. Rd: 18x 1 M zun (= 36 M).
24. Rd: 36 fM häkeln.
25. Rd: *4 fM, 1 M abn*, von * bis * noch 5x wdh (= 30 M).

Die Augen zwischen Rd 18 und 19 mit 3 fM Abstand dazwischen befestigen. Fb-Wechsel zu Jet Black.

26. Rd: *3 fM ihM, 1 M abn ihM*, von * bis * noch 5x wdh (= 24 M).

Ab der nächsten Rd nicht mehr mit Füllwatte nachstopfen.

27. Rd: *2 fM, 1 M abn*, von * bis * noch 5x wdh (= 18 M).
28. Rd: *1 fM, 1 M abn*, von * bis * noch 5x wdh (= 12 M).
29. Rd: 6x 1 M abn (= 6 M).

Faden abschneiden, durch alle vorderen M-Glieder fädeln, fest zuziehen und vernähen. Den Faden ivM aus Rd 26 in Kiwi mit einer stehenden fM wieder aufnehmen, von unten nach oben einstechen *siehe Bild 1* und wie folgt weiterhäkeln:

30. Rd: *4 fM ivM, 1 M zun ivM*, von * bis * noch 5x wdh (= 36 M) *siehe Bild 2.*
31. Rd: 36 tiefliegende fM häkeln (= 36 M).

Erklärung zu Rd 31: Tiefliegende fM werden wie übliche fM gehäkelt. Jedoch wird hier nicht wie üblich in die nächste fM der Vorrunde, sondern eine Rd darunter eingestochen *siehe Bild 3–4.* Den Faden abschneiden und vernähen.

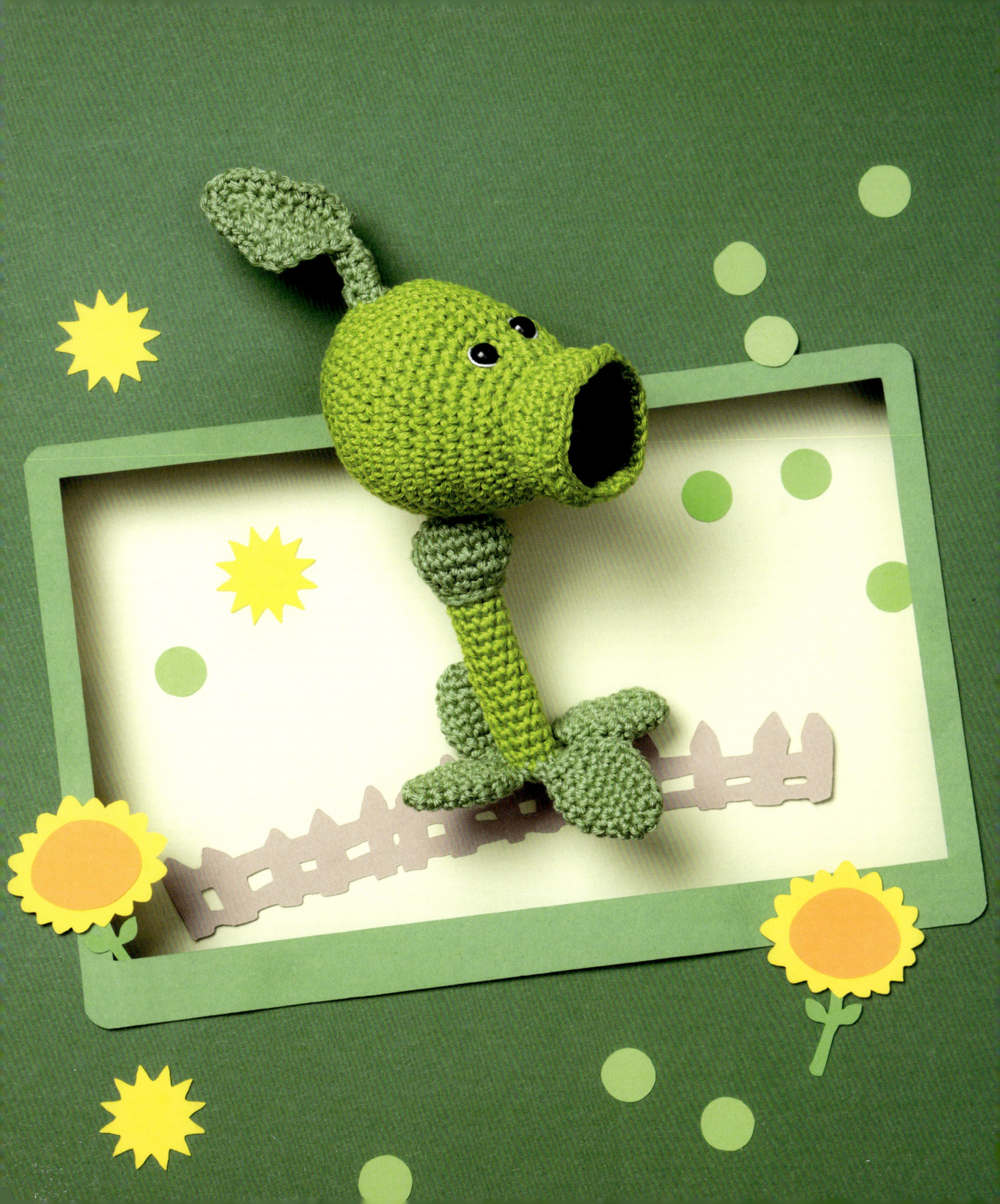

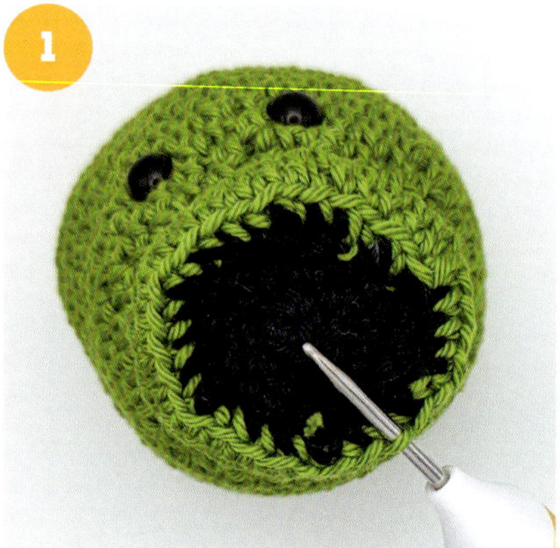

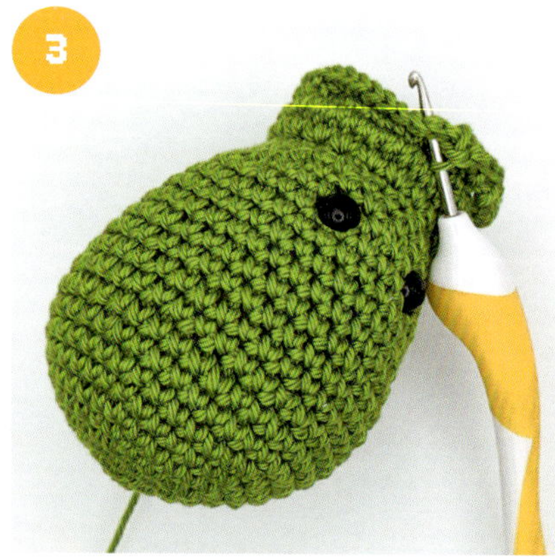

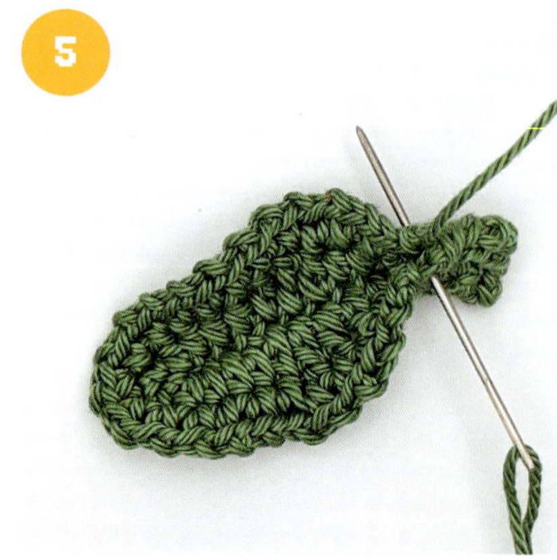

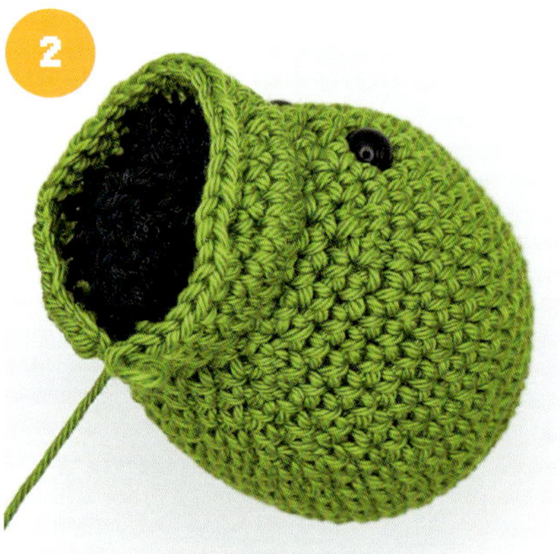

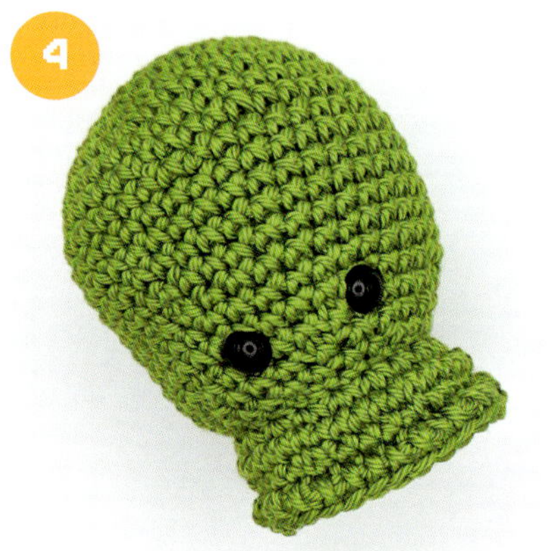

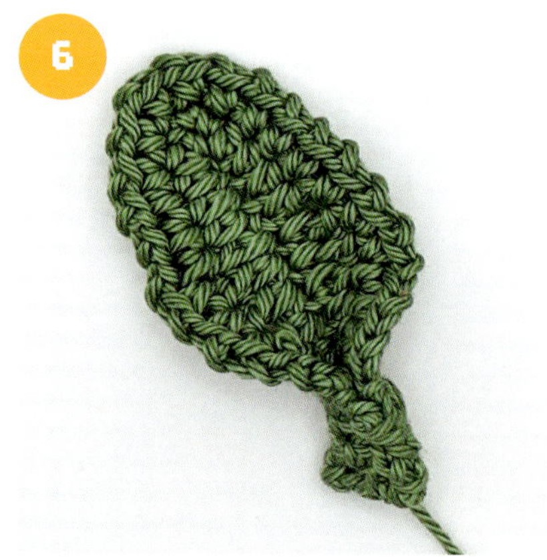

KOPF-BLATT (IN SAGE GREEN)

Schlage 15 Lm an, stich in die 2. Lm von der Nd aus ein und häkle wie folgt um die Lm-Kette herum:
1. Rd: 4 fM, 2 hStb, 3 Stb, 4 hStb, 3 fM in eine M, weiter auf der anderen Seite der Lm-Kette, 4 hStb, 3 Stb, 2 hStb, 4 fM (= 29 M).
2. Rd: 29 fM häkeln.
Den Faden lang abschneiden und sechs der gegenüberliegenden fM zu einem Stiel zusammennähen *siehe Bild 5–6.* Den Faden zurück zum Anfang des Stiels fädeln. Das Blatt über Rd 7–8 am Kopf festnähen *siehe Bild 7.* Anschließend das Augenweiß in weißem Filetgarn direkt neben den Augen aufsticken.

STIEL (IN SAGE GREEN UND KIWI)

Häkle in Rd. Beginne in Sage Green. Den Stiel fortlaufend fest mit Füllwatte ausstopfen. Alternativ am Ende einen Basteldraht in den Stiel schieben. Einen langen Anfangsfaden hängen lassen.
1. Rd: 6 fM in einen Fadenring häkeln (= 6 M).
2. Rd: 6x 1 M zun (= 12 M).
3. Rd: *1 fM, 1 M zun*, von * bis * noch 5x wdh (= 18 M).
4. Rd: *8 fM, 1 M zun*, von * bis * noch 1x wdh (= 20 M).
5. Rd: 20 fM häkeln.
6. Rd: *8 fM, 1 M abn*, von * bis * noch 1x wdh (= 18 M).
7. Rd: *1 fM, 1 M abn*, von * bis * noch 5x wdh (= 12 M).
Fb-Wechsel zu Kiwi.
8. Rd: *4 fM ihM, 1 M abn ihM*, von * bis * noch 1x wdh (= 10 M).
9.–20. Rd: 10 fM häkeln.
21. Rd: 5x 1 M abn (= 5 M).
Den Faden abschneiden, durch die vorderen M-Glieder der letzten Rd fädeln, die Öffnung zuziehen und den Faden vernähen. Den Faden ivM aus Rd 8 in Sage Green mit einer stehenden fM wieder aufnehmen, von unten nach oben einstechen und rundherum Km häkeln. Den Faden abschneiden und vernähen. Den Stiel zur Seite legen.

BLÄTTER (4X IN SAGE GREEN)

Häkle in Rd. Die Blätter nicht mit Füllwatte ausstopfen.
1. Rd: 6 fM in einen Fadenring häkeln (= 6 M).

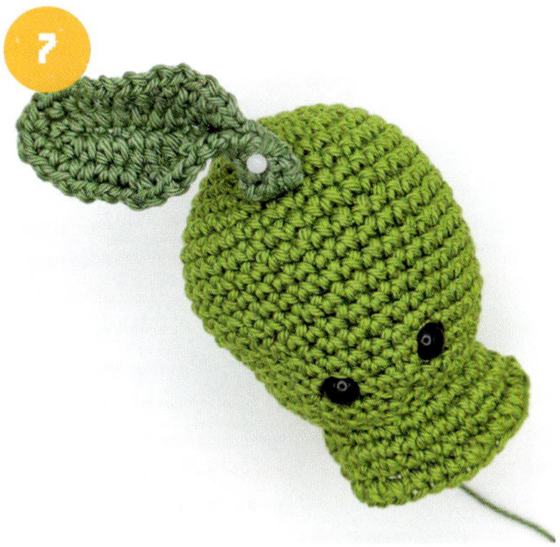

2. Rd: *1 fM, 1 M zun*, von * bis * noch 2x wdh (= 9 M).
3. Rd: 9 fM häkeln.
4. Rd: *2 fM, 1 M zun*, von * bis * noch 2x wdh (= 12 M).
5. Rd: *3 fM, 1 M zun*, von * bis * noch 2x wdh (= 15 M).
6.–7. Rd: 15 fM häkeln.
8. Rd: *3 fM, 1 M abn*, von * bis * noch 2x wdh (= 12 M).
9. Rd: *2 fM, 1 M abn*, von * bis * noch 2x wdh (= 9 M).
10. Rd: *1 fM, 1 M abn*, von * bis * noch 2x wdh (= 6 M).
Das Ende falten und mit 3 fM zusammenhäkeln. Den Faden lang abschneiden und die Blätter unter dem Stiel festnähen. Anschließend den Stiel am Kopf festnähen.

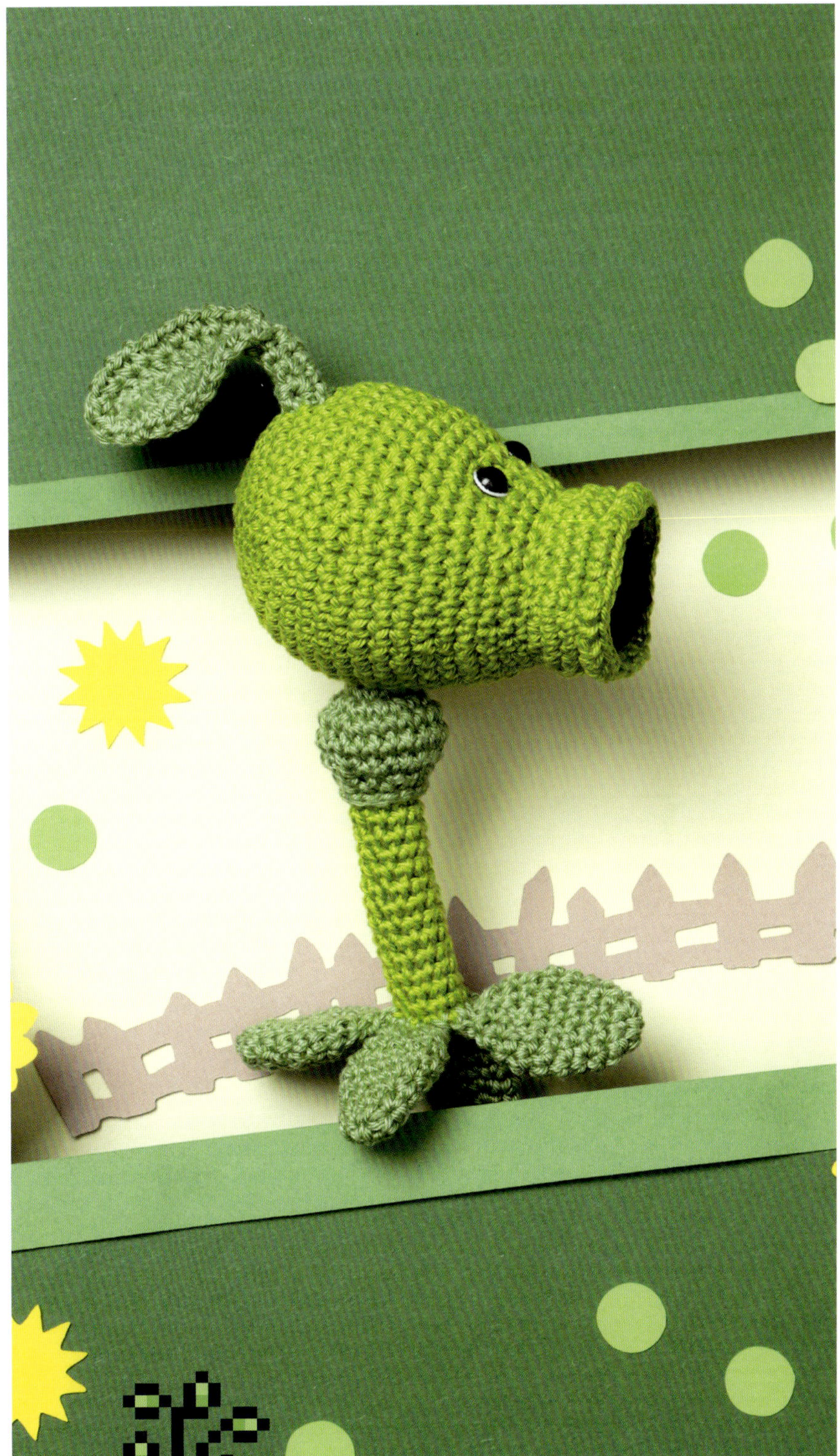

LÄSSIGES *Skelett*

Ein kleines Skelett, dessen besondere Eigenschaften in der Vermeidung von Arbeit und dem Überlegen neuer Scherze liegen. Es gibt Tage, an denen es bei der Arbeit einschläft. Oder solche, an denen es sich mit einem Furzkissen einen Scherz erlaubt. Allerdings ist es auch denjenigen gegenüber loyal, die ihm am Herzen liegen. Auch wenn manch schelmischer Witz nicht den Anschein macht.

LEVEL: 2 | GRÖSSE: 20 CM

MATERIAL

- Schachenmayr Catania (100% Baumwolle, LL 125m/50g) in
- Creme (Fb 130), 25g
- Denim (Fb 421), 20g
- Zartbitter (Fb 415), 20g
- Scampi (Fb 427), 10g
- Weiß (Fb 106), 20g
- Schwarz (Fb 110), ein Rest
- Leinen (Fb 248), 15g
- Filetgarn in Weiß und Schwarz
- Häkelnadel 2,50mm
- Füllwatte
- Stopfnadel zum Vernähen
- Schere

SO WIRD'S GEMACHT

Es wird überwiegend in Spiralrunden gehäkelt. Einzelteile werden später angenäht.

KOPF (IN CREME)

Häkle in Rd. Den Kopf fortlaufend mit Füllwatte ausstopfen.

1. Rd: 7 fM in einen Fadenring häkeln (= 7 M).
2. Rd: 7x 1 M zun (= 14 M).
3. Rd: *1 fM, 1 M zun*, von * bis * noch 6x wdh (= 21 M).
4. Rd: *2 fM, 1 M zun*, von * bis * noch 6x wdh (= 28 M).
5. Rd: *3 fM, 1 M zun*, von * bis * noch 6x wdh (= 35 M).
6. Rd: *4 fM, 1 M zun*, von * bis * noch 6x wdh (= 42 M).
7.–14. Rd: 42 fM häkeln.
15. Rd: *17 fM, 2x 1 M abn*, von * bis * noch 1x wdh (= 38 M).
16. Rd: *15 fM, 2x 1 M abn*, von * bis * noch 1x wdh (= 34 M).
17. Rd: *15 fM, 2x 1 M zun*, von * bis * noch 1x wdh (= 38 M).
18. Rd: *17 fM, 2x 1 M zun*, von * bis * noch 1x wdh (= 42 M).
19.–20. Rd: 42 fM häkeln.
21. Rd: *4 fM, 1 M abn*, von * bis * noch 6x wdh (= 35 M).
22. Rd: *3 fM, 1 M abn*, von * bis * noch 6x wdh (= 28 M).
23. Rd: *2 fM, 1 M abn*, von * bis * noch 6x wdh (= 21 M).
24. Rd: *1 fM, 1 M abn*, von * bis * noch 6x wdh (= 14 M).
25. Rd: 7x 1 M abn (= 7 M).

Den Faden lang abschneiden, durch die vorderen M-Glieder der letzten Rd fädeln, fest zuziehen und vernähen.

AUGE (IN SCHWARZ)

Schlage 4 Lm an, stich in die 2. Lm von der Nd aus ein und häkle wie folgt in R weiter:

1. R: 1 M zun, 1 fM, 1 M zun, 1 Lm und wenden (= 5 M).
2.–3. R: 5 fM, 1 Lm und wenden.
4. R: 1 M abn, 1 fM, 1 M abn (= 3 M).

Die Arbeit nach R 4 nicht wenden. Häkle stattdessen 4 fM entlang der R-Enden, 3 fM entlang der Lm-Kette vom Anfang, 4 fM entlang der R-Enden und beende mit 1 Km. Den Faden lang abschneiden und das Auge über

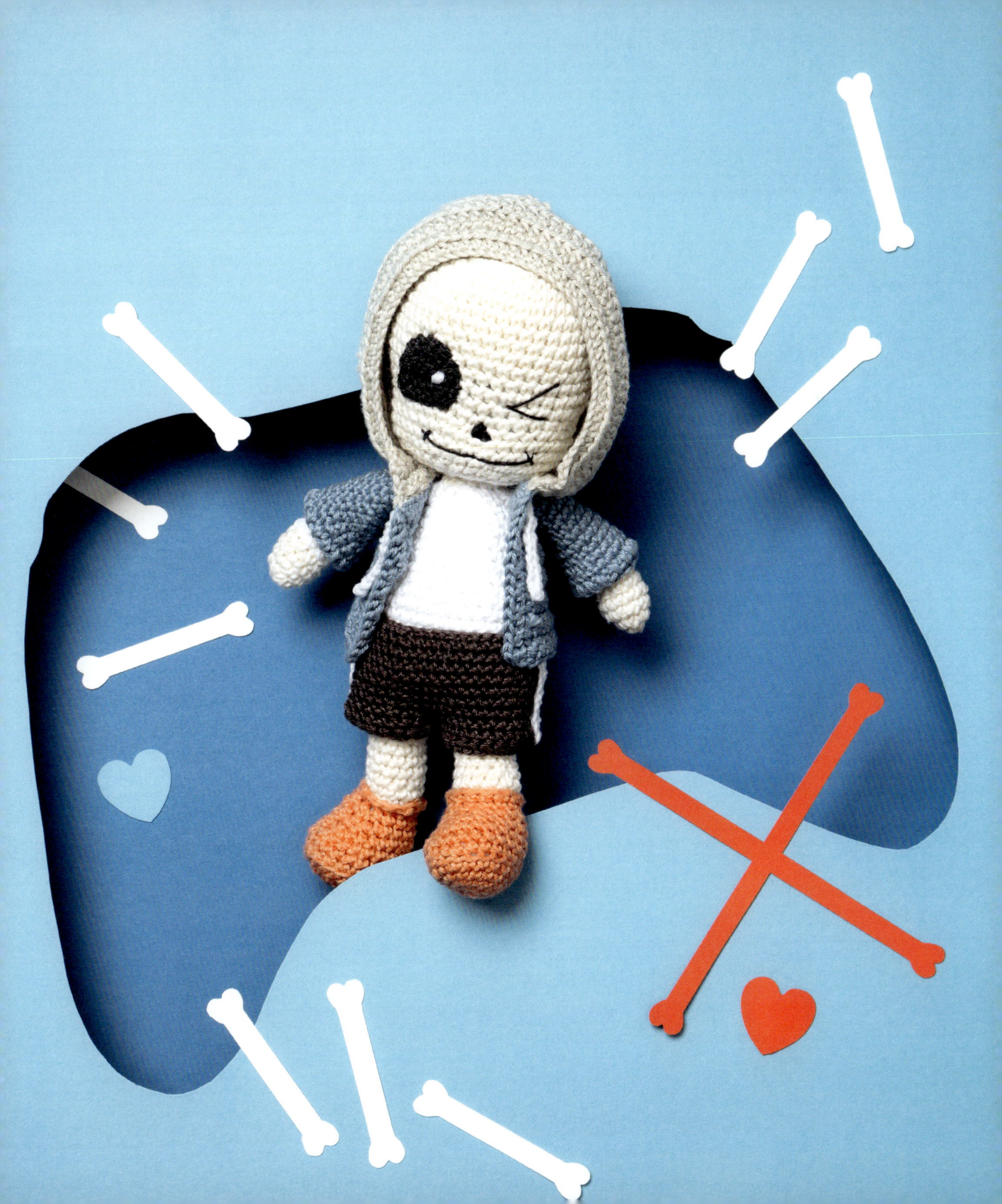

Rd 12–17 am Kopf festnähen. Die Zun der Wangen sollten dabei Außen liegen.

GESICHT FERTIGSTELLEN

Das rechte Auge 3 M neben dem gehäkelten Auge in schwarzem Filetgarn aufsticken. Dazu den unteren Strich über 4 fM breit und 1 Rd hoch sticken. Den oberen Strich über 4 fM breit und 2 Rd hoch sticken. Die Nase ebenso in Schwarz mittig, unter den Augen, über 1 fM breit sticken. Dazu so oft einstechen, bis die M vollständig bedeckt ist. Den Mund 1 Rd unter der Nase, über 8 fM breit sticken und mit einer Schlaufe 1 Rd nach unten ziehen. Links und rechts daneben die Mundwinkel über 1 fM anbringen. Die Pupillen in weißem Filetgarn, über 1 fM sticken. Dazu so oft einstechen, bis die M vollständig bedeckt ist.

FÜSSE (2X IN SCAMPI)

Häkle in Rd. Die Füße fortlaufend mit Füllwatte ausstopfen.
Schlage 5 Lm an, stich in die 2. Lm von der Nd aus ein und häkle wie folgt um die Lm-Kette herum:
1. Rd: 3 fM, 3 fM in eine M, 2 fM, 1 M zun (= 10 M).
2. Rd: *4 fM, 3 fM in eine M*, von * bis * noch 1x wdh (= 14 M).
3. Rd: *6 fM, 3 fM in eine M*, von * bis * noch 1x wdh (= 18 M).
4. Rd: *8 fM, 3 fM in eine M*, von * bis * noch 1x wdh (= 22 M).
5. Rd: 22 fM ihM häkeln.
6. Rd: 22 fM häkeln.
7. Rd: 8 fM, 2x 1 M abn, 10 fM (= 20 M).
8. Rd: 7 fM, 2x 1 M abn, 9 fM (= 18 M).
9. Rd: 6 fM, 2x 1 M abn, 8 fM (= 16 M).
10. Rd: 5 fM, 2x 1 M abn, 7 fM (= 14 M).
11. Rd: 14 fM ivM häkeln.
Abketten, den Faden abschneiden und vernähen.

BEINE (2X IN CREME)

Häkle in Rd. Die Beine fortlaufend mit Füllwatte ausstopfen.
Den Faden ihM aus Rd 11 des Fußes mit einer stehenden fM aufnehmen, von außen nach innen einstechen *siehe Bild 1* und wie folgt weiterhäkeln:
1. Rd: 14 fM ihM häkeln.
2. Rd: 14 fM häkeln *siehe Bild 2*.
3. Rd: *5 fM, 1 M abn*, von * bis * noch 1x wdh (= 12 M).
4.–8. Rd: 12 fM häkeln.
Abketten, den Faden abschneiden und vernähen. Ein zweites Bein häkeln, aber nicht abketten. Der Rd-Anfang sollte links mittig liegen. Hierzu ggf. noch ein paar fM dazu häkeln *siehe Bild 3*. Weiter mit der Verbindung der Beine.

VERBINDUNG DER BEINE

Häkle 2 Lm an das zweite Bein, stich in das erste Bein ein und häkle 12 fM um Bein eins, 2 fM in die Lm-Kette, 12 fM um Bein zwei, 2 fM in die Lm-Kette (= 28 M). Weiter mit dem Körper.

KÖRPER (IN CREME UND WEISS)

Häkle in Rd. Den Körper fortlaufend mit Füllwatte ausstopfen. Beginne in Creme.
1. Rd: 4 fM, 1 M zun, 13 fM, 1 M zun, 9 fM (= 30 M).
2. Rd: 5 fM, 1 M zun, 14 fM, 1 M zun, 9 fM (= 32 M).
3. Rd: 32 fM häkeln.
Fb-Wechsel zu Weiß.
4. Rd: 6 fM, 1 M zun, 15 fM, 1 M zun, 9 fM (= 34 M).
5. Rd: 34 fM ihM häkeln.
6.–11. Rd: 34 fM häkeln.
12. Rd: 6 fM, 1 M abn, 15 fM, 1 M abn, 9 fM (= 32 M).
13. Rd: 32 fM häkeln.
14. Rd: 5 fM, 1 M abn, 14 fM, 1 M abn, 9 fM (= 30 M).
15. Rd: 4 fM, 1 M abn, 13 fM, 1 M abn, 9 fM (= 28 M).
16. Rd: 3 fM, 1 M abn, 12 fM, 1 M abn, 9 fM (= 26 M).
17. Rd: 2 fM, 1 M abn, 11 fM, 1 M abn, 9 fM (= 24 M).
18. Rd: *4 fM, 1 M abn*, von * bis * noch 3x wdh (= 20 M).
19. Rd: *3 fM, 1 M abn*, von * bis * noch 3x wdh (= 16 M).
20. Rd: *2 fM, 1 M abn*, von * bis * noch 3x wdh (= 12 M).
Fb-Wechsel zu Creme.
21. Rd: 12 fM häkeln.
Abketten und den Faden lang abschneiden. Anschließend den Faden ivM aus Rd 5 des Körpers in Weiß mit einer stehenden fM aufnehmen, von oben nach unten einstechen und rundherum fM häkeln. Den Faden abschneiden und vernähen. Den Kopf am Körper festnähen.

1

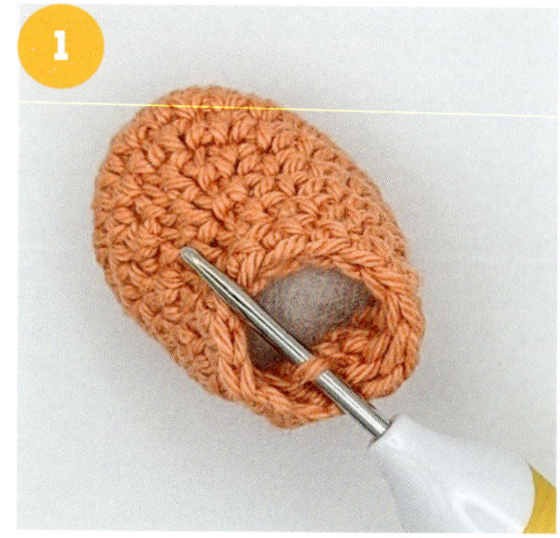

2

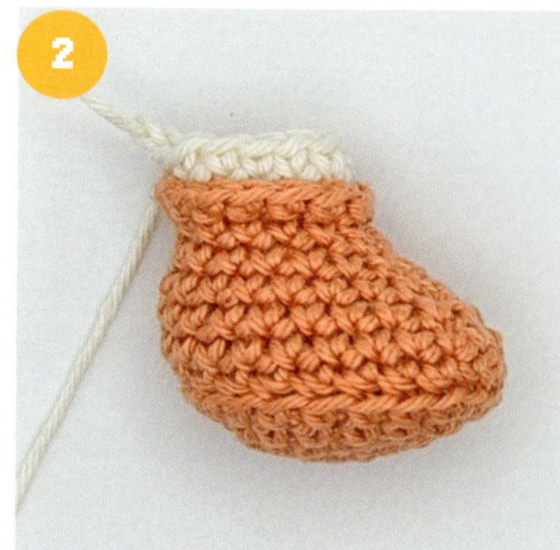

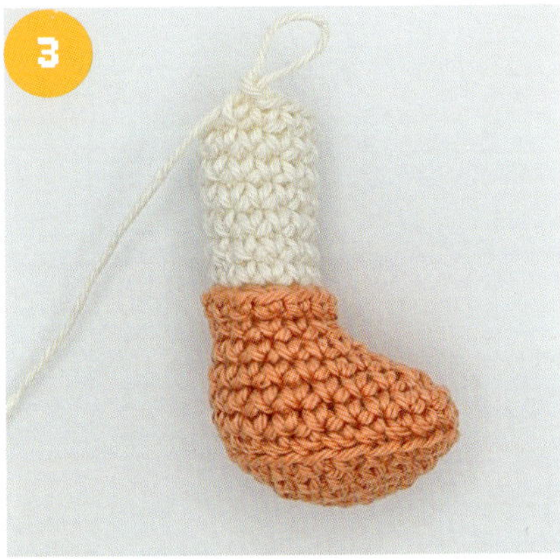

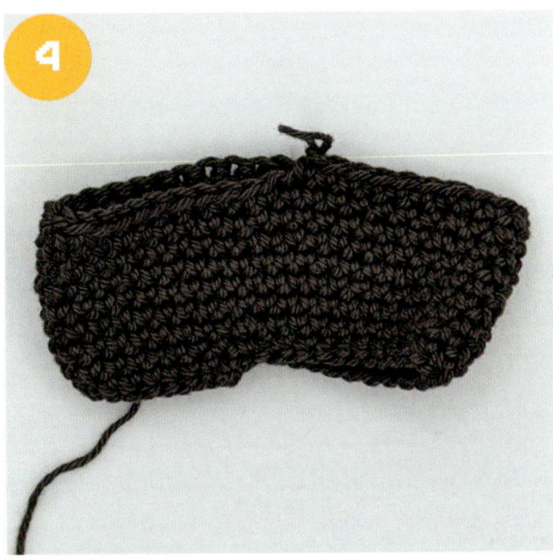

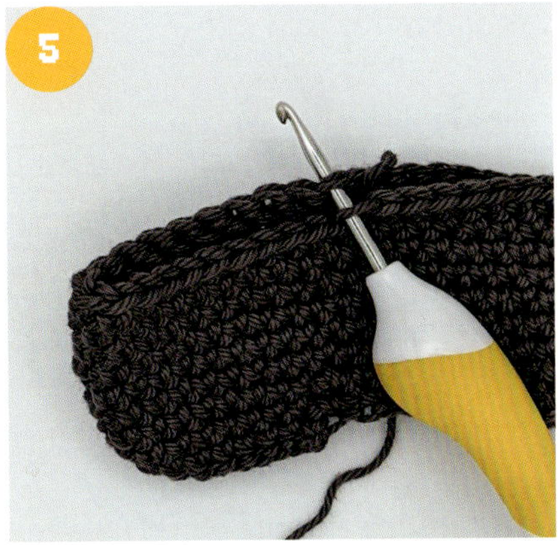

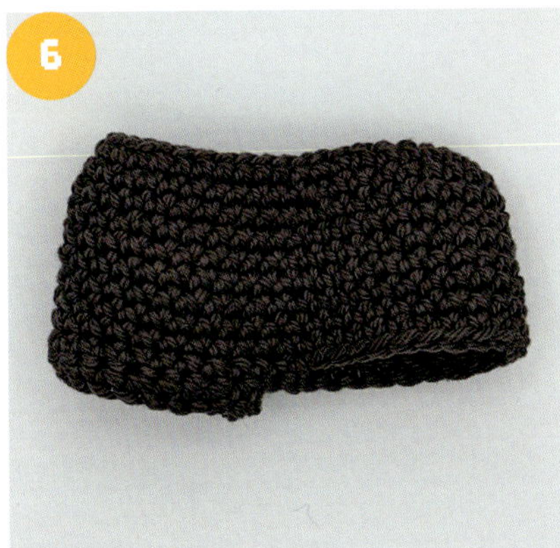

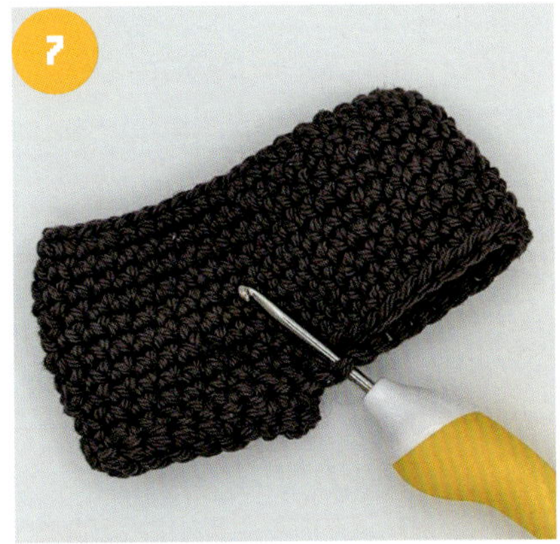

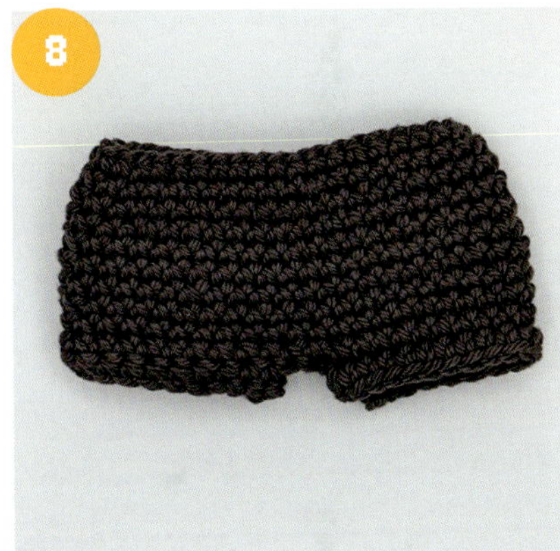

ARME (2X IN CREME UND WEISS)

Häkle in Rd. Nur die Faust mit Füllwatte ausstopfen. Beginne in Creme.

1. Rd: 5 fM in einen Fadenring häkeln (= 5 M).
2. Rd: 5x 1 M zun (= 10 M).
3.–5. Rd: 10 fM häkeln.
Fb-Wechsel zu Weiß.
6.–16. Rd: 10 fM häkeln.
Das Ende falten und mit 5 fM zusammenhäkeln. Den Faden lang abschneiden und die Arme 2 Rd unter dem Kopf festnähen.

HOSE (IN ZARTBITTER)

Schlage 40 Lm an, stich in die 1. Lm ein und verbinde die Lm-Kette so zu einem Ring. Häkle wie folgt in Rd weiter:

1. Rd: 40 fM häkeln (= 40 M).
2. Rd: *19 fM, 1 M zun*, von * bis * noch 1x wdh (= 42 M).
3.–9. Rd: 42 fM häkeln.
Das Häkelstück nun falten, sodass der Rd-Anfang mittig liegt *siehe Bild 4*. In die gegenüberliegende M einstechen *siehe Bild 5* und wie folgt weiter mit den Hosenbeinen:
10.–11. Rd: 21 fM häkeln (= 21 M).
Abketten, den Faden abschneiden und vernähen *siehe Bild 6*. An der zweiten Öffnung den Faden erneut aufnehmen und Rd 10–11 wdh. Die verbleibende Öffnung zwischen den Beinen mit ein paar Stichen zunähen und den Faden vernähen siehe *Bild 7–8*.

HOSENDETAILS (2X IN WEISS)

Schlage 11 Lm an, stich in die 2. Lm von der Nd aus ein und häkle 10 fM entlang der Lm-Kette. Den Faden lang abschneiden und je einen Streifen links und rechts an der Hose festnähen. Die Hose anschließend deiner Figur anziehen.

JACKE (IN DENIM)

Schlage 35 Lm an, stich in die 2. Lm von der Nd aus ein und häkle wie folgt in R weiter:

1. R: 34 fM, 1 Lm und wenden (= 34 M).
2. R: 6 fM, 7 Lm und 7 fM überspringen, 8 fM, 7 Lm und 7 fM überspringen, 6 fM, 1 Lm und wenden (= 34 M).
3.–13. R: 34 fM häkeln, 1 Lm und wenden.
14. R: 34 fM häkeln, nicht wenden.
Anschließend rund um die Jacke fM häkeln, dazu wie folgt weiterarbeiten:
15. R: 1 M zun, 11 fM, 1 M zun, 34 fM in die Lm-Kette des Anfangs häkeln, 1 M zun, 11 fM, 1 M zun (= 64 M) *siehe Bild 9–12*.
Den Faden abschneiden und vernähen.

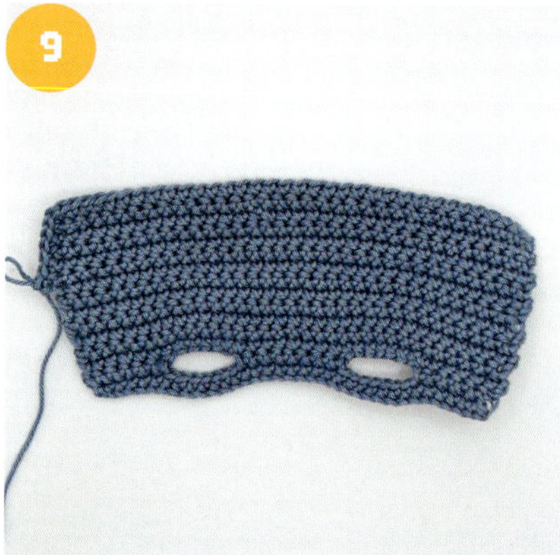

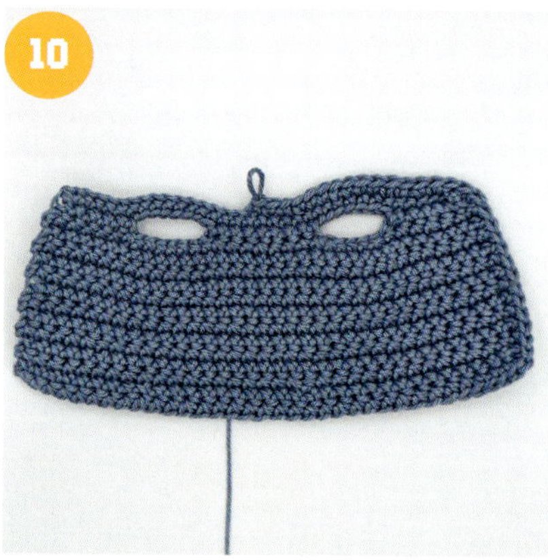

ÄRMEL (2X IN DENIM)

Den Faden an einer Ecke der Öffnung für die Ärmel mit einer stehenden fM aufnehmen *siehe Bild 13,* wie folgt weiterhäkeln:
1.–12. Rd: 16 fM häkeln.
13. Rd: 16 tiefliegende fM häkeln.

TIPP: Die tiefliegenden fM werden genauso gehäkelt, wie die üblichen fM. Hier wird allerdings nicht in die nächste M der Vorrunde gehäkelt, sondern eine M darunter. Du stichst also hier in die M aus R 11 ein.

Den Faden abschneiden und vernähen. Für den zweiten Ärmel wiederholen.

KAPUZE (IN LEINEN)

56 Lm anschlagen, in die 3. Lm von der Nd aus einstechen und wie folgt in R weiterhäkeln:

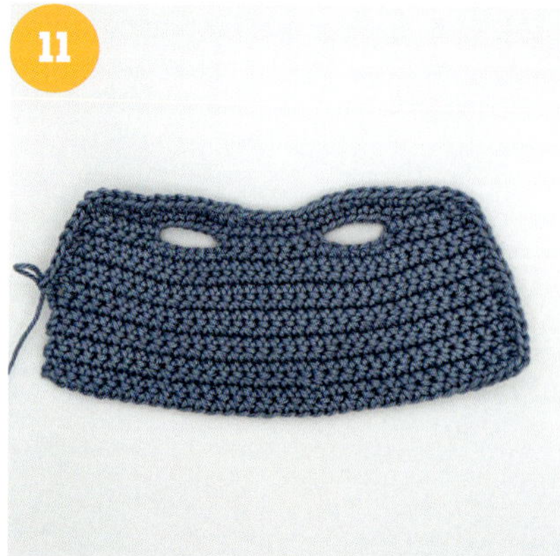

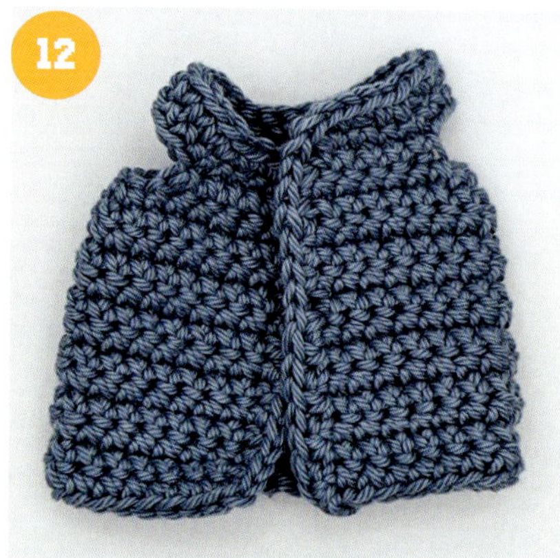

1. R: 54 hStb, 2 Lm und wenden (= 54 M).
2. R: *8 hStb, 1 hStb zun*, von * bis * noch 5x wdh, 2 Lm und wenden (= 60 M).
3.–7. R: 60 hStb, 2 Lm und wenden.
8. R: *8 hStb, 1 hStb abn*, von * bis * noch 5x wdh, 2 Lm und wenden (= 54 M).
9. R: 54 hStb, 2 Lm und wenden.
10. R: *7 hStb, 1 hStb abn*, von * bis * noch 5x wdh, 2 Lm und wenden (= 48 M).
11.–12. R: 48 hStb, 2 Lm und wenden.
13. R: *6 hStb, 1 hStb abn*, von * bis * noch 5x wdh, 2 Lm und wenden (= 42 M).
14. R: 42 hStb häkeln.
Den Faden lang abschneiden und das Häkelstück mittig falten. Die langen Enden zusammennähen. Den Faden abschneiden und vernähen. Die Kapuze umstülpen, sodass die Naht später innen liegt. Den Faden an der Kante des unteren Endes wieder aufnehmen und 28 fM in die R-Enden häkeln, 1 Lm und wenden. Anschließend noch eine weitere R wie folgt häkeln: 1 M zun, 26 fM, 1 M zun (= 30 M).
Den Faden lang abschneiden und die Kapuze am Jackenrand festnähen.

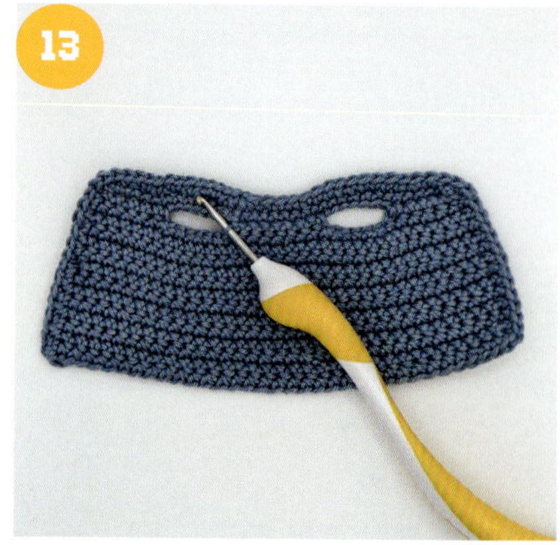

JACKENBÄNDER (2X IN WEISS)

Schlage 11 Lm an, stich in die 2. Lm von der Nd aus ein und häkle 10 Km entlang der Lm-Kette. Den Faden lang abschneiden. Je ein Band an der Kante, zwischen Jacke und Kapuze, festnähen.

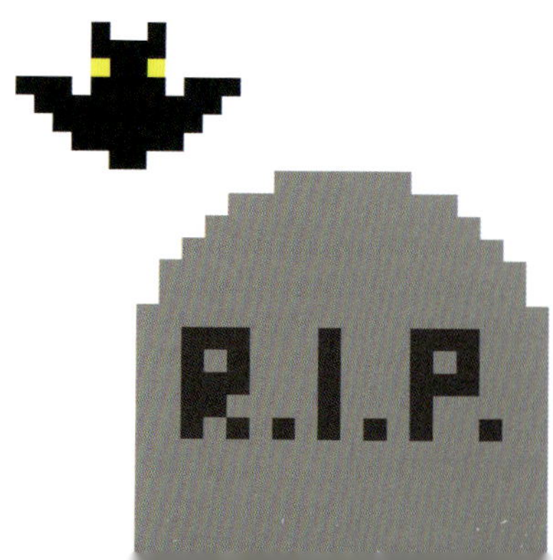

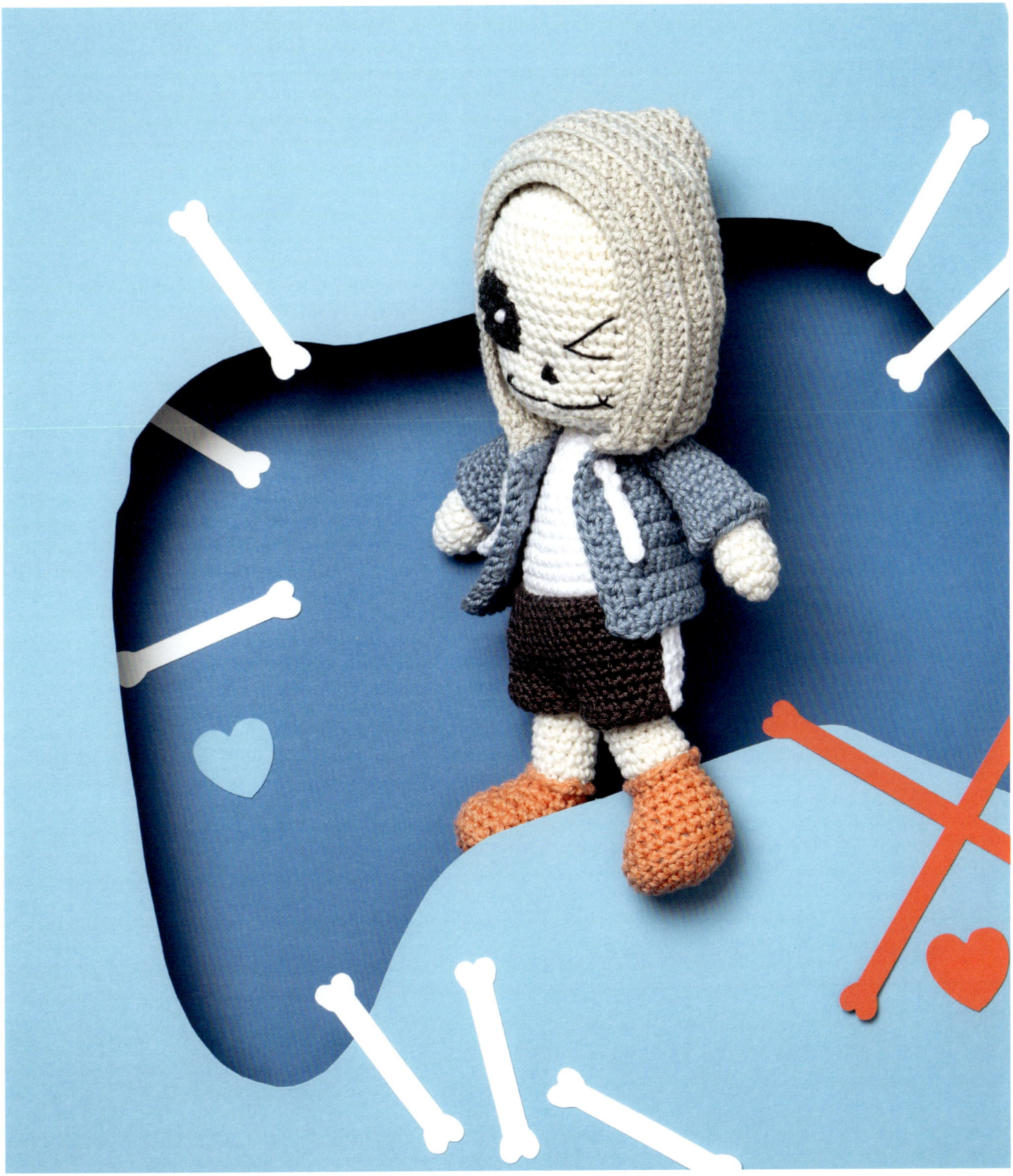

FIESER *Tintenfisch*

Hinter den fiesen Tintenfischen steckt mehr, als das Auge sieht. Je nach vorhandenen Ressourcen können sie entscheiden, ob sie ihre Revierkämpfe als Tintenfische oder als Humanoiden austragen möchten. Als Tintenfisch lässt es sich besonders gut durch Tinte schwimmen oder an Wänden hochgleiten. Doch in manchen Fällen können zwei Beine auch sehr praktisch sein.

LEVEL: 1 | GRÖSSE: 15 CM

MATERIAL

- Schachenmayr Catania (100% Baumwolle, LL 125m/50g) in
- Azalee (Fb 398), 40g
- Rosa (Fb 246), ein Rest
- Creme (Fb 130), ein Rest
- Zartbitter (Fb 415), ein Rest
- Häkelnadel 2,50mm
- Sicherheitsaugen Ø 7mm
- Füllwatte
- Stopfnadel zum Vernähen
- Schere

SO WIRD'S GEMACHT

Es wird mest in Spiralrunden gehäkelt. Einzelteile werden später angenäht.

AUGEN (2X IN CREME, ZARTBITTER UND AZALEE)

Häkle in Rd. Beginne in Creme.
1. Rd: 6 fM in einen Fadenring häkeln (= 6 M).
2. Rd: 6x 1 M zun (= 12 M).

Den Faden abschneiden und vernähen. Ein zweites Auge häkeln, jedoch nicht abketten. Stich stattdessen direkt in das erste Auge ein und häkle wie folgt weiter, um die Augen miteinander zu verbinden:
3. Rd: 12 fM um das erste Auge, 12 fM um das zweite Auge (= 24 M) *siehe Bild 1.*
Fb-Wechsel zu Zartbitter.
4. Rd: 5 fM, 1 M zun, 12 fM, 1 M zun, 5 fM (= 26 M).
Fb-Wechsel zu Azalee.
5. Rd: 26 fM ihM häkeln *siehe Bild 2–3.*
Abketten, den Faden lang abschneiden. Die Sicherheitsaugen feststecken, aber noch nicht verschließen. Die Augen zur Seite legen.

KOPF (IN AZALEE)

Häkle in Rd. Den Kopf fortlaufend, aber im unteren Bereich nicht zu fest stopfen, damit dieser später noch flachgedrückt werden kann.
1. Rd: 6 fM in einen Fadenring häkeln

1
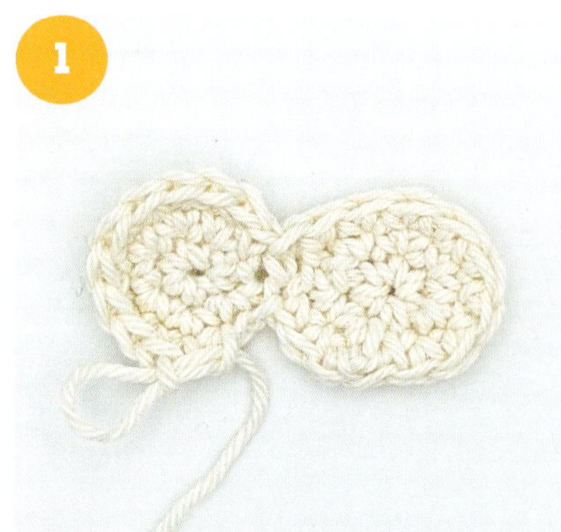

2
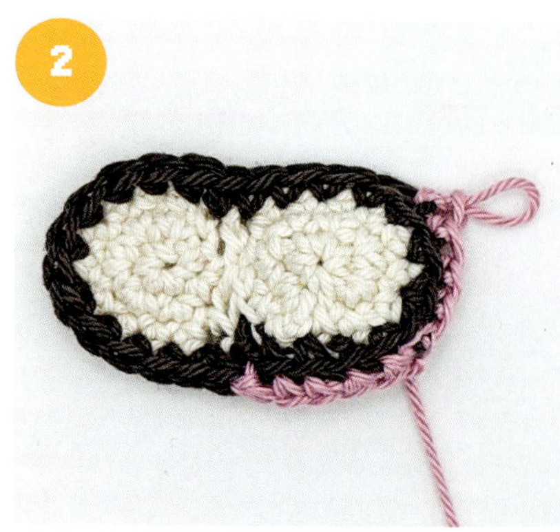

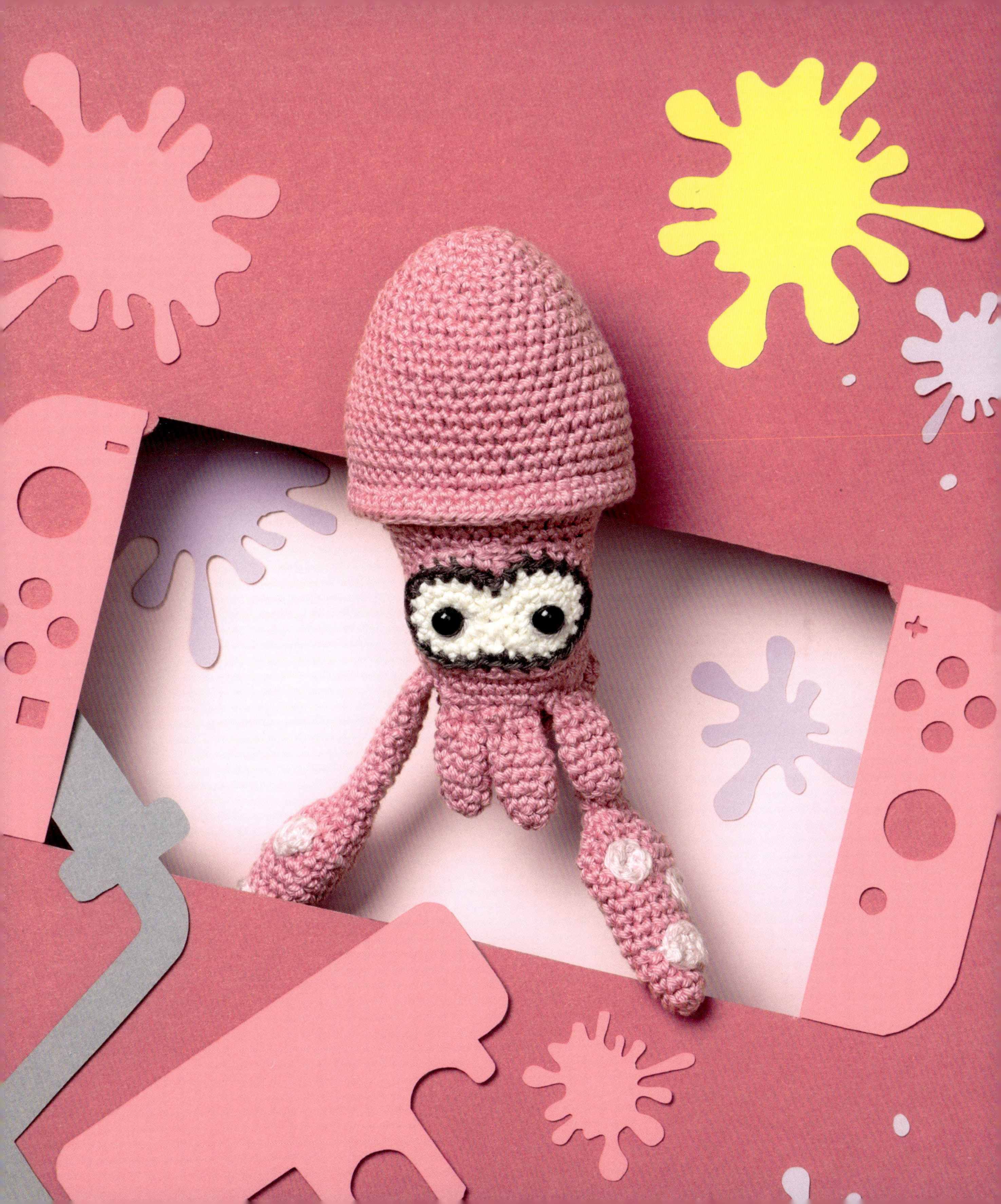

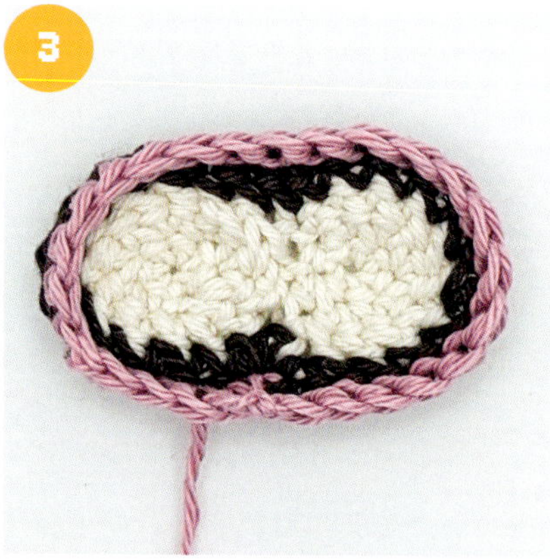

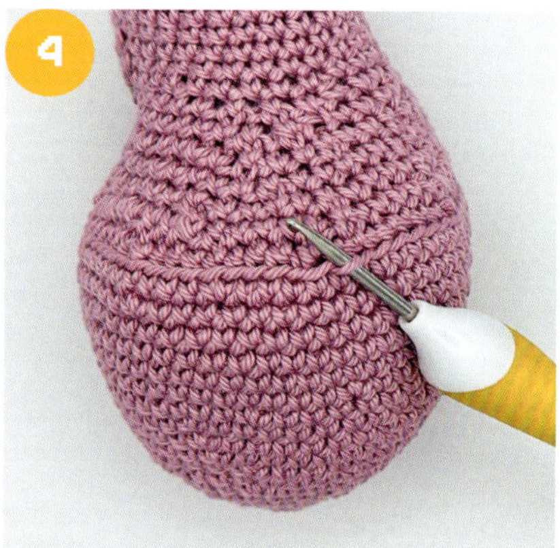

(= 6 M).
2. Rd: 6x 1 M zun (= 12 M).
3. Rd: *1 fM, 1 M zun*, von * bis * noch 5x wdh (= 18 M).
4. Rd: 18 fM häkeln.
5. Rd: *2 fM, 1 M zun*, von * bis * noch 5x wdh (= 24 M).
6. Rd: 24 fM häkeln.
7. Rd: *3 fM, 1 M zun*, von * bis * noch 5x wdh (= 30 M).
8. Rd: 30 fM häkeln.
9. Rd: *4 fM, 1 M zun*, von * bis * noch 5x wdh (= 36 M).
10. Rd: 36 fM häkeln.
11. Rd: *17 fM, 1 M zun*, von * bis * noch 1x wdh (= 38 M).
12. Rd: *18 fM, 1 M zun*, von * bis * noch 1x wdh (= 40 M).
13. Rd: *19 fM, 1 M zun*, von * bis * noch 1x wdh (= 42 M).
14. Rd: *20 fM, 1 M zun*, von * bis *

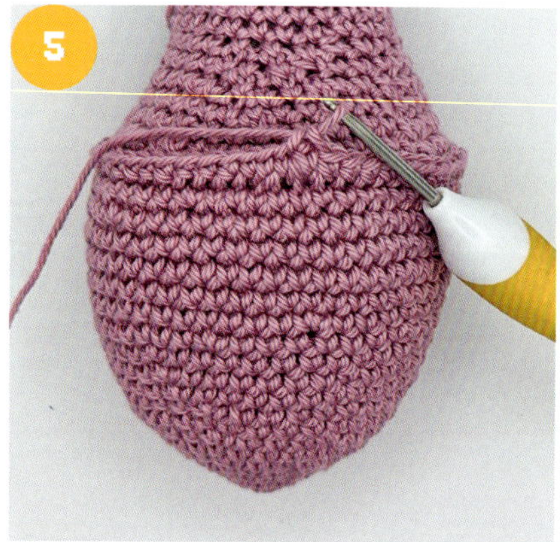

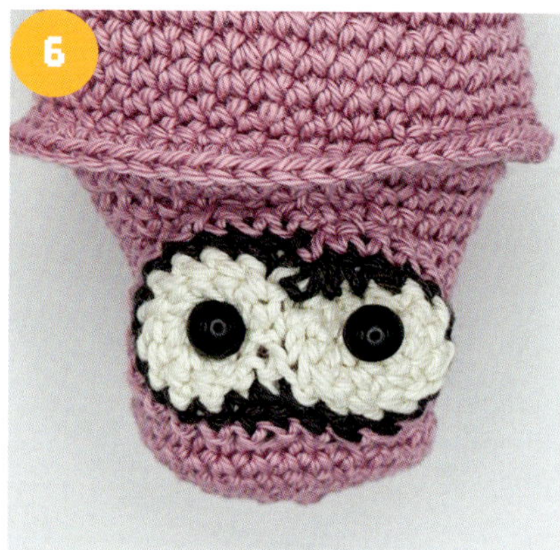

noch 1x wdh (= 44 M).
15. Rd: *21 fM, 1 M zun*, von * bis * noch 1x wdh (= 46 M).
16. Rd: *22 fM, 1 M zun*, von * bis * noch 1x wdh (= 48 M).
17. Rd: *23 fM, 1 M zun*, von * bis * noch 1x wdh (= 50 M).
18. Rd: *24 fM, 1 M zun*, von * bis * noch 1x wdh (= 52 M).
19. Rd: *25 fM, 1 M zun*, von * bis * noch 1x wdh (= 54 M).
20. Rd: *7 fM ihM, 1 M abn ihM*, von * bis * noch 5x wdh (= 48 M).
21. Rd: *6 fM, 1 M abn*, von * bis * noch 5x wdh (= 42 M).
22. Rd: *5 fM, 1 M abn*, von * bis * noch 5x wdh (= 36 M).
23. Rd: *4 fM, 1 M abn*, von * bis * noch 5x wdh (= 30 M).
24. Rd: 30 fM ivM häkeln.

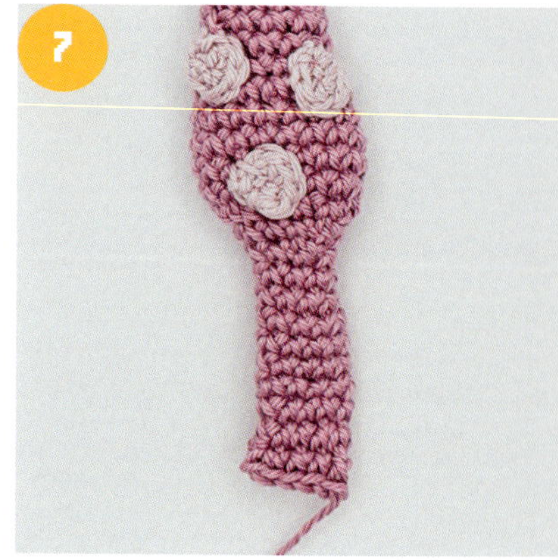

25.–35. Rd: 30 fM häkeln.
Die Augen zwischen Rd 28 und 29 befestigen, aber noch nicht festnähen.
36. Rd: *3 fM ihM, 1 M abn ihM*, von * bis * noch 5x wdh (= 24 M).
37. Rd: *2 fM, 1 M abn*, von * bis * noch 5x wdh (= 18 M).
38. Rd: *1 fM, 1 M abn*, von * bis * noch 5x wdh (= 12 M).
39. Rd: 6x 1 M abn (= 6 M).
Den Faden abschneiden, durch die vorderen M-Glieder der letzten Rd fädeln, fest zuziehen und vernähen. Die Augen festnähen. Die Augenfarbe in Rosa direkt unter den Augen aufsticken.

KOPF FERTIGSTELLEN (IN AZALEE)

Den Faden ivM aus Rd 20 des Kopfes mit einer stehenden fM aufnehmen, von oben nach unten einstechen und wie folgt weiterhäkeln:
1. Rd: 54 fM ivM (= 54 M).
2. Rd: *8 fM, 1 M zun*, von * bis * noch 5x wdh (= 60 M).
Den Faden abschneiden und vernähen *siehe Bild 4–6*.

GROSSE TENTAKEL (2X IN AZALEE)

Häkle in Rd. Nur den unteren Teil fest mit Füllwatte ausstopfen, den oberen Teil nicht.
1. Rd: 6 fM in einen Fadenring häkeln

(= 6 M).
2. Rd: *2 fM, 1 M zun*, von * bis * noch 1x wdh (= 8 M).
3. Rd: *3 fM, 1 M zun*, von * bis * noch 1x wdh (= 10 M).
4.–5. Rd: 10 fM häkeln.
6. Rd: *4 fM, 1 M zun*, von * bis * noch 1x wdh (= 12 M).
7. Rd: 12 fM häkeln.
8. Rd: *5 fM, 1 M zun*, von * bis * noch 1x wdh (= 14 M).
9. Rd: *6 fM, 1 M zun*, von * bis * noch 1x wdh (= 16 M).
10. Rd: *7 fM, 1 M zun*, von * bis * noch 1x wdh (= 18 M).
11.–12. Rd: 18 fM häkeln.
13. Rd: *1 fM, 1 M abn*, von * bis * noch 5x wdh (= 12 M).
14. Rd: *4 fM, 1 M abn*, von * bis * noch 1x wdh (= 10 M).
15. Rd: *3 fM, 1 M abn*, von * bis * noch 1x wdh (= 8 M).
16.–25. Rd: 8 fM häkeln.
Das Ende falten und mit 5 fM zusammenhäkeln. Den Faden lang abschneiden und die Tentakel zur Seite legen.

SAUGER (6X IN ROSA)

1. Rd: 6 fM in einen Fadenring häkeln (= 6 M).
Mit einer Km in die erste M beenden. Den Faden lang abschneiden und die Sauger auf den großen Tentakeln festnähen *siehe Bild 7*. Die Tentakel seitlich am Körper festnähen.

KLEINE TENTAKEL (5X IN AZALEE)

Häkle in Rd. Die Tentakel nicht mit Füllwatte ausstopfen.
1. Rd: 6 fM in einen Fadenring häkeln (= 6 M).
2. Rd: 6 fM häkeln.
3. Rd: *2 fM, 1 M zun*, von * bis * noch 1x wdh (= 8 M).
4.–5. Rd: 8 fM häkeln.
6. Rd: *2 fM, 1 M abn*, von * bis * noch 1x wdh (= 6 M).
7. Rd: 6 fM häkeln.
Das Ende falten und mit 3 fM zusammenhäkeln. Den Faden lang abschneiden. Je drei Tentakel vorne mittig und zwei hinten mittig festnähen.

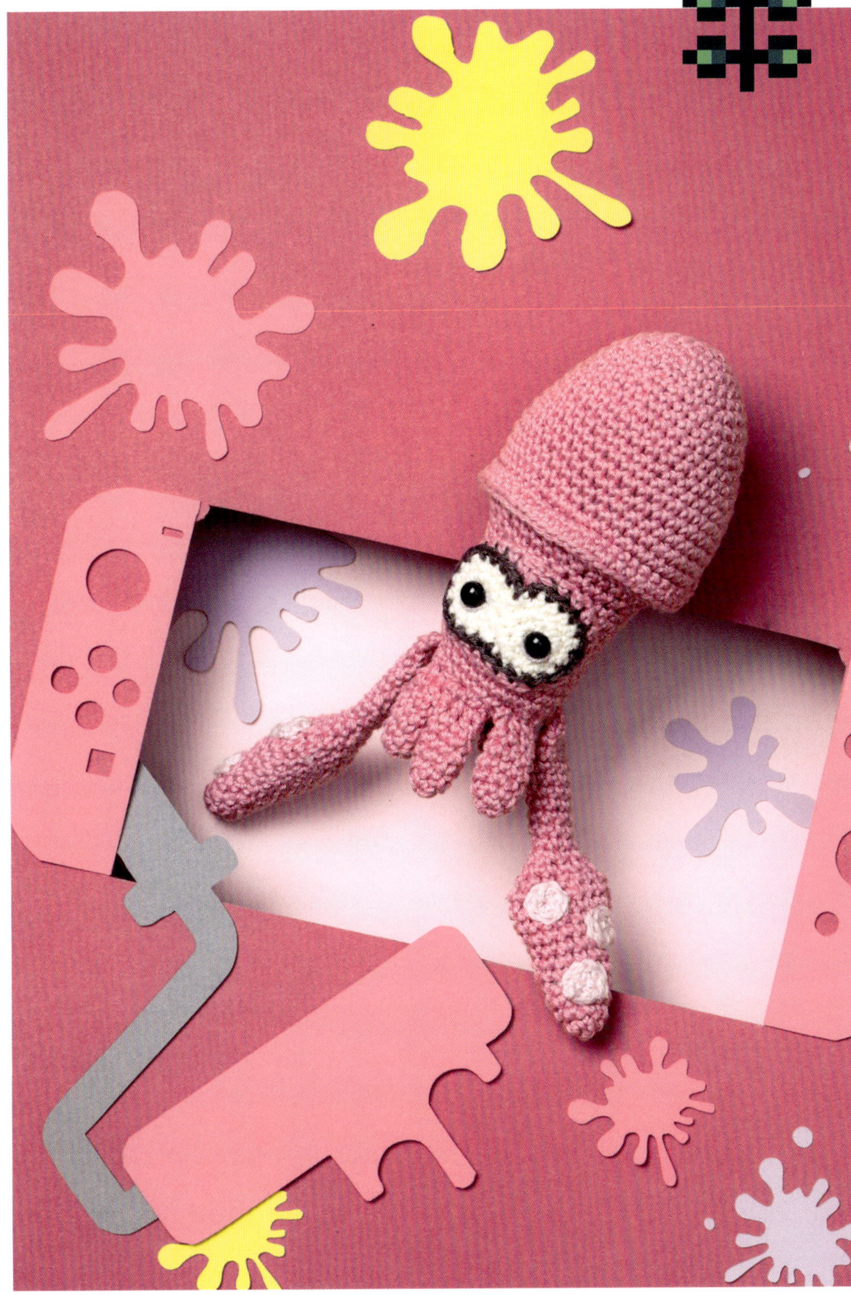

FEURIGER *Helfer*

Mit Gemütlichkeit und Coolness durch das Leben gehen. Das hat sich der feurige Helfer auf die Fahne geschrieben. Besonders mag er gutes Essen, und stürzt sich zu gerne in seiner Sorglosigkeit darauf. Doch genau wie die Vielzahl seiner Verwandten steht er immer loyal und mit feuriger Hilfe an der Seite seines Trainers.

LEVEL: 2 | GRÖSSE: 14 CM

MATERIAL

- Schachenmayr Catania (100% Baumwolle, LL 125m/50g) in
- Scampi (Fb 427), 30g
- Sonne (Fb 208), 5g
- Creme (Fb 130), 15g
- Weiß (Fb 406), ein Rest
- Zartbitter (Fb 415), ein Rest
- Filetgarn in Weiß und Schwarz
- Häkelnadel 2,50mm
- Füllwatte
- Stopfnadel zum Vernähen
- Schere

SO WIRD'S GEMACHT

Es wird überwiegend in Spiralrunden gehäkelt. Einzelteile werden später angenäht.

KOPF UND KÖRPER (IN SCAMPI UND CREME)

Häkle in Rd. Kopf und Körper fortlaufend mit Füllwatte ausstopfen. Beginne in Scampi.

1. Rd: 6 fM in einen Fadenring häkeln (= 6 M).
2. Rd: 6x 1 M zun (= 12 M).
3. Rd: *1 fM, 1 M zun*, von * bis * noch 5x wdh (= 18 M).
4. Rd: *2 fM, 1 M zun*, von * bis * noch 5x wdh (= 24 M).
5. Rd: *3 fM, 1 M zun*, von * bis * noch 5x wdh (= 30 M).
6. Rd: *4 fM, 1 M zun*, von * bis * noch 5x wdh (= 36 M).
7. Rd: *5 fM, 1 M zun*, von * bis * noch 5x wdh (= 42 M).
8. Rd: 42 fM häkeln.

ACHTUNG: Ab der nächsten Rd immer in der angegebenen Farbe häkeln. Die Fb-Wechsel sollten dabei immer untereinander liegen.

9.–18. Rd: 13 fM in Scampi, 16 fM in Creme, 13 fM in Scampi (= 42 M).
Ab der nächsten Rd wird nur noch in Scampi gehäkelt.
19.–30. Rd: 42 fM häkeln.
31. Rd: *5 fM, 1 M abn*, von * bis * noch 5x wdh (= 36 M).
32. Rd: *4 fM, 1 M abn*, von * bis * noch 5x wdh (= 30 M).
33. Rd: *3 fM, 1 M abn*, von * bis * noch 5x wdh (= 24 M).
34. Rd: *2 fM, 1 M abn*, von * bis * noch 5x wdh (= 18 M).
35. Rd: *1 fM, 1 M abn*, von * bis * noch 5x wdh (= 12 M).
36. Rd: 6x 1 M abn (= 6 M).
Den Faden abschneiden, durch die vorderen M-Glieder der letzten Rd fädeln, fest zuziehen und vernähen.

SCHNAUZE (IN CREME)

Die Schnauze fortlaufend mit Füllwatte ausstopfen.
Schlage 17 Lm an, stich in die 2. Lm von der Nd aus ein und häkle wie folgt um die Lm-Kette herum:
1. Rd: 15 fM, 3 fM in eine M, weiter auf der anderen Seite der Lm-Kette, 14 fM, 1 M zun (= 34 M).
2. Rd: *16 fM, 1 M zun*, von * bis * noch 1x wdh (= 36 M).
3. Rd: 36 fM häkeln.

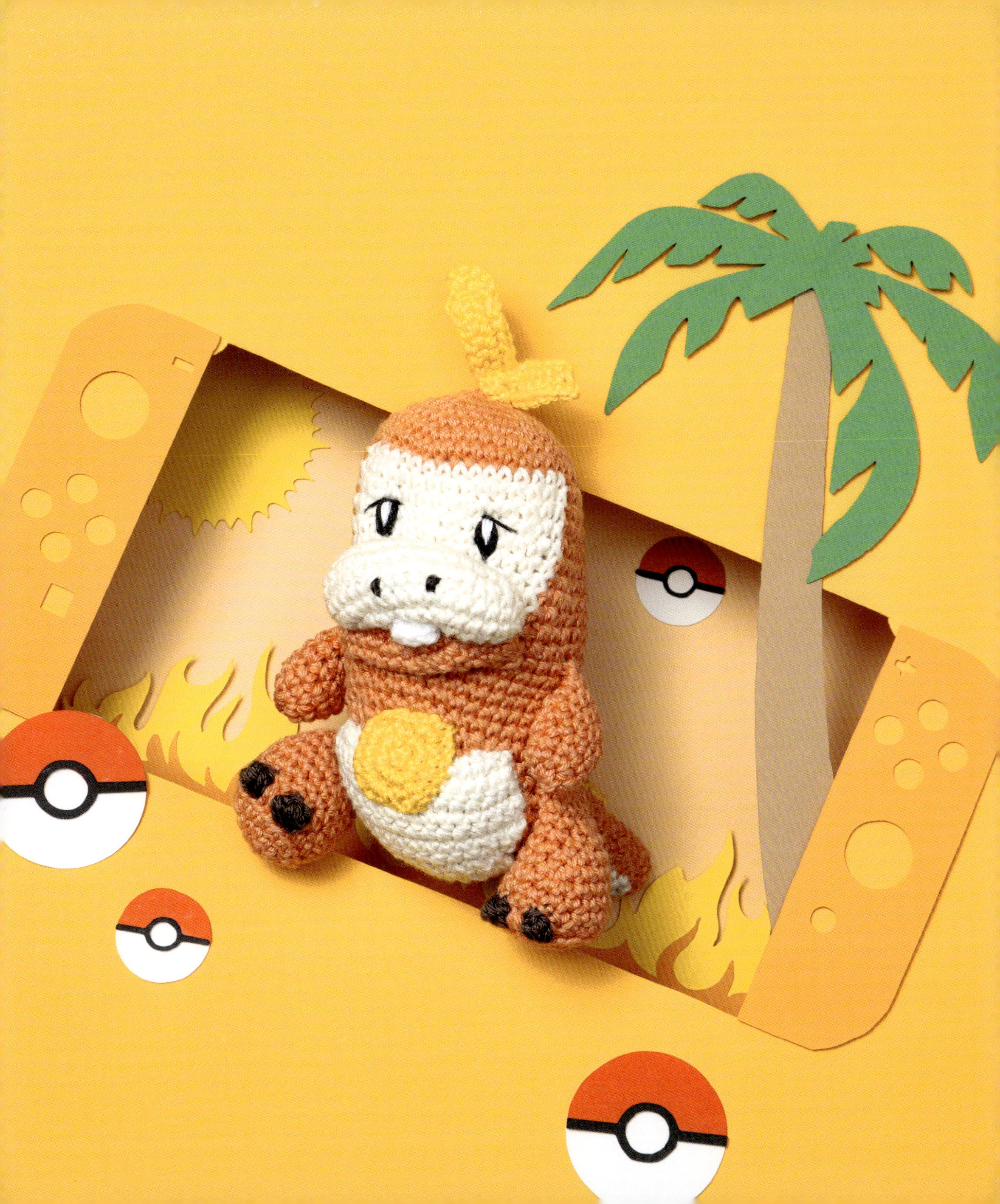

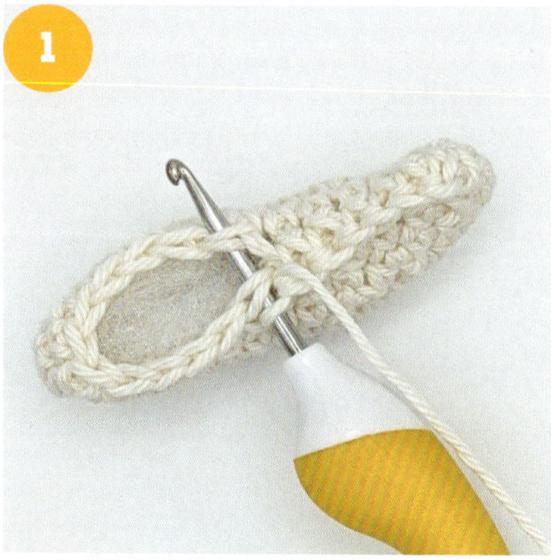

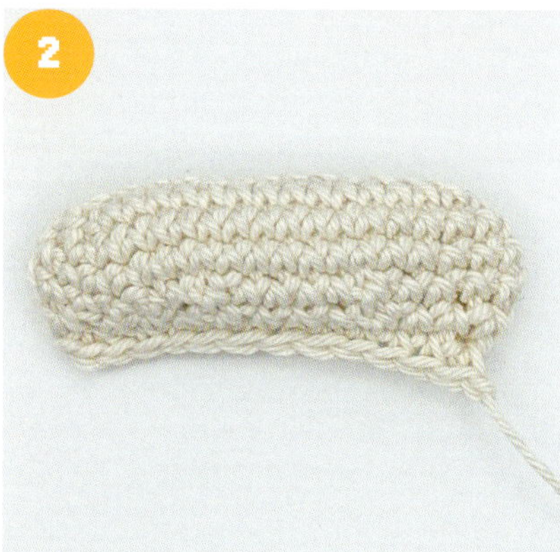

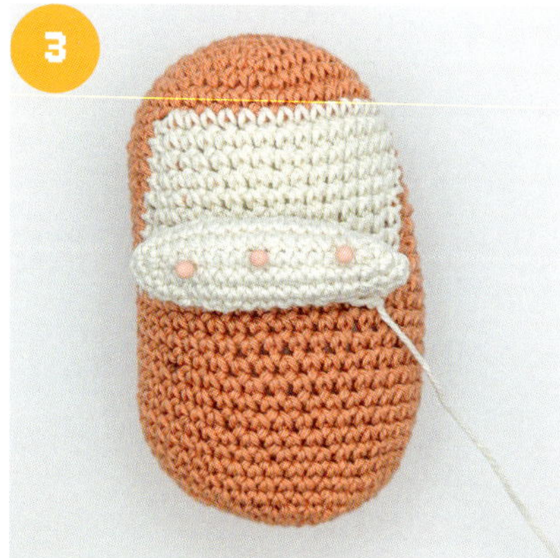

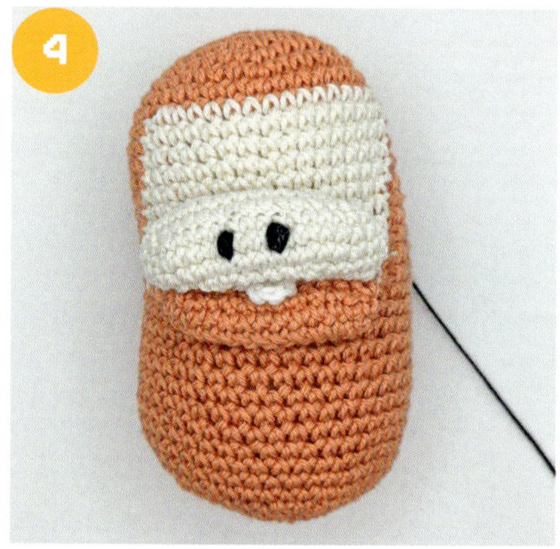

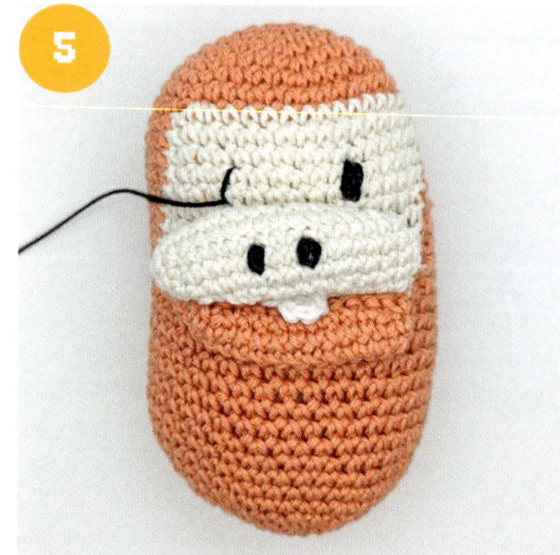

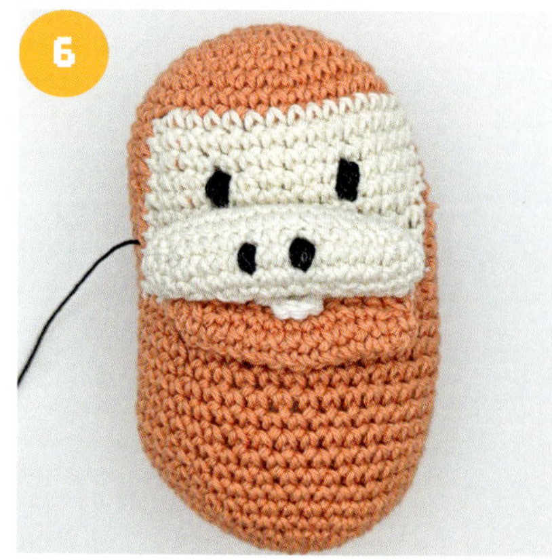

4. Rd: *4 fM, 1 M abn*, von * bis * noch 5x wdh (= 30 M).
5. Rd: *3 fM, 1 M abn*, von * bis * noch 5x wdh (= 24 M).
Das Ende falten und mit 12 fM zusammenhäkeln *siehe Bild 1–2*. Den Faden lang abschneiden. Die Schnauze am unteren Rand des späteren Gesichts festnähen *siehe Bild 3*.

ZAHN (IN WEISS)

1. Rd: 5 fM in einen Fadenring häkeln (= 5 M).
Den Faden lang abschneiden und den Zahn mittig, unter der Schnauze, festnähen.

UNTERKIEFER (IN SCAMPI)

Den Unterkiefer nicht mit Füllwatte ausstopfen.
14 Lm anschlagen, in die 2. Lm von der Nd aus einstechen und wie folgt um die Lm-Kette herum häkeln:
1. Rd: 12 fM, 3 fM in eine M, weiter auf der anderen Seite der Lm-Kette, 11 fM, 1 M zun (= 28 M).
2. Rd: 28 fM häkeln.
Das Ende falten und mit 14 fM zusammenhäkeln. Den Faden lang abschneiden und den Kiefer unter der Schnauze festnähen.

GESICHT FERTIGSTELLEN

Die Nasenlöcher in schwarzem Filetgarn, 2 Rd über dem Zahn über 1 fM hoch sticken, 6x einstechen. Der Abstand zwischen den Nasenlöchern beträgt 4 fM. Die Augen ebenso in Schwarz, direkt über der Schnauze mit 3 fM Höhe und 5 fM Abstand zwischen den Augen sticken, 10x einstechen. Das Augenweiß in weißem Filetgarn mittig in den Augen sticken, 4x einstechen. Die Augenlider in Schwarz direkt über den Augen über 2 fM breit und 1 Rd hoch sticken *siehe Bild 4–12*.

BEINE (2X IN SCAMPI UND ZARTBITTER)

Häkle in Rd. Die Beine zu dreiviertel mit Füllwatte ausstopfen. Beginne in Scampi.
1. Rd: 6 fM in einen Fadenring häkeln (= 6 M).
2. Rd: 6x 1 M zun (= 12 M).
3. Rd: *1 fM, 1 M zun*, von * bis * noch 5x wdh (= 18 M).

ACHTUNG: In der nächsten Rd immer in der angegebenen Farbe häkeln.

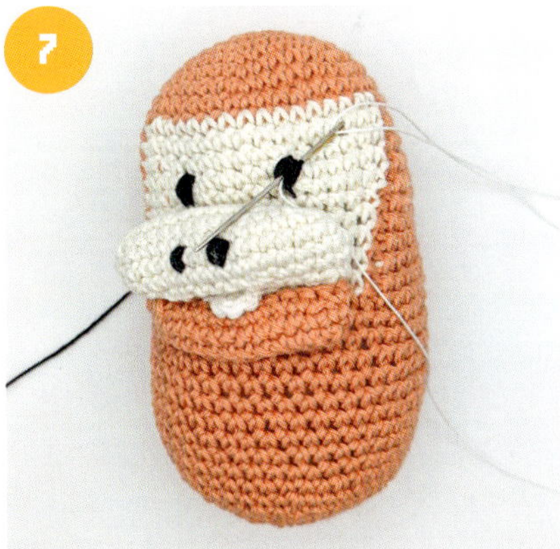

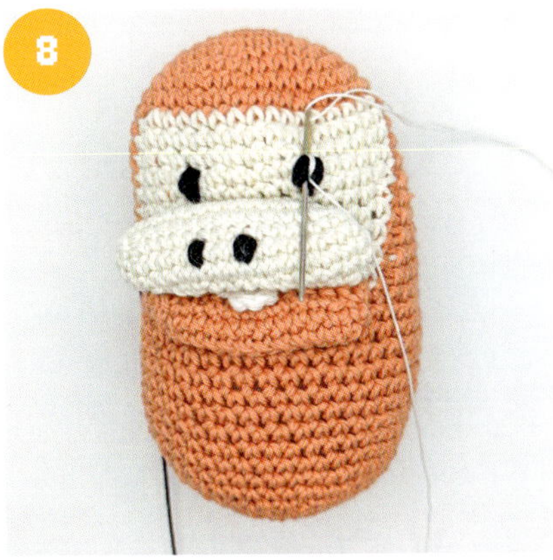

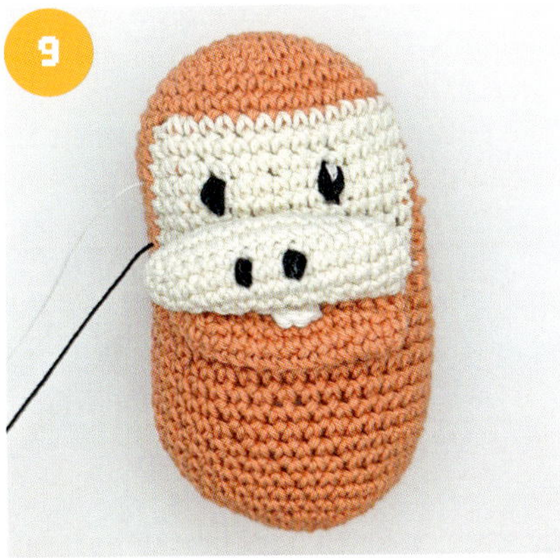

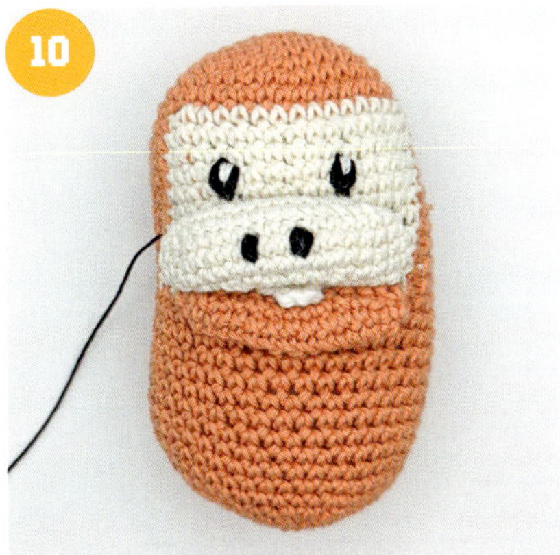

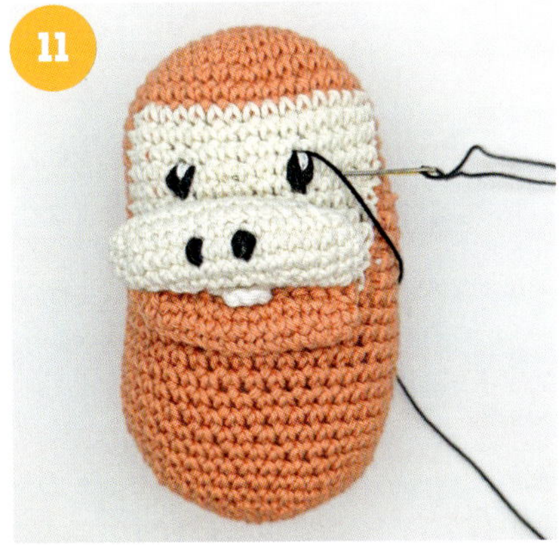

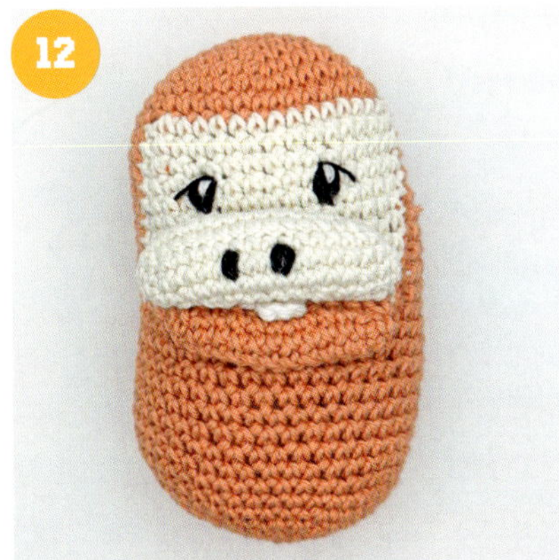

4. Rd: 7 fM in Scampi ihM, 1 N aus 3 Stb in Zartbitter ihM, 2 fM in Scampi ihM, 1 N aus 3 Stb in Zartbitter ihM, 7 fM in Scampi ihM (= 18 M).
Ab der nächsten Rd wird nur noch in Scampi gehäkelt.
5.–7. Rd: 18 fM häkeln.
8. Rd: *7 fM, 1 M abn*, von * bis * noch 1x wdh (= 16 M).
9. Rd: *6 fM, 1 M abn*, von * bis * noch 1x wdh (= 14 M).
10. Rd: *5 fM, 1 M abn*, von * bis * noch 1x wdh (= 12 M).
11. Rd: *4 fM, 1 M abn*, von * bis * noch 1x wdh (= 10 M).
12. Rd: 10 fM häkeln.
Das Ende falten und mit 5 fM zusammenhäkeln. Die Faltkante sollte dabei mittig zwischen den Zehen liegen.

Den Faden lang abschneiden und die Beine seitlich am Körper, zwischen Rd 26 und 27, festnähen.

SCHWANZ (IN SCAMPI)

Häkle in Rd. Den Schwanz fortlaufend mit Füllwatte ausstopfen.
1. Rd: 6 fM in einen Fadenring häkeln (= 6 M).
2. Rd: *2 fM, 1 M zun*, von * bis * noch 1x wdh (= 8 M).
3. Rd: 8 fM häkeln.
4. Rd: *3 fM, 1 M zun*, von * bis * noch 1x wdh (= 10 M).
5. Rd: *4 fM, 1 M zun*, von * bis * noch 1x wdh (= 12 M).
6.–7. Rd: 12 fM häkeln.
8. Rd: *5 fM, 1 M zun*, von * bis * noch 1x wdh (= 14 M).
9. Rd: *6 fM, 1 M zun*, von * bis * noch 1x wdh (= 16 M).
10. Rd: 16 fM häkeln.
11. Rd: *7 fM, 1 M zun*, von * bis * noch 1x wdh (= 18 M).
12. Rd: 18 fM häkeln.
13. Rd: *8 fM, 1 M zun*, von * bis * noch 1x wdh (= 20 M).
14. Rd: *9 fM, 1 M zun*, von * bis * noch 1x wdh (= 22 M).
15. Rd: 22 fM häkeln.
Abketten, den Faden lang abschneiden und den Schwanz über Rd 25–34 am Rücken festnähen.

BAUCHPATCH (IN CREME)

Schlage 17 Lm an, stich in die 2. Lm von der Nd aus ein und häkle wie folgt in R weiter:

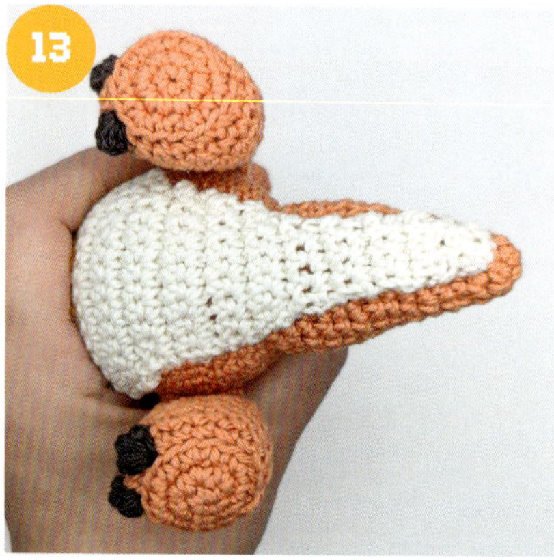
13

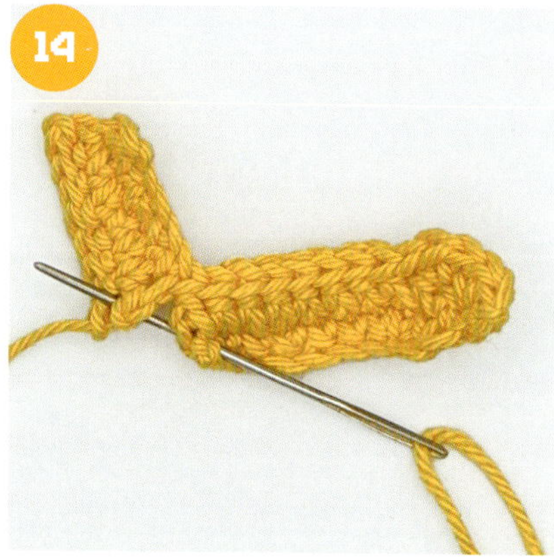
14

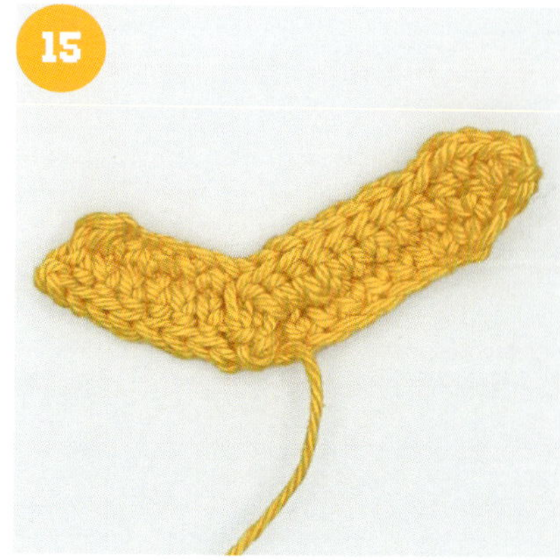
15

1.–5. R: 16 fM, 1 Lm und wenden (= 16 M).
6. R: 1 M abn, 12 fM, 1 M abn, 1 Lm und wenden (= 14 M).
7. R: 1 M abn, 10 fM, 1 M abn, 1 Lm und wenden (= 12 M).
8. R: 1 M abn, 8 fM, 1 M abn, 1 Lm und wenden (= 10 M).
9.–11. R: 10 fM, 1 Lm und wenden.
12. R: 1 M abn, 6 fM, 1 M abn, 1 Lm und wenden (= 8 M).
13.–14. R: 8 fM, 1 Lm und wenden.
15. R: 1 M abn, 4 fM, 1 M abn, 1 Lm und wenden (= 6 M).
16. R: 1 M abn, 2 fM, 1 M abn, 1 Lm und wenden (= 4 M).
17.–20. R: 4 fM, 1 Lm und wenden.
21. R: 2x 1 M abn, 1 Lm und wenden (= 2 M).
22.–23. R: 2 fM, 1 Lm und wenden.
Den Faden lang abschneiden. Das Bauchpatch beginnend an Rd 26 des Körpers, über Bauch und Schwanz hinweg, festnähen *siehe Bild 13.*

BAUCHDETAIL (IN SONNE)

Häkle in Rd.
1. Rd: 4 fM in einen Fadenring häkeln (= 4 M).
2. Rd: 4x 3 fM in eine M häkeln (= 12 M).
3. Rd: *2 fM, 3 fM in eine M*, von * bis * noch 3x wdh (= 20 M).
Abketten, den Faden lang abschneiden und das Detail über Rd 25–28 am Körper festnähen.

SCHWANZDETAIL (IN SONNE)

1.–2. Rd: Wdh Rd 1–2 des Bauchdetails (= 12 M).
Abketten, den Faden lang abschneiden und das Detail mittig auf dem Schwanz festnähen.

ARME (2X IN SCAMPI)

Häkle in Rd. Die Arme nur leicht mit Füllwatte ausstopfen.
1. Rd: 6 fM in einen Fadenring häkeln (= 6 M).
2. Rd: *2 fM, 1 M zun*, von * bis * noch 1x wdh (= 8 M).
3. Rd: *3 fM, 1 M zun*, von * bis * noch 1x wdh (= 10 M).
4.–6. Rd: 10 fM häkeln.
7. Rd: *3 fM, 1 M abn*, von * bis * noch 1x wdh (= 8 M).
8. Rd: 8 fM häkeln.
Das Ende falten und mit 4 fM zusammenhäkeln. Den Faden lang abschneiden und die Arme über Rd 19–22, seitlich am Körper, festnähen.

HAARE (IN SONNE)

Schlage 9 Lm an, stich in die 2. Lm von der Nd aus ein und häkle wie folgt in R weiter:
1. R: 2x 1 M zun, 6 fM, 1 Lm und wenden (= 10 M).
2. R: 10 fM, 1 Lm und wenden.
3. R: 2x 1 M zun, 8 Km, nicht wenden (= 12 M).
Ohne abzuketten direkt 6 Lm anschlagen, in die 2. Lm von der Nd aus einstechen und wie folgt weiter arbeiten:
4. R: 2x 1 M zun, 3 fM, 1 Lm und wenden (= 7 M).
5. R: 7 fM, 1 Lm und wenden.
6. R: 7 Km häkeln.
Den Faden lang abschneiden. Die Enden der beiden Teile mit ein paar Stichen zusammennähen *siehe Bild 14–15.*
Die Haare auf dem Kopf festnähen.

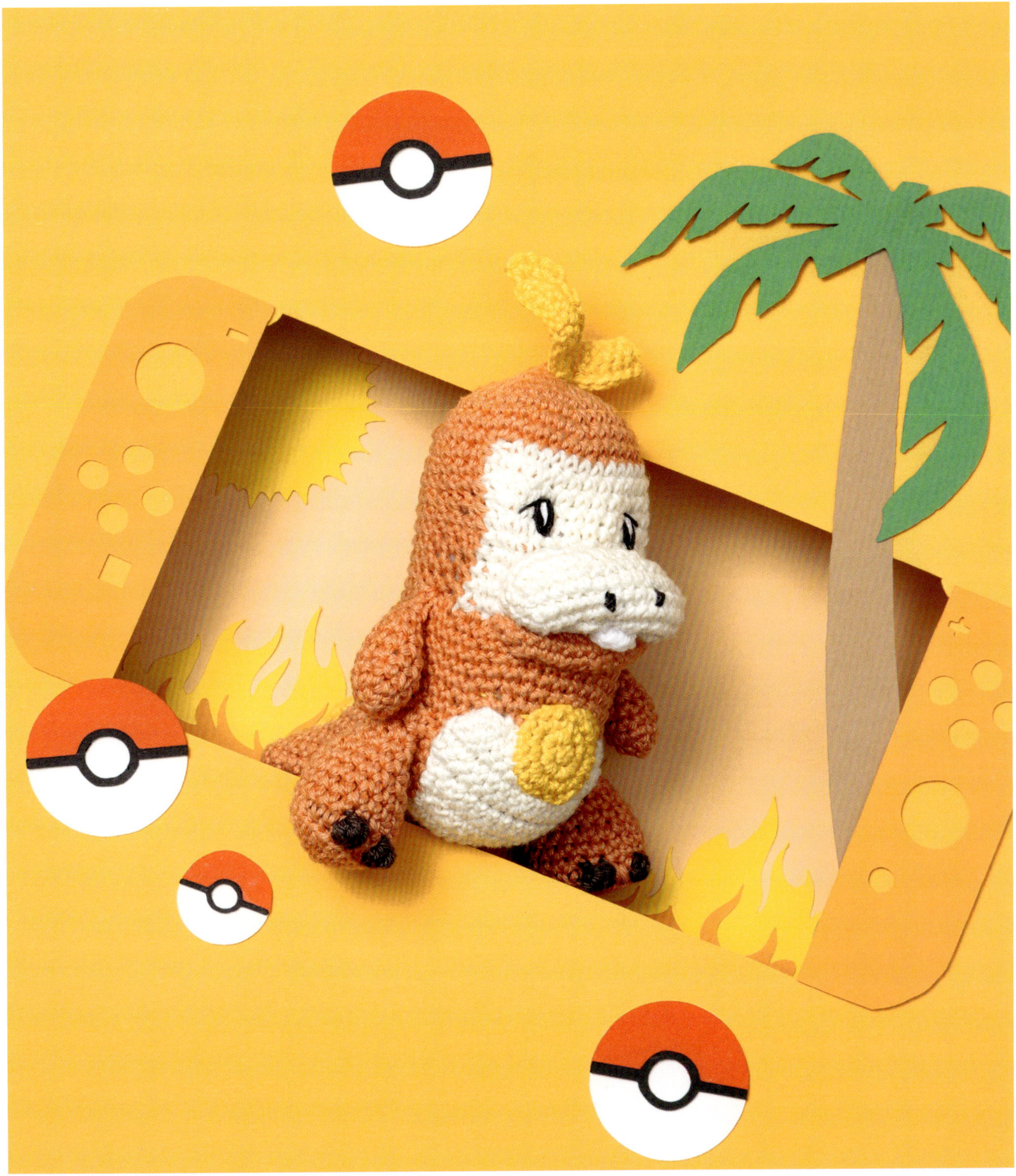

MYSTERIÖSER Ritter

Früh musste der mysteriöse Ritter die Fesseln seines vorbestimmten Schicksals abwerfen. Der Leere entkommen, wanderte der Ritter ziellos umher, bis er sein Schicksal und seine Herkunft schließlich völlig vergaß. Doch noch immer wartet das Abenteuer auf ihn. Auf der Suche nach seinen verlorenen Erinnerungen muss er in seine Heimat zurückkehren und das Rätsel seiner Herkunft lüften.

LEVEL: 2 | GRÖSSE: 18 CM

MATERIAL

- Schachenmayr Catania (100% Baumwolle, LL 125m/50g) in
- Creme (Fb 130), 20g
- Zartbitter (Fb 415), 20g
- Schwarz (Fb 110), 20g
- Rauchgrau (Fb 435), 5g
- Häkelnadel 2,50mm
- Füllwatte
- Stopfnadel zum Vernähen
- Schere

SO WIRD'S GEMACHT

Es wird überwiegend in Spiralrunden gehäkelt. Beine und Körper werden in einem Stück gehäkelt, Einzelteile werden später angenäht. Der Mantel wird in R gehäkelt.

KOPF (IN CREME)

Häkle in Rd. Den Kopf fortlaufend mit Füllwatte ausstopfen.
1. Rd: 4 fM in einen Fadenring häkeln (= 4 M).
2. Rd: 4x 1 M zun (= 8 M).
3. Rd: *1 fM, 1 M zun*, von * bis * noch 3x wdh (= 12 M).
4. Rd: *2 fM, 1 M zun*, von * bis * noch 3x wdh (= 16 M).
5. Rd: *3 fM, 1 M zun*, von * bis * noch 3x wdh (= 20 M).
6. Rd: *4 fM, 1 M zun*, von * bis * noch 3x wdh (= 24 M).
7. Rd: *5 fM, 1 M zun*, von * bis * noch 3x wdh (= 28 M).
8. Rd: *6 fM, 1 M zun*, von * bis * noch 3x wdh (= 32 M).
9. Rd: *7 fM, 1 M zun*, von * bis * noch 3x wdh (= 36 M).
10.–19. Rd: 36 fM häkeln.
20. Rd: *7 fM, 1 M abn*, von * bis * noch 3x wdh (= 32 M).
21. Rd: *6 fM, 1 M abn*, von * bis * noch 3x wdh (= 28 M).
22. Rd: *5 fM, 1 M abn*, von * bis * noch 3x wdh (= 24 M).
23. Rd: *4 fM, 1 M abn*, von * bis * noch 3x wdh (= 20 M).
24. Rd: *3 fM, 1 M abn*, von * bis * noch 3x wdh (= 16 M).
25. Rd: 8x 1 M abn (= 8 M).
Faden abschneiden, durch alle vorderen M-Glieder fädeln, fest zuziehen und vernähen.

HÖRNER (2X IN CREME)

Häkle in Rd. Die Hörner fortlaufend mit Füllwatte ausstopfen. Starte zunächst mit dem ersten Teil, später mit dem zweiten Teil des Horns. Anschließend werden beide Teile miteinander verbunden und so das Horn fertiggestellt.

TEIL 1 (IN CREME)

1. Rd: 5 fM in einen Fadenring häkeln (= 5 M).
2.–4. Rd: 5 fM häkeln.
Teil eins abketten und den Faden vernähen. Weiter mit dem zweiten Teil.

TEIL 2 (IN CREME)

1.–3. Rd: Wdh Rd 1–3 von Teil 1 (= 5 M).
Nicht abketten. Stich stattdessen direkt in den ersten Teil ein, es geht weiter mit dem Fertigstellen des Horns.

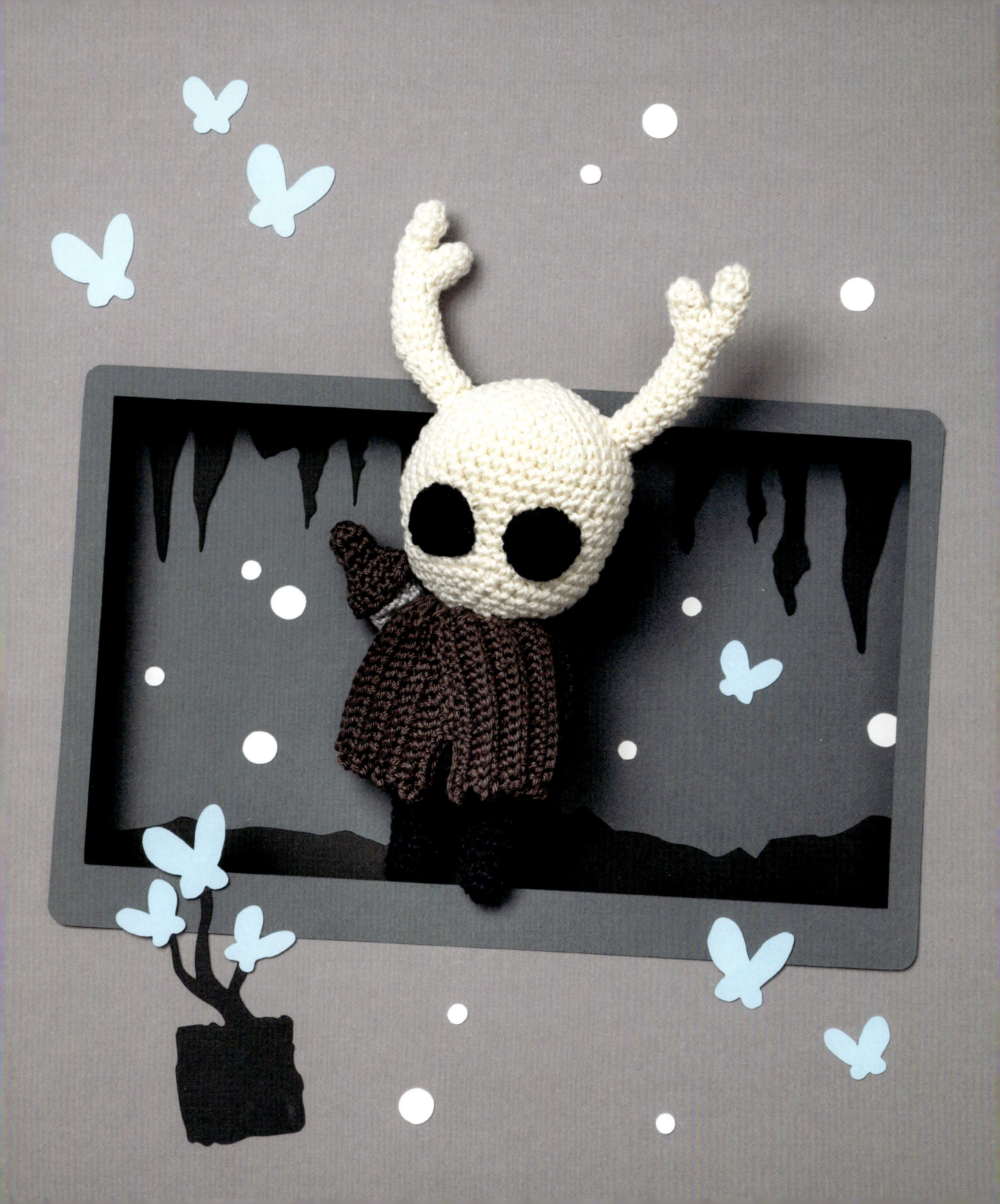

HORN FERTIGSTELLEN (IN CREME)

Es wird nun zunächst um die erste Hälfte, dann um die zweite Hälfte gehäkelt. Am Ende sollten der erste und zweite Teil miteinander verbunden sein.
1. Rd: 5 fM um Teil 1, 5 fM um Teil 2 (= 10 M).
2. Rd: *3 fM, 1 M abn*, von * bis * noch 1x wdh (= 8 M).
3. Rd: *2 fM, 1 M abn*, von * bis * noch 1x wdh (= 6 M).
4. Rd: 6 fM häkeln.
5. Rd: *2 fM, 1 M zun*, von * bis * noch 1x wdh (= 8 M).
6.–9. Rd: 8 fM häkeln.
10. Rd: *2 fM, 1 M abn*, von * bis * noch 1x wdh (= 6 M).
11.–14. Rd: 6 fM häkeln. *siehe Bild 1–4*
Den Faden lang abschneiden, ein zweites Horn häkeln. Beide Hörner anschließend über Rd 7–8 am Kopf, mit 8 fM Abstand dazwischen, festnähen.

AUGEN (2X IN SCHWARZ)

Häkle in Rd.
1. Rd: 8 fM in einen Fadenring häkeln (= 8 M).
2. Rd: 8x 1 M zun (= 16 M).
Abketten, den Faden lang abschneiden und die Augen über Rd 14–19, mit 3 fM Abstand dazwischen, am Kopf festnähen.

BEINE (2X IN SCHWARZ)

Häkle in Rd. Die Beine fortlaufend mit Füllwatte ausstopfen.
1. Rd: 6 fM in einen Fadenring häkeln (= 6 M).
2. Rd: 6 fM häkeln.
3. Rd: *2 fM, 1 M zun*, von * bis * noch 1x wdh (= 8 M).
4. Rd: 8 fM häkeln.
5. Rd: *3 fM, 1 M zun*, von * bis * noch 1x wdh (= 10 M).
6.–8. Rd: 10 fM häkeln.
Das erste Bein abketten und den Faden vernähen. Ein zweites Bein häkeln, jedoch nicht abketten. Es geht direkt mit dem Körper weiter.

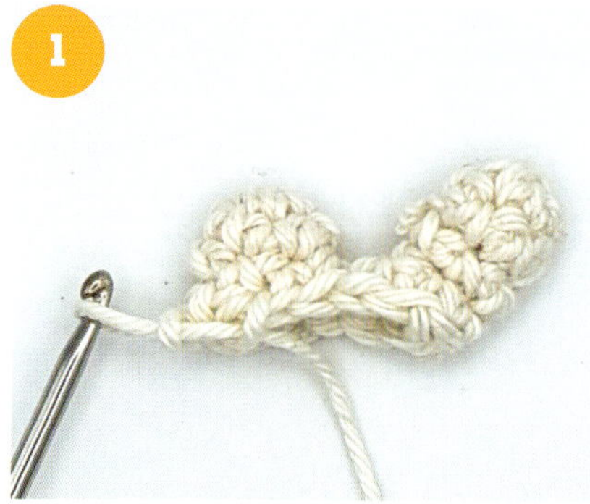

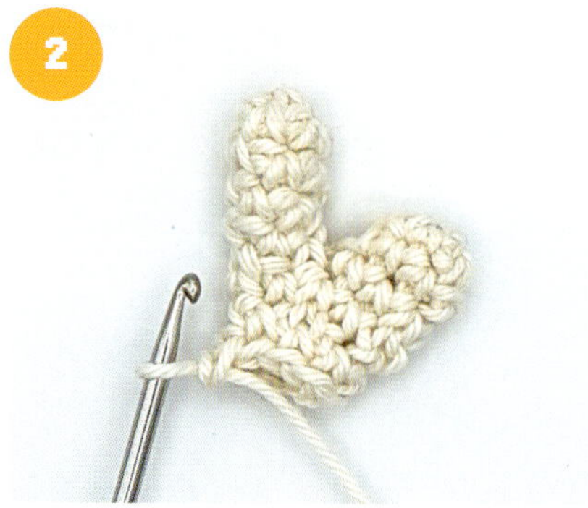

KÖRPER (IN SCHWARZ)

Häkle in Rd. Den Körper fortlaufend mit Füllwatte ausstopfen.
Häkle zunächst 2 Lm an das zweite Bein, stich in das erste Bein ein und häkle wie folgt weiter:
1. Rd: 10 fM um das erste Bein, 2 fM in die Lm-Kette, 10 fM um das zweite Bein, 2 fM in die Lm-Kette (= 24 M).
2. Rd: 4 fM, 1 M zun, 12 fM, 1 M zun, 6 fM (= 26 M).
3. Rd: 5 fM, 1 M zun, 12 fM, 1 M zun, 7 fM (= 28 M).
4. Rd: 5 fM, 1 M zun, 14 fM, 1 M zun, 7 fM (= 30 M).
5.–13. Rd: 30 fM häkeln.
14. Rd: *3 fM, 1 M abn*, von * bis * noch 5x wdh (= 24 M).
15. Rd: *2 fM, 1 M abn*, von * bis * noch 5x wdh (= 18 M).
16. Rd: *1 fM, 1 M abn*, von * bis * noch 5x wdh (= 12 M).
Abketten, den Faden lang abschneiden und den Kopf am Körper festnähen.

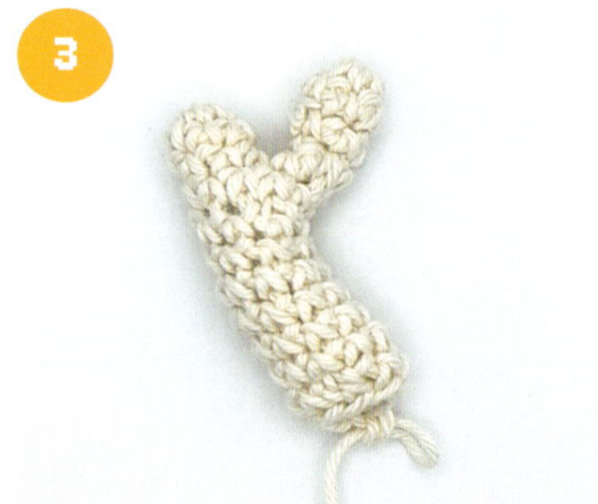

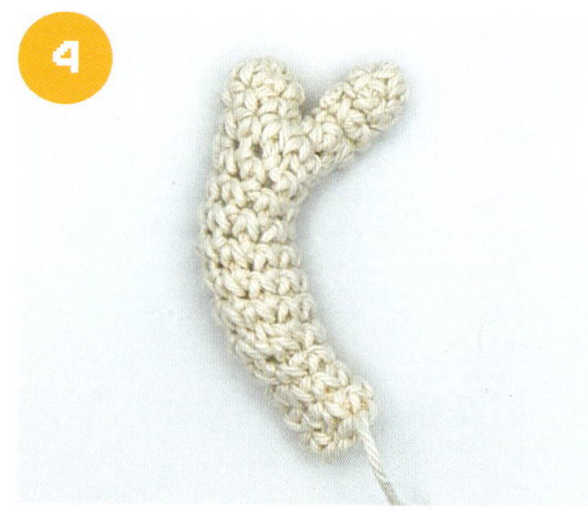

ARME (2X IN SCHWARZ)

Häkle in Rd. Die Arme nicht mit Füllwatte ausstopfen.
1. Rd: 6 fM in einen Fadenring häkeln (= 6 M).
2. Rd: 6 fM häkeln.
3. Rd: *2 fM, 1 M zun*, von * bis * noch 1x wdh (= 8 M).
4.–11. Rd: 8 fM häkeln.
Das Ende falten und mit 4 fM zusammenhäkeln. Den Faden lang abschneiden und die Arme 1 Rd unter dem Kopf festnähen.

UMHANG (IN ZARTBITTER)

19 Lm anschlagen, in die 2. Lm von der Nd aus einstechen und wie folgt in R weiterhäkeln:
1. R: 18 fM, 1 Lm und wenden (= 18 M).
2. R: 16 fM ihM, 1 Lm und wenden (= 16 M).
3. R: 2x 1 M zun ihM, 14 fM ihM, 1 Lm und wenden (= 18 M) *siehe Bild 5.*
4.–51. R: Wdh die 2.–3. R fortlaufend im Wechsel.

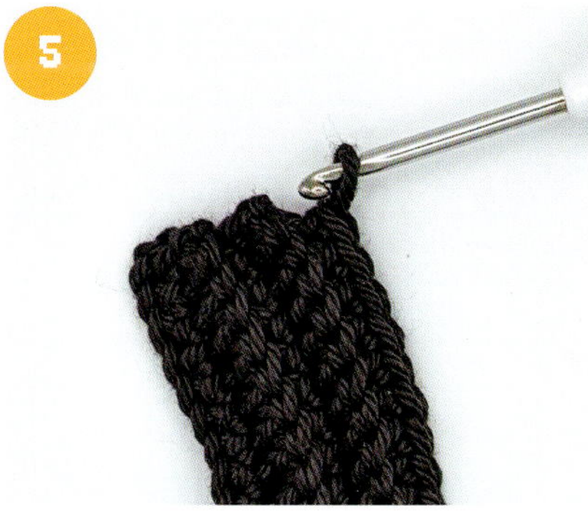

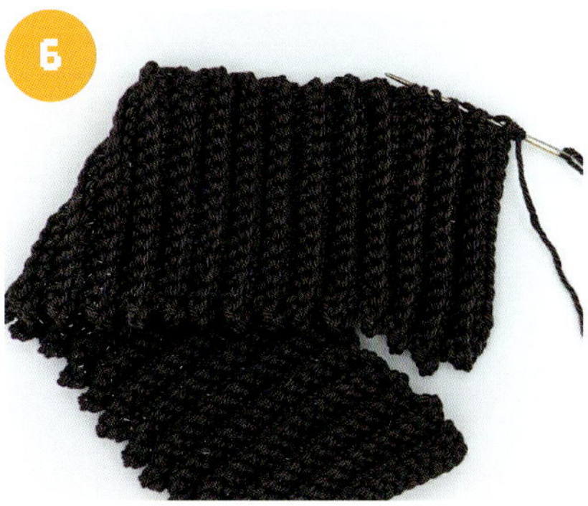

ACHTUNG: Nach R 51 die Arbeit ohne Lm wenden.

Den Faden abschneiden, durch die oberen R-Enden des Umhangs fädeln und an dem Faden ziehen, um den Umhang so zusammen zu raffen *siehe Bild 6–8*. Den Umhang um die Figur legen und das obere Viertel mit ein paar Stichen zusammennähen. Den Faden vernähen.

SCHWERT (IN RAUCHGRAU UND ZARTBITTER)

Häkle in Rd. Das Schwert wird in zwei Teilen gehäkelt. Beginne zunächst mit dem Griff und nähe beide Teile anschließend zusammen. Fülle das Schwert nicht mit Füllwatte.

GRIFF (IN ZARTBITTER)

1. Rd: 6 fM in einen Fadenring häkeln (= 6 M).
2.–4. Rd: 6 fM häkeln.
5. Rd: 6x 1 M zun (= 12 M).
6. Rd: 12 fM häkeln.

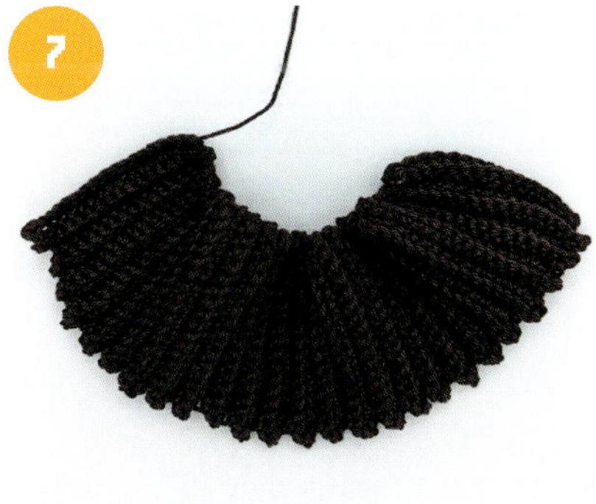

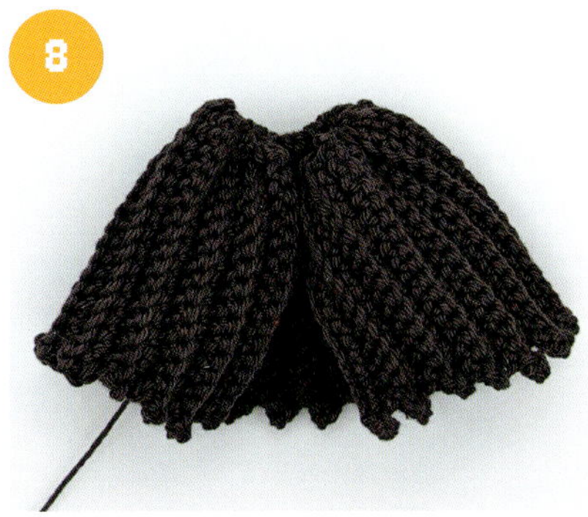

7. Rd: *1 M zun, 5 fM*, von * bis * noch 1x wdh (= 14 M).

Den Faden lang abschneiden, weiter mit der Klinge.

KLINGE (IN RAUCHGRAU)

Schlage 4 Lm an, stich in die 2. Lm von der Nd aus ein und häkle wie folgt um die Lm-Kette herum:

1. Rd: 2 fM, 3 fM in eine M, weiter auf der anderen Seite der Lm-Kette, 1 fM, 1 M zun (= 8 M).
2. Rd: *1 M zun, 3 fM*, von * bis * noch 1x wdh (= 10 M).
3. Rd: 10 fM häkeln.
4. Rd: *1 M abn, 3 fM*, von * bis * noch 1x wdh (= 8 M).
5. Rd: *1 M abn, 2 fM*, von * bis * noch 1x wdh (= 6 M).
6.–18. Rd: 6 fM häkeln.
19. Rd: *1 M abn, 1 fM*, von * bis * noch 1x wdh (= 4 M).

Den Faden lang abschneiden, durch die vorderen M-Glieder der letzten Rd

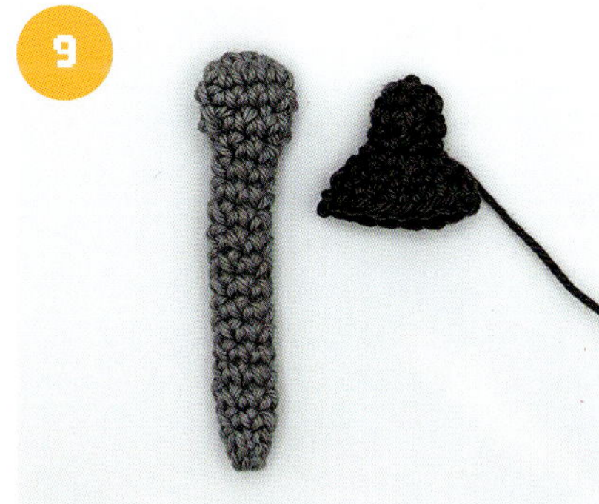

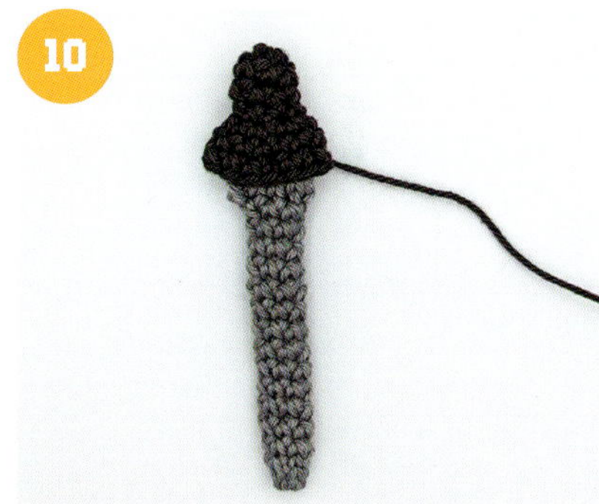

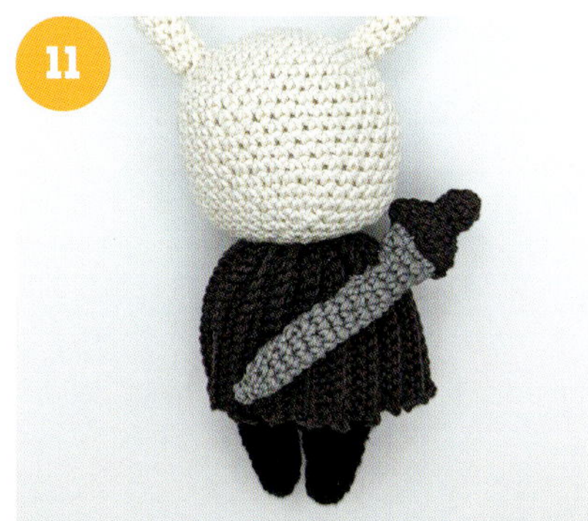

fädeln, fest zuziehen und vernähen. Den Griff an der Klinge festnähen *siehe Bild 9–11*. Das Schwert mit einem Restfaden in Rauchgrau am Rücken festnähen.

LUSTIGES *Lama*

Bunte Formen aus Pappmaché, gefüllt mit jeder Menge Süßigkeiten und Spielzeugen. Denn Pinatas lieben wir alle, oder? Doch dieses Lama ist etwas anders als seine verwandten Glücksboten. Es bringt zwar jedem, der es findet, ebenso Freude, aber in seinem Inneren befinden sich Dinge, die man zum Kampf ums Überleben braucht. Von Heilmitteln bis Arbeitsmaterialien ist alles dabei.

LEVEL: 3 | GRÖSSE: 23 CM

MATERIAL

- Schachenmayr Catania (100% Baumwolle, LL 125m/50g) in
- Altrosa (Fb 408), 20g
- Zartbitter (Fb 415), ein Rest
- Creme (Fb 130), 10g
- Ocean (Fb 400), 15g
- Capri (Fb 384), 15g
- Jeans (Fb 164), 15g
- Leinen (Fb 248), 10g
- Filetgarn in Schwarz
- Häkelnadel 2,50mm
- Füllwatte
- Stopfnadel zum Vernähen
- Schere

SO WIRD'S GEMACHT

Es wird meist in Spiralrunden gehäkelt. Einzelteile werden später angenäht.

KÖRPER (IN ALTROSA, CAPRI, OCEAN UND JEANS)

Den Körper fortlaufend mit Füllwatte ausstopfen. Beginne in Altrosa. Schlage 21 Lm an, stich in die 2. Lm von der Nd aus ein und häkle wie folgt um die Lm-Kette herum:

1. Rd: 19 fM, 3 fM in eine M, weiter auf der anderen Seite der Lm-Kette, 18 fM, 1 M zun (= 42 M).
2. Rd: *1 M zun, 20 fM*, von * bis * noch 1x wdh (= 44 M).
3. Rd: *1 M zun, 21 fM*, von * bis * noch 1x wdh (= 46 M).
4. Rd: 46 fM ihM häkeln.
5. Rd: 46 fM häkeln.
6. Rd: *2 fM ivM, 3 Lm, in die 2. Lm von der Nd aus einstechen, 2 hStb entlang der Lm-Kette*, von * bis * noch 22x wdh (= 46 M).

ACHTUNG: In den Rd, in denen die Löckchen entstehen, werden die M entlang der Lm-Kette am Ende der Rd nicht mitgezählt.

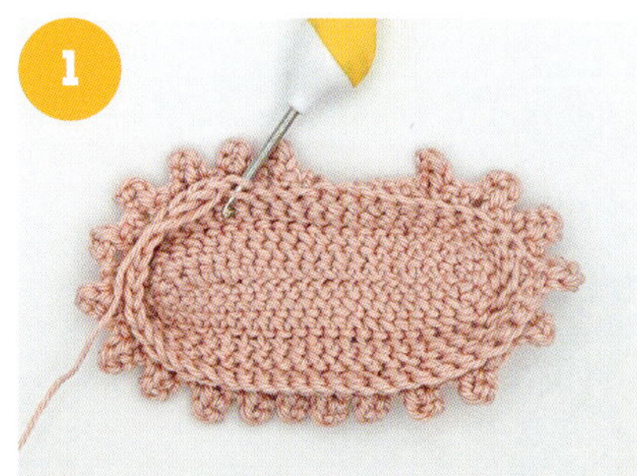

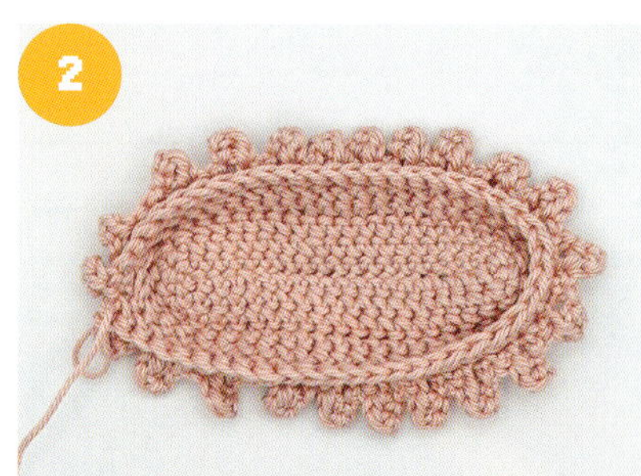

7. Rd: 46 fM ihM häkeln *siehe Bild 1–2.*
8. Rd: *1 fM ivM, 3 Lm, in die 2. Lm von der Nd aus einstechen, 2 hStb entlang

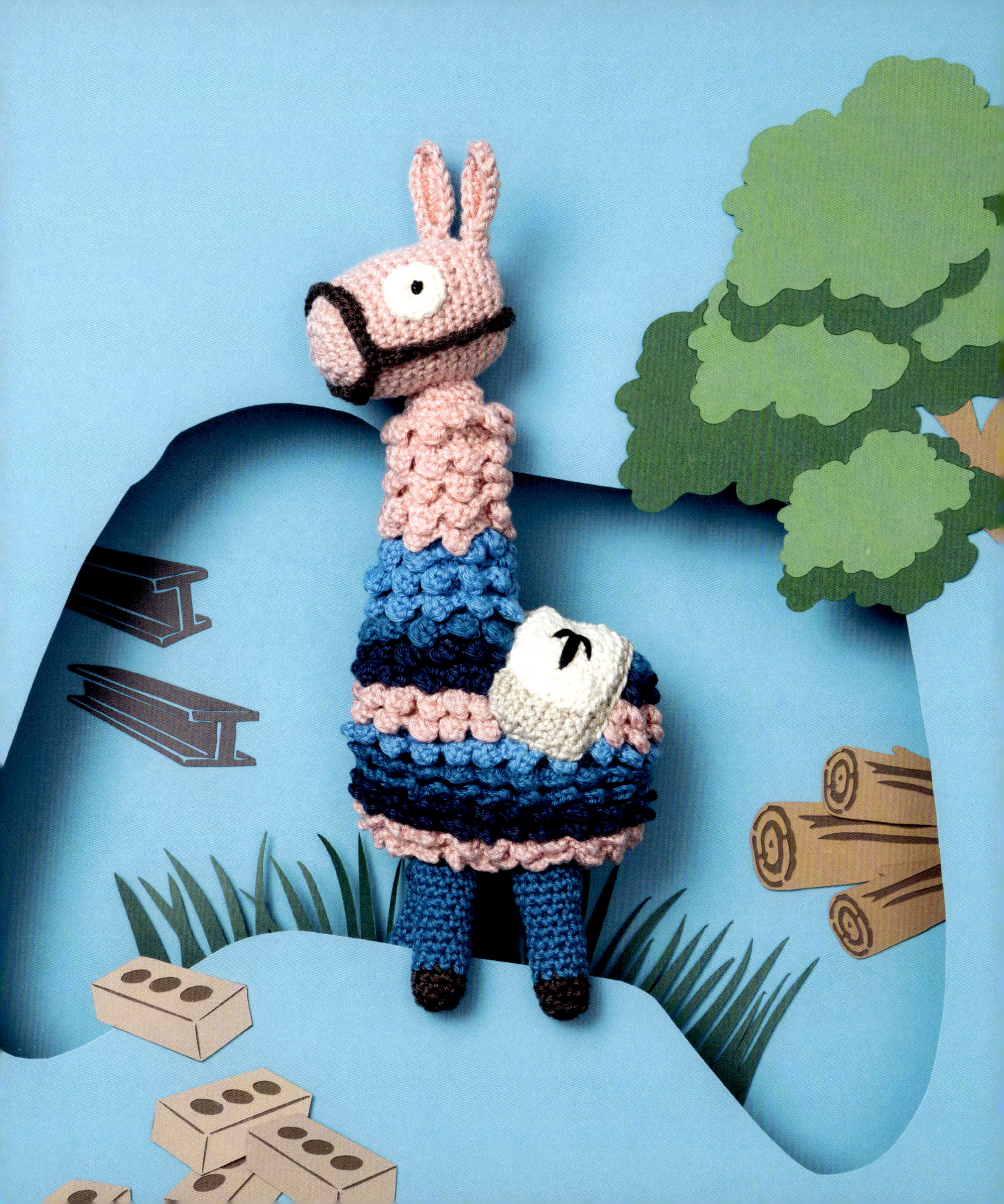

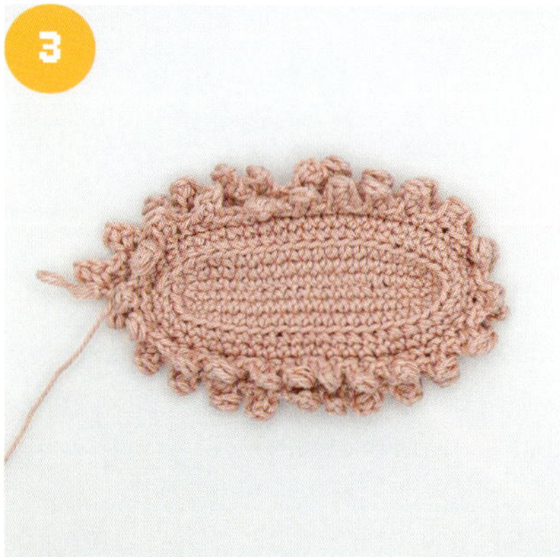

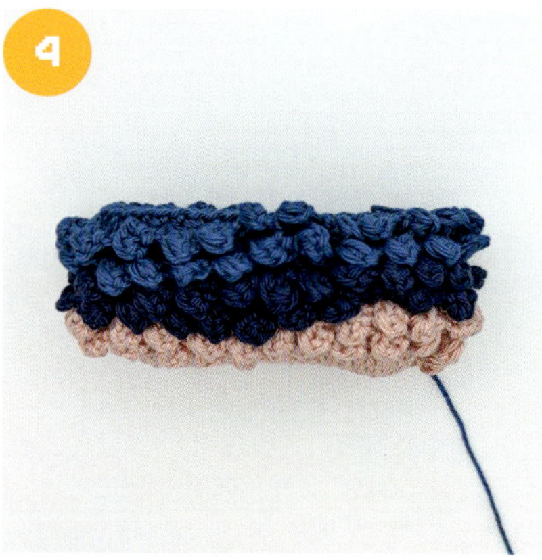

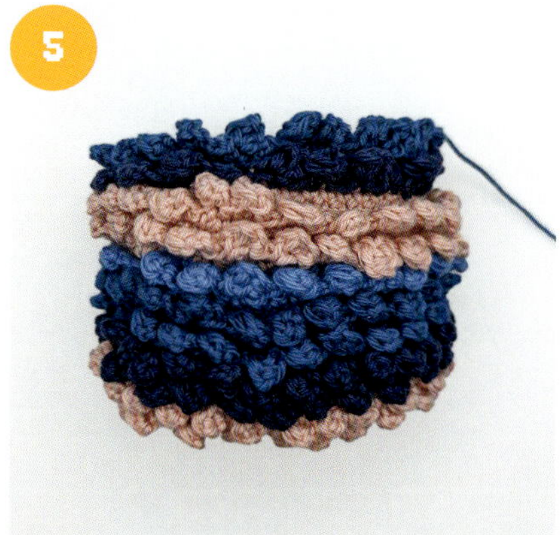

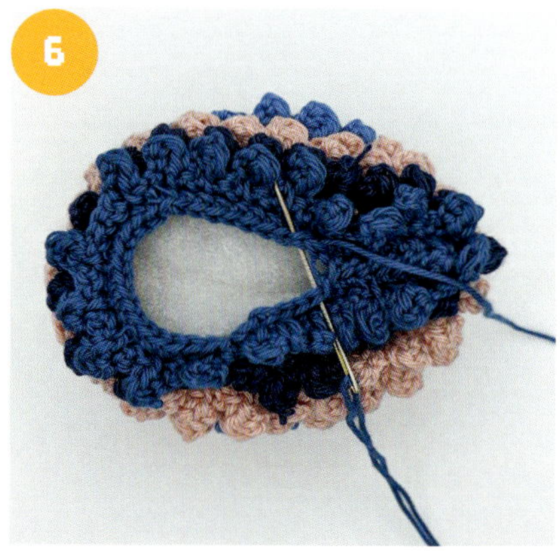

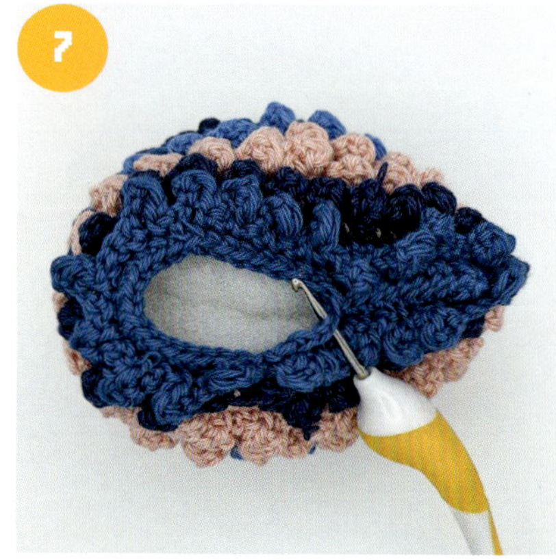

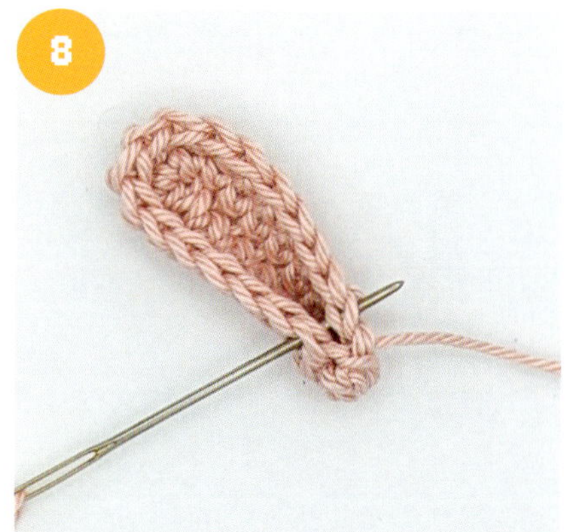

der Lm-Kette, 1 fM ivM*, von * bis * noch 22x wdh (= 46 M) *siehe Bild 3.*
9. Rd: 46 fM ihM häkeln.
Fb-Wechsel zu Jeans.
10.–13. Rd: Wdh Rd 6–9 des Körpers (= 46 M).
Fb-Wechsel zu Ocean.
14.–15. Rd: Wdh Rd 6–7 des Körpers (= 46 M).
16. Rd: 46 fM häkeln.
17.–18. Rd: Wdh Rd 8–9 des Körpers (= 46 M) *siehe Bild 4.*
Fb-Wechsel zu Capri.
19. Rd: 46 fM häkeln.
20. Rd: Wdh Rd 6 des Körpers (= 46 M).
21. Rd: 46 fM ihM häkeln.
Fb-Wechsel zu Altrosa.
22. Rd: 46 fM häkeln.
23.–24. Rd: Wdh Rd 6–7 des Körpers (= 46 M).
25. Rd: 46 fM häkeln.
26.–27. Rd: Wdh Rd 8–9 des Körpers (= 46 M).
28. Rd: 46 fM häkeln.
Fb-Wechsel zu Jeans.
29.–30. Rd: Wdh Rd 6–7 des Körpers (= 46 M).
Fb-Wechsel zu Ocean.
31. Rd: 46 fM häkeln.
32.–33. Rd: Wdh Rd 8–9 des Körpers (= 46 M).
Den Faden lang abschneiden und zum äußeren Rand des Körpers fädeln. Das Ende des Körpers falten und 22 der gegenüberliegenden fM Stich für Stich zusammennähen *siehe Bild 5–6.* Den Faden abschneiden und vernähen. Weiter mit dem Hals.

HALS (IN CAPRI UND ALTROSA)

Häkle in Rd. Den Hals fortlaufend mit Füllwatte ausstopfen.
Den Faden an einer Kante der Öffnung des Körpers in Capri mit einer stehenden fM aufnehmen. Von vorne nach hinten einstechen *siehe Bild 7,* wie folgt weiterhäkeln:
1. Rd: 24 fM häkeln (= 24 M).
2. Rd: *1 fM ivM, 3 Lm, in die 2. Lm von der Nd aus einstechen, 2 hStb entlang der Lm-Kette, 1 fM ivM*, von * bis * noch 11x wdh (= 24 M).
3. Rd: 24 fM ihM häkeln.
4. Rd: 24 fM häkeln.
5. Rd: *2 fM ivM, 3 Lm, in die 2. Lm von der Nd aus einstechen, 2 hStb entlang der Lm-Kette*, von * bis * noch 11x wdh (= 24 M).

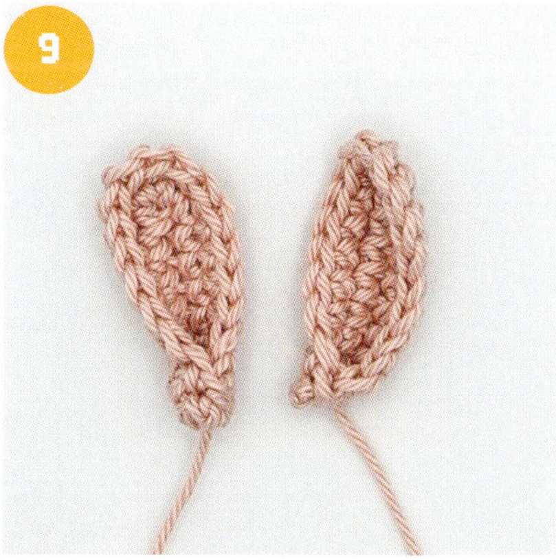

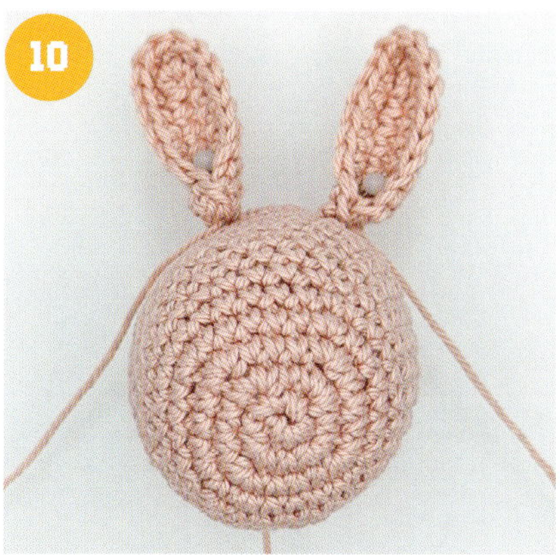

6. Rd: 24 fM ihM häkeln.
7. Rd: *2 fM, 1 M abn*,
von * bis * noch 5x wdh (= 18 M).
8. Rd: *1 fM ivM, 3 Lm, in die 2. Lm von der Nd aus einstechen, 2 hStb entlang der Lm-Kette, 1 fM ivM*, von * bis * noch 8x wdh (= 18 M).
9. Rd: 18 fM ihM häkeln.
Fb-Wechsel zu Altrosa.
10. Rd: 18 fM häkeln.
11. Rd: *2 fM ivM, 3 Lm, in die 2. Lm von der Nd aus einstechen, 2 hStb entlang der Lm-Kette*, von * bis * noch 8x wdh (= 18 M).
12. Rd: 18 fM ihM häkeln.
13. Rd: 18 fM häkeln.
14. Rd: Wdh Rd 8 des Halses (= 18 M).
15. Rd: 18 fM ihM häkeln.
16. Rd: 18 fM häkeln.
17. Rd: Wdh Rd 11 des Halses (= 18 M).

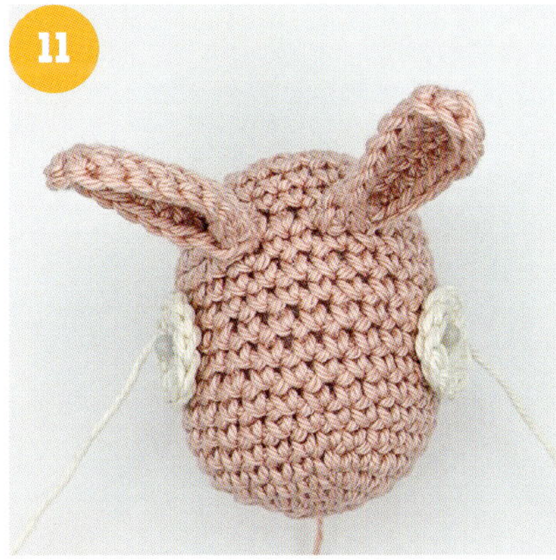

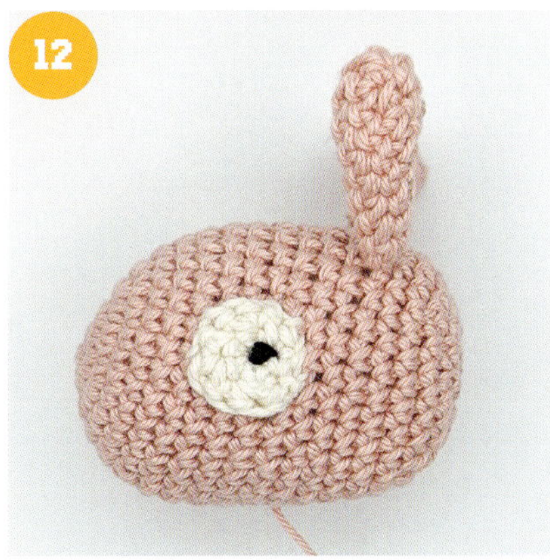

18. Rd: 18 fM ihM häkeln.
19. Rd: 18 fM häkeln.
20. Rd: Wdh Rd 8 des Halses (= 18 M).
21. Rd: 18 fM ihM häkeln.
22. Rd: 18 fM häkeln.
23. Rd: Wdh. Rd 11 des Halses (= 18 M).
24. Rd: 18 fM ihM häkeln.
25. Rd: 18 fM häkeln.
26. Rd: *1 fM, 1 M abn*, von * bis * noch 5x wdh (= 12 M).
27. Rd: 6x 1 M abn (= 6 M).
Den Faden abschneiden, durch die vorderen M-Glieder der letzten Rd fädeln, fest zuziehen und vernähen.

KOPF (IN ALTROSA)

Häkle in Rd. Den Kopf fortlaufend mit Füllwatte ausstopfen.
1. Rd: 8 fM in einen Fadenring häkeln (= 8 M).
2. Rd: *1 fM, 3 fM in eine M*, von * bis * noch 3x wdh (= 16 M).
3. Rd: *3 fM, 3 fM in eine M*, von * bis * noch 3x wdh (= 24 M).
4. Rd: *5 fM, 3 fM in eine M*, von * bis * noch 3x wdh (= 32 M).
5.–16. Rd: 32 fM häkeln.
17. Rd: *5 fM, 3 fM zusammen abn*, von * bis * noch 3x wdh (= 24 M).
18. Rd: *4 fM, 1 M abn*, von * bis * noch 3x wdh (= 20 M).
19. Rd: 10x 1 M abn (= 10 M).
Den Faden lang abschneiden, durch die vorderen M-Glieder der letzten Rd fädeln, fest zuziehen und den Faden zur Unterseite des Kopfes fädeln. Den Kopf zur Seite legen.

OHREN (2X IN ALTROSA)

Schlage 9 Lm an, stich in die 2. Lm von der Nd aus ein und häkle wie folgt um die Lm-Kette herum:
1. Rd: 7 fM, 3 fM in eine M, weiter auf der anderen Seite der Lm-Kette, 6 fM, 1 M zun (= 18 M).
2. Rd: *1 M zun, 8 fM*, von * bis * noch 1x wdh (= 20 M).
Den Faden lang abschneiden. Das Ende falten und drei der gegenüberliegenden M zusammennähen. Die Ohren über Rd 14–15, mit 3 fM Abstand dazwischen, am Kopf festnähen *siehe Bild 8–10.*

AUGEN (2X IN CREME)

Häkle in Rd.
1. Rd: 6 fM in einen Fadenring häkeln (= 6 M).
2. Rd: *1 fM, 2x 1 M zun*, von * bis * noch 1x wdh (= 10 M).
Abketten, den Faden lang abschneiden. Die Augen über Rd 8–11, mit 7 fM Abstand dazwischen, am Kopf festnähen. Die Pupillen in schwarzem Filetgarn, mit Hilfe des Knötchenstichs, auf den Augen aufsticken *siehe Bild 11–12.*

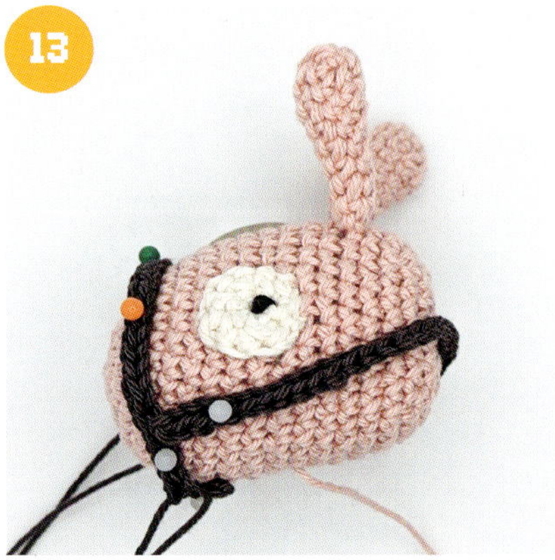

HALFTER (2X IN ZARTBITTER)

TIPP: Je nachdem wie fest du häkelst oder deine Figur ausstopfst, kann die Anzahl an Lm für das Halfter variieren. Passe hier die Anzahl der Lm ggf. bei Bedarf an und häkle die Lm so, dass der erste Teil des Halfters genau um die Schnauze passt.

Häkle für den Teil an der Schnauze 41 Lm, stich in die 2. Lm von der Nd aus ein und häkle 40 Km entlang der Lm-Kette. Den Faden lang abschneiden und das Halfter über Rd 5 der Schnauze festnähen. Für das Kieferhalfter 43 Lm anschlagen, in die 2. Lm von der Nd aus einstechen und 42 Km entlang der Lm-Kette häkeln. Den Faden lang abschneiden und diesen Teil um den Hinterkopf herum festnähen *siehe Bild 13*. Den Kopf am Körper festnähen.

BEINE (4X IN OCEAN UND ZARTBITTER)

Häkle in Rd. Die Beine fortlaufend mit Füllwatte ausstopfen. Beginne in Zartbitter.
1. Rd: 6 fM in einen Fadenring häkeln (= 6 M).
2. Rd: *2 fM, 1 M zun*, von * bis * noch 1x wdh (= 8 M).
3. Rd: 8 fM ihM häkeln.
4. Rd: 8 fM häkeln.
Fb-Wechsel zu Ocean.
5. Rd: *3 fM, 1 M zun*, von * bis * noch 1x wdh (= 10 M).
6.–11. Rd: 10 fM häkeln.
12. Rd: *4 fM, 1 M zun*, von * bis * noch 1x wdh (= 12 M).
13. Rd: *5 fM, 1 M zun*, von * bis * noch 1x wdh (= 14 M).
14. Rd: 14 fM häkeln.
Abketten, den Faden lang abschneiden und die Beine am Körper festnähen.

SATTEL (IN LEINEN)

Schlage 25 Lm an, stich in die 2. Lm von der Nd aus ein und häkle wie folgt in R weiter:
1.–8. R: 24 fM, 1 Lm und wenden (= 24 M).
Häkle nun 64 fM rund um das Häkelstück. Arbeite dabei je 8 fM in die R-Enden und je 24 fM entlang den längeren Seiten. Abketten, den Faden lang abschneiden und den Sattel auf dem Rücken festnähen.

SATTEL AUFNÄHER (IN CREME)

Schlage 7 Lm an, stich in die 2. Lm von der Nd aus ein und häkle wie folgt in R weiter:
1.–8. R: 6 fM, 1 Lm und wenden (= 6 M).
Häkle nun noch 28 fM rund um die R. Gehe dabei vor wie bei dem Sattel. Abketten, den Faden lang abschneiden und den Aufnäher am Sattel festnähen. Einen Pfeil in schwarzem Filetgarn über 5 R hoch aufsticken, 5x einstechen.

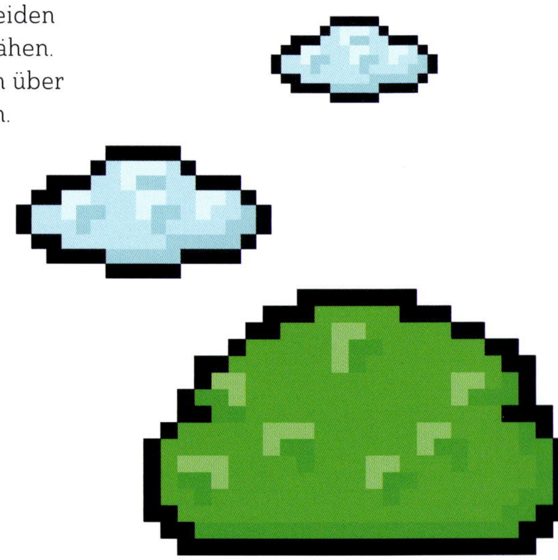

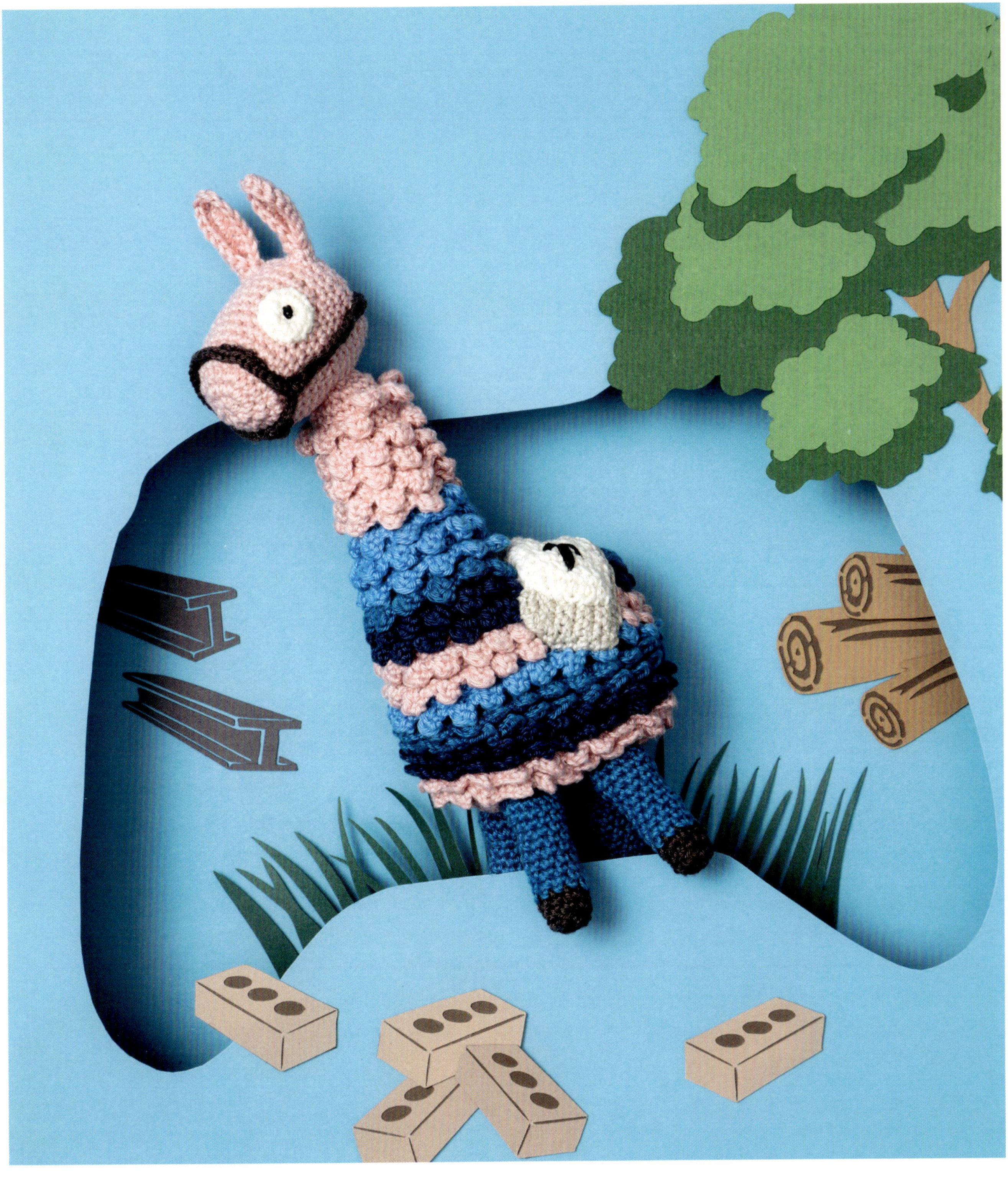

HILFSBEREITE *Garnwesen*

Erinnerungen an Glück und Freude sind besonders wichtig und besonders im Alter werden sie immer bedeutsamer. So bringen die kleinen Garnfiguren die Erinnerungen der alten Dame durch die Dinge zurück, die ihr Fotoalbum des Lebens wieder füllen.

LEVEL: 2 | GRÖSSE: 20 CM

MATERIAL

- Scheepjes Catona
  (100% Baumwolle, LL 125m/50g) in
- Poppy Rose (Fb 390), 25g
- Cornflower (Fb 511), 25g
- Old Lace (Fb 130), ein Rest
- Häkelnadel 2,50mm
- Füllwatte
- Stopfnadel zum Vernähen
- Schere
- Maschenmarkierer

SO WIRD'S GEMACHT

Es wird meist in Spiralrunden gehäkelt. Einzelteile werden später angenäht.

ROTES GARNWESEN

BEINE (2X IN POPPY ROSE)

Häkle in Rd. Die Beine fortlaufend mit Füllwatte ausstopfen.
Schlage 7 Lm an, stich in die 2. Lm von der Nd aus ein und häkle wie folgt um die Lm-Kette herum:

1. Rd: 5 fM, 3 fM in eine M, weiter auf der anderen Seite der Lm-Kette, 4 fM, 1 M zun (= 14 M).
2. Rd: *1 M zun, 6 fM*, von * bis * noch 1x wdh (= 16 M).
3. Rd: 16 fM ihM häkeln.

In den nächsten Rd wird je eine zusätzliche M am Rd-Ende gehäkelt. Hier ist am Ende der neue Rd-Anfang für die nächste Rd. Die zusätzlichen M werden nicht mitgezählt.

4. Rd: 16 fM, 1 weitere fM (= 16 M).
5. Rd: 6 fM, 2x 1 M abn, 6 fM, 1 weitere fM (= 14 M).
6. Rd: 5 fM, 2x 1 M abn, 5 fM, 1 weitere fM (= 12 M).
7. Rd: 4 fM, 2x 1 M abn, 4 fM, 1 weitere fM (= 10 M).
8. Rd: 10 fM, 1 weitere fM.

Ab der nächsten Rd wird keine zusätzliche fM mehr gehäkelt.

9. Rd: 3 fM, 2x 1 M abn, 3 fM (= 8 M).

10.–17. Rd: 8 fM häkeln.

Das erste Bein abketten und den Faden vernähen. Ein zweites Bein häkeln, jedoch nicht abketten. Der Rd-Anfang sollte mittig zur Fußspitze liegen. Es geht weiter mit der Verbindung der Beine.

VERBINDUNG DER BEINE (IN POPPY ROSE)

Häkle 4 Lm an das zweite Bein, stich in das erste Bein ein (die Fußspitzen zeigen zueinander). Häkle 8 fM um das erste Bein, 4 fM in die Lm-Kette, 8 fM um das zweite Bein und 4 fM auf die andere Seite der Lm-Kette (= 24 M).
Weiter mit Körper und Kopf.

KÖRPER UND KOPF (IN POPPY ROSE)

Häkle in Rd. Körper und Kopf fortlaufend mit Füllwatte ausstopfen.

1. Rd: 3 fM, 3x 1 M zun, 8 fM, 3x 1 M zun, 7 fM (= 30 M).

2.–5. Rd: 30 fM häkeln.

6. Rd: 4 fM, 1 M abn, 14 fM, 1 M abn, 8 fM (= 28 M).
7. Rd: *5 fM, 1 M abn*, von * bis * noch 3x wdh (= 24 M).

8.–12. Rd: 24 fM häkeln.

13. Rd: *2 fM, 1 M abn*, von * bis * noch 5x wdh (= 18 M).
14. Rd: *1 fM, 1 M abn*, von * bis * noch 5x wdh (= 12 M).

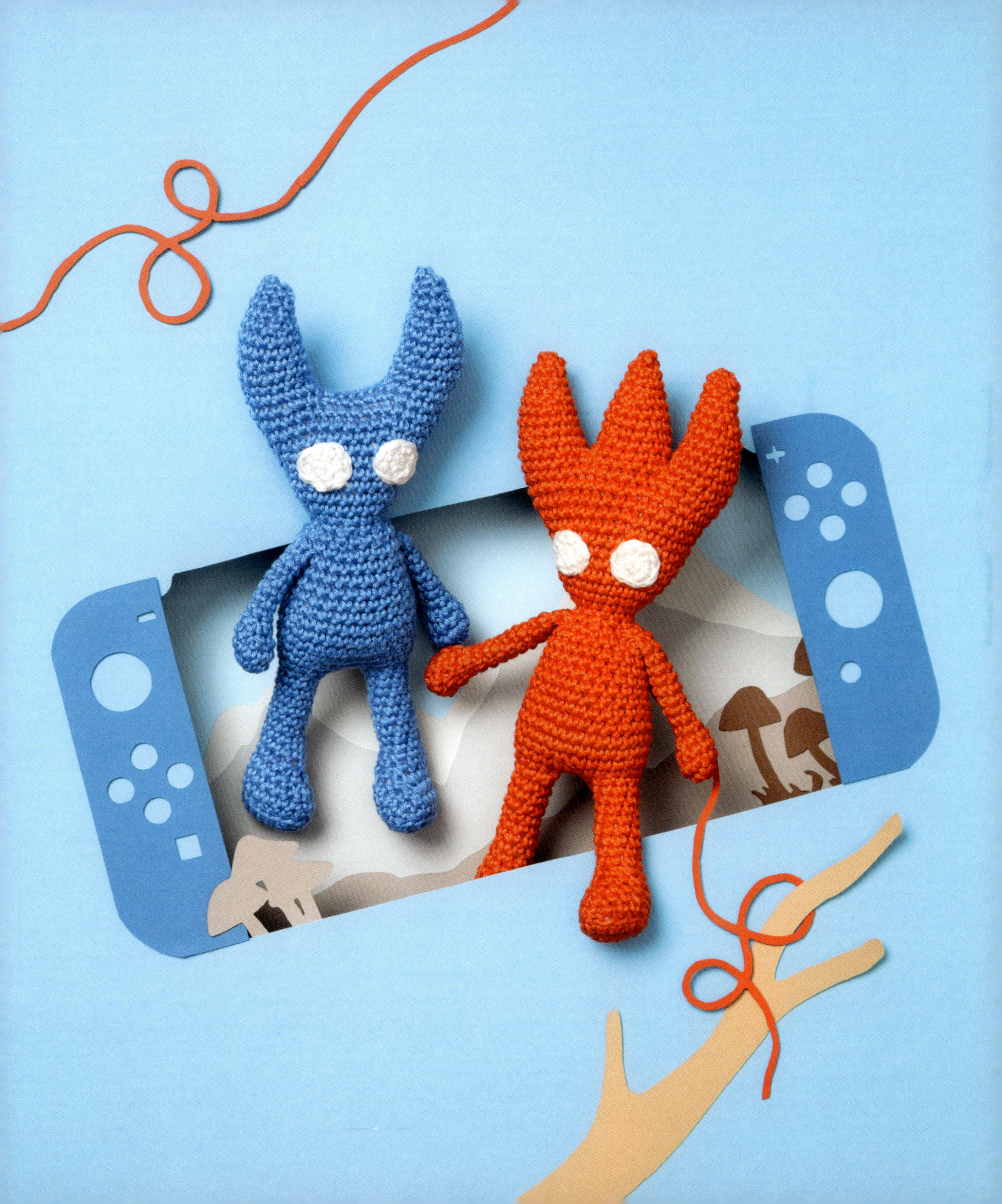

Der Rd-Anfang sollte nun, für die späteren Zacken, seitlich liegen. Ggf. bis zu diesem Punkt weiterhäkeln *siehe Bild 1.*

15. Rd: *2x 1 M zun, 4 fM*, von * bis * noch 1x wdh (= 16 M).
16. Rd: *2x 1 M zun, 6 fM*, von * bis * noch 1x wdh (= 20 M).
17. Rd: *2x 1 M zun, 8 fM*, von * bis * noch 1x wdh (= 24 M).
18.–20. Rd: 24 fM häkeln.
21. Rd: *3 fM, 1 M zun*, von * bis * noch 5x wdh (= 30 M).
22. Rd: 30 fM häkeln.
23. Rd: *4 fM, 1 M zun*, von * bis * noch 5x wdh (= 36 M).
24. Rd: 36 fM häkeln.
25. Rd: *5 fM, 1 M zun*, von * bis * noch 5x wdh (= 42 M).

Häkle nun 30 fM und markiere dir die 30. fM mit einem MM, der Rd- Anfang sollte links außen liegen *siehe Bild 2.* Ggf. bis zu diesem Punkt weiterhäkeln. In den folgenden Rd entstehen die Zacken für den Kopf.

26. Rd: 7 fM, ab dem MM 7 fM zurückzählen, in die 7. M einstechen und weitere 7 fM häkeln (= 14 M) *siehe Bild 3–4.*
27. Rd: *1 M zun, 6 fM*, von * bis * noch 1x wdh (= 16 M).
28. Rd: 16 fM häkeln.
29. Rd: *6 fM, 1 M abn*, von * bis * noch 1x wdh (= 14 M).
30.–31. Rd: 14 fM häkeln.
32. Rd: *5 fM, 1 M abn*, von * bis * noch 1x wdh (= 12 M).
33. Rd: *4 fM, 1 M abn*, von * bis * noch 1x wdh (= 10 M).
34. Rd: 10 fM häkeln.
35. Rd: *3 fM, 1 M abn*, von * bis * noch 1x wdh (= 8 M).
36. Rd: *2 fM, 1 M abn*, von * bis * noch 1x wdh (= 6 M).

Den Faden abschneiden, durch die vorderen M-Glieder der letzten Rd fädeln, fest zuziehen und vernähen *siehe Bild 5.* Den Faden neben dem ersten Zacken erneut aufnehmen *siehe Bild 6* und Rd 26–36 vom

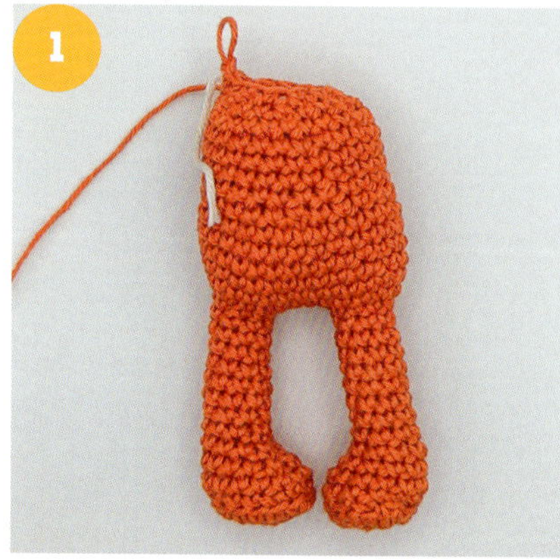

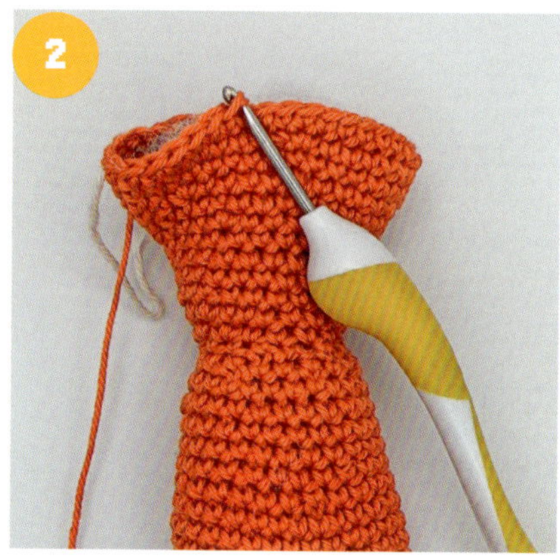

ersten Zacken wdh. Für den dritten Zacken, neben dem zweiten Zacken erneut anketten und das Ganze noch ein weiteres Mal wdh. Die Öffnung zwischen den Zacken mit einem Restfaden zunähen.

ARME (2X IN POPPY ROSE)

Häkle in Rd. Nur die Faust mit Füllwatte ausstopfen.

1. Rd: 5 fM in einen Fadenring häkeln (= 5 M).
2. Rd: 5x 1 M zun (= 10 M).
3. Rd: 3 fM, 2x 1 M abn, 3 fM (= 8 M).
4. Rd: 2 fM, 2x 1 M abn, 2 fM (= 6 M).
5.–12. Rd: 6 fM häkeln.

Das Ende falten und mit 3 fM zusammenhäkeln, die Faltkante sollte seitlich zur Faustwölbung liegen. Den Faden lang abschneiden und die Arme 2 Rd

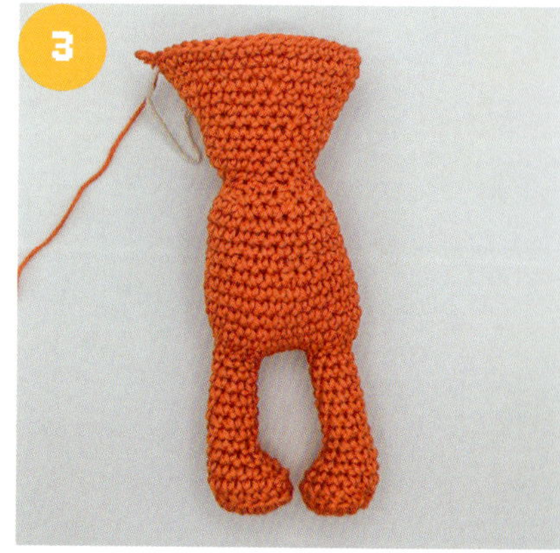

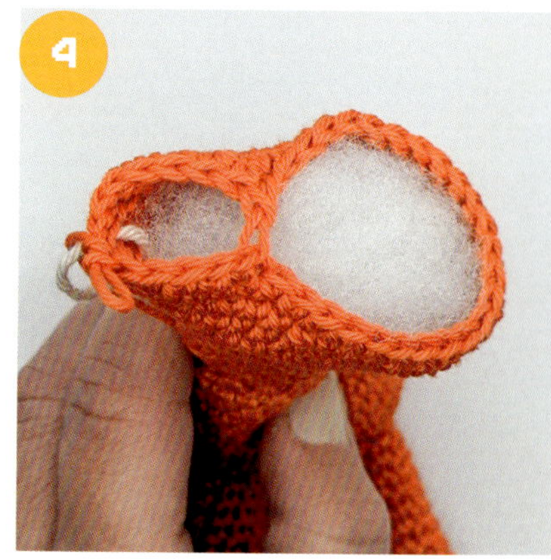

unter dem Kopf festnähen *siehe Bild 7.*

AUGEN (2X IN OLD LACE)

Häkle in Rd.

1. Rd: 6 fM in einen Fadenring häkeln (= 6 M).
2. Rd: *2 fM, 1 M zun*, von * bis * noch 1x wdh (= 8 M).

Abketten, den Faden lang abschneiden. Die Augen 4 Rd über dem Hals, mit 2 fM Abstand dazwischen, am Kopf festnähen.

BLAUES GARNWESEN (IN CORNFLOWER)

Häkle alle Schritte genau wie bei dem roten Garnwesen. Nach dem ersten Zacken wird hier jedoch kein mittlerer Zacken gehäkelt. Nähe stattdessen die gegenüberliegenden M für den ursprünglich

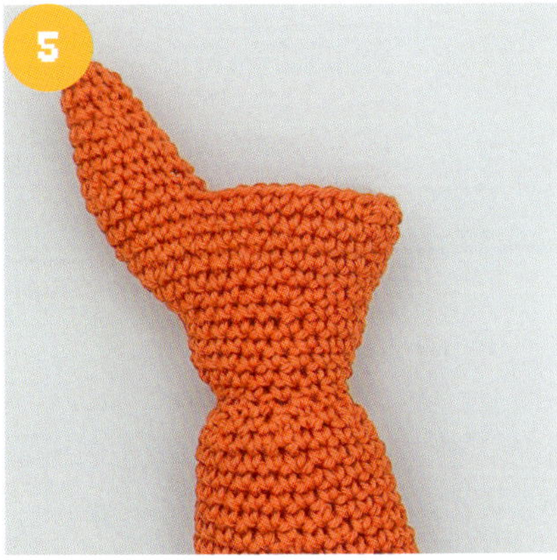

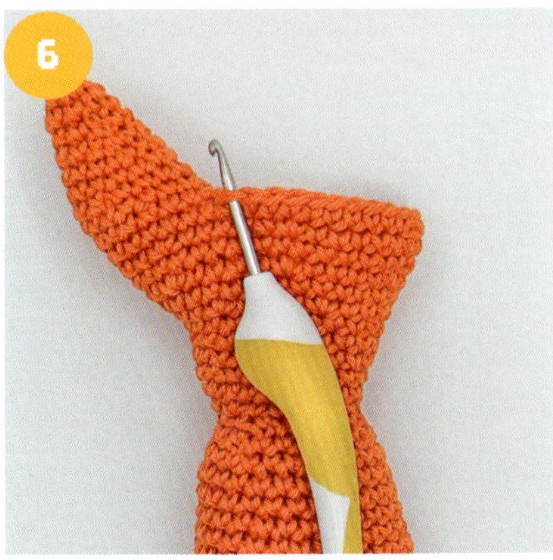

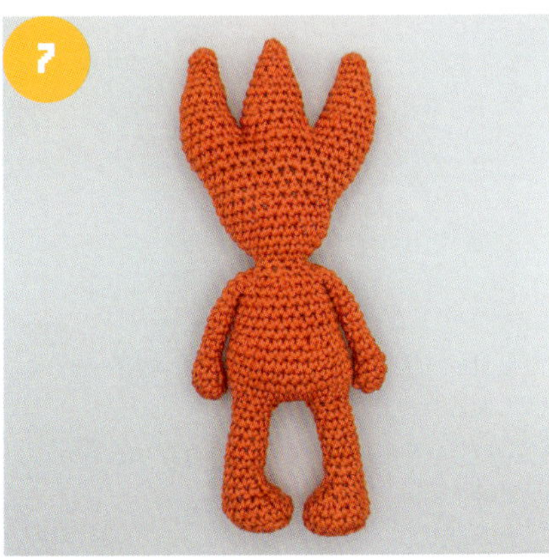

zweiten Zacken mit Hilfe des Spannstichs zu. Häkle anschließend wie bei dem roten Garnwesen den äußeren Zacken. Fädle je einen Faden Poppy Rose und Cornflower durch die Arme der Figuren und befestige sie mit einem Knoten.

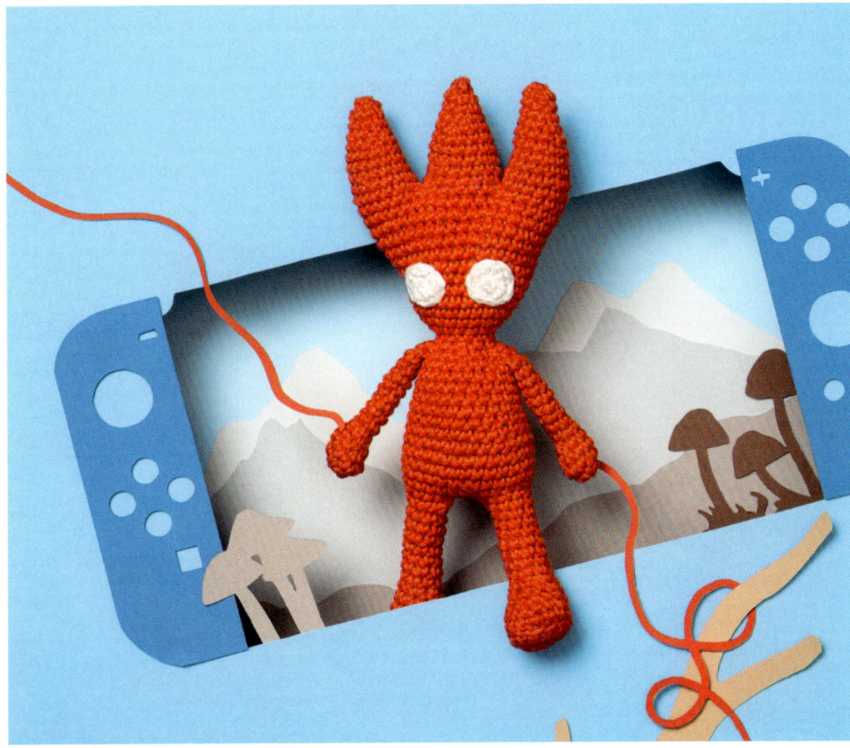

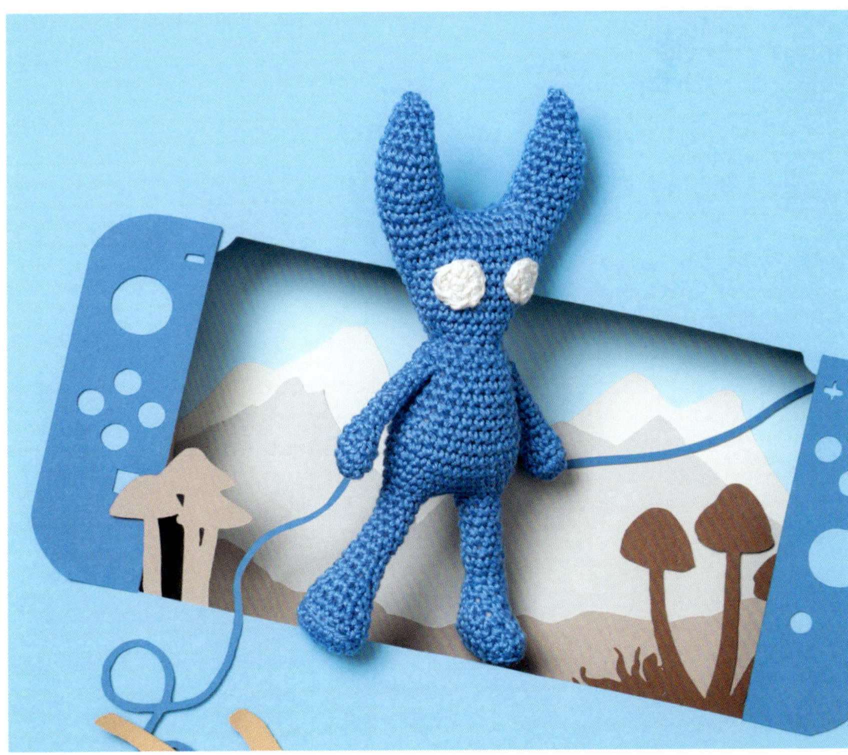

TEUFLISCHE *Kämpferin*

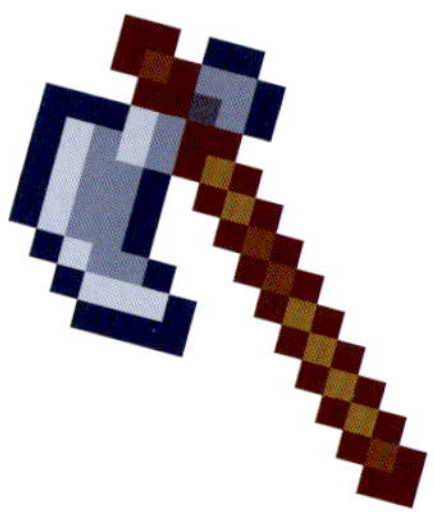

Muskulös, stürmisch und ein riesengroßes (mechanisches) Herz. Das sind wohl die Dinge, die die teuflische Kämpferin auszeichnen. Nach ihrem langen Kampf für Freiheit, gibt es keinen Weg zurück in ihr altes Leben. Denn trotz aller Loyalität und Freundlichkeit, ist sie stets bereit, Schurken und Halunken zu zeigen, wo es lang geht..

LEVEL: 2 | GRÖSSE: 22 CM

MATERIAL

- Scheepjes Catona (100% Baumwolle, LL 125m/50g) in
- Rust (Fb 388), 30g
- Moon Rock (Fb 254), 5g
- Jet Black (Fb 110), 40g
- Ruby (Fb 517), 5g
- Saffron (Fb 249), ein Rest
- Camel (Fb 502), ein Rest
- Sicherheitsaugen Ø 7mm
- Filetgarn in Schwarz und Weiß
- Häkelnadel 2,50mm
- Füllwatte
- Stopfnadel zum Vernähen
- Schere
- Zwei Pfeifenreiniger

SO WIRD'S GEMACHT

Es wird meist in Spiralrunden gehäkelt. Einzelteile werden später angenäht.

KOPF (IN RUST)

Häkle in Rd. Den Kopf fortlaufend mit Füllwatte ausstopfen.

1. Rd: 6 fM in einen Fadenring häkeln (= 6 M).
2. Rd: 6x 1 M zun (= 12 M).
3. Rd: *1 fM, 1 M zun*, von * bis * noch 5x wdh (= 18 M).
4. Rd: *2 fM, 1 M zun*, von * bis * noch 5x wdh (= 24 M).
5. Rd: *3 fM, 1 M zun*, von * bis * noch 5x wdh (= 30 M).
6. Rd: *4 fM, 1 M zun*, von * bis * noch 5x wdh (= 36 M).
7. Rd: *8 fM, 1 M zun*, von * bis * noch 3x wdh (= 40 M).
8.–15. Rd: 40 fM häkeln.

Befestige die Augen zwischen Rd 10 und 11 mit 7 fM Abstand.

16. Rd: *8 fM, 1 M abn*, von * bis * noch 3x wdh (= 36 M).
17. Rd: *4 fM, 1 M abn*, von * bis * noch 5x wdh (= 30 M).
18. Rd: *3 fM, 1 M abn*, von * bis * noch 5x wdh (= 24 M).
19. Rd: *2 fM, 1 M abn*, von * bis * noch 5x wdh (= 18 M).
20. Rd: *1 fM, 1 M abn*, von * bis * noch 5x wdh (= 12 M).
21. Rd: 6x 1 M abn (= 6 M).

Faden abschneiden, durch alle vorderen M-Glieder fädeln, fest zuziehen und vernähen. Den Kopf zur Seite legen.

OHREN (2X IN RUST)

Häkle in Rd.

1. Rd: 6 hStb in einen Fadenring häkeln (= 6 M).
2. Rd: 3 hStb in eine M, 2 Lm, in die 2. Lm von der Nd aus einstechen, 1 fM in die Lm-Kette, 3 fM am Ohr entlang (= 7 M).

Den Faden lang abschneiden. Das Ende falten und die gegenüberliegenden Kanten mit zwei Stichen zusammennähen. Die Ohren über Rd 12–13 mit 3 fM Abstand zu den Augen festnähen.

FRISUR (IN RUBY UND JET BLACK)

Beginne in Jet Black.
Schlage 30 Lm an, stich in die 2. Lm von der Nd aus ein und häkle wie folgt um die Lm-Kette herum:

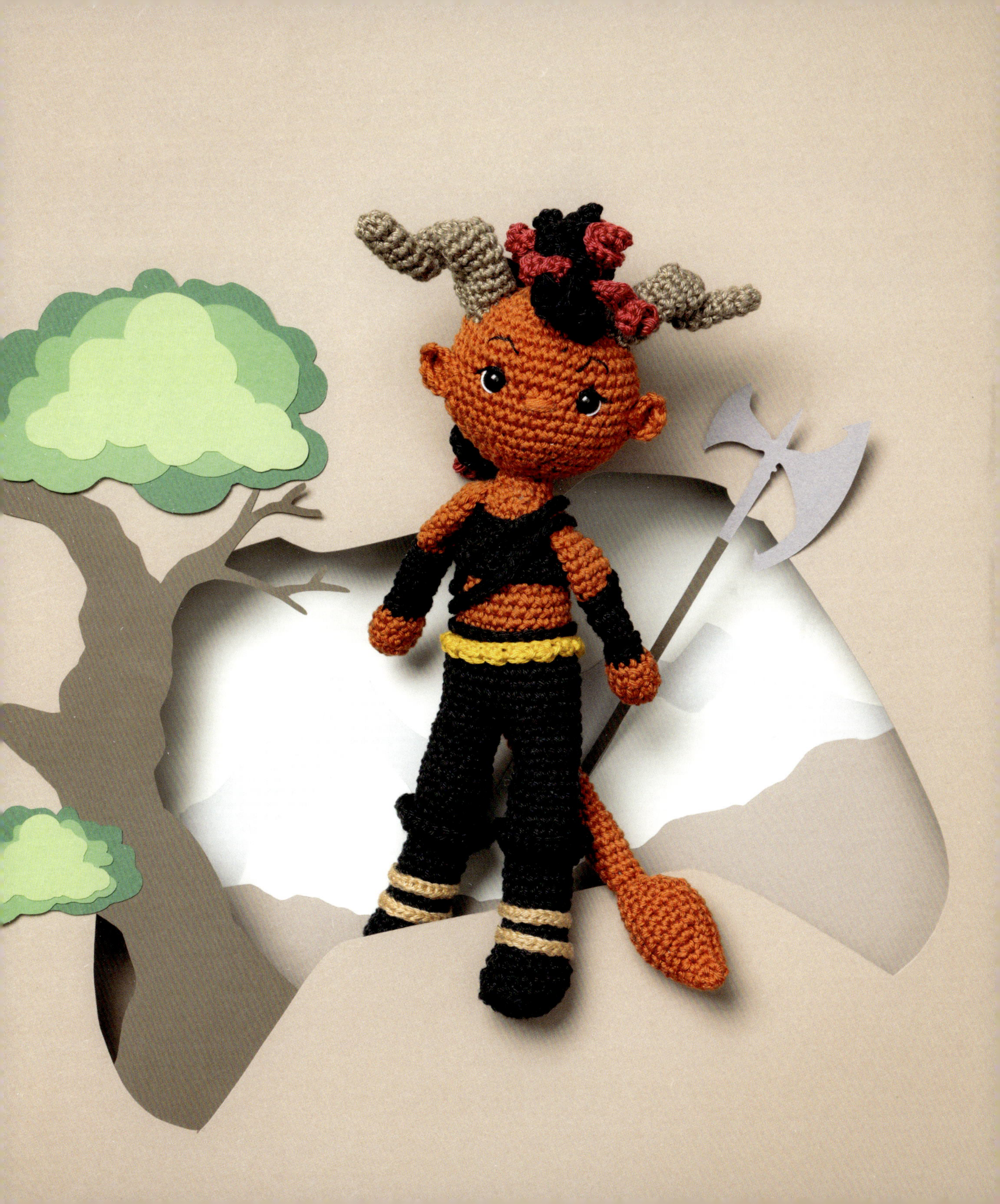

1. Rd: 28 fM, 3 fM in eine M, weiter auf der anderen Seite der Lm-Kette, 27 fM, 1 M zun (= 60 M).
In der nächsten Rd wird nur eine Seite von Rd 1 mit Strähnen behäkelt. In Rd 2 wird zudem jede zweite Strähne in Ruby gehäkelt. Du häkelst also immer 1 fM und eine Strähne in Jet Black, anschließend 1 fM und eine Strähne in Ruby. Solange bis alle 30 Strähnen gehäkelt sind.
2. Rd: *1 fM, 9 Lm, in die 2. Lm von der Nd aus einstechen und 8x 1 M zun entlang der Lm-Kette*, von * bis * noch 29x wdh (= 510 M).
Den Faden lang abschneiden. Die Frisur beginnend 4 Rd über den Augen, mittig, über den Hinterkopf entlang festnähen *siehe Bild 1–6*.

GESICHT FERTIGSTELLEN

Die Nase in Rust zwischen Rd 11 und 12 des Kopfes, mit 3 M Breite aufsticken, 3x einstechen. Das Augenweiß in weißem Filetgarn direkt neben den Augen anbringen. Den Lidstrich in schwarzem Filetgarn direkt über den Augen aufsticken, 2x einstechen. Die Augenbrauen in schwarzem Filetgarn 1 Rd über den Augen über 3 fM breit sticken, anschließend mit einer Schlaufe eine Rd nach oben ziehen.

HÖRNER (2X IN MOON ROCK)

Häkle in Rd.
1. Rd: 6 fM in einen Fadenring häkeln (= 6 M).
2. Rd: 6 fM häkeln.
3. Rd: *2 fM, 1 M zun*, von * bis * noch 1x wdh (= 8 M).
4.–11. Rd: 8 fM häkeln.
12. Rd: *3 fM, 1 M zun*, von * bis * noch 1x wdh (= 10 M).
13.–20. Rd: 10 fM häkeln.
Abketten und den Faden lang abschneiden. Einen Pfeifenreiniger zusammenfalten (dieser sollte doppelt liegen) und auf die Länge des Horns zurecht schneiden. Den Reiniger in das Horn

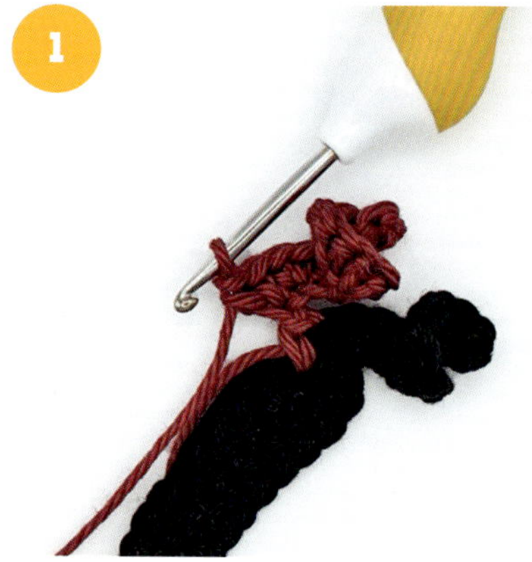

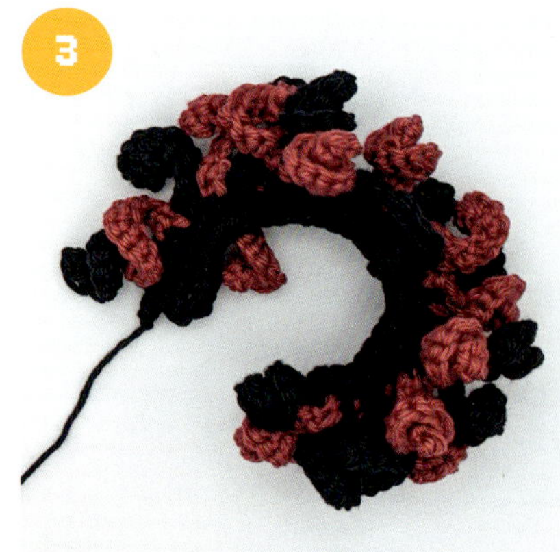

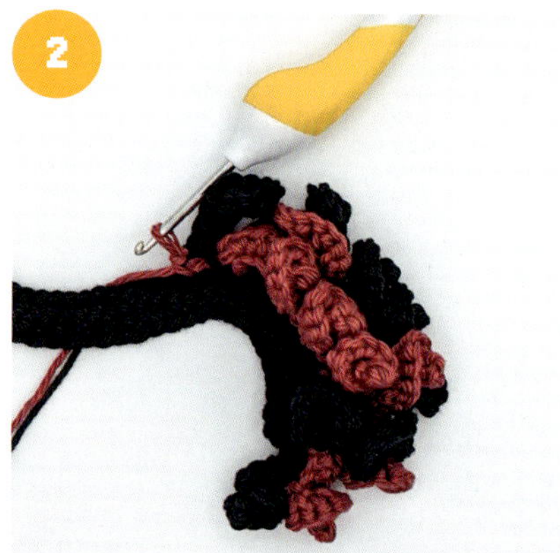

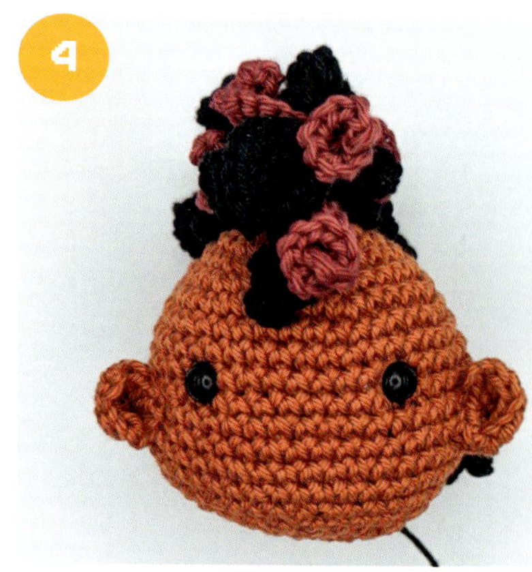

schieben, bei Bedarf rundherum noch ein wenig mit Füllwatte ausstopfen. Das Horn in die richtige Position biegen *siehe Bild 7–10*. Beide Hörner anschließend über Rd 6–7, parallel über den Ohren, am Kopf festnähen.

BEINE (2X IN JET BLACK)

Häkle in Rd. Die Beine fortlaufend mit Füllwatte ausstopfen.
5 Lm anschlagen, in die 2. Lm von der Nd aus einstechen und wie folgt um die Lm-Kette herum häkeln:
1. Rd: 3 fM, 3 fM in eine M, 2 fM, 1 M zun (= 10 M).
2. Rd: *4 fM, 3 fM in eine M*, von * bis * noch 1x wdh (= 14 M).
3. Rd: *6 fM, 3 fM in eine M*, von * bis * noch 1x wdh (= 18 M).
4. Rd: 18 fM ihM häkeln.
5. Rd: 18 fM häkeln.
6. Rd: 7 fM, 2x 1 M abn, 7 fM (= 16 M).
7. Rd: 5 fM, 3x 1 M abn, 5 fM (= 13 M).
8–14. Rd: 13 fM häkeln.
15. Rd: 13 fM ihM häkeln.
16. Rd: 5 fM, 1 M zun, 6 fM, 1 M zun (= 15 M).
17.–20. Rd: 15 fM häkeln.
21. Rd: 5 fM, 1 M abn, 6 fM, 1 M abn (= 13 M).
22.–25. Rd: 13 fM häkeln.
Das erste Bein abketten und den Faden vernähen. Ein zweites Bein häkeln, jedoch nicht abketten. Weiter mit der Verbindung der Beine.

VERBINDUNG DER BEINE (IN JET BLACK)

Der Rd-Anfang des zweiten Beins sollte nun links mittig liegen, bei Bedarf hier

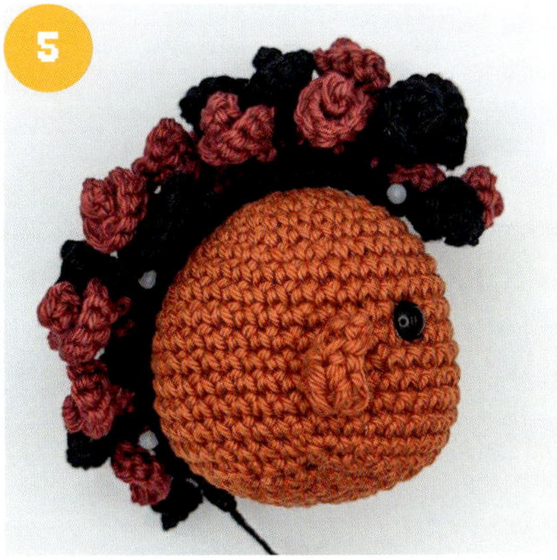

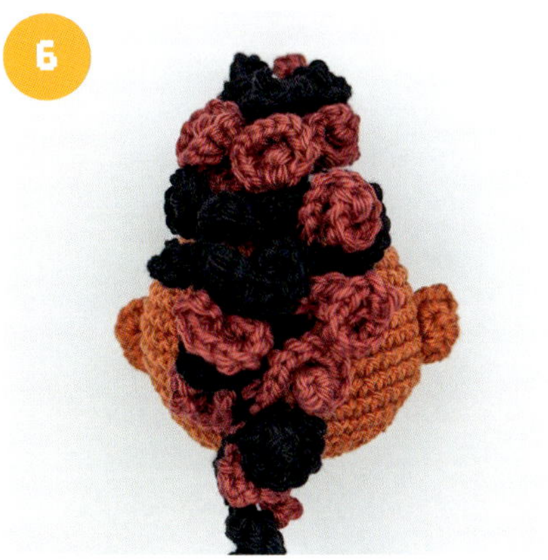

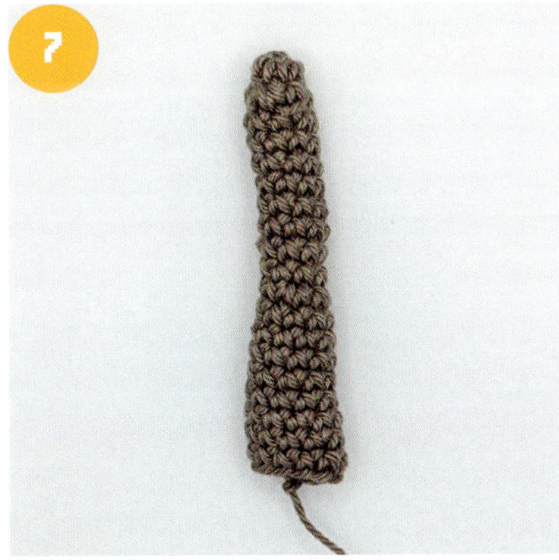

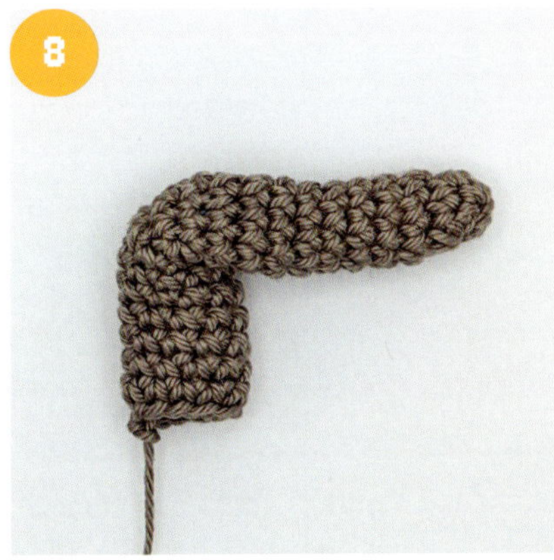

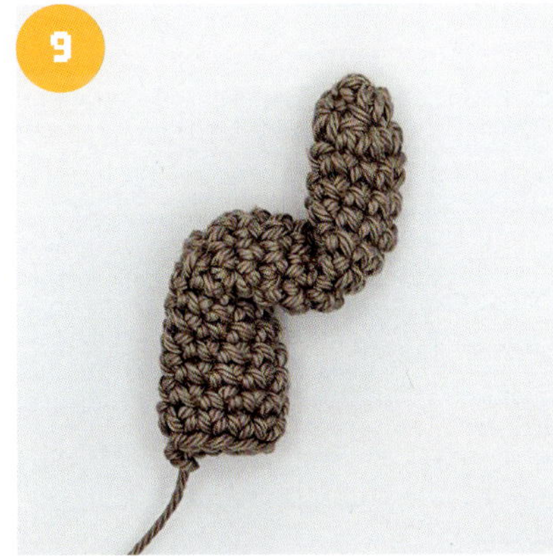

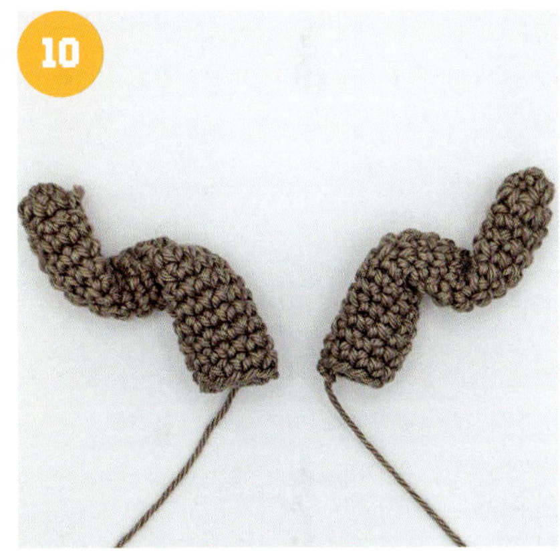

noch ein paar fM dazu häkeln. Die Beine sollten später nach vorne zeigen. Schlage anschließend 2 Lm an, stich in das erste Bein ein und häkle 13 fM um Bein eins, 2 fM in die Lm-Kette, 13 fM um Bein zwei und 2 fM auf die andere Seite der Lm-Kette (= 30 M). Es geht weiter mit dem Körper.

KÖRPER (IN JET BLACK UND RUST)

Häkle in Rd. Den Körper fortlaufend mit Füllwatte ausstopfen. Beginne in Jet Black.
1.–6. Rd: 30 fM häkeln.
7. Rd: 4 fM, 1 M abn, 13 fM, 1 M abn, 9 fM (= 28 M).
Fb-Wechsel zu Rust.
8. Rd: 28 fM ihM häkeln.
9. Rd: 3 fM, 1 M abn, 12 fM, 1 M abn, 9 fM (= 26 M).
10.–11. Rd: 26 fM häkeln.
12. Rd: 2 fM, 1 M abn, 11 fM, 1 M abn, 9 fM (= 24 M).
13. Rd: 24 fM häkeln.
Fb-Wechsel zu Jet Black.
14. Rd: 24 fM häkeln.
15. Rd: *4 fM ihM, 1 M abn ihM*, von * bis * noch 3x wdh (= 20 M).
16. Rd: 20 fM häkeln.
Fb-Wechsel zu Rust.
17. Rd: 20 fM ihM häkeln.
18. Rd: *3 fM, 1 M abn*, von * bis * noch 3x wdh (= 16 M).
19. Rd: *2 fM, 1 M abn*, von * bis * noch 3x wdh (= 12 M).
20. Rd: 12 fM häkeln.
Abketten und den Faden lang abschneiden. Den Kopf noch nicht am Körper festnähen, es geht erst mit weiteren Details am Körper weiter.

KÖRPER FERTIGSTELLEN

Den Faden in Jet Black ivM aus Rd 15 der Beine mit einer stehenden fM aufnehmen, von unten nach oben einstechen und wie folgt den Stiefelsaum häkeln:
1. Rd: 13 fM ivM häkeln (= 13 M).
2. Rd: 13x 1 M zun (= 26 M).
3. Rd: 26 fM häkeln.
Den Faden abschneiden und vernähen. Für das zweite Bein wiederholen. Anschließend den Faden in Jet Black ivM aus Rd 8 des Körpers aufnehmen, von oben nach unten einstechen und rundherum 28 fM häkeln. Den Faden abschneiden und vernähen. Für das Oberteil den Faden ivM aus Rd 15 des Körpers ebenso aufnehmen, von oben nach unten einstechen und rundherum 3 Rd mit je 24 fM häkeln. Zum Abschluss den Faden auf dieselbe Weise

ivM aus Rd 17 des Körpers aufnehmen und rundherum eine Rd mit Km häkeln. Den Faden abschneiden und vernähen. Den Kopf am Körper festnähen.

ARME (2X IN RUST UND JET BLACK)

Häkle in Rd. Nur die Faust mit Füllwatte ausstopfen. Beginne in Rust.
1. Rd: 5 fM in einen Fadenring häkeln (= 5 M).
2. Rd: 5x 1 M zun (= 10 M).
3.–5. Rd: 10 fM häkeln.
Fb-Wechsel zu Jet Black.
6. Rd: 10 fM häkeln.
7. Rd: 10 fM ihM häkeln.
8.–12. Rd: 10 fM häkeln.
Fb-Wechsel zu Rust.
13. Rd: 10 fM ihM häkeln.
14.–18. Rd: 10 fM häkeln.
Das Ende falten und mit 5 fM zusammenhäkeln. Den Faden lang abschneiden. Dann den Faden in Jet Black ivM aus Rd 7 und 13 der Arme mit einer stehenden fM anschlingen, von oben nach unten einstechen und rundherum je eine Rd Km häkeln. Den Faden abschneiden und vernähen. Die Arme 2 Rd unter dem Kopf festnähen.

SCHWANZ (IN RUST)

Häkle in Rd. Nur das untere Drittel mit Füllwatte ausstopfen.
1. Rd: 6 fM in einen Fadenring häkeln (= 6 M).
2. Rd: 6 fM häkeln.
3. Rd: 2 fM, 2x 1 M zun, 2 fM (= 8 M).
4. Rd: 3 fM, 2x 1 M zun, 3 fM (= 10 M).
5. Rd: 4 fM, 2x 1 M zun, 4 fM (= 12 M).
6. Rd: 5 fM, 2x 1 M zun, 5 fM (= 14 M).
7. Rd: 6 fM, 2x 1 M zun, 6 fM (= 16 M).
8.–9. Rd: 16 fM häkeln.
10. Rd: 7 fM, 2x 1 M zun, 7 fM (= 18 M).
11. Rd: 18 fM häkeln.
12. Rd: 5 fM, 4x 1 M abn, 5 fM (= 14 M).
13. Rd: 7x 1 M abn (= 7 M).
14.–16. Rd: 7 fM häkeln.
17. Rd: 3 fM, 2x 1 M zun, 2 fM (= 9 M).
18.–29. Rd: 9 fM häkeln.
30. Rd: *2 fM, 1 M zun*, von * bis * noch 2x wdh (= 12 M).
31.–34. Rd: 12 fM häkeln.
Das Ende falten und mit 6 fM zusammenhäkeln. Die Faltkante sollte dabei parallel zur Schwanzspitze liegen. Hierzu bei Bedarf noch ein paar fM dazu häkeln. Den Faden lang abschneiden und den Schwanz leicht schräg am Rücken festnähen.

BRUSTSCHNALLEN (2X IN JET BLACK)

Schlage 41 Lm an, stich in die 2. Lm von der Nd aus ein und häkle 40 Km entlang der Lm-Kette. Den Faden lang abschneiden. Die Schnallen parallel zueinander über die Brust legen und die Enden am Rücken festnähen.

HÜFTGÜRTEL (IN SAFFRON)

Schlage 31 Lm an, stich in die 2. Lm von der Nd aus ein und häkle wie folgt weiter:
1. Rd: *1 Km, 1 hStb und 1 Lm*, von * bis * noch 14x wdh (= 30 M).
Den Faden lang abschneiden. Den Gürtel um die Hüfte legen und die Enden zusammennähen.

STIEFELSCHNALLEN (4X IN CAMEL)

Schlage 23 Lm an, stich in die 2. Lm von der Nd aus ein und häkle 22 Km entlang der Lm-Kette. Den Faden lang abschneiden und die Schnallen auf den Schuhen festnähen.

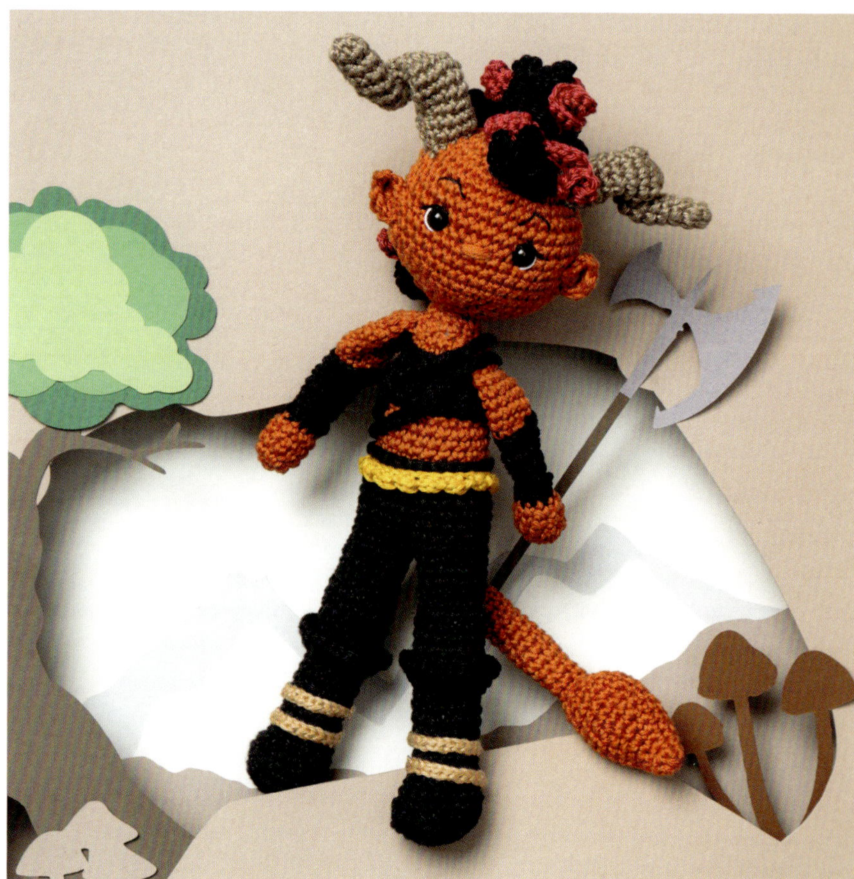

ÜBER DIE AUTORIN

Linda Urbanneck stammt aus einer Familie voller Kreativität, doch den Hang zur Häkelnadel entdeckte sie erst 2019, als sie zum ersten Mal ein Video zu einem Amigurumi sah. Nach und nach brachte sie sich das Häkeln selbst bei. Zunächst als Hobby, später sollte sich diese Leidenschaft mehr und mehr in die berufliche Richtung entwickeln. Im Jahr 2020 folgte die erste eigene Anleitung, kurze Zeit später noch einige mehr.

Linda gründete ihr erstes eigenes Label unter dem Namen Haekellobby. Das Leben jenseits der Häkelnadel verbringt Linda im Saarland. Dort lebt sie gemeinsam mit ihrem Mann und ihren drei Söhnen. Einblicke in ihr Leben gibt Linda täglich in ihrem Instagram-Account @haekellobby, wo sie kreativen Menschen einen Blick in ihr Leben als Designerin und Autorin erlaubt.

DANKSAGUNG

Nichts ist schöner als eine Welt zu erforschen, in der alle genau das sein können, was sie sein möchten. Fernab von alten Strukturen: ob mystisches Tier, starke Kämpferin, zügiger Ritter, ein geflügeltes Wesen oder andere Dinge. Wir tauchen ab, entdecken fremde Orte und können die Welt für einen Moment vergessen. Genauso wie damals ist es heute noch eine weit gefächerte Szene, die für niemanden einen Wunsch offenlässt.
So war es für mich ein Genuss, diesem Buch Leben einzuhauchen. Zu Beginn ging es mit meiner Lektorin Lisa in die Welt der Figuren. Die Frage stellte sich, welche am besten für unser Herzensprojekt geeignet sind. Anders sollten sie sein! Anders als jene, die wir überall finden, und etwas ganz Besonderes.
Liebe Lisa, ich glaube, das haben wir geschafft. Ich danke dir von Herzen für deine Unterstützung, die lustigen Nachrichten zwischen uns und all die Zeit, die wir mit unseren gemeinsamen Projekten verbracht haben. Ich wünsche dir jetzt und in Zukunft noch viele weitere schöne Projekte und tolle Begegnungen!

Ein großes Dankeschön natürlich auch an meine Testerinnen: Damaris, Alexandra, Julia und Nele! Was soll ich sagen? Danke für all eure Hilfe und Unterstützung. Wir sind wirklich ein klasse Team und ich freue mich auf jedes weitere Projekt, das wir gemeinsam durchleben können.
Ebenso auch an alle unter euch: Danke, dass ihr euch für dieses Buch entschieden habt. Ich bin sicher, aus euren Nadeln sind die schönsten Projekte entstanden!

Zu guter Letzt natürlich einen ganz besonderen Dank an die Sponsoren dieses Buches, ohne die all diese tollen Projekte nicht möglich gewesen wären. Danke an Schachenmayr und Scheepjes für die Unterstützung!

Deine Linda

IMPRESSUM

Bibliografische Information der Deutschen Bibliothek.

Die Deutsche Bibliothek verzeichnet diese Publikation in der Deutschen Nationalbibliografie.
Detaillierte bibliografische Daten sind im Internet über http://www.dnb.de/ abrufbar.

EIN BUCH DER EDITION MICHAEL FISCHER

1. Auflage 2024

Cover, Layout & Satz: Meritt Hettwer
Bilder: Aufmacherfotos: ©SHOT STILLSSTUDIO, Katja Schubert, München
Stepfotos: ©Linda Urbanneck
Illustrationen: S. 4, 22, 27, 108, 118, 122: ©VectorPixelStar/Shutterstock; S. 37, 38, 40, 42, 45, 46, 87, 88, 100: ©topvector/Shutterstock; S. 71, 112, 124: ©MidNight SoLar/Shutterstock; S. 72: ©Pixelearts/Shutterstock; S. 51, 58, 63, 92, 94: ©Soloma/Shutterstock; S. 2, 4, 28, 32, 33, 52, 64, 66, 76, 80, 96, 99, 104, 107, 114, 117, 128, 134, 138, 143, 144: ©Cadmium_Red/Shutterstock; S. 90, 103, 132: ©KingVector/Shutterstock

Redaktion und Lektorat: Celine del Rosario

ISBN 978-3-7459-2111-3

Gedruckt bei Polygraf Print, Čapajevova 44, 08001 Prešov, Slowakei

www.emf-verlag.de